CHRONIQUES

ECCLÉSIASTIQUES.

HISTOIRE ECCLÉSIASTIQUE

DES

ÉGLISES RÉFORMÉES

AU

ROYAUME DE FRANCE.

HISTOIRE ECCLÉSIASTIQUE

DES

ÉGLISES RÉFORMÉES

AU

ROYAUME DE FRANCE,

PAR

THEODORE DE BEZE.

TOME TROISIÈME.

LILLE,

IMPRIMERIE DE LELEUX, GRANDE PLACE.

1842.

A M.me Cavalier née Van Karnebeck,

FAIBLE EXPRESSION DE LA PROFONDE
RECONNAISSANCE, DE L'ESTIME ET
DE LA CHRÉTIENNE AMITIÉ

DE SON DÉVOUÉ PASTEUR,

TH. MARZIALS,

Lille, 12 Mars 1842.

HISTOIRE ECCLÉSIASTIQUE

DES

ÉGLISES RÉFORMÉES

AU

ROYAUME DE FRANCE.

LIVRE DIXIÈME,

CONTENANT L'HISTOIRE ECCLÉSIASTIQUE DES VILLES ET LIEUX RESSORTISSANT DU PARLEMENT DE TOULOUSE.

1562

Le vendredi, sixième de février mil cinq cent soixante-deux, l'édit de janvier, par lequel l'exercice de la religion était permis aux faubourgs des villes, fut publié en la cour de parlement de Toulouse sans trop grand contredit en apparence. Suivant cela, du Nort, ministre de la parole de Dieu, duquel nous avons parlé en l'histoire d'Agen, ayant fait le serment requis par l'édit entre les mains du sénéchal, viguier et capitouls de la ville, fit le premier sermon hors la ville, joignant la maison des héritiers du feu seigneur d'Olinières, jadis président, auquel assistèrent les capitouls et viguier de Toulouse avec les forces de la ville, pour empêcher qu'aucun tumulte n'en advînt. Ce commencement fut fort paisible bien que, par ordonnance du parlement, l'assemblée puis après fut remuée en un autre lieu, à savoir sur les fossés derrière les prisons des hauts murats, et derechef, peu de temps après, à la porte de Villeneuve, pour toujours ennuyer ceux de la religion. Mais ils y eurent tantôt remédié, ayant fait bâtir vers cette porte un temple de vingt-quatre cannes de long et seize de large, capable de tenir environ huit mille personnes, lequel en peu de temps se remplit tellement, qu'il en demeurait plus dehors qu'il n'y en avait dedans. Voyant cela, quelques particuliers tenant ou faisant tenir à leurs enfants ou parents les gras et riches bénéfices, ils commencèrent de pratiquer et émouvoir le peuple, tellement que plusieurs injures furent dites à l'aller et au retour du prêche: et des injures finalement on vint à bailler des coups de main et de pierres. Les capitouls et viguier, pour obvier à cela, accompagnés de bon nombre d'hommes bien armés, commencèrent de conduire les ministres, d'assister aux prêches, et d'accompagner les baptêmes et enterrements, et ne faut douter que si la cour de parlement eût voulu adjoindre son autorité, les choses eussent passé sans aucun bruit. Mais ceux que dessus préférant leur particulier au public, et recevant nouvelle de ce qui se pratiquait dès-lors entre le connétable gouverneur de Languedoc et ceux de Guise, qui gagnaient peu à peu le roi de Navarre, au lieu de pourvoir au repos public, essayèrent tous moyens pour empêcher l'observation de l'édit, voire jusques à ce point, que les capitouls ayant procédé à la capture de quelques-uns des séditieux, il leur fut commandé en vertu d'une simple requête de les élargir : et ne passait aucun jour que les capitouls ne fussent appelés, maintenant au parlement, maintenant en quelques maisons de conseillers particuliers, pour les intimider et amener par tous moyens à ce qu'ils se déportassent d'accompagner ainsi ceux de la religion, disant que ce port d'armes était une occasion des tumultes. Les capitouls répondaient qu'ils étaient tenus de ce faire par la teneur de l'édit, et que toutefois ils s'en déporteraient en leur baillant pour leur décharge l'ordonnance de la cour au contraire par écrit : ce que ne leur étant accordé ils continuèrent comme de coutume. En ces entrefaites rien ne fut omis pour allumer de plus en plus la sédition par les prêcheurs du carême : entre lesquels était comme principal un chanoine de Conques nommé Sere, auquel autrefois prêchant sainement, ceux de la religion avaient sauvé la vie : lequel alors ayant changé de langage, et prêchant au temple Saint-Etienne, n'oubliait rien de ce qui pouvait servir à échauffer le peuple y accourant de toutes parts au grand contentement des prêtres, et nommément des chanoines qui, pour cette cause, le mirent en possession de la prébende théologale. Davantage furent dressées nouvelles confréries, sous couleurs desquelles se faisaient assemblées et monopoles dans les temples avec processions extraordinaires, passant expressément par les rues où se pouvaient rencontrer ceux qui venaient de l'exhortation, de sorte qu'il était à juger que plus grand mal se préparait par la connivence de ceux qui y devaient mettre la main. Et lors advint un grand inconvénient, car étant une partie des forces de la ville sur la muraille de laquelle on pouvait aisément entendre le ministre, n'y ayant que le fossé entre la muraille et le lieu de l'exhortation, par mégarde, comme il est à présupposer, un soldat, gendre de Bodeville, imprimeur, ne prenant garde à sa mèche, délâcha au travers de l'assemblée, dont furent blessés trois hommes, à savoir des dragons, et un gentilhomme, fils du sieur de la Garde Montbreton en Quercy fut tué du boulet par la tête. Nonobstant cette esclandre, la constance du peuple et du ministre fut telle, moyennant le bon ordre des capitouls, que l'exhortation se paracheva : et quant au soldat qui avait fait le coup, étant saisi et enquis même par la torture s'il avait été suborné, dont il n'apparut jamais, il demeura long-temps prisonnier, jusques à ce qu'en haine de la religion, par arrêt de la cour, il fut pendu le dernier de juillet.

Les choses étant en ces troubles, l'apostême creva finalement dans les faubourgs de Saint-Michel, le jeudi d'après Pâques, deuxième d'avril (auquel jour le prince arriva dans Orléans ne sachant rien encore de la guerre de ceux de Toulouse.) Et fut l'occasion de l'émeute telle que s'ensuit. Advint donc ce jour qu'étant morte une reçus à coups de pierres et d'arquebusades que plusieurs y furent blessés. Alors se glissèrent les conseillers, abandonnant les capitouls à la merci de la commune, lesquels, ce néanmoins, s'efforcèrent avec leurs dixaines de retourner vers le palais; mais il ne leur fut possible de passer outre pour le grand nombre des charrettes que les séditieux avaient mises pour empêcher le passage. Quelques-uns toutefois, tournant vers le palais, montèrent sur les murailles de la ville dont ils tuèrent deux des séditieux. Ce conflit dura jusques à la nuit, laquelle survenant, les capitouls avec leurs dixaines se retirèrent vers la maison de ville, et à l'instant grand nombre des séditieux qui s'étaient cachés dans les maisons de la place du Salin se rua de grande furie contre deux maisons, l'une d'un apothicaire, l'autre d'un procureur, étant de la religion, dont ils furent toutefois vaillamment repoussés. Le lendemain après-midi, troisième avril, se tint un conseil où se trouvèrent Massaucal, de Paulo, Daphio et Ferrier, président, avec Assest, du Cèdre, Pastorel et Ganelon, capitouls, adjoints avec eux des conseillers, avocats et bourgeois: par l'avis desquels fut arrêté et publié à son de trompe, par tous les carrefours, que l'exercice de la religion se ferait suivant l'édit aux faubourgs, auquel assisteraient les capitouls avec cent hommes de garde armés comme ils voudraient, hormis d'arquebuses et pistoles; et desquels cent hommes, ceux de la religion, répondraient qu'au réciproque ceux de la religion romaine bailleraient deux cents hommes pour la garde de la ville, soldés à leurs dépens et desquels ils répondraient. Qu'il serait défendu aux ecclésiastiques de sonner le tocsin, sous peine d'être brûlés tous vifs. Que tous soldats et gens sans aveu, tant d'une religion que de l'autre, videraient dans vingt-quatre heures. Que le sénéchal, avec les capitouls, jugeraient des séditieux sans appel, suivant les édits du roi, sans que la cour de parlement en prît aucune connaissance. Et en outre, que les bourgeois par rue garderaient eux-mêmes les portes de la ville et tiendraient les portes tout le jour.

Ces articles furent très-bien couchés par écrit après longues disputes, et clairement publiés à son de trompe; mais l'effet s'en évanouit avec le son. Car, quant à ce qui était passé, les capitouls en ayant informé et fait plusieurs prisonniers, encore que cela se fit très-légèrement, et en épargnant quelques-uns des principaux comme le concierge de la conciergerie et autres, si est-ce que ceux qui avaient même consenti à ces articles, ne le pouvaient porter, prenant pour prétexte qu'on devait donc saisir aussi ceux qui avaient tiré de dessus les créneaux des murailles de la ville, et qui en avaient tué deux comme il a été dit ci-dessus. Ce néanmoins, les écoliers firent telles instances, que finalement le procès fut fait à six de ces séditieux par les capitouls, certains magistrats du sénéchal et viguier, appelés avec eux les syndics des temples de l'église romaine; par lesquels étant condamnés à mort, si est-ce que par les menées et sollicitations toutes manifestes de quelques-uns, nonobstant les articles susdits, la cour en ayant pris connaissance, réforma ce jugement à l'endroit de deux qui ne furent que fouettés et bannis: les autres furent pendus et étranglés. Mais comme un petit peu d'eau jeté sur un grand feu ne fait que l'allumer au lieu de l'éteindre, tant s'en fallut que cette petite exécution apportât remède à ces désordres, les auteurs d'iceux en femme de la religion en la maison d'un marchand qui la faisait enterrer avec bien peu de compagnie, d'autant que c'était à l'heure même de l'exhortation, certains prêtres des faubourgs de Saint-Michel se servant de cette occasion ne faillirent d'arracher ce pauvre corps à ceux qui le portaient et de l'enterrer à leur mode. Qui pis est, se doutant bien qu'il y en aurait de mal contents, ils commencèrent quand et quand à sonner le tocsin, au son duquel accourut incontinent infinie populace, tant du faubourg Saint-Michel que de celui de Saint-Etienne, et même de Saint-Salvador, duquel ce jour même ils célébraient la fête. Alors furent pierres jetées et épées dégaînées sur tous ceux de la religion qui se pouvaient rencontrer, desquels plusieurs furent blessés et quelques-uns tués : entre lesquels furent reconnus un substitut d'un procureur en parlement nommé Vitalis, un nommé M. de Bazac de Viterbe, Claude Carron, laveur, et un écolier, outre plusieurs jetés dans le puits. Le bruit de ce tumulte rapporté au parlement, soudain furent députés deux commissaires pour aller voir que c'était, à savoir, Dalzon et de Lozelargie, conseillers, lesquels ayant parlé aux prêtres et à la populace, s'en retournèrent, rapportant contre vérité que le tout était apaisé, étant le corps demeuré aux prêtres et enterré par eux, ayant dit cependant à leur département ces mots : « tuez tout, pillez tout; nous sommes vos pères, nous vous garantirons; » ainsi qu'il apparut depuis par bonnes informations, lesquelles, après la dissipation entière de l'Eglise réformée, furent prises et brûlées par ceux qui y avaient intérêt, voire avec telle animosité que même ils firent exécuter la plupart de ceux qui les avaient faites, et des témoins qui avaient déposé. Ce peuple continuait toujours en sa furie ju à piller les maisons. Ceux de la gion d'autre côté commencère s'assembler en armes, se renda maison commune pour être so protection des magistrats et capi lesquels ayant fait assemble dixaines envoyèrent aussitôt que capitaine du guet avec une par ses gens, suivis de quelques écoli bonne volonté, lesquels joint semble firent si bien que la p de cette commune fut mise en r et quelques prêtres et autres qui trouvés cachés et masqués furen nés prisonniers en ladite mais ville. Ce néanmoins, le reste d populace croissant toujours en n (pour ce même que ceux de ded ville s'y étaient joints), se ramas vers la porte du château avec assu de la conciergerie du palais répo dessus cette porte, et fortifiée d et de bâtons à feu pour cet effet nommé Robin, concierge, sou leur de bien garder les prison lesquels toutefois lui-même fit a Etant ainsi les choses mêlées part et d'autre, quatre cons furent envoyés aux capitouls en la son de ville, pour regarder ce qu de faire : et là fut conclu d'aller où était le désordre, pour apai tout, s'il était possible, par d paroles et remontrances. Ces conseillers donc avec les capito mirent en chemin. Mais tant s'en qu'ils fussent écoutés, qu'au traire plusieurs pierres leur f jetées des fenêtres, nommément maison d'un nommé Larlon, au vant pris pour autre sédition p capitouls, et élargi par la cou d'un nommé Jean Babut, avoc parlement : et à grand peine a en la conciergerie, ils furent telle furent tant plus irrités, reprenant aussi courage par ce qui était advenu à Cahors et à Castelnaudary, et de ce qu'ils entendaient faire à la cour, joint que déjà Monluc et Terrides se remuaient à bon escient. D'un côté donc, les bourgeois commencèrent à faire leurs menées de maison en maison. Les ecclésiastiques et nommément les chapitres des églises Saint-Etienne, Saint-Sevrin et Saint-Jean, contribuant par forme de taille, remplissaient leurs temples, clochers et cloîtres, de gens en armes : plusieurs des présidents et conseillers, et nommément les greffiers civil et criminel, n'en faisaient pas moins voir jusques à ce point que l'un des capitouls fut outragé à l'huis de la maison du greffier civil, lui ayant été fermé l'huis au visage par un nommé Serrarder, tenant alors garnison en cette maison, et autrefois prévenu de fausse monnaie et de meurtre. Poudres aussi et munitions de guerre étaient amenées dans la ville, étant les portes gardées par ceux de l'église romaine. Et bien que les capitouls eussent supris de ces poudres avec une grande quantité d'armes, la cour les fit rendre à Delpuech, Maderon, et autres monopoleurs. Ceux de la religion, d'autre part, voyant à l'œil ce qu'on leur préparait, commencèrent aussi à se munir d'armes et de gens : le tout, ce néanmoins, sans outrager aucun, et se tenant seulement sous la garde et protection des capitouls assistant ordinairement à l'exercice de la religion. Voyant cela, les adversaires commencèrent à se plaindre les premiers à la cour de parlement, lors composée de trois diverses humeurs. Car les uns étaient promoteurs de la sédition, les autres favorisaient du côté de la religion, les autres étant neutres quant à la religion, ne demandaient que la paix. Mais les premiers, étant les plus audacieux et en plus grand nombre que les seconds, l'emportaient par la connivence des neutres. De là vint qu'étant remontré par eux au corps de la cour que dans les affaires qui se présentaient, il était requis que la supériorité demeurât à la cour de parlement, composée de gens de savoir et d'expérience sans que les capitouls, étant gentilshommes ou marchands non exercés en police et autres telles affaires, se gouvernassent par eux-mêmes, cet avis fut trouvé bon de tous en général. Les capitouls s'y rangèrent aussitôt ; les uns par crainte, les autres se persuadant que tout irait bien, et les autres se voulant décharger d'un si pesant fardeau : de sorte que, par ce moyen, ceux de la religion demeurèrent sans appui, conseil ni avis autre que d'eux-mêmes. Ce néanmoins, ils ne remuaient rien, hormis le port des armes, pour leur défensive ; voire jusques à ce point, que si quelqu'un faisait du fol ne se contenant dans les limites de l'édit, ils trouvaient bon qu'il fût pris et puni, comme aussi le juge criminel, homme, pour certain, mauvais et cruel, ne les épargnait, passant même, en l'exécution, par dessus les appelations, par la connivence du parlement. En ce temps, étaient apportées nouvelles du prince à ceux de la religion, leur demandant pour le moins quelque aide et subside d'argent pour la défense commune, s'ils ne pouvaient faire mieux, étant envoyé d'Orléans pour cet effet, pour se joindre aux forces qui se levaient en Guyenne par Duras et Grammont, le sieur de Darpajon, de Rouergue, à quoi ne se faisait autre réponse qu'incertaine et ambiguë. Ceux de Guise, d'autre côté, s'armant du nom du roi, écrivaient à la cour de parlement qu'ils n'épargnassent ceux de la religion, sans avoir égard à l'édit, employant, pour ce faire, toutes les forces qu'il leur serait possible. Voyant cela, ceux qui épiaient depuis long-temps cette occasion, firent venir ouvertement les capitaines Trebons, Bazordan, Clermont, Montmort et autres, pour lever compagnies, lesquels, contre toute coutume et contre les privilèges, firent sonner le tambourin pour le roi, dans la ville, sans avoir communiqué leur commission aux capitouls. Cela fut cause qu'un écolier rompit en pleine rue le tambourin qui sonnait pour Bazordan, (ce qui lui coûta la vie puis après) et Ganelon, l'un des capitouls, en fit mettre prisonnier un qui s'était hasardé de sonner le tambourin dans la maison de la ville. Même, le 6 de mai, deux des capitouls furent députés pour remontrer à la cour la violation de leurs privilèges et les contraventions à ce qui avait été accordé peu auparavant; requérant pour le moins que si on ne voulait réprimer tels désordres, et notamment les insultes qui s'étaient faits tant du temple de Saint-Étienne que de la conciergerie du palais, avec les menaces toutes manifestes de couper la gorge à tous ceux de la religion, au moins les protestations qu'ils faisaient de leur côté de n'être point coupables de ce qu'il en adviendrait, fussent enregistrées pour leur décharge. A cela il fut répondu par la cour, c'est-à-dire par ceux qui maniaient les affaires et qui tenaient sujets à leur appétit leurs compagnons, qu'il suffisait que la cour eût vu les commissions desdits capitaines, mais au reste qu'encore que Bazordan fît sonner le tabourin dans la ville, toutefois il ferait sa compagnie dehors, mais que les garnisons demeureraient dedans, sauf que les étrangers étant unis hors la ville, on aviserait puis après ce qu'on ferait de ces garnisons.

Les capitouls sur cela firent publier, étant bien accompagnés, que tous soldats étrangers eussent à vider, que les dixainiers eussent à les avertir des étrangers qui logeraient en leurs dixaines, qu'aucun n'eût à injurier l'autre, ni à dire aucune chose diffamatoire, et finalement, que toutes garnisons, sous peine de cinq cents livres et autre peine arbitraire, videraient incontinent des chapitres, monastères, collèges privés et particuliers; mais tant s'en fallut qu'il fut obéi, que même la cour, c'est-à-dire vingt ou trente se couvrant du nom et de l'autorité du corps d'icelle, cassa, par arrêt, cette proclamation pour le regard de la vidange desdites garnisons. Voyant cela, les capitouls ne laissèrent de chercher tous autres moyens d'empêcher ces désordres, et firent tant que ceux de la religion offrirent de bailler un bon nombre de bourgeois et habitants de la ville pour caution et que de leur côté il ne serait aucunement contrevenu aux édits, pourvu que ceux de la religion romaine en fissent autant; mais cela ne fut trouvé bon par les susdits, comme ils répondirent incontinent aux capitouls, seulement de parole et non jamais par écrit, en méprisant leurs compagnons jusques-là, que même ils n'en firent point de rapport à l'assemblée, comme plusieurs autres conseillers affirmèrent quand on leur en parla particulièrement. Sur cela, ils mirent encore en avant un autre moyen, à savoir que les uns et les autres posassent les armes, et que les garnisons vidassent, leur permettant, suivant le pouvoir à eux donné par le sieur de Cursol, de lever quatre cents hommes des habitants, sous la charge de quatre gentilshommes des nobles de la ville, qu'ils nommèrent, étant gens de bien et amateurs du repos public, par le commun témoignage de ceux de l'une et de l'autre religion : le tout pour tenir main-forte à la justice en cas de sédition et tumulte, mais ce moyen ne leur plut non plus que l'autre. Cependant, le sieur de Lanta, gentilhomme et l'un des principaux capitouls, retournant de la cour, et s'étant arrêté en sa maison près de la ville, pour s'y rafraîchir deux ou trois jours devant que rentrer en la continuation de son état, les monopoleurs, qui le craignaient d'autant qu'il était homme de cœur et qu'il s'était souvent opposé à eux pour la conservation des priviléges des capitouls, usèrent d'une ruse pour le retenir dehors, se servant en cela de la cautèle et malice du juge Mage, de Montpellier, nommé de Costa. Celui-ci donc, arrivé de la cour en poste avec lettres de ceux de Guise, adressées à certains particuliers qu'ils savaient être affectionnés à leur parti, les assembla tant au palais où tout se gouvernait à leur appétit, que chez Pierre del Puech, marchand, des principaux séditieux, leur faisant entendre que le parlement de Paris s'était déclaré tuteur du roi durant la minorité d'icelui, avec résolution d'exterminer tous ceux de la religion comme criminels de lèse-majesté divine et humaine : ce que le connétable, le maréchal Saint-André et le duc de Guise avaient promis au parlement d'exécuter avec bonne intelligence du roi de Navarre. Suivant donc cet avis, ces comploteurs arrêtèrent d'en suivre les erres dudit parlement de Paris et furent députés Colguart, conseiller et Alliés, avocat, pour prendre garde à ce que feraient ceux de la religion. Au même instant, à savoir le 10 de mai, comme ils étaient assemblés au palais, jour de dimanche, lettres du sieur de Monluc leur furent apportées, soit qu'elles fussent apostillées, soit qu'elles eussent été véritablement envoyées, par lesquelles il leur était mandé que de Lanta, passant par Orléans, avait donné parole au prince de rendre la ville de Toulouse à sa dévotion, dedans le quinzième de mai. Cela entendu, prise de corps fut aussitôt décrétée contre de Lanta. Lequel à cette occasion, craignant l'animosité et le pouvoir de ses ennemis, se retira arrière, quoiqu'il fît semblant d'entrer avec assurance de sa personne par ceux de la religion. Or, avait été le même jour publiée la cène pour le dimanche suivant qui était le jour de Pentecôte, et Barrelles, ministre, ayant un esprit impétueux, avait disputé en pleine chaire des causes de cette guerre, sans avoir égard à ce qui pouvait advenir d'une telle procédure. Cela fut cause que le lendemain, onzième dudit mois, étant mandés trois capitouls, il fut ordonné que quatre capitaines, à savoir Bazourdan, Montinor, (le seul nom duquel était suffisant pour émouvoir sédition), Clermont, qui avait déjà sa compagnie faite à Grenade, à trois lieues de Toulouse, et Trebous, se disant neveu du grand prieur de St.-Jean de Toulouse, auraient la charge de quatre cents hommes, tous de la religion romaine et des habitants de la ville, auquel serait baillée en garde la ville pour y faire leur demeure : et en outre que, pour obvier à tous dangers, douze bourgeois responsables, tous de la religion romaine, seraient adjoints aux trois capitouls, avec injonction de faire vider tous les étrangers de la religion, et d'inhiber la célébration de la cène, pour laquelle on avait écrit aux églises réformées circonvoisines. Ces trois capitouls intimidés, et voyant bien qu'il ne leur eût servi de rien d'y contredire, accordèrent ce qu'on voulut : ce qu'entendu par ceux de la religion, avec infinies vanteries de leurs adversaires, ne les menaçant pas de moins que de les massacrer et exterminer entièrement, ils furent contraints de penser à leur défense. Mais, étant assemblés les principaux, les avis se trouvèrent du tout contraires. Car les uns plus posés et mieux considérant ce qui pouvait advenir en ayant recours aux armes, vu la grande force des adversaires, n'y pouvaient accorder, les autres plus échauffés ne regardaient pas si loin, de sorte que rien ne se conclut pour lors par commune délibération. Mais après souper, Barrelles, ministre, homme de cœur et de zèle, mais au reste fort étourdi et non pas conduit partout par l'esprit de Dieu comme il l'a montré depuis, fit en sorte avec ceux de son humeur, qu'il fut résolu, d'autant que le lendemain matin les adversaires devaient entrer en la maison de la ville, qu'on s'en saisirait des premiers dès le soir même ; de laquelle exécution la charge fut commise au capitaine Saux. Celui-ci donc, avec nombre de soldats gascons qu'il avait toujours avec soin bien armés, sur les neuf heures du soir, arrivé à la porte de la maison de ville, il frappa si coiement à la porte qu'on lui ouvrit aisément, et suivi de ses soldats à la foule, retint très-bien les trois capitouls qu'il trouva au dedans, donnant avertissement de cette saisie à ceux de la religion par les dixaines qui y accoururent incontinent. Et pour ce que ceux du collége de Saint-Martial et de Sainte-Catherine, prochains de la maison de ville, ne leur voulaient aider, ils s'en saisirent aussi, et de celui de Périgord semblablement : le tout cependant avec telle modération qu'aucun ne fut tué ni même blessé. Outre les trois susdits capitouls, il y en arriva encore deux, l'un desquels nommé du Cèdre, avait été envoyé sur le minuit, par quelques particuliers de la cour pour savoir que c'était de cette entreprise, et puis en faire le rapport aux présidents ; mais il fut retenu au dedans avec les autres, tellement qu'il n'en restait que deux dehors, étant le huitième, à savoir, de Lanta, comme nous avons dit, contraint de demeurer hors la ville. La nuit donc passa en cette façon, s'étant ceux de la religion saisis de deux carrefours, et là se fortifiant de barricades avec tonneaux et mousquets, mais ayant surtout grande faute de capitaines, d'autant même qu'on ne se fiait pas fort au capitaine Saux qui avait été une fois auparavant sur le point de se révolter, bien qu'alors il eût exécuté fort dextrement sa charge ; le lendemain matin, 12 dudit mois, la cour (c'est-à-dire ceux qui maniaient le corps d'icelle à leur appétit) extrêmement dépitée, envoya soudain en poste vers le sieur de Fourquenaux, le gouverneur de Narbonne, Bellegarde, lieutenant du maréchal de Termes, Terrides, Monluc, et autres seigneurs et gentilshommes circonvoisins, les priant d'accourir avec leurs forces, et leur donnant à entendre non-seulement la saisie de la maison de la ville, mais aussi que ceux de la religion voulaient faire roi le prince de Condé, et devaient tuer tous ceux de la religion romaine, jusques aux enfants de sept ans, desquels ils avaient déjà tué et saccagé quelques-uns comme ils disaient. Semblablement ils envoyèrent à tous les magistrats des villes, communautés et villages d'alentour, leur commandant, comme de par le roi, de s'assembler en armes, et de massacrer tous ceux qu'ils trouveraient de la religion en armes ou autrement assemblés : les exhortant davantage de s'en venir à Toulouse, pour avoir leur part du pillage des biens d'iceux. Et, quant au dedans de la ville, les présidents et conseillers, armés avec leurs robes rouges, allèrent par la ville jusques à la Dorade d'un côté, et jusques à Saint-Etienne de l'autre, faisant crier de la part du roi, qu'il était loisible de courir sur ceux de la religion, et que chacun de l'Église romaine portât sur soi une croix blanche, et en marquât aussi sa maison. Ils firent aussi crier l'après-dînée que tous bons serviteurs du roi eussent à prendre les armes et se trouver en armes au palais contre ceux de la religion qu'ils appelaient séditieux et brigands. Pour commencer l'exécution de ces crimes, ils firent brûler les boutiques des libraires qui étaient aux environs du palais, avec leurs livres, sans regarder s'ils étaient bons ou mauvais, de la religion ou autres, et y en eut dès-lors plusieurs prisonniers et très-étrangement traités. Cependant, ceux de la religion qui étaient en la maison de ville et à l'entour, se tinrent cois, étant retenus par les capitouls, qui essayaient d'amener le tout à quelque composition, envoyant vers la cour pour leur remontrer que ceux de la religion protestaient de ne s'être saisis de la maison de ville que pour leur sûreté et défense et sans avoir tué ni blessé aucun, et offraient d'en sortir pourvu qu'on les assurât en quelque sorte. Et même que quatre gentilshommes de ceux qui étaient venus lors à Toulouse pour l'arrière-ban fussent sans respect ni différence de religion ordonnés capitaines avec forces convenables pour conserver les uns et les autres en paix, suivant les édits du roi. Ces offices furent approuvés par plusieurs gentilshommes mêmes qui lors étaient assemblés pour le ban et arrière-ban de la sénéchaussée de Toulouse, qui en firent le rapport à la cour, mais on ne laissa pas de passer outre. Ce néanmoins, ceux de la religion qui avaient les armes et s'étaient ainsi assemblés ne firent aucun effort pour ce jour jusques au soir que Saux, étant sorti avec quelques-uns, se rencontra avec le capitaine Monmour, lequel fut fait prisonnier : et, n'eût été que Saux le garantit et ne voulut poursuivre plus outre, les affaires se fussent mieux portées pour ce coup. Son intention était de se saisir d'une tour près de la porte du Bazaclo où il y avait grande munition; mais il y arriva trop tard, s'en étant déjà saisis ceux de la religion romaine, comme aussi de toutes les portes de la ville, hormis celle de Villeneuve, tenue avec ses tours par ceux de la religion. Le lendemain, qui fut le 13 dudit mois, dès le matin, contre tout ordre, et, notamment, outre deux arrêts du privé conseil, par lesquels il avait été défendu à la cour de prendre connaissance de l'assemblée de ville, ni de l'élection des capitouls, sinon en cas d'abus, ou par voie d'appel, et nonobstant que les capitouls de cette année-là n'eussent commis aucune faute, si ce n'était de ne s'être opposés assez vivement pour la conservation de leurs privilèges et repos de la ville, ils firent et ordonnèrent à leur appétit huit autres capitouls qu'ils savaient être de leur humeur et à leur dévotion, à savoir, Guillaume Lalleyne, bourgeois, Jean Barderia, docteur, Pierre Madron, le jeune François de St.-Félix, sieur de Clapiers, Raymond Alliés, docteur, Etienne de Rabatteux, Gaston du Pin, bourgeois, Laurent de Puibesque, sieur de la Landelle, auxquels ils firent faire le serment. D'autre part, pour amuser ceux qui étaient en la maison de ville jusques à ce que leurs forces fussent bien prêtes, ils y envoyèrent le sieur de Fourquevaux, qui était soudain arrivé avec le comte de Carning et le sieur de Langèle, pour parlementer avec eux, et savoir leur intention, comme ils disaient. Ceux-ci ayant entendu par eux que leur intention n'était en sorte quelconque de s'armer contre le roi, mais seulement pour garantir leurs vies ils avaient pris les armes, offrant de les poser pourvu qu'on les assurât de leurs concitoyens de la religion romaine, avec lesquels ils voulaient vivre en paix suivant les édits du roi, trouvèrent leurs raisons bonnes et en firent instance à la cour. Mais au lieu de les écouter, les séditieux sortirent quand et quand du palais, pour publier l'horrible carnage qui lors s'ensuivit, faisant crier en leur présence et avec leurs robes rouges au nom du roi, que tous bons catholiques et fidèles au roi eussent à prendre les armes contre ceux de la religion, pour les prendre morts ou vifs, voire les tuer et piller sans aucune merci. Après cela, les présidents de Paulo, et Latomi, et deux conseillers, s'assemblèrent au lieu où se tient la chancellerie, pour traiter de l'ordre qu'on tiendrait à exécuter leur désordre : et autres cinq ou six conseillers allèrent, criant par la ville comme enragés, qu'on tuât et pillât hardiment, leur étant permis par la cour, avec aveu du pape et du roi : et fut la copie de ce cri quand et quand, envoyée par tous les bourgs et villages circonvoisins. Alors commencèrent à sonner les tocsins par tous les clochers de la ville, voire bientôt après partout le pays circonvoisin, à quatre ou cinq lieues à la ronde. Ce qu'étant entendu, chacun peut penser quelle rage et furie s'émeut en une telle ville si grande et si peuplée de toutes sortes de gens. Tout soudain, donc, ces enragés se mirent à courir par les rues et à tuer piller et autant de suspects qu'ils en pouvaient rencontrer, s'étant une grande partie de ceux de la religion tenue avec leurs familles dont les uns n'avaient été avertis de l'entreprise faite à la hâte de se saisir de la maison de ville, les autres n'approuvaient ce fait. Plusieurs aussi n'étaient propres à porter armes et plusieurs étaient surpris de crainte. Par ce moyen, il n'y avait faute de maisons à piller, ni de personnes à tuer. Ceux qui n'étaient pas des plus enragés menaient en prison ceux qu'ils rencontraient, mais ce n'était pas sans recevoir en chemin des coups de poing, de dagues, et de pierres : puis, s'ils pouvaient venir jusques à la prison, c'était-là qu'ils recevaient mille outrages, étant la barbe arrachée aux uns, les autres chargés de coups de hallebardes, jusques à ce qu'ils fussent jetés aux crotons, enchaînés et enferrés, avec toute sorte de cruauté, par deux commis de la conciergerie, à savoir, Léonard Robin et son fils Nicolas, deux des plus méchants hommes de la France, et convaincus de toutes sortes de crimes. Les prisons donc furent tantôt remplies, de sorte qu'on les refusait aux portes, là où plusieurs furent très-cruellement massacrés. Au reste, parmi la ville, croissant toujours la furie, ceux qu'on trouvait dehors et dedans les maisons étaient mis en chemise, tués, traînés, et jetés en la rivière, ce qui fut exécuté principalement à la Dalbade et rue des Couteliers, là, où on commença la grande rage, à l'instigation d'un méchant homme nommé Faures et de Bonail, et Barrani, et Richard Nouery, conseillers de la cour. Les pauvres servantes allant quérir de l'eau étaient plongées dans la rivière, voire hommes, femmes et enfants étaient jetés en l'eau par les fenêtres ; et, si d'aventure quelqu'un arrivait à bord, là ils en trouvaient qui sans miséricorde les assommaient à coups de pierres et d'arquebuses. Les premières maisons saccagée furent celles de Teula, des Jordains, Monvert, et Teronde. Suivant cet exemple, on commença de piller et fourrager partout, voire jusques aux passants et étrangers, sans demander s'ils étaient de la religion ou non : pourvu qu'ils fussent bien vêtus, ou qu'ils eussent apparence de porter de l'argent : joint que qui avait envie d'exécuter ses vengeances n'oubliait cette occasion. Parmi ces désordres, il n'y avait que cris et lamentations épouvantables des pauvres innocents, dont les uns se sauvaient parmi leurs voisins, et autres amis, qui souventes fois les livraient entre les mains de leurs ennemis : les autres gagnaient de tout leur pouvoir la maison de ville, n'étant aisé de sortir hors la ville, d'autant que ceux de la religion n'avaient qu'une porte à leur dévotion, à laquelle on ne pouvait arriver sans passer par infinis dangers. Par ce moyen, peu à peu, la maison de ville fut remplie d'hommes, de femmes et de petits enfants inutiles à la défense et qui ne servaient qu'à empêcher et affamer les autres. Un seul, nommé Georges, gaînier, demeurant aux Couteliers, ayant avec soi dix hommes de défense, voyant telles cruautés, se résolut de se bien défendre, quoique le capitaine Monts le voulût persuader de se rendre. Et de fait combatit tellement qu'il ne fut oncques possible de le forcer : quoi voyant, les assaillants mirent le feu en la maison où lui et les siens ne moururent sans en avoir beaucoup abattu et blessé. Et fut ainsi la maison enfondrée et brûlée avec quatre petites filles entre autres qui y demeurèrent. Sur le soir, étant aperçu un pauvre couturier, sortant des trous, des cloaques de la ville sur la rivière près du vieux pont, comme il se pensait sauver, il fut empoigné, et contraint de déclarer que vingt-quatre autres s'étaient sauvés là dedans ; au lieu d'en avoir pitié, furent soudain jetées par les pertuis des cloaques tout en un coup huit ou dix pipes d'eau qui poussa dehors ces pauvres gens pleins de fange et d'ordures, nonobstant lesquelles ils furent mis en chemises et tous ensemble attachés avec le pauvre couturier, même jetés et noyés en la rivière. Pendant ce désordre de la ville, les paysans de dehors avertis dès le jour précédent, faisaient aussi tout le mal qu'ils pouvaient de leur côté, s'amassant par grandes troupes avec plusieurs voleurs et brigands et autres auparavant fugitifs ; et furent ces troupes au commencement reçues en la ville, puis après, pour être gens inutiles aux armes, peu à peu renvoyés dehors, où elles firent des meurtres et pilleries innumérables : les autres gens de guerre furent réduits sous les capitaines Boijourdain, Menmaur, Lamezan, le vieil, avec son fils, Savignac et ses deux frères, Ricard, Gardouche, Mons, Trebons, Maces, Engarrenaques, Villemagne, La Congne, Pierre del Puech, Grepiat, et le comte de Caraming. Outre cela, il y avait alors en la ville plusieurs gentilshommes du ban et arrière-ban, et s'attendaient de jour à autre les forces de Monluc, Terrides et Gondrin. Ceux de la religion, d'autre part, pensèrent à leurs affaires et firent plusieurs forts et remparts de barriques et autres choses en divers endroits, à savoir un du côté du puits appelé de Trois-Carrières : un autre devers la maison du greffier Pelissier, derrière la Pomme, un troisième à la grande rue des Changes, près le temple Saint-Rome, un quatrième devers Pécolières, vers la maison de Sacalé, un cinquième vers la tour de Narjac au coin de la rue regardant cette tour, un sixième au coin Saint-Georges, un septième au coin du côté du Bazacle, près la maison de Suberne, un huitième vers Saint-Sevrin, et un neuvième vers le collége de Périgord. Ceux de la religion romaine, d'autre côté, se fortifiaient dans les clochers des temples, et autres plusieurs maisons fortes, en divers endroits de la ville se préparant à l'assaut, au moins ceux qui ne demandaient pas mieux que de tuer et piller, étant incessamment sollicités et poussés à cela par les séditieux et sanguinaires du parlement, bien que grand nombre de notables personnages, avec une infinité de pauvre menu peuple, fendît l'air de ses cris, priant pour l'honneur de Dieu qu'on fît paix, et qu'on laissât prêcher ceux de la religion tant qu'ils voudraient, puisqu'il ne tenaient qu'à cela qu'un si horrible désordre cessât. Mais ni les sages ni les misérables n'étaient écoutés. Par ainsi, sur les dix heures du matin, commença le combat par le capitaine Lamezan, le vieil, avec son fils, suivis d'environ deux cents hommes du côté de la tour de Najac. Mais ils furent tantôt repoussés. Le semblable advint à ceux qui voulurent entrer en la rue de la Pomme et des Peroliers et de Saint-Rome. Une grande troupe alla vers la porte de Mathebuou pour la prendre, mais ils en furent aussi déchassés. Ce fait, ceux de la religion prirent un tel cœur, qu'ils se délibérèrent d'aller droit au palais où était la principale force de leurs ennemis; mais le capitaine Saux, qui avait le jour de devant parlementé avec quelques-uns des ennemis pour faire trahison, comme après il fut con-nu, rompit cette entreprise, qui eût en apparence rompu tout le dessein de leurs adversaires surpris en grande confusion et désordre. Si est-ce que finalement ce traître ne put empêcher qu'ils ne sortissent et marchassent par la ville, prenant la rue de la Pomme, toutefois sans blesser personne, jusques à ce qu'étant arrivés devant la maison de Buet, conseiller des plus malins de la troupe, des fenêtres de laquelle ils furent rudement assaillis à grands coups de cailloux et d'arquebusades, dont fut blessé entre autres très-rudement le jeune Recodère, docteur; cela fut cause que la maison fut assaillie et forcée, ayant été tué un arquebusier qui était sur le toit de la maison. Ce néanmoins, tant s'en fallut que la maison étant ainsi forcée à trop juste occasion, on usât de vengeance, qu'au contraire, à la requête de Jacques de Beruy, sieur de la Villeneuve et beau-frère dudit Buet, il n'y fut rien pris, et n'y fut blessé personne au dedans. Qui plus est, quelques écoliers de la religion y furent logés pour la garder, dont le conseiller se montra si ingrat qu'en récompense il les livra finalement pour être emprisonnés, et si rigoureusement traités que même quelques-uns furent exécutés à mort. Cadillac, maître des ports, avait braqué une pièce sur la tour de sa maison contre ceux de la maison de la ville, ce qui fut cause qu'étant braquée au contraire une pièce au plus haut de la maison du capitaine du guet il fut contraint de se rendre et sa maison avec, mais il fut sauvé par le capitaine Saux. Les choses ayant ainsi succédé, le bruit courut que ceux de la religion étaient déjà maîtres de toute la ville, qui fut cause que le comte de Carning, importuné et comme contraint par les séditieux de la cour, déjà tremblants et tout étonnés, alla audevant avec les Savignac, Monmaur, Endefielle, Gardouche, Ricaud, et autres, ayant eu loisir de s'assembler au palais, à laquelle rencontre fut tué entre autres le sieur de Penes frère, de Savignac et Ricaud, ledit comte de Carning et Monmaur blessés. Et n'est ici à oublier le fait du capitaine Ricaud, lequel ayant le jour précédent parlementé avec Cavagnes, Sepet et les Jourdanis, qui lui remontrèrent le tort qu'il se faisait de prendre les armes contre sa propre concience, fut tellement touché que s'en retournant aux Augustins où était son quartier, il ne voulut boire ni manger, soupirant et s'écriant que cette guerre était trop malheureuse, qui causerait la mort à tant de gens de bien. Sur quoi lui étant dit par quelques-uns qu'il n'allât point au combat à son regret, il répondit qu'il irait puisqu'il l'avait promis, encore qu'il sût bien qu'il lui en coûterait la vie, ce qui lui advint le lendemain, s'étant présenté des premiers. Il y eut encore une autre escarmouche, sur le soir, vers la maison du sieur de la Garde, près de Rouais, qui était de la religion, en laquelle quelques soldats de Monmaur furent tués et plusieurs blessés ; mais la Garde y fut tué aussi et quelques-uns avec lui, et ainsi passèrent les affaires, le mercredi, 13 dudit mois.

Le jeudi suivant 14, continuant les séditieux de la cour en leur furie, quoique quelques-uns leur remontrassent et nonobstant la pitié qu'ils voyaient devant leurs yeux, ayant assemblé tous leurs capitaines au palais pour les achever davantage, publièrent le pillage être accordé de tous ceux de la religion, pour les exterminer sans aucune merci : ce qui renouvela la tuerie par toute la ville, de ceux qu'on soupçonnait seulement s'être trouvés à quelque sermon, sans épargner âge ni sexe. Et d'autant que dès les quatre heures du matin, certains huissiers furent envoyés par tout le pays de Lauragues pour publier le même et donner l'alarme partout, infinis maux se commirent aussi par les champs, voire sans distinction de religion, étant même les passants mieux vêtus, et ayant contenance d'avoir la bourse garnie, surpris et massacrés sur-le-champ. Cependant dedans la ville le combat recommença, étant arrivé secours à ceux de la religion, premièrement de soixante hommes que leur amena le sieur de Souppet, cent hommes de l'Ile Jourdan, et soixante autres de Rabasteux et Verfeuil, conduits par Juvin et Codere de Verfeuil : mais tous ceux de la religion ensemble n'étaient qu'une petite poignée d'hommes au prix de leurs ennemis, qui n'étaient pas moins que de sept à huit mille. Or avaient ceux de la religion romaine dressé quatre manteaux sur roue pour arquebuser à couvert, lesquels faisant rouler par autant de rues, ceux de la religion ayant légèrement repu, fait prières solennelles et chanté un psaume, marchèrent droit contre ces manteaux qui firent un grand effort par la rue de la Pomme, et par les filatiers jusques à ce que ceux de la religion en gagnèrent un, avec deux pièces qu'ils tournèrent contre leurs ennemis, non sans perte des leurs toutefois, entre lesquels fut le sieur de Bousquet blessé d'une arquebusade en la cheville du pied. Aussi fut tué là le susdit Juvin d'un coup de mousquet venant de la maison de Bolé, marchand de la religion romaine. Et pourtant fut braquée sur la tour de la maison de ville une grosse pièce contre ladite maison de Bolé et contre le clocher des Augustins, et une autre pièce sur le portail contre les clochers des Jacobins, Cordeliers et Saint-Sernin dont venait le grand mal. Et furent aussi envoyées quelques petites pièces au collége de Périgord pour défendre ce côté-là. Par ce moyen ayant été abattu le clocher des Jacobins, avec la cloche dont ils sonnaient le tocsin, les rues furent plus libres à ceux de la religion, lesquels avertis que, par la porte du Bazacle, devait entrer grande gendarmerie pour leurs ennemis, y envoyèrent vingt-cinq soldats résolus pour gagner la porte, qui firent si bien que perçant toute la grande troupe des ennemis, ils rompirent le fort qu'ils avaient dressé et tuèrent grand nombre de larrons mariniers, et s'en retournant avec le renfort qui leur venait au-devant, se ruèrent sur les Jacobins dont le devant fut brûlé, prirent le couvent des Beguins, puis allèrent aux Cordeliers qui se rendirent finalement à eux : entre lesquels se trouva une femme habillée en cordelier, et mirent des forces par toute la rue de Percamenières jusques près du Bazacle. Ils prirent semblablement le couvent Saint-Aureux et emmenèrent dans la maison de la ville les moines de céans, et aussi les cordeliers, sans faire autre mal à leurs personnes. Car au contraire, après leur avoir donné à souper, on leur donna congé le lendemain, les ayant conduits sûrement hors la ville, excepté deux qui connaissaient Barrelles, ministre, avec lequel ils voulurent demeurer. Quant aux provisions qu'ils trouvèrent aux couvents, elles furent amenées en la maison de la ville et les reliques mêmes avec inventaire entre les mains des Capitouls. Mais il n'est à oublier que dans les prisons des cordeliers fut un pauvre moine qui avait été trouvé mis *in pace* au pain et à l'eau, il y avait déjà de sept à huit ans, pour avoir été accusé d'être luthérien. Cependant on combattait bien rudement en plusieurs endroits, s'étant jetée grande populace jusques en la ruelle qui répond auprès de la maison de Marnac, croyant regagner le couvent des Jacobins, dont ceux de la religion se réemparaient. Mais tout cela fut tantôt mis en fuite avec quelques gens de cheval qui les suivaient de loin. Ce fait, ceux de la religion craignant que de la maison de Bernoye on leur fît outrage, si leurs ennemis s'en saisissaient, y envoyèrent six soldats, lesquels conduits par un orfèvre voisin d'icelle par dessus le couvert des maisons, gagnèrent les créneaux : duquel lieu ayant crié à ceux qui étaient au-dedans, et demandé si on leur voulait faire la guerre, réponse leur fut faite par Chauvet, conseiller, par le commandement de Bernoye, président, qu'ils s'assurassent de ne recevoir aucun mal de la maison, et qu'il ne se voulait mêler d'un côté ni d'autre, de sorte qu'ils délibérèrent de s'en retourner. Mais ayant sur-le-champ aperçu que les ennemis tiraient déjà sur ceux qu'ils avaient aperçus aux créneaux, ils se logèrent à la galerie qui répond sur la grande rue des Peiroliers, tirant contre le bastion du carrefour de la Dorade, où ils en tuèrent quelques-uns et demeurèrent ces soldats en la maison jusques sur le tard qu'étant assaillis ils furent contraints se retirer vers la maison de ville. En la rue de la Pomme fut aussi baillée grande alarme et furent repoussés ceux de la religion romaine de la maison du maître des Ports et du Loup, voire poursuivis jusques à la place de Saint-Etienne. Clermont ayant sa maison près celle d'Assezat, s'en était saisi, comme aussi de celle du Prat, Alleros et autres prochaines qui étaient suspectes, et poussant plus outre avait mis garnison et autres jusques à la tour de

Najac, où il dressa une barricade. Devers le collège de Périgord il y avait un très-âpre combat, auquel tantôt les uns, tantôt les autres avaient le dessus, et fut finalement mis le feu par ceux de la religion romaine en la maison de Moran, après l'avoir pillée et saccagée, où fut tué, du côté de la religion, Sepet, le jeune.

Du côté de Saint-George, ceux de la religion firent si bien qu'ils gagnèrent le temple de Saint-George, des Augustins et de Saint-Antoine, où ils mirent garnison, après en avoir tiré plusieurs barriques tant pleines de vin que vides qu'ils menèrent en la maison de ville, comme aussi tous les vivres qu'ils pouvaient rencontrer. Sur l'heure ceux de la religion romaine en grand nombre assaillirent la porte de Villeneuve, et la tour du Salpêtre, s'avançant jusques à la maison des trois Pigeons. Mais ceux qui étaient dedans les repoussèrent à l'aide d'un canon tirant de la maison de ville droit aux trois Pigeons qui les fit départir de là pour s'avancer par les rues du Puit-Clos, dont ils furent de rechef rechassés, ayant été tiré le canon tout au travers : ce nonobstant, ils s'essayèrent derechef d'approcher par la grande rue, avec un de leurs manteaux, qui fut cause que le canon fut amené au carrefour de la Porterie, où ils furent rompus pour la troisième fois, et poursuivis jusques à la pierre, et le manteau pris et traîné en la maison de la ville, et ainsi se passa tout ce jour, jusques au soir ayant combattu sans cesse ceux de la religion par tous les endroits de leurs défenses où on leur apportait tout ce qui leur était nécessaire. Plusieurs autres actes terribles se commettaient au même instant dans les autres quartiers de la ville où n'était le combat, comme au faubourg Saint-Michel, là, où un certain nommé Amadou, homme de très-méchante réputation et ce néanmoins créé prévot par la cour, vola la maison d'un de la religion nommé la Broquière, faisant tirer le vin de la cave, qu'il fit rouler et défoncer par les places à qui en voulait. Pareillement Jean Portal, Viguier de Toulouse, bien qu'il ne se fût trouvé en ces troubles fut assiégé dans sa maison, et se confiant en l'assurance de deux conseillers qui lui furent envoyés du palais, se rendit à eux qu'ils emmenèrent avec sa femme, et peu après le firent serrer en la conciergerie dont il ne sortit depuis sinon pour aller à la mort, quelque promesse qu'on lui eût faite. Ce même jour le sieur de Bellegarde, lieutenant du maréchal de Termes, arriva avec sa compagnie de gendarmes, et pareillement celle de Terrides, lequel demeura dehors à Blagnac, comme aussi la compagnie de Monluc se tenait dehors par les chemins pour empêcher que quelque secours ne vînt à ceux de la religion, comme de fait le sieur d'Arpajon, qui avait été envoyé par le prince, comme dit a été, devait venir avec douze ou quinze cents arquebusiers ; mais il tarda trop, joint que Saux le contremanda, disant qu'il avait assez de forces pour combattre l'ennemi, soit qu'il l'estimât ainsi par outrecuidance, soit qu'il fût déjà pratiqué. Finalement sur le soir fut envoyée une lettre aux Capitouls et à Barrelles, ministre, pour faire accord : à quoi consentirent ceux de la religion, demandant seulement sûreté de leurs personnes et du reste de leurs biens avec l'observation de l'édit de janvier : ce que leur étant dénié, chacun s'apprêta pour le lendemain.

Le vendredi quinzième, le combat recommença plus furieux que jamais en plusieurs et divers lieux, auxquels fut tué entre autres le seigneur de Cotz, frère de Savignac, qu'on estima avoir été trahi d'un écolier d'Alby, nommé la Roche, l'ayant poussé à quartier de l'un des manteaux dont nous avons fait mention, lequel la Roche fut soudain pris, mené et pendu par le peuple sans aucune forme de jugement. Ce néanmoins, la vérité est qu'il fut tué par son insolence (comme il était homme fort vicieux et débordé), ainsi qu'il montrait le derrière à un prêtre de Rabasteux, portant les armes avec ceux de la religion, et qui le tua sur le champ d'une arquebusade. Ceux de la religion tiraient tout bellement les chanoinesses de Saint-Servin, et se saisirent du temple pour combattre, là, où ils se trouvèrent fort endommagés du clocher : à raison de quoi le canon fut amené en rue, comme aussi plusieurs grosses pièces furent montées au plus haut plancher de la maison de ville et aux torrions du collége Saint-Martial, lesquelles pièces étant desserrées ébranlèrent merveilleusement toute la ville. Quoi voyant les chefs de cette multitude qui s'étonnaient fort, consultèrent ensemble en la place Saint-George, où il fut conclu, avec l'avis des conseillers de la cour qui maniaient toutes ces affaires, de mettre le feu aux maisons de ladite place, et de le faire continuer jusques à la maison commune. Ce malheureux conseil fut aussi cruellement exécuté que conclu, après avoir fait défense d'y porter de l'eau, de sorte que plus de deux cents maisons y furent brûlées avec une extrême pitié et désolation, se retirant ceux de dedans de maison en maison ainsi qu'ils pouvaient. Ce jour en un autre endroit fut aussi brûlée la maison de Brun, seigneur de la Sale, qui ne se voulut jamais rendre, avec laquelle brûlèrent deux autres maisons de ceux de l'églis romaine, tellement acharnés au feu et au sang qu'ils étaient contens de se brûler eux-mêmes pour en faire autant à leurs concitoyens. Ce néanmoins, avec tout cela ils n'avançaient rien, étant toujours repoussés quand ils venaient aux approches. Ce même jour, le président de Bernoye, qui s'était tenu pour neutre en sa maison avec Chauvet, conseiller, ayant entendu le désordre qui était en la maison de la ville, d'autant que se doutant de plus en plus du capitaine Saux, chacun se voulait mêler de commander, délibéra de recevoir garnison de ceux de la religion romaine en sa maison : ce qu'il fit par le moyen de Lupis, marchand, son prochain voisin, à la sollicitation duquel le capitaine Clermont envoya quinze de ses soldats pour la garder. Mais ceux-ci, après avoir déjeuné, commencèrent de parler de tuer et piller : ce qu'entendant le président se sauva en la maison de ce voisin, et soudain fut assaillie la maison par d'autres de dehors accourant à la file, lesquels y étant finalement entrés, y firent un terrible ménage, prenant Chauvet prisonnier après lui avoir ôté jusques à ses habillements, de sorte qu'ils le menèrent tout en saie, et eut grand'peine d'échapper de leurs mains après avoir payé rançon. Et pour combler leur méchanceté, ayant trouvé céans une dame honorable de la religion, et deux siennes filles qui s'y étaient retirées le jour de devant, croyant y être en plus grande sûreté qu'en la maison de ville, ces malheureux violèrent ces deux filles en la présence de leur mère : ce qu'ils ne portèrent pas loin, car Dieu voulut qu'ainsi que ces larrons étaient après à piller et à commettre tels actes, quelques arquebusiers de la maison de la ville en ayant ouï le bruit y survinrent, qui en tuèrent six sur-le-champ et mirent en fuite le reste hors de la maison, laquelle toutefois ne pouvant plus longuement garder, force leur fut de s'en retourner à leurs gens. Par ce moyen fut cette bonne et riche maison achevée de piller, emportant, les brigands, le trésor à pleins chapeaux : ce qui affrianda tellement les soldats que le capitaine Cornet osa bien entreprendre (étant conduit par le précepteur des enfants de Pierre Delpuech, l'un des chefs des séditieux), d'entrer de furie dans la maison du président de Paulo, l'un de leurs principaux piliers, lors même qu'il vaquait au palais à leurs affaires. Mais force lui fut puis après de rendre ce qu'il y avait pris : et ainsi se passa ce jour en horrible confusion, se remplissant toujours la maison de ville et les collèges voisins, de pauvres hommes, femmes, et petits enfants, échappant du feu comme ils pouvaient.

Le samedi seizième dudit mois, il fut encore très-cruellement combattu jusqu'après-midi ; ce qui émut les capitaines de la ville qui, voyant qu'ils perdaient beaucoup de soldats, et que chaque matin ceux de la religion reprenaient ce qu'ils avaient perdu le jour de devant, commencèrent à faire signe pour parlementer. En ce parlement, après plusieurs allées et venues, finalement Fourquevaux présenta certains articles, par lesquels entre autres choses il était dit que ceux de la religion, laissant leurs armes et harnais qui étaient en la maison commune, se retireraient en paix et toute sûreté. Cela fut cause que trèves furent faites jusques au midi du lendemain, jour de Pentecôte : pendant lequel temps, bien qu'un soldat de Foix, nommé le Bigarrat, étant sorti sous la confiance des trèves, eût été pris et mis entre les mains des conseillers qui le firent pendre à l'instant ; ce néanmoins, ceux de la religion, ayant perdu toute espérance de secours et voyant que leurs vivres et les poudres ne leur dureraient plus guères, sollicités aussi par les soldats étrangers venus à leur secours qui trouvaient ces articles raisonnables, et menaçaient de s'en aller si on ne les voulait accepter, résolurent de partir le lendemain au soir. Suivant donc cette résolution, le matin venu du dimanche dix-septième, la cène fut faite avec larmes et prières solennelles, durant lesquelles le trompette de la ville monta au plus haut de la maison commune et chanta psaumes et cantiques entendus par toute la ville. Le soir venu, la confusion fut grande au sortir, les uns croyant se sauver en la ville par divers moyens, les autres étant sortis, et aussitôt épiés et assaillis, nonobstant la composition et la foi donnée tant par les capitaines que par le parlement. Les Jordanis et le Comte, jeunes hommes de la ville, se croyèrent sauver, se mettant parmi ceux de l'église romaine de leur connaissance, mais ils furent incontinent découverts et emprisonnés, comme aussi plusieurs autres. Il en prit mieux aux écoliers qui furent reçus et garantis par leurs compagnons, nonobstant la diversité de religion. Mais il advint qu'un écolier d'Alby, nommé la Roche, demeurant devant la maison du greffier criminel, nommé du Tournier, bien qu'il n'eût bougé de ce jour de son logis et ne fût de la religion, fut pris toutefois, et, par le faux témoignage dudit greffier, qui rapporta qu'il était méchant huguenot, et qu'il avait voulu séduire ses enfants, fut livré entre les mains du prévôt Amadon, qui le fit pendre et étrangler sur-le-champ. Ceux qui sortirent hors la ville par la porte de Villeneuve, à la faveur de la nuit, petits et grands, jeunes et vieux, eurent diverses rencontres, qui furent cause que, s'étant écartés en plusieurs bandes, ils furent tant plus aisés à être endommagés par leurs ennemis, les aguettant. Le premier qui les vint charger avec quelque cavalerie fut Savignac, qui en tua ce qu'il put, disant qu'il vengeait la mort de ses frères. Il y en eut d'autres pillés et tués vers le Colombier, et Verfueil, où ils étaient aguettés par ceux des villages et villes d'alentour, émus par le tocsin sonnant de toutes parts. Ceux qui purent échapper, les uns blessés, les autres échappèrent comme Dieu voulut, et furent reçus pour la plupart dans les villes de Montauban, Puylaurens, la Vaur et Castres : entre lesquel étaient quatre capitouls, l'un desquels ayant pris la poste pour aller avertir le roi de tout ce qui s'était passé, fut tellement intimidé qu'il changea de chemin, comme aussi quelques-uns des autres, qui se sauvèrent finalement en Allemagne. Le capitaine de la Sauté, envoyé le lendemain pour reconnaître ceux qui avaient été tués par les chemins, rapporta en avoir trouvé depuis Saint-Roch jusques aux justices, cinquante-trois morts, qui étaient déjà à demi mangés des chiens. La commune opinion est qu'en toute cette sédition il y mourut de trois à quatre mille personnes, tant d'une part que d'autre. Cependant ceux de la religion romaine, avec la plus grande furie qu'il était possible, se ruèrent contre la maison commune, criant : vive la croix, où ils trouvèrent le capitoul Mandinelli, ayant mieux aimé se confier en son innocence que suivre la troupe avec quatre de ses compagnons, lequel ils traînèrent aux prisons avec toutes sortes d'outrages. Ils y trouvèrent aussi le capitaine Quaux, en un croton, les fers aux pieds, où il avait été mis comme chargé de trahison, lequel aussi ils amenèrent à la conciergerie. Quelques moines aussi furent trouvés en quelques chambres, qui furent élargis et renvoyés en leur couvent. Ils trouvèrent davantage plusieurs lettres missives, rôles, mémoires et procédures de justice, comme procès-verbaux et inquisitions que les capitouls avaient faites contre quelques conseillers et autres séditieux, qu'ils déchirèrent et brûlèrent, comme aussi tous les papiers concernant ce que les capitouls avaient en leur charge et qui leur pouvait servir pour faire apparoir de leur innocence et justification, usant les conseillers de telle et si apparente animosité et cruauté, que même ils firent pendre les greffier et notaire qui avaient écrit et signé les actes : et après avoir cruellement géné Mandinelli, sur lequel ne trouvèrent autre chose que plusieurs des dits procès-verbaux et actes, le firent exécuter à mort six semaines après.

Le lundi suivant, dix-huitième du mois, Monluc arrivé fit aussitôt mettre par terre et brûler le temple de ceux de la religion, avec un tel désordre que trois ou quatre des exécuteurs de cette ruine y furent tués et plusieurs blessés. La confusion n'était moins étrange par toute la ville, ayant été par arrêts du parlement déclarés traîtres, convaincus de crime de lèse-majesté, et condamnés à la mort tous ceux qui avaient porté les armes en la maison de ville, donné faveur ni secours quelconque au prince, ou qui auraient été du consistoire. Chacun donc commença à les rechercher, battre, rançonner, meurtrir, voire jusques à ce point, que plusieurs de l'Église romaine y furent aussi tués par leurs compagnons, les uns pour être suspects, les autres pour querelles particulières : entre lesquels eût été compris Jacques Alef, médecin piémontais, s'il n'eût été reconnu par les conseillers de la Tournelle, devant lesquels il fut mené avec grande rudesse, et pareillement le recteur Series, officialiste, quelque prêtre et officialiste qu'il fût, n'eût été Pierre Delpuech, qui le reconnut et sauva. Les rues donc furent tantôt semées de pauvres personnes meurties, et les prisons remplies de toute sorte de gens traités si inhumainement que plusieurs y moururent, n'ayant jamais pu obtenir d'être élargis pour se faire panser. S'il y avait horrible désordre en la ville, il n'était pas moindre aux champs, courant les soldats aux métairies de ceux de la religion, et tuant les uns, et amenant les autres prisonniers à pleines charretées, lesquels ils allaient rechercher et découvrir entre les paysans et ouvriers même, parmi lesquels se trouvèrent plusieurs déguisés.

Il serait impossible de réciter les désordres qui se firent dans les pillages et captures depuis le soir du dimanche jusqu'au jeudi suivant. Mais nous en ferons seulement quelque sommaire. La maison du président de Bernoye, pleine de grandes richesses, fut pillée; puis celle de Chauvet et Caulet, conseillers de la cour, de la Myeusseux, Jordani Lamyre, Cati, Idriard, conseillers du Sénéchal et présidial d'Antoine Ferrier, du Viguier Portal, du sieur de Marnac, de nos sieurs de Malrifique, de Montdozil, de Grateux, et les huit capitouls, de Teronde, Fabri, Petri, Captan, Auvet, Boniol, avocats des deux prévôts, Serrapi, Dumazel, procureurs, de Ferrier, Duranti, Caiare, Montvert, Brosse, médecins, et celles des plus estimés apothicaires : comme aussi de Etienne Ferrières, Jean Baille, Gabriel du Sel, Gilles Chamaion, Denis Baillet, Ducros, et autres infinies de toute qualité. Car si un mari avait une femme de la religion ou une femme un mari, rien n'était épargné, voire le père souffrait pour la religion du fils, et le fils pour la religion du père. Massaucal, premier président, fut garanti par son fils qui se fit capitaine de ceux de l'Eglise romaine, lequel aussi préserva du Bourg et Cavagnes, ses beaux frères. Le président du Faur fut fort menacé, mais la faveur de la noblesse l'exempta de cet orage. Coras, conseiller renommé, eut un bon ami, à savoir le sieur de Fourquenaux, lequel eut grande peine de le sauver d'entre les mains du peuple qui l'appelait le ministre de la cour, et ne tint pas à un très-méchant homme, Marc Antoine, avocat et fils d'un juif d'Avignon, qu'il ne fût même massacré, ou pour le moins emprisonné et exécuté comme les autres, ayant bien été si méchant et ingrat, qu'après avoir de long-temps fait semblant de suivre la religion, voyant ces troubles, non-seulement il quitta la religion, mais aussi se déborda jusques à déposer choses très-fausses contre Coras, les Perrières et Caulet, conseillers, auxquels il était tenu de son avancement. Mais Dieu voulut que cela offensa tellement plusieurs conseillers, même des plus ennemis, voyant son ingratitude et la fausseté de son témoignage, qu'il fut en danger lui-même d'aller à la conciergerie. Or, bien que le peuple ne fût que trop ému à chercher les hommes jusques dans les maisons, si est-ce que rien n'était oublié outre cela par la cour de parlement ni par le clergé, à ce que tout fût exterminé. Les ecclésiastiques donc firent publier un monitoire, conjoint avec grandes exhortations des curés et vicaires et autres prêcheurs, de révéler, sous peine d'excommunication et de damnation éternelle, tous ceux qu'ils sauraient pour certain, ou par ouï dire, avoir donné faveur, conseil ni aide à ceux de la religion, desquels les noms étaient apportés au tablier du greffier de l'archevêque, qui puis après les envoyait à la cour. Par ce moyen une infinité de gens de toutes qualités furent rendus criminels. Le voisin qui avait pillé, craignant de rendre, portait faux témoignage contre celui duquel il tenait le bien ; l'ennemi déposait faussement pour se venger ; le débiteur était témoin contre le créancier, ou bien le menaçait à outrance pour avoir sa dette, et n'était pas seulement loisible d'avoir quelque compassion des misérables sans se mettre en très-éminent danger, mais fallait être enragé ou faire de l'enragé, jurer et blasphémer avec les autres. La gendarmerie, d'autre côté, commençait déjà à maîtriser, méprisant tous commandements ; les soldats contrefaisaient les capitaines, les capitaines faisaient des rois. Cela fut cause que les plus mauvais de la cour de parlement, craignant ceux-là qu'eux-mêmes avaient mis en besogne, ne cessèrent qu'ils ne les eussent mis dehors à tel prix qu'ils voulurent, contraignant le trésorier du roi de fournir de trente à quarante mille livres, sous caution toutefois de quelques bourgeois, pour contenter les gens de guerre. Mais en sortant ils furent aussitôt départis et épars comme s'ensuit, afin de faire ailleurs comme ils avaient fait en la ville. Monluc et Terrides tirèrent à Montauban, en délibération de ruiner tout. Fourquevaux s'en retourna à Narbonne, pour dresser, avec Joyeuse un camp contre Beziers. Mirepoix le jeune, Enguarrevaques et autres allèrent à Limoux avec Ouvrier et Rudelle, conseillers et commissaires députés contre cette pauvre ville, là, où fut exercée toute cruauté, comme il sera dit en son lieu. Adonc ceux de la cour, étant maîtres tout seuls, commencèrent à exercer leurs vengeances d'une étrange façon, ayant déchassé de leur compagnie non-seulement les suspects jusques au nombre de vingt-deux, mais aussi quelques-uns qui ne leur semblaient assez enragés, auxquels Dieu fit cette grâce, par ce moyen, de n'être coupables des horribles cruautés et méchancetés qui furent lors commises sous couleur de justice, desquels les noms s'ensuivent : Michel du Faur, président en la cour, Jacques de Bernoye, président aux enquêtes, Guillaume Collet, François Ferrières, Thomas Latiger, Jean Persin, Pierre Robert, Jean Coras, Gabriel du Bourg, Jean Cavagnes, Sean de l'Hôpital, François Chauvet, Guillem Donjat, de Costa, Raymon, Ferrier, Charles du Faur, Berbinier, du Pins, de Nos, Resseigner, et de la Myeusseux, Condos : et s'il y avait quelques-uns de ceux qui étaient restés qui voulussent amener les choses à quelque équité et raison, il était soudain rembarré, surtout par ce monstre Latomi, président, de sorte qu'il fallait se taire. Davantage, ayant fait appeler à trois briefs jours les capitouls absens, étant lors en office, ils en créèrent de nouveaux, avec puissance de faire pendre sans appel : ils étendirent aussi la juridiction du prévôt Amadon, homme du tout méchant et écervelé, jusques sur les habitués et domiciliés de la ville, lequel en moins de deux ou trois jours en fit pendre plus de soixante, et même entre autres un petit garçon de douze à treize ans, venu de Montauban, lequel étant sur l'échelle, sommé de dire l'*Ave Maria*, s'excusa disant qu'on ne le lui avait pas appris, et ce néanmoins fut exécuté. Finalement ils ordonnèrent que la grande chambre et la Tournelle vaqueraient, toutes choses cessantes, aux procès des criminels, pour la capture desquels outre ceux qui étaient déjà dans les prisons, les plus passionnés conseillers s'étaient départis la ville par rues, allant même de porte en porte pour chercher des témoins, selon qu'ils en avaient besoin pour exécuter leur dessein. Et parce qu'il était besoin d'avoir en main de l'argent pour ces poursuites et exécutions, et nommément pour la guerre qu'ils faisaient hors la ville en plusieurs lieux, ils firent un rôle des prévenus présents et absents, lequel ils envoyèrent avec commandement d'expédier tous actes d'acquisitions, contrats et dettes appartenant aux dits enrôlés, contraignant les detteurs de payer la teneur de l'instrument délivré par les notaires. Par ce moyen plusieurs furent contraints de payer deux fois s'ils ne montraient leurs quittances, et plusieurs, tant de créanciers que des detteurs, détruits. Quant aux exécutés à mort, depuis ce mois de mai jusque au trépas du duc de Guise, ils furent de trois à quatre cents, dont nous nous contenterons de coter les principaux.

Des premiers exécutés à mort le dix-huitième de mai, furent pendus Chaulay, diacre de Sainte-Foi, Batard, diacre.

Nicolas Boche, trompette et crieur public de la ville, auquel étant remontré qu'il dit *Ave Maria*, il répondit d'un visage assuré : où est la bonne dame? que je la salue ; puis ayant regardé çà et là, dit : elle n'est pas ici, elle est au ciel, où je la vais trouver, et sur cela mourut constamment.

Le dix-neuvième, furent pendus, l'héritier de Hermi de Rabasteux, Martin, greffier de la maison commune, et un libraire de Paris, nommé Pierre du Puis, à la sollicitation de Pierre de Gargas, pour ne pas rendre une mallette bien ferrée qu'il avait à lui.

Le vingtième, un vicaire de la paroisse Saint-George, et Bondeville, imprimeur.

Le vingt et unième, Bonafous, procureur en la Sénéchaussée, pour avoir seulement contribué un écu aux pauvres et pour réparer le lieu où prêchait le ministre, Jean Portal, viguier, fut décapité comme convaincu de trahison, boutement de feu, massacres et pilleries, bien que notoirement il n'eût bougé de sa maison, comme il a été dit ci-dessus : Santerre, le Comte, docteur et les deux Jordanis, frères, décapités ; le capitaine Saux fut mis en quatre quartiers tout vif, et par ce moyen payé par ceux-là même qui l'avaient mis en besogne de la trahison qu'il confessa, et mourut ce néanmoins en la religion, confessant ses fautes et refusant de se confesser aux prêtres.

Le vingt-deux, la Mothe gentilhomme et collégial de Sainte-Catherine, avec un libraire, neveu de Vascosan, imprimeur de Paris, Garrigues et Legat, soldats.

Le vingt-trois, Jean Brun, dit le Loup, marchand, demeurant à la Pomme, Antoine Brun, seigneur de la Sale, capitoul de l'année 1561, et le bâtard de Colommiers.

Le vingt-cinq, furent pendus un maître Denis, solliciteur, et un diacre de Villepinte en Lauragues.

Le vingt-six, Jean de Nos, seigneur d'Orinal et de Malsifique, capitoul de l'année 1561, trouvé dans le couvent des Nonnains de Saint-Servin, dites chanoinesses, par Nicolas Dispania, avocat, qui s'employait volontiers à telles exécutions, fut mené aux prisons, tout malade qu'il était, et soudain condamné à avoir la tête tranchée.

Le vingt-sept, Manaut Boniol, docteur ès-droit, lequel pressé sur l'échafaud de dire l'*Ave Maria*, répondit qu'il n'était pas l'ange Gabriel, fut décapité avec le capitaine Pompertusat.

Le vingt-sept, Branconner, libraire, son serviteur, un pelissier, Raudanne, sergent du guet, et quatre soldats pendus.

Le trente, furent pendus deux soldats, et un caporal décapité.

Jean Teronde, avocat, homme grandement renommé pour son savoir et intégrité, et même révéré des plus adversaires, se trouvant bien fort malade devant et durant ces troubles, prié de sortir hors la ville par le comte de Caraman qui lui offrait toute sûreté, se fiant en son innocence, se retira chez Guillemot, conseiller en parlement, son voisin, lequel un peu auparavant et sur la prise de la maison de ville, croyant que ceux de la religion eussent le dessus, s'était sauvé en la maison dudit Teronde avec sa femme et ses enfants qui l'avait humainement reçu. Ce néanmoins, ce malheureux et ingrat ne fit conscience, bien qu'il le sût innocent de tout ce qui était advenu, de l'envoyer en prison, là où étant enquis et ne se trouvant chargé en sorte quelconque, hormis d'avoir baillé cinquante écus pour les pauvres, sur ce néanmoins condamné à être décapité : et lui fut l'arrêt lu le plus étrange qui fut onques prononcé par Bonail, conseiller en la forme que s'ensuit : Monsieur Teronde, la cour par le discours de votre procès ne vous a trouvé aucunement coupable ; toutefois, d'ailleurs, très-bien avertie de l'intérieur de votre conscience et que vous eussiez été très-aise que ceux de votre malheureuse et réprouvée secte eussent eu la victoire (comme aussi vous les avez toujours favorisés), vous condamne à perdre la tête et à être confisqués vos biens sans nulle détraction. Teronde, oyant cet arrêt, loua Dieu, disant : j'aime mieux mourir innocent que coupable, puis exhorta sa femme à craindre Dieu, à suivre sa parole et faire instituer en icelle ses enfants. Etant sur l'échafaud, il fit confession de la foi fort constamment, et dit qu'il estimait telle condamnation lui être échue d'autant qu'ayant eu la connaissance des abus de l'Eglise romaine dès quarante ans, il avait trop long-temps dissimulé la vérité, dont il criait merci à Dieu. L'auteur de ce tant inique jugement fut l'un des plus méchants et malins hommes qui naquit jamais, à savoir Pierre de la Coste, juge de Montpellier, haïssant à mort Teronde sans occasion et seulement pour ce qu'ayant cédé son état, Teronde avait été nommé entr'autres par ceux de Montpellier.

Le second dudit mois, furent pendus sept soldats.

Le troisième, six soldats et deux autres avec l'hôte Sainte-Barbe, Tubef, consul de Saint-Suplice, le poiseur de la ville, et un autre.

Le quatre, furent pendus deux soldats.

Le cinq, trois soldats pendus et Pierre Nantaire, gentilhomme, capitaine du guet, décapité et mis en quatre quartiers.

Le six, furent fouettés trois Augustins pour ne vouloir renoncer à la religion et ne rentrer en leur couvent et un autre Augustin pendu. Pareillement, Guillem Fabri, clerc audiencier, après avoir été par trois fois cruellement gêné, pour le contraindre d'accuser du Faur, président, Caulet, Corax, Ferrières, Cavagnes et autres conseillers de la cour, comme s'ils eussent aidé à la saisie de la maison de ville, fut pendu à un arbre devant le palais, après avoir préalablement déchargé les dessusdits, et comme il voulait amplement déclarer comme on l'avait traité et contraint de les accuser, Tournier, greffier criminel, cria tout haut au bourreau qu'il le jetât, pour empêcher la connaissance de la vérité.

Le treize, un soldat pendu et un autre décapité.

Le seize, Mandinelli, capitoul, lequel, se confiant en son innocence, n'avait voulu sortir de la ville avec ses compagnons, fut mené avec la robe de la livrée en la maison commune où il fut dégradé, puis décapité à la Dorade, bien qu'il fut de la religion romaine, et deux autres pendus.

Le dix-sept, furent pendus l'apothicaire du Salin, nommé maître Giles, et un solliciteur, nommé l'Epinasse.

Le dix-neuf, fut pendu un libraire et un diacre de Puylaurens, décapité, décapité un passementier, et un écolier de Bourges, nommé l'Etrille, pendu.

Le vingt, le ministre de Mazères, fut brûlé tout vif.

Le vingt-cinq, deux hommes pendus.

Le vingt-sept, à la sollicitation du président Lectomi, Pierre de Ferrières, honorable marchand, étant de retour de Genève, où il avait longtemps demeuré, fut pendu comme coupable de la sédition, bien qu'il en fut notoirement innocent : fut aussi pendu François Calvet, autrefois official de Montauban, et un libraire nommé Pierre des Champs. Le dernier de juin, fut pendu un nommé Josse, jadis Jacobin. Le quatre juillet, un diacre de Mazères décapité, qui avait été prêtre, et le jour précédent, entre neuf et dix heures du soir, furent vus au ciel trois lunes en forme de croissants, contiguës et nouées aux extrémités. Le six, Jean Ferrier, avocat, pendu, et Raimond Joubert, conseiller au siège présidial, décapité. Le huit, un bonnetier, nommé Faraon, pendu. Le pénultième dudit mois, par arrêt de la cour, furent pendus en effigie, par contumace, en la place Saint-George, les sept capitouls de l'année, absents, n'ayant comparu, et leurs biens confisqués au roi, sauf à déduire cent mille livres pour les dommages et intérêts de la ville, étant ajouté à l'arrêt qu'il serait mis un tableau de marbre en la maison commune, où seraient engravés les noms des dits capitouls, leurs enfants déclarés inhabiles de porter titre de noblesse, et d'avoir jamais état public; et que finalement cet arrêt serait lu tous les ans en présence du peuple, pour en rafraîchir à jamais la mémoire.

Le dernier dudit mois, fut pendu le gendre de Boudeville, imprimeur, qui avait par mégarde tué le sieur de la Garde, en l'assemblée, comme il a été dit ci-dessus.

Le premier d'août, fut décapité Tatoy, avocat.

Le quatre, quatre furent pendus et un fouetté.

Le six, fut décapité un sergent du guet, nommé Gueyne.

Le douze, un soldat, nommé Trésues, décapité.

Le quatorze, la femme d'un nommé Mathelin le Haubois. Taillefon eut la langue coupée, puis fut pendu et mourut fort constamment.

Le dix-sept février, un sergent du Viguier fut pendu.

Le dix-huit, un libraire et un sien fils, pendus.

Le vingt-sept, quatre pendus.

Le vingt-neuf, la femme de la Broquière, solliciteur, fut menée avec un baillon, puis pendue; mais le peuple voyant qu'elle ne voulait aucunement consentir à aucun acte de la religion romaine rompit la corde : et étant encore vive, après avoir reçu infinis coups de pierres, fut brûlée toujours invoquant Dieu avec une constance admirable, et un orfèvre, nommé Bataille, pendu.

Le deux septembre, Peyrolet, sergent du Viguier, pendu, deux flétris et envoyés aux galères.

Le cinq, Pierre Asquet et Montauban, sergens du guet, décapités.

Le onze, Barrelles ministre, traîné en effigie et brûlé à la place Saint-George.

Le douze, un nommé Moulins, décapité.

Le vingt-deux, un de Roquezière, décapité.

Un autre envoyé aux galères après avoir eu la langue percée.

Le vingt-quatre, Villiers, assesseur des capitouls, décapité pour s'être mêlé du procès fait aux prêcheurs séditieux dont il a été parlé : un jeune enfant âgé seulement de seize ans, excellent peintre pour son âge, nommé Jean le Page, eut la langue percée, fut étranglé et brûlé et un nommé Gravot, pendu.

Le vingt-six, le Viguier de Saint-Inac fut décapité et mis en quatre quartiers.

Le six octobre, Cressac, diacre de Puy la Roque, pendu.

Le dix, Julien Suau, chausserier, pendu.

Le quatorze, un blancher, décapité.

Le dix-sept, un prêtre et un autre pendus.

Le vingt, le capitaine de Millau, dit de la Pierre mis tout vif en quatre quartiers, et la femme de Guyon Boudeville, pendue.

Le vingt-sept, nonobstant l'abolition générale envoyée du roi, Tabart et Guiral, notables avocats, décapités.

Entre ces exécutés les uns se montrèrent constants jusqu'au bout, desquels plusieurs furent menés au supplice, ayant le baillon en la bouche, étant surtout irrités les juges de ce qu'encore qu'on les séparât et les mit aux crotons, ils ne laissaient de prier Dieu ordinairement à pleine voix pour se faire ouïr, s'entrerépondre et consoler. Les autres plus infirmes et mal instruits faisaient ce que voulaient les prêtres, et avaient ce passe droit qu'on enterrait puis après les corps dans les temples et cimetières.

Plusieurs aussi moururent dans les prisons, les uns à force de gêne et par mauvais traitement : entre lesquels furent le sieur de Marnac, Petri avocat, et Roland, prévôt procureur en parlement et plusieurs autres : comme aussi la peste en tua plusieurs, au lieu qu'on retira de la prison les autres prisonniers pour autre cause que pour la religion. Entre ceux-là ne sont à oublier tous ceux qui avaient été saisis et condamnés aux galères pour la sédition de Saint-Sauveur, auxquels, comme aux plus détestables brigands et larrons, les prisons furent ouvertes à condition de faire la guerre à toute outrance à ceux de la religion, de sorte qu'un voleur insigne et convaincu par bons témoins, même de la religion romaine, d'avoir tué de sa main et volé de guet-apens de quarante à cinquante personnes, fut élargi à ces enseignes.

Outre tous les exécutés montant environ à deux cents et autres tués et massacrés par la ville, il y en eut près de quatre cents de condamnés par contumace de toutes qualités, tant des habitants de la ville, que plusieurs seigneurs et gentilshommes du ressort du parlement : et grand nombre de prisonniers restant : et pour ce que, par l'autorité de la dite cour, la guerre aussi se démenait en plusieurs lieux, et nommément à Montauban, comme il sera amplement dit ci-après (ce qui ne se pouvait faire sans grands frais, joint que ceux qui tenaient Montauban assiégé menaçaient de se retirer si on ne leur envoyait argent), la cour, c'est-à-dire ceux du parlement qui gouvernaient tout à leur poste, s'avisa de donner un très-cruel arrêt du vingt août, à l'exemple d'un autre donné à Paris, duquel la teneur s'ensuit :

« La cour, attendu les notoires et obstinées rébellions, séditions et proditoires invasions faites et attentées et pertinacement continuées pour plusieurs tant habitants que forains dévoyées de notre sainte foi catholique et la fidèle sujétion et obéissance dûes au roi, notre souverain seigneur, retirés dans les villes de Toulouse, Montauban, Castres, Béziers, Montpellier, Nîmes, Lectoure, Villefranche de Rouergue, Millaut, Villeneuve, Pamiers, Limoux, qu'autres villes, lieux, bourgades et château du ressort de ladite cour : et vu plusieurs inquisitions et procédures faites sur lesdites rébellions et perditions, et sur les violentes invasions des églises et monastères, et exécrables fractions des croix, autels, reliquaires et images, et vu les requêtes sur ce baillées par le procureur-général du roi, a déclaré et déclare tous ceux rebelles et ceux qui en ce leur ont donné secours, faveur, conseil et aide, par armes ou subvention de vivres, munitions, et argent, ou qui ont invadé, forcé, pillé et saccagé les maisons, villages et lieux des catholiques, avoir commis crime de lèse majesté divine et humaine, et être ennemis du roi et royaume de France : et déclaré tous et chacun leurs biens acquis et confisqués au roi, sauf les détractions qui seront ordonnées par la cour tant pour la satisfaction des parties intéressées, que restauration des églises, lesquelles seront réintégrées des reliquaires et autres ornements pris, volés et dérobés, et les croix et oratoires et autres images brisées, cassées et rompues seront refaites et remises au premier état et dû ; et à ce faire et souffrir seront contraints ceux qui pour ce feront contraindre par toutes voies dues et raisonnables ; et fait icelle cour inhibition et défense à toutes personnes, de quelque qualité et condition qu'elles soient, de porter ou envoyer vivres, argent ou armes ni autres choses quelconques dans les lieux dont lesdits rebelles se sont emparés, sur les peines ci-dessus contenues. Et sur mêmes peines prohibé et défendu faire de privée autorité levée de gens en armes et à ces fins dépêcher commission ou mandement ; et à tous gentilshommes et autres d'accepter telles charges, ni en vertu d'icelles s'enrôler, si ce n'est par commission spéciale, où lettres patentées du roi, ses lieutenants, ou par autorité de ladite. Ordonné en outre que tous ceux qui seront trouvés faire assemblées sans mandement et autorité que dessous, ou seront trouvés saccageant ou pillant églises ou maisons, et qui suivront et accompagneront ceux qui feront les dits pillages et saccagements, seront défiés et défaits, taillés et mis en pièces, suivant les édits publiés en ladite cour par ordonnance du feu roi François premier de ce nom et arrêts sur ce donnés. Ordonné aussi que tous prédicants, ministres, diacres et autres officiers de la nouvelle et prétendue religion seront pris au corps, en quelque part qu'ils puissent être trouvés et appréhendés, comme criminels de lèse majesté divine et humaine, séditieux et perturbateurs du repos et tranquillité publique, pour être comme tels punis. Si a prohibé et défendu à toutes personnes, de quelque condition qu'elles soient, de les recéler sur les mêmes peines. Et attendu qu'il y a des personnes ecclésiastiques, tenant bénéfices et autres biens et dignités en l'église, qui notoirement sont dévoyés de la foi et religion catholique, et tiennent opinion et secte contraire à icelle, servant de mauvaise doctrine, séduisant le peuple à suivre la nouvelle secte d'hérésie, convertissant les deniers de l'église à l'expugnation d'icelle, eux rendant indignes desdits bénéfices, faisant actes contraires à leur profession, la cour a ordonné et ordonne que le revenu et temporel desdits bénéfices et dignités ecclésiastiques, possédés par ceux qui se sont trouvés avoir commis les dits crimes étant dans le ressort seront saisis à la requête du procureur-général du roi, et mis entre les mains des commis non suspects d'hérésie, ressant et solvables, lesquels feront dire et célébrer le service divin par gens de bien, capables et suffisants, paieront les aumônes et autres charges et devoirs, et le surplus des fruits et revenus des dits bénéfices, les dits commissaires tiendront et garderont sous la main du roi et de la dite cour, pour être employés au paiement et satisfaction des frais faits et exposés à la poursuite des dits séditieux et rebelles, et aussi en œuvres pitoyables à l'ordonnance de la dite cour.

« Et sera le présent arrêt lu et publié à son de trompe et cri public par les carrefours de cette ville et faubourgs d'icelle, enjoignant à tous sénéchaux, juges ordinaires, consuls et autres magistrats du ressort de le faire publier, tant en leurs dits sièges et auditoires, qu'à son de trompe et cri public et lieux accoutumés, afin qu'aucun n'en puisse prétendre cause d'ignorance, et néanmoins icelui faire garder et observer et contre les contrevenants procéder à telle punition exemplaire qu'il appartiendra, à ce que l'obéissance en demeure au roi et à justice. Prononcé à Toulouse en parlement, le vingt août 1563, et publié le lendemain vingt et un du dit mois par les rues et carrefours accoutumés du dit Toulouse. »

Cet arrêt fut une ouverture pour continuer les grandes exactions qui furent faites tant sur ceux de la religion qui étaient absents, que sur les orphelins des exécutés. Mais d'autre part cela fut cause que finalement quelques-uns des absents, voyant qu'ils étaient traités de mal en pis et que le reste des prisonniers était en évident péril de n'avoir meilleur traitement que les autres, s'adressèrent au roi, duquel ils obtinrent lettres d'abolition telles que s'ensuit.

« Charles, par la grâce de Dieu, roi de France, à tous présens et à venir salut. Comme ainsi soit que l'édit par nous fait, en janvier dernier, pour appaiser les troubles et émotions survenus en notre royaume plusieurs de nos sujets habitants de notre ville de Toulouse qui avaient suivi la nouvelle religion, pour ce qu'on leur avait fait entendre que c'était la seule voie de salut, se sont incontinent rendus obéissants et fait leurs assemblées hors ladite ville, ne désirant autre chose que servir à Dieu et à nous en toute modestie, et pour l'exercice de ladite religion aient appelé des ministres en plus grand nombre qu'ils n'avaient auparavant, iceux nourris et entretenus en leurs maisons, se trouvant ordinairement aux prêches et exhortations, prières et autres exercices qu'ils ont accoutumé, même communiqué et participé à leurs sacrements, et quelques-uns d'être eux pris des charges et états de leur religion, ou police par eux appelés diacres, surveillants et autres, et se seraient trouvés en leurs conseils, synodes et consistoires, tant en ladite ville que autres lieux circonvoisins toujours paisibles et sans troubles, jusques à ce qu'ayant entendu que ceux de l'ancienne religion auraient fait en quelques villes et lieux d'alentour plusieurs forces et violences et meurtres contre ceux qui n'étaient de leur dite opinion, et qu'on s'apprêtait de leur faire le semblable, se seraient retirés à nos officiers à Toulouse, lesquels, pour obvier auxdites entreprises, leur auraient permis avoir et tenir pour leur défense quelque nombre de gens en armes, ce qu'ils auraient fait. Ce nonobstant auraient été assaillis et plusieurs d'entr'eux meurtris au mois d'avril par ceux de l'ancienne religion avec lesquels depuis ils seraient venus en accord et promis de laisser toutes forces et de vivre suivant l'édit, ce que ceux de l'ancienne religion n'auraient observé, ainsi auraient fait venir et entrer secrètement grand nombre de soldats étrangers qu'ils auraient logé aux églises et autres maisons de ladite ville, attendant l'occasion de faire ce qu'ils ont fait depuis; pendant lequel temps ceux de ladite nouvelle religion craignant leur entreprise, et d'ailleurs entendant le bruit qu'on faisait courir que nous et notre très-honorée dame et mère étions détenus en captivité et que, pour nous délivrer, plusieurs de nos sujets auraient pris les armes et se seraient emparés de plusieurs villes principales de notre royaume, se seraient volontiers cotisés et contribués à l'entretenement de la guerre, qui était dressée, pensant que ce fût pour notre service, et satisfaire à l'obligation qu'ils ont à nous : et par même moyen auraient contribué à quelques frais et charge de ladite religion, aussi se seraient contenus jusques à ce que, voyant journellement ceux de ladite ancienne religion se fortifier d'armes et de gens, ils auraient pareillement fait venir quelque nombre de soldats pour leur défense : toutefois, depuis plusieurs d'entr'eux par effroi, ou bien ne sachant autre moyen de se défendre, se seraient jetés de nuit dans la maison commune dudit Toulouse où ils savaient qu'étaient les armes et munitions d'icelle, et en quelques autres maisons d'alentour, qu'ils avaient occupées et essayé de se fortifier, tellement que, pour menaces qu'on leur faisait, et quelque commandement qu'on leur pût faire par nos officiers, ou par autres de notre cour de parlement, au lieu de se rendre et laisser les armes, ils ne l'auraient voulu faire que ceux de ladite ancienne religion de leur part ne fissent le semblable entretenant l'édit, jusques à ce que nous avertis du tout y eussions pourvu; et que ceux de l'ancienne religion n'auraient voulu faire, mais à son de tocsin, tant en ladite ville que villes et villages de sept ou huit lieues à l'entour se seraient assemblés en armes et couru sur ceux que bon leur semblait, les chargeant être de ladite religion, lesquels, de leur côté, se seraient mis comme auraient pu en défense, et au conflit et tumulte auraient été commis d'une part et d'autre plusieurs meurtres et d'autres excès, et mis le feu en plusieurs maisons, continuant ladite sédition par plusieurs jours, durant lesquels plusieurs de ladite nouvelle religion seraient sortis de ladite maison de ville, et couru jusques à quelques églises et couvents, desquels ils auraient chassé les prêtres et religieux, rompu les images, croix et autels, pris les reliquaires, joyaux et ornements et emportés de ladite maison commune, en laquelle ils se seraient retirés et aux environs, s'entrebattant de jour et de nuit jusques à ce que, voyant l'obstination et fureur du peuple auquel ils eussent pu porter beaucoup de dommage, tant avec l'artillerie qu'ils avaient en leur pouvoir que autrement, pour éviter plus grand mal, désolation et ruine de ladite ville, sans autre effort se seraient départis plusieurs armés de corselets et piques dont ils s'étaient saisis en ladite maison commune et sans emporter aucune chose desdits reliques et joyaux s'en seraient allés hors ladite ville, où ils auraient été poursuivis furieusement et grand nombre d'iceux taillés et mis en pièces, noyés, meurtris et massacrés, tant hommes que femmes et enfants, tant en ladite ville qu'aux champs, villes et villages ; un autre grand nombre pris, et fait prisonniers de leur autorité privée, contre lesquels depuis notre dite cour et autres officiers auraient tellement procédé, qu'ils en auraient condamné et exécuté à mort deux cents ou environ, et en détiennent encore de présent trois cents ou plus, et les autres qui seraient échappés en beaucoup plus grand nombre, craignant la rigueur de nos dits officiers, ou la fureur dudit menu peuple, seraient misérablement vagans par le pays en très-grande pauvreté et calamité, tellement que, sans l'espérance qu'ils ont de notre clémence, ils aimeraient mieux mourir que vivre, étant bannis de leurs pays et biens, suppliant et requérant très-humblement qu'ayant égard que tout ce qu'ils ont fait a été pour le zèle de ladite religion et repos de leur conscience, ainsi qu'ils auraient été instruits et enseignés par lesdits ministres, et que jamais ils n'ont eu vouloir ni intention de se retraire ou soustraire de la fidélité, sujétion, et obéissance qu'ils nous doivent, en laquelle ils veulent vivre et mourir ; qu'il nous plaise en avoir pitié et compassion, ensemble des veuves et enfants de ceux qui sont décédés, et leur impartir nos grâces pardon et miséricorde : savoir faisons que nous, désirant conserver nos sujets par douceur et bénignité, pour ces causes et autres considérations, à ce nous mouvant de l'avis de notre très-honorée dame et mère et gens de notre conseil, à iceux suppliants avons quitté, remis et pardonné, quittons remettons et pardonnons tous les cas susdits avec toute peine et offense corporelle, criminelle et civile en quoi, pour raison de ce, ils pourraient être encourus envers nous et justice, sans que, pour raison d'iceux, ils puissent aucunement être recherchés, inquiétés, et molestés en leurs personnes et biens, en façon quelconque, ni semblablement pour le fait de ladite nouvelle religion pour le passé, dont nous l'abolissons entièrement et tout ce qui en dépend ; les avons absouts et déchargés, absolvons et déchargeons en mettant à néant tous les défauts, sentences, jugements et arrêts, et toutes autres procédures qui contre eux sont ou pourront être faites en quelque sorte et manière que ce soit, et de notre plus ample grâce les avons remis et restitués, remettons et restituons en leurs bons noms, fâme et renommée, en leur pays, villes et biens comme non confisqués. Et ou plusieurs desdits suppliants seraient détenus prisonniers pour les causes des susdites, voulons et nous plaît que, incontinent, après la présentation des présentes, ils soient élargis et délivrés et mis hors des prisons ; faisant main levée auxdits suppliants de tous et chacun leurs biens saisis et arrêtés, et sur ce avons imposé silence perpétuel à notre procureur-général présent et à venir, et à tous autres, sans que les suppliants soient tenus prendre autres vérifications que ces présentes nonobstant le contenu en nos édits, ordonnances et arrêts de nos cours souveraines ; que ne voulons aucunement empêcher l'effet de ces présentes à la charge de vivre ci-après catholiquement et selon les constitutions de notre mère la sainte église et de porter dorénavant aucunes armes, ne favoriser directement ou indirectement ceux qui les prendront et porteront contre notre autorité et vouloir. Sans en ce comprendre les principaux chefs des séditions, auteurs des voleries et saccagements des biens de l'église et maisons, aussi des taxes des deniers, émoluments qu'ils en aient fait, achats et magasins d'armes et munitions pour cet affect, contre lesquels entendons être procédé selon nos édits et ordonnances.

« Si donnons en mandement à nos amés et féaux les gens de notre cour de parlement de Toulouse, sénéchal du dit lieu, ou son lieutenant, et tous nos autres justiciers et officiers qu'il appartiendra, que les présentes ils fassent lire, crier et publier à son de trompe et cri public par les lieux accoutumés à faire proclamations, et du contenu en icelles jouir et user pleinement, paisiblement et perpétuellement ainsi que dessus est dit. Cessant et faisant cesser tous troubles et empêchements au contraire en faisant expresses inhibitions et défenses de par nous à tous qu'il appartiendra qu'ils n'aient à s'assembler en armes, injurier, provoquer ou courir sus les uns aux autres sous peine d'être pendus et étranglés, mais laissent contre ceux qui seront séditieux, procéder par nos officiers suivant nos ordonnances. Mandons en outre à notre amé et féal cousin, le sieur de Joyeuse, gouverneur, et notre lieutenant-général en notre pays de Languedoc en absence de notre très-cher et très-amé cousin, le duc de Montmorency, connétable de France, que pour le fait et exécution de ces présentes il baille toute la force et secours, aide, faveur et assurance dont il sera besoin : de sorte que l'obéissance nous en demeure, en faisant savoir à tous que besoin sera, que nous avons mis et mettons lesdits suppliants en notre protection et sauve-garde, car tel est notre plaisir. Et, afin que ce soit chose ferme et stable à toujours, nous avons fait mettre notre scel à ces présentes sauf en autres choses notre droit et d'autrui en toutes. Et pour ce que de ces présentes on en pourrait avoir à faire en plusieurs et divers lieux, nous voulons qu'au *vidimus* d'icelles soit sous scel royal, ou copie dûment collationée par un de nos amés et féaux secrétaires, foi soit ajoutée comme au présent original. Donné de Romiville, au mois d'octobre l'an de grâce 1562, de notre règne le deuxième, par le roi, le sieur d'Arqueville, maître des requêtes ordinaires de l'hôtel. Bourdin, Coignet. » Telle fut cette forme de grâce par laquelle se peut entendre à la vérité que ceux qui demandaient grâce devaient plutôt demander justice contre tels et si iniques juges. Mais le temps ne le portait pas, qui doit aussi excuser aucunement les impétrants en leur infirmité.

D'autre part, les présidents et conseillers interdits, ayant députés envers le roi les conseillers Coras et Cavagnes, pour donner à entendre au roi le tort à eux fait par leurs compagnons, obtinrent lettres portant commandement de les réintégrer, lesquelles ayant été présentées le 22 octobre ne furent intérinées, ainsi remises à la Saint-Martin ; et quant aux lettres précédentes d'abolition, ne s'étant trouvé huissier, notaire, ni officier qui les osât présenter, une simple femme, ayant son mari prisonnier, s'enhardit de ce faire le 24 dudit mois : à quoi tant s'en fallut que la cour obéît, qu'au contraire, ayant le 27 dudit mois débouté les impétrants de l'effet d'icelles, elle condamna ce même jour deux notables avocats à être décapités comme il a été dit, à savoir, Tabart et Gayrat : laquelle rébellion étant rapportée au roi, furent expédiées autres lettres en toute diligence, à savoir, du 9 de novembre, dont la teneur s'ensuit :

« Charles, par la grâce de Dieu roi de France, à nos amés et féaux les gens tenant notre cour à Toulouse, salut. Encore que plusieurs de nos sujets se soient grandement oubliés de prendre les armes et se saisir des villes, et ayant ému infinis troubles, menaçant de ruine de notre royaume, et de la subversion de notre état ; et qu'il ne se puisse excogiter assez griève peine pour punir ceux qui sont cause de tels troubles. Toutefois, par l'avis des princes de notre sang et grand personnages de notre conseil, voulant que notre mémoire soit plus recommandée de bénignité et clémence que de sévérité et rigueur, nous avons avisé de faire grâce et pardon à ceux qui nous en requerront, et pourront être coupables dudit fait, excepté les principaux auteurs comme il est contenu aux lettres sur ce dépêchées. Et, sachant très-bien que la multitude a plus failli par ignorance que par malice, et entre autres, ayant entendu le grand nombre de ceux qui ont été exécutés en notre ville de Toulouse, voulant faire cesser lesdites exécutions et avoir pitié de tant de personnages qui se pourraient être oubliés, espérant que dorénavant ils nous seront plus fidèles et affectionnés sujets, nous vous avons envoyé une abolition générale à laquelle la chambre, séant aux vacations de jour à lendemain, en audience à portes ouvertes, comme si notre cour eut été séant, a dit par grande précipitation n'y vouloir avoir égard, mais qu'elle déboutait ceux qui voudraient et entendaient s'en aider ; et le jour même, comme par mépris et contennement de notre autorité, aurait condamné certains personnages qui pourraient et devaient jouir du fruit de notre abolition. Ce que nous, ayant entendu en notre conseil privé, où les choses ont été de rechef délibérées, voulons que de nosdites lettres sortent effet, et désirant savoir les causes et raisons qui ont mu ceux qui ont donné ledit arrêt, de l'avis de notre conseil privé et de notre certaine science, pleine puissance et autorité royale, vous mandons, très-expressément et enjoignons par ces présentes que, dans un mois complet du jour de la signification des présentes, vous nous envoyiez les causes et raisons qui ont mu ceux qui ont donné ledit arrêt, de n'avoir égard à nosdites lettres, et d'en avoir débouté sur le chapitre ceux qui voulaient et entendaient s'aider d'icelles. Et cependant, voulant qu'il soit sursis, tant pour vous que autres officiers de ladite ville, à procéder contre les prévenus du fait contenu auxdites lettres d'abolition, circonstances et dépendances, de donner aucun jugement, moins de procéder à aucune exécution. Et à ces fins, vous avons et à tous autres juges et officiers de ladite ville interdit et défendu, interdisons et défendons toute cour, juridiction et connaissance; et, sur peine d'en répondre à votre propre et privé nom, déclarons en outre nul et invalable tout ce qui sera fait au contraire jusques à ce que lesdites raisons vues, nous en ayons en notredit privé conseil autrement ordonné. Car tel est notre plaisir, nonobstant quelconques lettres, patentes 'ou mandement à ce contraire. Mandons à notre huissier ou sergent sur ce requis, sous peine de privation de son état incontinent et sans délai, présenter ces présentes et de ses exploits nous certifier, sans pour ce en demander aucun placet visa ne pareatis. Donné à Rouen, le neuvième jour de novembre 1562. »

Ces lettres présentées au parlement par un jeune garçon, ayant son père extrêmement malade en prison, ne fut résolu autre chose sinon qu'on enverrait deux conseillers au roi pour le mieux informer, et nonobstant tout ce que dessus se continuèrent toutes sortes d'excès, voire jusques à ce point qu'un certain nommé Georges Bosquet, qui depuis, par dérision, fut délégué pour décrire en forme d'histoire tous ces beaux exploits de la cour avec promesse d'en avoir trois cents écus pour ses peines; lequel ayant demeuré huit mois sur ce bel ouvrage, en acquit le nom d'être un grand fou, et finalement ayant été son livre convaincu de mille faussetés et autant de badineries au conseil privé qui le condamna à être brûlé et entièrement supprimé, il en perdit le reste de son sens, et tôt après mourut de peste.

Au commencement du même mois d'octobre, le cardinal d'Armagnac, invétéré apostat de la religion sous l'ombre de laquelle la feue reine de Navarre, sœur unique du grand roi François, l'avait avancé, fait son entrée à Toulouse comme lieutenant du roi, et, au contraire, le premier président nommé Massaucal, qui n'était pas des pires, trépassa, à la grande réjouissance de ceux de la religion romaine; tenant la main ce cardinal à toutes les concussions et désordres qui se commettaient, et surtout à la guerre qui se faisait au dehors en divers lieux. Qui plus est, pour être encore mieux autorisé, ayant reçu les bulles de son archevêché de Toulouse, il fit une seconde entrée avec grandes pompes, comme archevêque, le 11 de décembre. Ce qui offensa tellement plusieurs du peuple qui, à ce propos commença à courir, que c'était à cette vache rouge qu'il se fallait adresser désormais, puisqu'il était tant à son aise, et qu'il avait tel loisir de faire ces bravades, quand tout le monde était en telles peines et confusions. Et, de fait, les pillards avaient déjà tout mangé, et ne cherchaient plus que quelque nouveau butin, disant ouvertement qu'ils s'attacheraient aux plus grands. Bref, la ville était pleine d'un horrible désordre : de quoi le roi étant averti envoya au sénéchal et aux juges ordinaires de la sénéchaussée autres lettres dont la teneur s'ensuit :

« Charles, par la grâce de Dieu roi de France, à nos amés et féaux, le sénéchal de Toulouse, nos juges ordinaires de la sénéchaussée ou leurs lieutenants, chacun d'iceux en son endroit, et comme lui appartiendra, salut et direction. A l'avènement de notre couronne, plusieurs troubles et controverses, se sont mis entre nos sujets mêmes pour le fait de la religion, à quoi nous avons voulu à notre pouvoir remédier, et nous en résoudre avec les princes de notre sang, principaux officiers de notre royaume, et autres personnages doctes de grande érudition, et sur ce expédié notre édit du mois de janvier dernier, passé, pour inviolablement l'entretenir et observer; toutefois, au lieu de ce faire, et nous prêter le devoir et obéissance qu'il appartient, certains ennemis du repos public, ambitieux et mal contents d'icelui édit, auraient machiné et exécuté plusieurs meurtres et cruautés contre ceux de la nouvelle religion, tellement qu'à faute de prompte justice pour la défense et crimes en quoi se sont mis, auraient appelé une plus grande sédition et meurtre en notre ville de Toulouse, pour soi bander et armer les uns contre les autres, ayant abandonné notre aide et secours, et entre eux si mal reconnu le devoir de prochain et de même nation qu'ils se soient comme ennemis meurtris et entretués, et à nous causé une guerre en notredit royaume, et non contents de ce pillé, volé et saccagé ceux de ladite nouvelle religion. Et à ce faire, pour exécuter leurs malices, les consuls et jurats des villes et villages de notredite sénéchaussée ayant juridiction criminelle, se seraient rendus juges et parties et contre eux attiré faux témoins, fourni deniers, créé syndics, et fait toutes procédures et poursuites, sans considérer notre édit. En outre qu'ils auraient fait mettre à mort la plus grande partie d'iceux, et néanmoins avec le menu populaire et autres, tant de l'église que de la noblesse, se seraient sans notre mandement mis en armes, auraient fait monstres induisant et provoquant à sédition leurs gens à leur dessein et dépens, foulant nos sujets qui n'étaient cause ni occasion de leurs affections et querelles, et iceux, tant de nuit que de jour, saccagé, volé et pillé leurs meubles et bestial, et ruiné leurs maisons et habitations, sous ombre d'être huguenots, et avoir porté armes, violé leurs femmes et filles, tués et meurtris leurs enfants allaités et de bon âge, et sous couleur de capitaines, chefs d'armes et de justice, fait plusieurs procédures, extorsions et exactions des deniers sur le peuple, cruelles et insupportables sentences et jugements, subvertissant notredit état, et abusant de leur autorité : desquelles inhumanités, cruautés, schismes et prodigieux actes, nous avons délibéré de faire telle punition qu'il sera en exemple et perpétuelle mémoire, quelque guerre, et à ces fins, pour faire vivre nos sujets en bonne paix et sans oppressions, nous avons délibéré d'envoyer juges non suspects ni favorables à telles entreprises en chacun chef de notre royaume pour y procéder après nous avoir ouïs. A cette cause, et pour plus prompte expédition et restitution à qui appartiendra, vous mandons, et à chacun de vous, en sa juridiction, ressort et étendue de ladite sénéchaussée, commettons à tous et expressément enjoignons par ces présentes, que sur peine de privation et perdition de vos états et de nous en prendre à vos personnes, comme fauteurs de telles énormités, incontinent ces présentes reçues, faites proclamer le regret et déplaisir que nous en avons : et que tout cesse, et que l'ire de Dieu soit appaisée, reçues toutes plaintes et doléances tant criminelles, civiles que particulières, et sur ce et choses susdites, informer diligemment toutes autres affaires cessantes, sans épargner, dissimuler, exempter ni excepter aucun de nos sujets, de quelque qualité ou dignité qu'ils soient, ayant commis tels actes, dissimuler ou favoriser les autres, pour après lesdites plaintes et informations être envoyées à notredit privé conseil et mis dans les mains de nosdits juges pour en faire la punition de qui il appartiendra, sauf que où trouvant tels délinquants non domiciliés, et non solvables de restitution et suspects de fuite, les faire saisir ; contre eux procéder par sentence de mort selon l'exigence du délit et exécution d'icelle, nonobstant oppositions ou appellations quelconques : par lesquelles ne voulons être par vous et chacun de vous en endroit aucun différé ni retardé. Lesquelles sentences données avec l'avis et délibération de sept de nos conseillers ou avocats appartenant à vos auditoires et siéges, par l'avis de ceux de notre conseil privé, et de notre certaine science et autorité royale, avons autorisées et en pleine puissance validées, et par ces présentes autorisons et validons, comme si avaient été données par l'un de nos prevôts de nos maréchaux : interdit et défendu, interdisons et défendons toute juridiction et connaissance à notre cour de parlement, et autres justiciers et officiers, auxquels mandons et enjoignons, sous peine de rébellion et désobéissance, vous prêter aide et faveur, et enjoignons par lesdites présentes que nous voulons leur être et à tous qu'il appartiendra et besoin sera montrées et signifiées par le premier notre huissier ou sergent, afin qu'ils n'en puissent prétendre ignorance, car tel est notre plaisir, nonobstant quelconques remontrances faites, lettres et clauses patentes et autres à ce contraires : et pour ce que de ces présentes on aurait à faire en un chacun siége judiciaire de votre sénéchaussée pour l'exécution d'icelles, nous voulons que, au *vidimus* d'icelles, fait sous le sceau royal ou signé par l'un de nos notaires et secrétaires, foi y soit ajoutée, comme au présent original. Donné à Paris, le 24 jour de décembre mil cinq cent soixante-deux et de notre règne le troisième, le roi étant en son conseil. » DE L'AUBÉPINE.

Ces lettres, dignes de perpétuelle mémoire, justifiant les malversations de la cour de parlement ci-dessus récitées, et, qui plus est, expédiées quatre jours après la bataille de Dreux, lorsque ceux de la religion romaine pensaient avoir tout gagné, devaient bien faire penser à soi ceux qui se voyaient à demi jugés. Et de fait, ils furent étonnés oyant les murmures du peuple duquel ils avaient abusé pour le détruire par soi-même. Mais au lieu de tâcher à réparer leurs fautes autant qu'il serait possible, persévérant en leurs passions, et toutefois craignant les hommes, ils s'avisèrent environ la mi-janvier 1563 de bâtir une clôture de muraille à l'entour du palais, de peur d'être surpris par quelque sédition, de laquelle clôture la charge fut commise à un architecte nommé Dominique Bertin. Cet ouvrage ne fut pas plus tôt commencé à bâtir que le bruit courut que le parlement se voulait fortifier contre la ville : et, bien que les capitouls eussent été créés extraordinairement par l'autorité de la cour, et se fussent entendus avec eux jusques alors en tout et partout ; si est-ce que, par une admirable providence de Dieu, châtiant les méchants par leur propre glaive, lors, toute cette intelligence fut rompue, nommément par les menées de trois d'iceux vraiment mutins en toutes sortes, à savoir, Génélard, Gamoye et Delpuech, desquels le peuple se voyant soutenu courut en grande furie le dix-neuvième jour dudit mois de janvier, démolissant ce qui avait été commencé de bâtir. Ce nonobstant, la cour ordonna que cette clôture se continuerait : ce qu'entendant, la commune se rassembla le vingtième dudit mois, jour de poisson, et d'une furie plus grande que jamais, assaillit, saccagea et démolit la maison du roi destinée à la démeure du Viguier, à l'occasion d'un des capitaines de la ville, hôte des Balances, lequel entré en cette maison où était logé Bertin, l'architecte, avec plusieurs ouvriers, et tirant de ses chausses un os d'une épaule de mouton, s'écria au peuple, disant : voyez les méchants Huguenots qui mangeaient de la chair aujourd'hui. A ce cri, ayant été forcée la maison, le pauvre Bertin et plusieurs autres ouvriers y furent pris, ayant été à grande peine garantis par la survenue des capitouls, qui les menèrent en la conciergerie. Mais tant y a qu'il y en eut un excellent ouvrier et bien connu, lequel ayant été amené devant le cardinal qui l'abandonna à l'entrée de la rue de la Pomme, y fut tué très-cruellement et dépouillé jusques à la chemise. Le lendemain, fut faite défense à son de trompe de s'assembler en sorte quelconque, sous peine de la vie. Mais la commune ne s'en fit que rire, sentant alors le parlement contre soi-même le fruit de la licence qu'eux-mêmes avaient donnée au peuple. Qui plus est, le quinzième de février, audit an, peu s'en fallut que la ville ne fût entièrement ruinée par une autre sédition : et le tout à l'occasion de lettres envoyées à Toulouse par ce bel astrologue Nostradamus, ayant écrit à quelques-uns qu'on se tînt sur ses gardes, comme étant la ville en danger d'être prise ce jour-là. Sur ces lettres donc de ce beau prophète, ayant été renforcées les sentinelles et autres gardes parmi la ville, la populace se voyant les armes en main par l'autorité même de justice, s'émut tellement cette nuit-là, qu'il tint à peu que la ville ne fût saccagée, sans épargner cardinal, président ni conseiller, ni les autres plus opulents de la ville. Voilà ce que c'est que d'ajouter foi à telle canaille de pronostiqueurs et devins punissables par tout droit divin et humain, et, notamment, par un article des états tenus à Orléans ; mais ce n'est pas de maintenant que telles ordures, par un juste jugement de Dieu, ruinent les royaumes et républiques, et qu'au royaume de France plus qu'en royaume du monde, les bonnes et saintes ordonnances ne consistent qu'en papier.

Outre tant de maux et de calamités ci-dessus récitées, le cardinal, avec autres de son humeur, s'avisa de dresser une conjuration horrible, qu'ils nommèrent association, laquelle j'ai voulu coucher ici tout au long ainsi qu'elle fut dressée, voire même approuvée et imprimée, afin que la postérité ait en horreur tels et si pernicieux desseins couverts du manteau de dévotion : dont il ne saurait suivre autre effet qu'un démembrement du royaume en autant de pièces qu'il y aurait de telles associations et en autant de rois ou de princes qu'il y aurait de chefs d'icelles. Telle fut donc celle-ci sur laquelle plusieurs autres ont été moulées depuis, que Dieu veuille bien rompre et dénouer.

Traité d'association faite par l'avis et conseil des révérends pères, messires Georges, cardinal d'Armagnac, lieutenant du roi en la province et sénéchaussée de Toulouse, messire Laurens, cardinal de Strossi, lieutenant pour sa majesté au pays d'Albigeois, le seigneur de Montluc, chevalier de l'ordre, capitaine de cinquante hommes d'armes, lieutenant pour ledit seigneur en Guyenne, les seigneurs de Terrides, aussi capitaine de cinquante hommes d'armes, de Negrepelisse, et Fourquevaux, chevaliers de l'ordre, le second de mars 1563, et depuis communiqué au sieur de Joyeuse, capitaine de cinquante hommes, lieutenant dudit seigneur au pays du Languedoc.

Pour satisfaire au devoir chrétien, subvention de l'église catholique romaine, service du roi, soulagement et conservation de son peuple, et pour résister aux rebelles et ennemis de sa majesté qui se sont élevés, et autres qui par ci après se voudraient élever et mettre en armes, pour opprimer les bons et fidèles sujets du roi, envahir et surprendre les châteaux et villes appartenant tant audit seigneur que à ses voisins, et les églises, monastères et autres lieux sacrés, comme ils ont fait par ci-devant en plusieurs et divers lieux.

Et, pour obvier aux frais et dépens qu'il conviendrait journellement faire audit seigneur et à son peuple, tant pour la nourriture que pour l'entretien des gens de guerre qui journellement s'élèvent sur le peuple à grand frais et dépens insupportables ; extirper et chasser du royaume lesdits rebelles et séditieux, et pour autres bonnes et justes considérations, concernant le repos public, tuition et défense dudit pays.

Est utile et expédient d'ordonner que confédération et association sera faite entre l'état ecclésiastique, la noblesse et le commun du tiers-état, des habitants des villes, diocèses, sénéchaussées, vigueries, et juridictions du ressort du parlement de Toulouse, soit du pays de Languedoc ou de Guyenne, sous le bon plaisir du roi et de ladite cour.

Laquelle assocation sera tenue, gardée et observée, selon sa forme et teneur, tant par lesdits confédérés qu'autres sujets du roi qui se voudront joindre à icelle, à peine d'être dits et déclarés rebelles et désobéissants à sa majesté.

Permettant auxdits confédérés s'assembler le plus tôt que faire se pourra aux jours et lieux qui seront avisés, et illec par villes capitales, diocèses et sénéchaussées, députer un ou deux personnages pour venir avec charges suffisantes en la ville de Toulouse, faire et prêter serment solennel entre les mains de ceux que ladite cour et lieutenant du roi aviseront de tenir, garder et observer ladite confédération et association. Laquelle ainsi jurée, les députés feront proclamer à voix de trompe et cri public, par toutes les villes et lieux notables dudit ressort, et illec par comtés, vicomtés, baronnies, diocèses, châtellenies, sénéchaussées, vigueries, ou autrement, feront recherche tant de gentilshommes que autres aptes aux armes, et iceux enrôlements desquels sera choisi certain nombre pour accourir à l'aide et secours des circonvoisins, et le reste retiendront pour la garde du pays que les ennemis du roi ne le trouvent dépourvue de défenses.

De sorte que chaque sénéchaussée saura par nombre les gentilshommes, et chaque ville et village aussi le nombre, nom et surnom des hommes qu'ils doivent faire, et les armes qu'ils doivent avoir pour leur garde et défense, lesquels hommes seront choisis des plus aguerris et aptes aux armes non suspects.

Les armes à feu de ceux qui seront commis et députés par le pays seront assemblées à un lieu public qui sera avisé, et icelles distribuées aux soldats qui seront destinés ; et lorsque Dieu donnera pacification et repos au royaume, seront remises audit lieu public pour illec être gardées.

Lesdits gentilshommes seront conduits en l'équipage qu'il sera avisé par les sénéchaux ou lieutenants non suspects, et en leur défaut, absence ou empêchement, par tel gentilhomme qui par la noblesse de ladite sénéchaussée sera nommé, sans être tiré en conséquence.

Et, d'autant qu'il est question de l'état universel et ordre ecclésiastique, sera avisé entre les prélats ecclésiastiques et le clergé, de se préparer et mettre en devoir pour défendre l'honneur de Dieu, et de son église catholique romaine et couronne royale exposée en proie à ses ennemis, qui déjà se sont emparés de plusieurs villes, places fortes du royaume, et voyant le roi en bas age.

Et quant au reste du tiers-état, pourront par comtés, diocèses ou autrement comme dessus, nommer capitaines, lieutenants, enseignes, sergents de bande, centeniers, caporaux et autres états requis, pourvu que lesdits capitaines et membres aient autrefois commandé pour le service du roi, et ne soient suspects de nouvelle secte.

Lesquels capitaines, lieutenants, et membres seront pris des pays et lieux que les hommes seront levés, pour être mieux reconnus et obéis, et se tenir prêts à conduire lesdites compagnies là par où besoin sera : à la charge que de quinze en quinze jours chaque capitaine reconnaîtra sa compagnie, et la mettra en bataillon, pour accoutumer les soldats à l'ordre et discipline militaire.

Est inhibé auxdites compagnies marcher par le pays ni entreprendre aucune chose, sous quelque prétexte que ce soit, sans leur capitaine, lieutenant, ou enseigne, à la peine de la hart.

Et, lorsqu'ils marcheront, leur est enjoint de vivre par étapes, sans se débander, courir le pays, ni opprimer le peuple, sous semblable peine.

Et tout incontinent l'état, nombre et équipage des hommes ainsi choisis fait sera envoyé à la cour et lieutenants du roi, tant en Languedoc, Guyenne, que province de Toulouse et Albigeois pour savoir les forces desquelles on se pourra aider à la nécessité, tant pour marcher que pour retenir à la garde et défense du pays.

ARTICLES

DE LADITE ASSOCIATION.

« Premièrment, lesdits confédérés promettront qu'ils seront bons, loyaux et fidèles sujets du roi, sadite cour de parlement, lieutenants de sa majesté et autres magistrats royaux.

» Qu'ils vivront selon la religion du roi et de l'église catholique romaine, et selon icelle feront administrer les saints sacrements de baptême, de la messe et autres ordonnés de ladite église pour le service divin.

» Que toutes et quantes fois que lesdits associés et confédérés seront avertis que lesdits séditieux et rebelles au roi s'assembleront avec armes ou autrement, pour troubler le repos public, envahir et saisir plusieurs villes, églises, bourgs, bourgades, châteaux, et autres maisons du roi ; lesdits confédérés, comme ils ont fait ci-devant, en avertiront chacun en son endroit, les autres plus prochains, pour s'assembler en armes, résister et courir sus lesdits séditieux et autres perturbateurs du repos public, tant que la force leur en demeure pour le service du roi.

» Permettant faire lesdites assemblées, édits, cas et autres semblables qui pourront survenir par tocsin, brandons à feu et autres avertissements que lesdits confédérés pourront faire les uns aux autres.

» Et, où lesdits séditieux voudraient résister auxdits confédérés et continuer lesdites assemblées, incursions et violences : iceux confédérés, conduits de leurs capitaines, leur pourront courir sus pour les défaire et mettre en pièces.

» Et au cas qu'aucun desdits séditieux et rebelles, puissent être pris par lesdits confédérés, ils seront tenus de les mettre promptement entre les mains de la justice sans délai, dissimulation, ou connivence aucune ; sans qu'il soit loisible de rançonner, prendre argent ni autre chose desdits prisonniers pour leur délivrance, à peine d'être déclarés rebelles au roi, fauteurs desdits séditieux, et comme tels punis par lesdits magistrats et officiers royaux.

» Advenant le cas que plusieurs personnes, de quelque état, condition et qualité qu'elles soient, favorisassent et retirassent lesdits séditieux et rebelles en leurs maisons et autres lieux forts, pour illec dresser et tenir leurs forces ; pourront, lesdits confédérés, aller auxdits lieux avec leurs forces, pour sommer les maîtres, seigneurs et possesseurs desdites maisons, châteaux et places fortes, ou ceux qui seront dans icelles à leur nom, de mettre lesdits rebelles entre leurs mains, pour iceux conduire et amener à la justice. Et, au cas qu'ils ne voulussent obéir, pourront procéder contre eux par fractions de portes et autres voies de fait, pour entrer dans lesdites maisons, prendre lesdits séditieux, ensemble les maîtres desdites maisons, châteaux et forteresses, ou autres ayant charge d'eux, pour être punis par lesdits juges et magistrats du roi comme rebelles, criminels de lèse-majesté et fauteurs desdits séditieux.

» Et, néamoins, est faite inhibition et défense auxdits confédérés et autres manières de gens de ne recéler, retirer ni favoriser aucun desdits rebelles et séditieux. Ainsi, incontinent, les mettre dans les mains de justice, à peine d'être dits et déclarés rebelles et désobéissants au roi, et comme tels punis des peines de droit : permettant en ce cas, auxdits confédérés, sous la charge de leurs capitaines, abattre, démolir et brûler les maisons, châteaux et granges de tels rebelles qui feront résistance, et les constituer prisonniers, pour être punis exemplairement par les magistrats royaux.

» Et, où plusieurs desdits confédérés étant mandés et avertis de plusieurs assemblées desdits séditieux, recèlement d'iceux, et de la nécessité que les autres confédérés auront de leur aide pour résister à leurs entreprises, n'aillent à leur secours avec leurs forces, ou n'aient averti les autres confédérés leurs voisins pour aller audit secours, et que, pour raison de leur négligence et dissimulation, plusieurs desdits confédérés fussent volés, pillés ou autrement endommagés, seront lesdits négligents et dissimulateurs tenus réparer et dédommager lesdits confédérés et intéressés.

» Est ordonné que les villes, lieux, places, bourgs, bourgades, communautés, et personnes publiques ou privées, de quelque dignité, autorité qu'elles soient, qui après l'interpellation ne se voudraient tenir et joindre à ladite association, ou délayeraient de ce faire, seront tenus pour rebelles, ennemis du roi et criminels de lèse-majesté divine et humaine ; et comme tels défiés du roi et de ses vrais et fidèles sujets, pour être courus de voie et de fait par main militaire sur leurs personnes, terres, places et seigneuries, pour icelles mettre dans les mains du roi.

» Et, quant aux maisons, châteaux, places et seigneuries de ceux qui notoirement ont tenu le parti des ennemis dudit seigneur, fait ou permis faire assemblées et conjurations en leurs maisons contre sa majesté, ou seraient aujourd'hui en expédition dans les villes, rebelles, ou ailleurs contre le roi, seront réellement et de fait prises et mises dans les mains et obéissance dudit seigneur.

» Sera aussi faite requête et supplication au roi que le bon plaisir de sa majesté soit de homologuer et autoriser ladite association faite par grande nécessité pour conserver ledit ressort et pays de l'invasion de toutes parts des ennemis de sa majesté, sans être tirée en conséquence, vu que ledit pays a été contraint de ce faire pour n'être mis en proie aux ennemis du roi. »

Ainsi signé :

Cardinal d'Armagnac, etc.

Cette association ainsi arrêtée fut finalement présentée à la cour, les chambres assemblées, le 20 de mars audit an 1563, laquelle, sur la requête du procureur-général du roi, ordonna qu'elle n'entendait empêcher qu'elle ne sortît son plein et entier effet, par provision toutefois, et sans conséquence, avec le bon plaisir du roi ; enjoignant à tous magistrats et sujets de sa majesté de la faire tenir, garder et observer selon sa forme et teneur sous les peines y contenues et autres que de droit. Mais trois jours après arrivèrent les nouvelles de la paix arrêtée, qui fâchèrent tellement ceux qui ne souhaitaient rien moins que cela, que les uns en devinrent malades, les autres criaient tout haut qu'il ne s'en ferait rien et que plutôt ils changeraient de roi. Et fut même quelque bruit qu'on avait envoyé secrètement pratiquer le roi d'Espagne pour entreprendre la cause de la religion romaine en France envers et contre tous. Mais quelque temps après arriva l'édit de la paix avec bonnes lettres et fermes qui rompirent tous ces desseins. Ce néanmoins, ils en délayèrent la publication le plus longuement qu'ils purent, et finalement ne pouvant plus reculer en firent publier le préambule seulement en l'audience, et par les carrefours certains articles choisis pour leur avantage, omettant le demeurant, et firent même défense de les imprimer. Les conseillers interdits cependant n'entraient point, ce qui les contraignit d'avoir recours au conseil privé : auquel étant ouïs, Coras, Cavagnes et du Bourg, d'une part, et Cautel et Barrani d'autre part, envoyés au contraire par le parlement, il fut dit par trois arrêts que lesdits conseillers seraient remis en leurs états, avec dépens, dommages et intérêts, contre ceux qui les avaient déchassés. A quoi ne voulant obéir les condamnés, s'ensuivit un quatrième arrêt, par lequel ils furent très-aigrement repris de leurs malversations, de sorte que lesdits conseillers furent reçus et rétablis, au grand regret des autres qui depuis ne cessèrent de leur nuire de tout leur pouvoir. Mais leur intégrité et vertu les maintenait.

Les sept capitouls de l'an 1562, pareillement qui avaient été déchassés comme dit a été, joints avec eux les enfants de feu Ademat Mandinelli, exécuté à mort, et qui était le huitième capitoul de ladite année, obtinrent finalement arrêt du conseil privé dont la teneur s'ensuit:

« Après que N. avocat en la cour de parlement de Toulouse pour Pierre Hunaut, sieur de Lanta, Pierre Assezat, sieur de du Cèdre, Pierre du Cèdre, Guillaume Dareau, Antoine de Ganelon, sieur de la Tricherie et de Sel, Olivier Pastorel, bourgeois et Arnaud de Vigues, sieur de Montesquieu, capitouls en la ville de Toulouse, en l'année 1562, et pour les enfants de feu Ademat Mandinelli, capitoul en ladite année ; et maître Bertrand Daigna, avocat du roi en la cour de parlement de Toulouse, pour le procureur-général dudit seigneur, audit parlement, et maître Bernard de Super sanctis, avocat en icelui, pour les capitouls et syndics de la ville de Toulouse, pour la présente année 1563, assistant avec lui Jean Gamoy, capitoul, ont été ouïs, et que les plaintes, doléances et remontrances présentées par lesdits capitouls de ladite année 1562, ont été lues. Le roi en son conseil, ayant égard à ce que l'état de capitoul est annuel, et que l'année du capitoulat desdits de Lanta et autres susdits étant achevée, ils ne peuvent être remis en l'exercice de leurs susdits états de capitouls, a ordonné et ordonne qu'ils pourront être ci-après élus capitouls, et assisteront à toutes élections de capitouls, assemblée de ville, audition de comptes et autres actes et affaires d'icelle, comme ils faisaient auparavant les troubles, et feraient s'ils ne fussent advenus, nonobstant les arrêts et jugements intervenus, lesquels, ensemble les exécutions d'iceux et tout ce qui s'en est ensuivi, ledit seigneur a cassé, révoqué, annulé : casse, révoque et annulle. Et a ordonné et ordonne que le tout sera rayé des registres de ladite cour, et autres lieux où ils ont été enregistrés. Et pareillement toutes les autres écritures, actes, marques et enseignes servant à la mémoire desdits arrêts et exécution d'iceux : et que les effigies desdits capitouls qui ont été peintes en la maison de ladite ville pour les années de ladite administration consulaire, par eux ci-devant faites, lesquelles ladite cour avait fait rompre et ôter, seront remises et repeintes dans les mêmes lieux desquels elles ont été ôtées : et leurs peintures, qui pour ladite année 1562 devaient être faites en la maison de ladite ville, seront faites et mises en leurs lieux et endroits qu'elles eussent été, s'ils eussent parachevé leur administration de ladite année. Et les actes qui ont été par eux faits, que ladite cour a pareillement fait rayer des registres de ladite maison commune, et ailleurs, seront remis et récrits ; et a ordonné et ordonne que le livre composé par un nommé Georges Bosquet, habitant de ladite ville de Toulouse, contenant libelle diffamatoire sera brûlé, et défenses faites à tous libraires et imprimeurs de ne l'imprimer ni faire imprimer ni vendre et à tous de n'en acheter ; et pareillement cassé, révoqué et annulé l'arrêt de ladite cour de Toulouse, par lequel elle aurait ordonné que chacun an, le dixième jour de mai, serait faite une procession en ladite ville, afin de perpétuer la mémoire desdits troubles : lequel sera rayé des registres de ladite cour, et autres où il a été enregistré. Et fait défenses à l'archevêque de Toulouse, chanoines, curés et autres personnes ecclésiastiques de ladite ville de Toulouse de ne faire ladite procession. Et a remis et réintégré et rétabli lesdits capitouls en tous et chacun leur biens, meubles et immeubles, desquels leur sera rendu compte et reliquat, tant des meubles que fruits et revenus des immeubles. Et leur seront, les cédules, obligations, papiers, titres, documents et enseignements, procès-verbaux et autres pièces qu'ils avaient tant en leurs maisons privées, maison commune de ladite ville qu'autres lieux, qui leur ont été pris, rendus et restitués. Et, quant à ce que lesdits capitouls requièrent les procédures faites contre eux être apportées, pour icelles vues, leur être fait droit de leurs dépens, dommages et intérêts : a, ledit seigneur, ordonné et ordonne qu'il y pourvoira, et a ordonné et ordonne que ce présent arrêt sera enregistré dans les registres de la cour de parlement, sénéchaussée et

maison commune de ladite ville de Toulouse. Et fait défenses audit procureur-général, capitouls et syndics de ladite ville, et tous autres de n'y contrevenir, ni méfaire ni médire auxdits capitouls, leurs femmes et famille. Lesquels ledit sieur a pris et mis en sa protection et sauvegarde. Fait au conseil privé du roi tenu au château de Vincennes le dix-huitième jour de juin mil cinq cent soixante-trois. » Ainsi signé :
De l'Omenie.

Tel fut cet arrêt en vertu duquel furent rétablis en leurs honneurs et maisons les susdits capitouls. Mais, nonobstant toutes ces choses, l'édit ne fut observé que dans les articles qui étaient contre ceux de la religion, non sans couleur toutefois, alléguant, ceux de la religion romaine, que les autres en plusieurs endroits du royaume contrevenaient à l'édit, auquel de jour en jour il était dérogé par nouveaux édits, modifications, par les pratiques et menées de ceux qui maniaient les affaires du royaume, lesquels ne cessèrent que la seconde guerre civile ne fût allumée.

Ayant expédié les choses advenues à Toulouse depuis l'édit de janvier jusques à la publication de l'édit de la paix qui termina la première guerre civile, il est temps que nous revenions aux choses advenues dans les pays et villes du ressort de ce parlement que nous avons laissé fort travaillées par Burie et Monluc suivant le vent de la cour. Pour commencer donc par la ville de Montauban, en laquelle sont advenues les choses les plus mémorables en cette guerre, ceux de la religion, à l'exhortion de ceux de Toulouse, quittant les temples pour obéir à l'édit de janvier, commencèrent de prêcher aux faubourgs, à savoir, au fossé joignant la porte des Cordeliers, en bonne paix et tranquillité jusques à ce que Burie et Monluc, continuant leurs ravages, sous couleur de punir les abatteurs d'images, comme il a été dit en son lieu, envoyèrent le seizième de mars un gentilhomme avec lettres, portant injonction au principal lieutenant de prendre Taschard, ministre, au corps. Leur espérance était ou que le magistrat n'y obéirait point, ou qu'en se saisissant de Taschard le peuple ne faudrait de le recourre : ce qui rendrait les habitants coupables de rébellion, dont ils se sauraient bien servir puis après. Mais Dieu y pourvut puis après d'une façon étrange, comme s'ensuit. Taschard étant lors en semaine (dont le gentilhomme qui ne le connaissait de face s'était bien informé) sitôt qu'il fut descendu en l'hôtellerie, Dieu voulut que Taschard, se trouvant enrhumé, pria un de ses compagnons nommé du Croissant, de prêcher en sa place. Prêchant donc, du Croissant, et le gentilhomme, sitôt que le sermon fut achevé, sur la fin duquel il était arrivé dans le temple, ayant présenté ses lettres audit lieutenant, le requérant tout haut qu'il eût à prendre et lui mettre entre les mains celui qui avait prêché, et le lieutenant, au contraire, lui répondant que les lettres ne faisaient point mention de celui qui avait prêché, nommé du Croissant, mais bien d'un autre, nommé Taschard, il fut aisé, tandis que le gentilhomme s'était mépris là-dessus, de faire évader Taschard, lequel, par l'avis de l'église, se retira hors du royaume pour céder à la fureur. Cela contrista grandement l'assemblée, laquelle toutefois réconfortée par les autres ministres, à savoir, Pierre du Croissant, Jean Constant et Pierre du Périer, ne laissa de célébrer la cène le dimanche, vingt-neuvième dudit mois. Cependant, Burie et Monluc, sous prétexte de faire punition de ceux qui avaient brisé les images se préparant à faire du pis qu'ils pourraient, surtout à Montauban, après qu'ils auraient, à la réquisition du cardinal d'Armagnac, dissipé l'église de Villefranche où ils avaient envoyé la compagnie du prince de Navarre, et s'y acheminant incontinent après Pâques, passèrent par Caylus de Quercy, où ils firent pendre un des surveillants, nommé Jean Madier, lequel étant tombé en la rue avec quelque peu de vie par la rupture de la corde, et de là étant porté en une maison prochaine, Monluc le fit étrangler puis après dans le lit. De là, venus à Villefranche le cinquième avril, ils y firent du pis qu'il leur fut possible, faisant trancher la tête à deux hommes en haine que l'un avait été Augustin et l'autre prêtre. Il y en eut deux aussi pendus sur le champ, sans forme ni figure de procès, à l'instance du cardinal qui leur en voulait. Mais l'un nommé Arnauld Fressines, l'autre était paintier de son métier. Jean de la Rive, et Jean de la Garande, ministres, pour être chargés du brisement des images, s'étaient déjà retirés à Saint-Antonin par l'avis de leur assemblée. Vaisse, qui était venu en leur place, fut aussi mis prisonnier, et courut le bruit jusques à Montauban qu'on l'avait fait mourir. Mais par le moyen de l'enseigne de Jargnac qui se formalisa pour lui, il échappa. Ce fait, à la requête du sieur de Negrepelice qui se voulait venger de ses sujets, ils envoyèrent avec lui un capitaine nommé la Vaugnion, avec cent ou six vingts chevaux, lesquels y étant arrivés le neuvième dudit mois, avec une grande furie, donnèrent tel effroi à ceux de la religion, qui pensaient être en sûreté suivant l'édit, que chacun s'écarta comme il put. Le ministre qu'ils cherchaient sur tous autres se sauva. Trois autres furent pris, à savoir, un nommé Jean Raymond du Mas, avec François Benas, maréchal, et Jean Figuier, barbier, lesquels deux derniers emprisonnés au château furent traités d'une très-cruelle façon, étant couchés par terre, sur le dos, et tellement liés de pieds et de mains qu'il ne leur était possible de faire autre chose que de tourner les yeux au ciel. Ce, néanmoins, de peur que cela étonnât tellement ceux de Montauban qu'au lieu d'ouvrir les portes ils se missent sur leur défensive, ils ne leur firent autre mal pour ce coup, et feignant de ne se vouloir opposer directement à l'édit, permirent par manière d'acquit à un nommé Jean Claret, diacre, de faire les prières en leur assemblée.

En ces entrefaites, ceux de Montauban, sachant qu'on leur en voulait principalement, se trouvaient bien empêchés, craignant d'un côté d'être repris comme séditieux s'ils prenaient les armes pour se défendre contre les susdits, étant gouverneurs et lieutenants pour le roi; et, d'autre part, voyant comme les autres étaient traités, et sachant bien qu'ils se délibéraient de leur faire encore pis, leur ayant été rapporté par les fugitifs de Villefranche que Monluc en pleine rue, faisant tirer l'épée à son bourreau, lui avait demandé si elle coupait bien, et dit avec grands blasphèmes qu'il la fallait bien essayer autrement, et que bientôt il mangerait de la cervelle d'un ministre avec de la sauce verte. Ils furent aussi grandement émus par le rapport de Barelles, ministre de Toulouse, venant d'Agen. Ce néanmoins, leur résolution fut d'essayer premièrement s'ils pourraient par douces remontrances, et en offrant toute obéissance, empêcher Burie et Monluc de venir jusques à eux, ou de leur envoyer garnison. Pour cet effet, ils envoyèrent vers un de leurs consuls et Guychard Sorbiac, syndic, pour leur présenter la ville et leur offrir tout ce qu'ils avaient à leur commandement. Mais cela ne servit de rien, étant empêché le tout par l'évêque de Montauban, se servant de ce brisement d'images dont il demandait justice sans cesse. Ils envoyèrent d'autre part Hugues Calluet, conseiller de la sénéchaussée et surveillant, à un colloque qui se tenait à Toulouse, pour aviser comme l'on pourvoirait à ses affaires, attendu qu'il comptait par le rapport d'un gentilhomme envoyé exprès de la part du prince, du renversement de l'édit et de la protection des églises qu'avait prise ledit seigneur prince, auquel plusieurs bonnes villes s'étaient déjà conjointes. L'effroi cependant croissait à Montauban, de sorte que du Croissant, ministre, se retira, au lieu duquel arriva, avec quelques fugitifs de Villefranche, Jean de la Rive, et fut lors arrêté qu'on ne laisserait entrer Burie ni Monluc : pour auxquels résister, comme contrevenants à l'édit de janvier, Pierre du Berger, avocat, fut derechef envoyé audit colloque pour avancer les affaires, Jérôme Vaque, à Castre, le Vaur, et Realmont, Olivier Amely, aux gentilshommes circonvoisins, et Dominique Cestat, ministre naguères revenu de Beaumont en Gascogne, audit pays de Gascogne, pour demander secours. Ils avisèrent aussi d'avoir pour gouverneur le sieur de Ricard, nommé Jean de Viguier, à quoi il consentit.

Quant au colloque de Toulouse il fut merveilleusement tardif à se résoudre aux armes, quelque chose que le prince leur mandât, de sorte que Berger et les autres députés ne purent rien impétrer, sinon qu'au cas que l'église de Montauban fût assaillie tyranniquement, et que la cause de sa résistance fût trouvée légitime, ils seraient secourus de deux cents hommes de ladite ville, avec quelque peu d'autres forces que les villes d'alentour fourniraient. Mais Berger voyant bien que toute cette résolution leur serait inutile en cas de nécessité, pratiqua quelque nombre d'écoliers pour se rendre secrètement à Montauban : ce qui fut derechef rompu et empêché par l'un des ministres, non pas qu'il fût de mauvaise volonté, mais pour l'espérance qu'il se forgeait qu'on pourrait éviter la guerre. Barelles, au rebours, était d'un esprit trop bouillant, et s'il eût plu à Dieu que ces deux naturels eussent attrapé l'un l'autre, il est certain (laissant à Dieu ses secrets jugements) qu'infinis maux qui advinrent depuis ne fussent advenus : chose qui doit bien servir d'avertissement à tous ceux qui manient les affaires, soit temporelles ou ecclésiastiques, de n'être point adonnés à leurs sens. Pour revenir à ce colloque, Monlausun, gentilhomme au reste plein de prud'homie et bien connu par les églises, fut envoyé à Montauban pour remontrer aux magistrats et aux ministres qu'il ne fallait point résister, et qu'il valait mieux céder à cette fureur, ce qui eût causé l'entière destruction de la ville, sans une singulière providence de Dieu; car, ayant été dépêché un homme à cheval pour hâter l'aide des églises de Gascogne, il fut surpris à Beaumont avec ses lettres, et de là mené et finalement pendu à Toulouse. D'autre côté, ceux du faubourg de la rivière du Tarn, sachant qu'on leur en voulait principalement à cause du brisement des images, et se disant être trahis par la lâcheté de leurs concitoyens, à grand'peine purent être retenus que dès-lors ils ne se retirassent là où ils pourraient. Mais quelques jours après, étant arrivé Louis de Portail avec lettres du prince, et quasi au même instant, passant par Montauban, le capitaine Sausseux, venant de Toulouse, et le seigneur de Valemanne d'Agenois, allant trouver à Cievrac, près de Cahors, le seigneur de Peyre qui donnait espoir de secours, chacun commença de reprendre courage. Sur cela, étant venues nouvelles comme le dimanche suivant (qui était le dix-neuvième dudit mois dont ils étaient à la veille) Burie et Monluc devaient arriver, l'effroi recommença: les uns désespérant de pouvoir tenir bon pour avoir contremandé le secours des églises : les autres se fortifiant en leur juste querelle et en la providence de Dieu : joint que Valemanne, retournant de Cievrac, les assurait qu'ils seraient secourus la semaine suivante. Bref, l'assemblée se trouva ce jour tellement irrésolue que Constans, ministre, qui demandait les voix, fut contraint de dire que Dieu dissipait leur conseil, et de déclarer aux assistans que ceux qui voudraient se retirer de la ville le pourraient faire. Qui plus est, le lendemain dix-neuvième, étant le consitoire assemblé, Jean Constans et Pierre du Périer, remontrant plusieurs causes particulières pour lesquelles Monluc, outre sa mauvaise volonté, n'aurait faute de prétexte pour les mettre entre les mains de son bourreau, demandèrent congé de se retirer. Cela ne leur fut octroyé, mais leur furent faites grandes remontrances, lesquelles leur étant réitérées par le lieutenant principal, ce néanmoins, alléguant que, puisque l'église se départait, ils seraient plutôt déserteurs d'icelle en demeurant en la ville qu'en la conduisant dehors où Dieu les mènerait, ils partirent ce même jour après l'arrivée des fourriers de Burie et Monluc, et marchant deçà l'eau,

vinrent à Verlac, auquel lieu deux troupes de Montauban se rendirent aussi avec Dominique Cestat et Pierre Galeuste, ministre d'Albias. Le lendemain matin ils arrivèrent à Rabasteux, où se rencontrèrent ceux de Villefranche qui avaient pris le chemin de delà la rivière, avec Jean de la Rive, leur ministre. Les autres fugitifs de Montauban se retirèrent, les uns à Toulouse, les autres à Agen, les autres en autres lieux, demeurant la ville presque déserte, quant aux hommes. Ce néanmoins, les lieutenants et consuls, et quelques officiers du sénéchal, avec les femmes, y restèrent. Auxquels Jean Carvin, ministre chassé de Moncuq, fit bonne compagnie, les consolant et leur promettant de ne les abandonner jamais.

Et ce même jour furent envoyés Jean de la Porte, syndic du pays de Quercy, et Jean Tieys dit Dariat, bourgeois, tous deux de la religion romaine, à Burie et Monluc, pour leur présenter les clefs de la ville : lesquels ils rencontrèrent à Saint-Antonin. Ainsi était cette pauvre ville hors de tout espoir de secours humain pour se pouvoir garantir contre la furie de leurs ennemis, quand Dieu montra qu'il n'avait jamais faute de moyens pour délivrer ceux qu'il lui plait. Car le lundi vingtième étant près Burie et Monluc de monter à cheval, postes sur postes arrivèrent leur apportant nouvelles de la surprise d'Agen et de l'emprisonnement des principaux par ceux de la religion. Cela les contraignit non-seulement de changer de chemin, mais aussi de se séparer, tirant Burie à Bordeaux, où il était appelé en diligence par Novailles capitaine du château du Ha, et Monluc vers Agen : tellement que non-seulement Montauban demeura délivré, mais aussi Neigrepelisse et plusieurs autres places dont les garnisons se départirent. Ces nouvelles apportées à Montauban, toute la ville s'assembla pour en rendre grâces à Dieu, et les fugitifs se mirent sur leur retour de toutes parts. Qui plus est, les troupes qui s'étaient arrêtées à Rabasteux, comme dit a été, ayant entendu ces nouvelles, délibérèrent par l'avis des plus sages de recouvrer Saint-Antonin sous la conduite du seigneur de Savignac et d'un de Montauban, nommé Jean de Moureau, dit Bremont, laquelle entreprise n'ayant succédé, la plupart se retira à Montauban. Ce néanmoins, quelques jours après, ceux de Villefranche y entrèrent de nuit. Quant aux ministres qui s'étaient retirés, du Perier fut octroyé à ceux de Gaillac, Dominique Cestat fut arrêté par l'Eglise de la Vaur. Constans prié de retourner par ceux de Montauban, y retourna, non pas toutefois sans avoir échappé à un merveilleux danger à Villemur, où il fut près d'être brûlé avec la maison de l'hôtellerie où il avait dîné, y étant advenue une forte sédition ou par le moyen de quelques joueurs de cartes, ayant entendu comme lui et Bremont après dîner chantaient tout bas quelque verset d'un psaume. Du Croissant se rendit aussi à Montauban le même jour vingt-sixième dudit mois. Et par ainsi furent comme en un instant remis sur pied ceux de la religion par un moyen du tout inespéré, continuant leurs assemblées comme auparavant hors la ville au fossé des Cordeliers. Pendant ces émotions, outre plusieurs gentilshommes et autres envoyés d'Orléans par le prince pour admonester chacun de son devoir, tant pour se tenir sur leurs gardes que pour lui envoyer secours de gens et d'argent, le sieur d'Arpajon, venu d'Orléans, et qui avait été élu protecteur des églises du colloque de Villefranche, et d'autre part le sieur de Thoras, fils aîné du sieur de Peyre, aussi élu protecteur des autres églises circonvoisines, commencèrent à s'apprêter : étant envoyé à Montauban, le seigneur de la Vernade, pour faire levée de ceux qui étaient de bonne volonté. A quoi se trouvèrent fort bien disposés tant les magistrats que les habitants de Montauban, où étaient arrivés Thoras et Arpajon le cinquième de mai. Le bruit de ces choses répandu partout et les deux parties se préparant ouvertement aux armes, la maison commune de Toulouse fut saisie l'onzième dudit mois : ce qu'étant fait, Arpajon et Thoras, autrement Marchastel, furent instamment sollicités de leur envoyer promptement secours; mais ils usèrent de longueur, craignant d'être rencontrés en chemin s'ils n'y allaient avec bonnes et grandes forces. A quoi il est certain qu'ils firent une très-grande faute. De quoi extrêmement fâchés ceux de Montauban, qui considéraient l'importance de ce fait, ils voulurent sortir sur le soir le quatorzième dudit mois; mais ils en furent empêchés par Arpajon, leur disant qu'ils s'allaient perdre et se saisissant même des clefs des portes de la ville, lesquelles il rendit puis après aux consuls qui commençaient à s'en dépiter fort et ferme. Trois jours après, à savoir, le dix-septième dudit mois, le vicomte de Bruniquet, le sieur de Veollac Reymes et de Saint-Luofaire, et certains autres, bien montés, sortis de Montauban par la porte des Cordeliers pour aller découvrir vers le chemin qu'on devait tenir pour aller au secours de Toulouse, furent pris par la cavalerie de Terrides, dont l'issue fut telle, qu'étant peu après relâchés, ils ne se mêlèrent onques puis durant cette première guerre du parti de ceux de la religion, à laquelle toutefois ils se rejoignirent après la paix : hormis le sieur de Saint-Léofaire qui se révolta jusqu'à faire la guerre à ceux qu'il avait défendus auparavant. Ce même jour, qui était la fête de Pentecôte, arrivèrent deux grands malheurs à ceux de la religion, à savoir le massacre de Gaillac en Albigeois et la reddition de la maison commune de Toulouse à faute d'être secourus. Quant au fait de Gaillac, il est tel que s'ensuit. Ceux de la religion, dès devant l'édit de janvier, s'étant adressés aux magistrats et principaux de la religion romaine, avaient obtenu d'eux de pouvoir prêcher au temple de Saint-Pierre : ce qu'étant pratiqué paisiblement jusqu'à la publication de l'édit de janvier, le cardinal Stroffi, évêque d'Alby, ne cessa qu'il n'eût dressé une partie pour les massacrer et ruiner entièrement. Le jour assigné pour ce faire fut le jour de Pentecôte, dix-septième de mai, de quoi se doutant aucunement les consuls, gens de bien, et désirant entretenir en concorde les deux parties fuyant l'édit, octroyèrent à ceux de la religion de s'assembler et célébrer la cène entre deux portes, où ils avaient fait conduire quelques pièces d'artillerie, pour empêcher qu'aucun tumulte ne survînt. Par ainsi fut célébrée la cène paisiblement, étant rompu le dessein de leurs ennemis. Mais sur les trois heures après-dîner, étant l'artillerie reserrée, et pensant ceux de la religion que tout le danger fût passé, les conjurés, avec lesquels la commune s'adjoignit incontinent, se ruèrent dessus l'assemblée, et dura cette sédition jusqu'au vingt-deuxième jour dudit mois, y étant entré le cardinal, avec trois cents arquebusiers. Les cruautés qui se commirent furent horribles, de sorte qu'il en fut conté et reconnu de morts huit vingt et deux, outre les blessés et les morts inconnus, dont les uns furent traînés par les boues, puis jetés aux corbeaux, les autres étaient poussés à l'abbaye Saint-Michel dudit lieu, située sur un grand et haut rocher ayant au pied la rivière du Tarn fort profonde, dans laquelle ils étaient précipités, rencontrant en chemin le rocher où ils se crevaient et mettaient en pièces, et si d'aventure quelqu'un tombait en la rivière sans être du tout mort, il y était assommé par les meurtriers qui les y attendaient dans des bateaux. Ainsi en advint, entr'autres, à un serviteur d'apothicaire, nommé Pierre de Domo, lequel ayant requis qu'il lui fût permis de se jeter soi-même d'un lieu encore plus haut que celui dont avaient été précipités les autres, à la condition d'échapper si Dieu lui faisait la grâce de tomber en bas sans se faire mal, et sur cela mené au plus haut de l'abbaye, après avoir invoqué Dieu, prenant sa course, se guinda si dextrement que, sans rencontrer le rocher, il tomba dans l'eau sain et sauf : laquelle voulant passer à nage, il y fut assommé, nonobstant la promesse qu'on lui avait faite. L'un des consuls, nommé Jean Cabrol, s'étant présenté en la place comme magistrat, avec son chaperon de consul, et un bâton blanc en la main, pour appaiser l'émeute, étant appuyé contre un pilier de bois, fut cloué contre le poteau d'un coup de trait lui perçant l'œil gauche, et percé de plusieurs autres coups puis après au travers du corps, mourut ainsi debout attaché : ce que voyant d'une fenêtre un sien serviteur, qui tenait une arquebuse en ses mains, en tira si droit, que d'un coup il tua deux des meurtriers de son maître, qui fut cause qu'on se rua dans la maison où il fut tué et mis en pièces. Quant aux ministres, l'un d'iceux se sauva ; mais l'autre, à savoir Pierre du Périer qui s'était retiré de Montauban comme il a été dit, étant trahi par quelques bateliers de Montauban, fut tué, traîné et jeté dans un puits. Tel fut donc le massacre de Gaillac. Quant au fait de Toulouse advenu le même jour, il a été ci-dessus amplement déclaré : ce qu'ignorant ceux de Montauban, le lendemain dix-huitième après-dîner, partirent pour les aller secourir : à savoir, des gens de pied conduits par les capitaines la Vernade, Saint-Michel et Belfort sous Marchatel colonel; la cavalerie par Arpajon, et sous lui Mouledier, capitaine des arquebusiers à cheval, étant laissé pour gouverneur de la ville en leur absence le sieur de la Tour, avec ordonnance de prêcher de là en avant dans la ville au temple de Saint-Jacques. Mais sur le soir arrivèrent des fugitifs de Toulouse, avec certaines nouvelles de ce qui était advenu. Le sieur d'Arpajon, ce même jour, était venu à Rabasteux bien à point, ainsi comme quelques séditieux avaient déjà marqué de croix les portes des maisons de ceux de la religion, en délibération de les saccager la nuit suivante : ce qu'étant découvert, ils tombèrent en la fosse qu'ils préparaient aux autres. Le lendemain, dix-neuvième dudit mois, étant aussi arrivées à Rabasteux les compagnies de gens de pied, Arpajon envoya Mouledier à la Vaur pour de là faire venir la compagnie de Castres : ce qu'il fit, mais non pas sans rencontre, s'étant assemblés ceux de Saint-Sulpice, avec les gens du sieur d'Ambres, au passage de la rivière du Tarn, dont l'issue fut telle que quelques-uns des ennemis y étant tués, et les autres mis en déroute, la compagnie arriva saine et sauve à Rabasteux. Leur délibération était de passer outre, étant envoyé, le vingtième dudit mois, Mouledier à l'île d'Albigeois pour découvrir vers Gaillac, pour essayer de donner sur la compagnie du cardinal de Stroffi. Mais il ne s'en ensuivit autre effet, sinon que, sur le retour, quelques-uns des massacreurs, surpris dans les blés, y finirent leur vie, entre lesquels y furent trouvés quatre prêtres. D'autre part, Saint-Michel et Belfort, surprenant Saint-Sulpice, y attrapèrent quelques meurtriers qui y avaient un peu auparavant massacré quelques-uns de la religion, et y firent pendre sept prêtres, auteurs du meurtre advenu; comme aussi quelques bateliers de Montauban, complices du massacre de Gaillac, l'un desquels avait trahi du Périer, ministre, furent pris et exécutés le même jour, vingtième dudit mois.

Le lendemain, vingt et unième, Arpajon ayant reçu lettres de ceux de Montauban bien avertis de ce qui était advenu à Toulouse, par lesquelles il était supplié de revenir avec ses troupes, pour rassurer la ville grandement menacée par ceux de Toulouse, joint que deux capitouls et les capitaines Rapin et Sopets étaient arrivés à Rabateux, qui leur avaient récité comme le tout s'était passé ; il prit le chemin de son retour, ayant adjoint à ses troupes celles de Castres, et ceux-là mêmes de Rabasteux qui le voulurent suivre, avec Pierre Salicet, leur ministre, menant avec eux prisonniers deux consuls, pour la sûreté de ceux qui restaient derrière dans la ville. Ces compagnies, jointes ensemble, faisaient environ deux mille hommes, divisés en deux troupes, l'une desquelles avec Arpajon et Marchâtel tint le grand chemin ; l'autre, conduite par Mouledier et Saint-Michel, passèrent à Buzet, où ils firent tant que le capitaine de la ville, tenant pour la religion romaine, élargit et leur mit entre les mains (mais tous pillés et mis en chemise) quelques-uns de la religion qu'il avait mis en prison, et de là passant par Sainte-Radegonde, tuèrent quelques prêtres, qui servirent à revêtir les dépouillés. Par ce moyen fut remplie la ville de Montauban de toutes ces compagnies, qui y furent les très-bien venues et reçues. Mais cette assurance ne leur dura guères. Car le lendemain, vingt et deuxième du mois, étant venu certain avertissement que Monluc et Terrides avaient entièrement délibéré d'assaillir Montauban avec toutes les forces qu'ils pourraient recueillir tant d'hommes que d'artillerie, Arpajon et Marchâtel, ayant convoqué les consuls et capitaines, leur remontrèrent que les murailles de la ville n'étant pour soutenir le canon, joint qu'ils n'avaient ni soldats expérimentés, ni armes nécessaires à un siége, ni suffisante provision d'artillerie, poudres et autres munitions, il n'y avait ordre de tenir la ville, et, que pourtant le meilleur était de désemparer la ville et cédant à la fureur de l'ennemi, se retirer à Orléans avec les forces au secours du prince, lequel étant défait, ils ne pourraient aussi subsister, comme au contraire, étant victorieux, ils auraient tantôt recouvré leur patrie. Les consuls, au contraire, les suppliaient de considérer la justice de leur cause et la puissance de Dieu pour maintenir les siens, joint que la ville n'était de si petite défense, ni si mal munie qu'ils cuidaient, outre la désolation qui adviendrait si un tel conseil était suivi, non-seulement entre une bonne partie des hommes n'étant assez forts pour porter la peine d'un tel voyage, mais aussi entre les femmes, petits enfants et hommes anciens, qui ne pourraient jamais arriver à sauveté à Orléans. Il y eut sur cela des capitaines si mal avisés qu'ils osèrent bien répliquer que ceux qui ne voudraient ou pourraient suivre apprissent de faire comme les pauvres gens de Picardie dans les guerres passées. Un autre ajouta qu'ils chantassent le psaume, étant assis aux rives aquatiques. Voilà les paroles consolatoires, desquelles pour lors on usa envers ce pauvre peuple, de sorte que ce n'est pas merveille si Dieu usa de ses jugements puis après sur quelques-uns vraiment indignes de porter les armes pour l'une ni pour l'autre religion, et montrant assez par leurs paroles quels ils étaient au-dedans. Sur cela un messager d'Agenois arriva avec lettres portant qu'il y avait déjà quatre mille hommes de la religion assemblés en bon équipage et tous prêts à marcher quand ils seraient mandés : lesquelles nouvelles modérèrent la précédente délibération jusqu'à ce point qu'ils arrêtèrent de défendre la ville, mais à la condition qu'en laissant en la ville de bons capitaines pour soutenir en attendant leur retour, ils sortiraient pour hâter le secours d'Agenois : ce qu'ils ne pourraient faire s'ils étaient une fois enclos ; et, de fait, suivant cette délibération, Arpajon et Marchâtel, ayant laissé pour commander le sieur de la Tour, et le capitaine Rapin, partirent ce jour même avec le capitaine Mouledier, et presque toute la cavalerie, laissant la ville en grande fâcherie et défiance, pour les diverses opinions qu'on avait de leur département.

Le lendemain, vingt-troisième dudit mois, les troubla bien davantage, étant arrivé de Toulouse à grande hâte un marchand de Montauban, nommé Valentin, lequel, aposté par les ennemis, comme il est vraisemblable, leur assura d'avoir passé par le camp Monluc et Terrides, étant de dix mille hommes de pied, et si grand nombre de cavalerie que les chemins en étaient tous couverts, et de vingt-deux doubles canons. Ce rapport étant semé, et sur cela le conseil assemblé, pour savoir ce qui était de faire, les capitaines Rapin, de la Tour, la Vernade, Richard, et quelques autres firent tout ce qu'ils purent pour faire abandonner la ville. Mais les consuls, aidés par les capitaines la Manne et Saint-Michel, firent tant de remontrances, qu'il fut arrêté qu'on se défendrait. Ce néanmoins, les autres, ne se pouvant rassurer, firent une contraire résolution en la maison d'un nommé Jean de Jean, bourgeois, à savoir d'avertir de main en main leurs parents et amis, et soldats de leurs charges, et quand et quand laisser la ville. Suivant donc cette malheureuse délibération, sur le profond sommeil de la nuit, ayant été découverts par les corps-de-garde quelques-uns qui menaient leurs chevaux sellés et bridés pour sortir hors la ville, force leur fut de déceler leur complot, ayant fait sonner l'alarme, lequel bruit entendu, tous accoururent en armes, mais avec diverse volonté, les uns estimant que l'ennemi fût aux portes et qu'il fallût combattre, et les autres ne demandant qu'à sortir. Chacun donc se regardait, jusqu'à ce que ceux qui ne savaient rien du complot des autres, ayant aperçu que c'était une fausse alarme, s'en retournèrent en leurs maisons. Alors ceux qui étaient du complot commencèrent à marcher par les rues vers la porte appelée du Fossat, et enquis où et pourquoi il y allaient, crièrent à haute voix qu'un chacun se sauvât qui pourrait. Ce cri entendu donna tel épouvantement aux habitants en général, étant soudainement avertis de cette fuite, qu'eux et leurs femmes, les unes portant les berceaux sur la tête, les autres en chemise ou à demi vêtues, en misérable désarroi, se prirent à sortir de leurs maisons, les gardes furent abandonnées du tout, et n'y avait partout que confusion, pleurs et lamentations. Mais Dieu donna le cœur à quelque peu des habitants, qui étant accourus à cette porte, partie avec grandes et courageuses remontrances, partie à belle force, ils fermèrent le guichet, et gardèrent qu'aucun ne sortît qu'au danger de sa vie. Or était déjà sorti bon nombre de ceux de ce complot, lesquels voyant le courage de ceux qui gardaient la porte et ne voulant aussi se séparer de leurs compagnons qui étaient demeurés derrière, prièrent de rentrer dedans, ce qui leur fut accordé. Toutefois quelques-uns poursuivirent leur chemin, comme entre autres Rapin et la Tour, lesquels, arrivés à Cievrac, assurèrent le sieur de Peyre que Montauban était pris, et que tout était perdu. Ricard aussi n'eut pas meilleur courage, et, pour trouver moyen de sortir, se mit à pied, et feignant qu'il allait seulement au bout du faubourg Saint-Antoine pour faire entrer quelques voituriers, déçut les gardes et gagna les champs. Il y eut aussi des habitants tellement effrayés que, ne pouvant sortir par la porte, ils se firent dévaler par la muraille. Constans, ministre, se porta fort courageusement durant cet effroi, priant les uns, exhortant les autres qu'il rencontrait, de sorte que plusieurs se rassurèrent; et finalement, les portes étant bien fermées, il alla faire les prières à la place, qui raffermirent le cœur d'un chacun, et ainsi se passa la nuit d'entre le samedi vingt et troisième et le dimanche suivant.

Le matin venu, Jean Carvin fit un sermon plein de véhémence pour encourager un chacun: Constans, d'autre côté, alla de maison en maison chez les principaux pour les échauffer. Ce nonobstant étant les capitaines assemblés l'après-dîner chez le principal lieutenant qui mit de rechef en délibération s'ils devaient attendre le siége ou non, tous (excepté deux, à savoir Saint-Michel, qui dit qu'il était prêt de demeurer si les autres en étaient d'avis, et Jean Laboria fait depuis capitaine de la ville, remontrant courageusement qu'on devait demeurer et tenir ferme) furent d'avis de s'aller joindre aux troupes d'Agenois. Les magistrats, ni les ministres, ni quelques autres assistants n'opinèrent en ce conseil qu'ils trouvaient très-mauvais, et notamment quelques enfants de la ville, à savoir Jean Durval, (celui qui avait apporté une lettre du sieur d'Andelot et qui depuis fut fait sergent-major) et Cardelles sergent de bande, entrèrent en grande colère. Mais quoi qu'il en fût, les capitaines le gagnèrent faisant incontinent sonner le tambourin. Alors commencèrent tant les habitants que les étrangers de sortir à la foule avec la plus étrange confusion qu'il est possible, demeurant la ville presque déserte, les portes étant ouvertes et à l'abandon, les clefs desquelles furent trouvées sur le pont de Tar par un artisan. La chose donc était en une extrême désolation et du tout désespérée, quand Dieu suscita miraculeusement un petit nombre d'hommes, lesquels entièrement résolus de demeurer, firent aussitôt un cri par la ville, que tous ceux qui voudraient demeurer pour la défense d'icelle se joignirent à eux, pressant les uns de se retirer en leurs maisons, et contraignant les autres de s'arrêter à belle force, jusqu'à tendre les chaînes par les carrefour. Par ce moyen Jean Paulet, lieutenant principal, contraint de descendre de dessus son cheval, rentra chez soi. Hugues Bonencontre et Richard Sorbiac, syndics, ne pouvant sortir s'en allèrent cacher. Quant aux ministres, ils furent aussi emportés en ce désordre comme par un torrent, de sorte que Carvin sortit comme les autres. Pierre du Croissant s'alla si bien cacher qu'il ne se montra plus. Jean Constant, étant à cheval et prêt à sortir comme les autres, rencontré par ceux qui voulaient demeurer, lui reprochant si c'était faire ce qu'il leur avait prêché, et lui disant qu'il devait vivre et mourir avec eux, s'y accorda et ne tint qu'à lui qu'ils ne le fissent leur capitaine. Leur ayant donc répondu que ce n'était sa vocation, il les pria de s'assembler au temple Saint-Jacques pour choisir le plus propre, après avoir invoqué Dieu; mais il en advint autrement. Car s'étant ému un horrible débat par les rues entre ceux qui voulaient demeurer, et ceux qui voulaient sortir, force lui fut de courir partout où il oyait la crierie, Dieu lui faisant la grâce d'être écouté, tellement que peu à peu le tumulte cessa. Qui plus est arrivé à la porte appelée du Griffol, Dieu voulut qu'il y rencontra le capitaine Saint-Michel étant rentré pour faire sortir deux pièces de campagne qu'il avait amenées de Saint-Antonin et qu'on lui avait arrêtées, lequel il pria à mains jointes et avec larmes d'avoir pitié de cette pauvre ville, lui mettant devant les yeux l'assistance de Dieu et l'honneur qu'il en rapporterait. Plusieurs des habitants secondaient ces prières l'assurant que tous lui obéiraient comme à leur capitaine et gouverneur. D'autre côté certains capitaines ayant laissé leurs compagnons au faubourg Saint-Antoine pour attendre Saint-Michel et ces pièces de campagne, le pressaient infiniment de se hâter, reprenant aigrement Constant de ce qu'il l'arrêtait; de sorte que ce pauvre homme ayant grande compassion de la ville et considérant d'autre côté qu'il demeurait tout seul, sans apparence d'avoir moyen de la bien garder, tomba en telle perplexité d'esprit qu'il vint jusqu'à prier Constant de prendre sa dague et de l'en tuer. Cette instance avait duré plus d'une heure, quand la sentinelle du temple des jacobins, prochain de la porte, donna avertissement qu'il découvrait certaine cavalerie de l'ennemi : ce qu'entendant Constant, poussé plutôt de l'esprit de Dieu que de raison, comme l'évènement le montra, laissant Saint-Michel à la porte, se jette tout du long du faubourg jusqu'à la maladerie, exhortant les soldats qui s'étaient arrêtés avec leurs capitaines en attendant le dit Saint-Michel, à rentrer dans la ville, leur remontrant que Saint-Michel était résolu d'y demeurer, et que faisant autrement ils s'allaient perdre, tombant entre les mains de l'ennemi qu'on avait découvert. Cela fut cause, étant donnée l'alarme d'autant que la sentinelle avait clairement découvert que la cavalerie de l'ennemi accourait à bride abbattue du côté de l'évêché, que plusieurs s'arrêtèrent tout court. Ce néanmoins n'y ayant en toute la ville aucune garde assise, ni pièce d'artillerie chargée, ainsi tout étant en terrible désordre, tout était perdu : et fut entré l'ennemi sans aucune difficulté, sans une particulière assistance de Dieu, se servant d'un des habitants nommé Arnaud Guybert, avocat, lequel se trouvant seul et sans armes sur la muraille près la porte, se mit à crier tant qu'il peut: canonniers il est temps de tirer. Or n'y avait-il là aucun canonnier ; mais ceux qui ouïrent cette voix pensant que ce fut à bon escient tournèrent bride. Autant en advint à la troupe des ennemis venant par le faubourg des cordeliers, et cependant Cardelles, sergent, monté à cheval courut pour avertir ceux qui étaient dehors : lesquels ayant fait jusqu'alors l'oreille sourde aux prières et remontrances de Constant, entendant pour certain l'arrivée des ennemis, se rejettèrent dans la ville, entre lesquels se trouvèrent tous les capitaines, et Jean Carvin, ministre. Mais, quant aux habitants et étrangers, plusieurs avaient déjà gagné chemin, tellement qu'à grand peine la tierce partie d'iceux rentra, s'en étant fuis les consuls mêmes comme aussi le lieutenant du juge ordinaire et le lieutenant particulier, de sorte que des magistrats ne demeura que le lieutenant principal du Sénéchal. Plusieurs en cette fuite furent surpris et mis mort : d'autres se sauvèrent à Saint-Antonin, et autres en divers lieux ; autres furent menés prisonniers, entre lesquels fut Hugues Calvet, conseiller, pris par le capitaine Coulombier et mené à Piquecos où était l'évêque : auquel lieu il souffrit infinies détresses, nourri d'eau et de pain des chiens, et couchant sur la dure jusqu'à ce qu'il fut échangé avec un chanoine frère dudit Coulombier. Un autre nommé Jean Creissac, pris par le même capitaine Coulombier, après avoir été longtemps en prison à Piquecos, fut finalement mené à Toulouse et pendu. Autant en prit-il à Joce Vilaire pris par le capitaine Maranal, qui lui fit souffrir infinies cruautés, le faisant piquer avec un aiguillon de bouvier jusqu'à la prison de Piquecos, en laquelle au lieu de lui faire penser ses plaies dont il était tout navré il lui fit donner chacun jour d'ordinaire les étrivières, et de là finalement conduit à Toulouse où il mourut constamment.

Au camp de Monluc étaient environ mille chevaux, à savoir les hommes d'armes des compagnies de Monluc, du maréchal de Termes et de Terrides, avec une compagnie d'argoulets et cinq mille hommes de pied sous les capitaines Charry, Saint-Salui, frère de Terrides, Bazordan, neveu de Termes, Montmor, Cramoyn, Arné, Villemagne, la Crozille, Trebons, Tilladet, la Bastide et Coulombier. Tous ceux-ci, hormis Terrides, lequel avec la plupart de sa compagnie demeura au château du Clos, pour la sûreté du port, se campèrent ledit jour de dimanche, vingt-quatrième dudit mois après-dîner au-dessous du faubourg du Moustier, assez loin toutefois de la ville, en la plaine qui est delà une petite rivière nommée Tescon. Mais devant l'assiette du camp les premiers arrivés s'étant présentés de rechef aux dites portes des cordeliers et du moustier, il s'y dressa deux escarmouches, en la première desquelles Saint-Michel tua trois hommes d'armes, et gagna un beau cheval, mais en la seconde, la Vernade qui ne trouvait bonnes ces sorties, voulant retirer Saint-Michel, reçut une arquebusade à la cuisse, et deux autres soldats furent grandement blessés, et ainsi en alla de ces premières escarmouches. Cela passé, messagers furent aussitôt envoyés avec lettres vers Arpajon et Marchastel en Angenois, pour les avertir comme le tout était passé, et pour les prier de secourir la ville suivant leur promesse. La justice (d'autant qu'aucun autre magistrat n'était resté sinon le lieutenant principal, et que les deux syndics dont nous avons parlé se tenaient cachés, comme aussi du Croissant, ministre), demeura entre les mains dudit lieutenant, assisté de Jean Constant requis de ce faire. Quant à la garde de la ville, la porte du moustier fut baillée en garde au capitaine la Manne avec les soldats de Castres. Celle des cordeliers, à Saint-Michel : celle du Griffol à Belfort. Le couvent des jacobins à Jean Laboria, avec les habitants : les portes de Mommurat et du Pont, au capitaine la Vernade, et en son absence s'étant fait icelui porter à cause de sa blessure hors la ville chez le sieur de Parcsols son parent, à ses enseignes, la porte des carmes à la Bouguière. Monluc, campé envoya un trompette pour sommer la ville, lequel arrivé à la porte du moustier demanda premièrement les deux syndics qui se tenaient enfermés comme nous avons dit, leur promettant assurance s'ils voulaient parlementer au château de la Serre étant un peu de l'évêché. La réponse fut que les syndics ne se trouvaient en la ville. Adonc il requit, que la ville se rendît en l'obéissance du roi, et que en signe de cela il fut permis au sieur de Monluc, son lieutenant, et à son camp de passer seulement par la ville sans s'y arrêter aucunement, ou bien qu'on vînt à quelque autre composition. Saint-Michel et Constant répondirent qu'ils étaient très-humbles et loyaux sujets et serviteurs du roi à la vie et à la mort, n'ayant commis aucun acte pour lequel ils dussent être molestés ni assiégés, et que, s'il plaisait à Monluc d'entrer lui trentième, il y serait le très-bien venu et reçu ; mais, quant à son camp, il coûterait la vie à tous ceux de dedans devant que l'y laisser entrer, et ne voulaient composition quelconque sinon à condition que premièrement le camp fût levé. Plusieurs des habitants voulaient induire Constant à demander trèves pour certains jours, dans lesquels si la ville n'était secourue d'Arpajon et Marchastel, ils se rendraient à Monluc, s'assurant, comme ils disaient, qu'ils auraient secours, et que cependant ils gagneraient ce point de n'être assaillis et en danger d'être forcés. Mais

Constant rompit ce coup, remontrant que le secours était trop incertain, et que telle réponse croîtrait le cœur à Monluc : joint que ce serait comme prescrire à Dieu le moyen et terme de leur délivrance. Le trompette revint peu après, offrant à tous soldats forains de pouvoir sortir vies et bagues sauves, auquel il fut répondu comme dessus.

La nuit venue, un chacun se tint sur ses gardes, se doutant les habitants de quelque escalade surtout du côté des portes du moustier et des carmes, au dortoir duquel couvent, comme aussi en quelqu'autre lieu des jacobins fut mis le feu pour être ce couvent de trop grande garde, comme aussi au couvent des cordeliers et évêché, maisons et granges d'alentour, et à quelques maisons au devant dudit moustier, de peur que l'ennemi ne s'en emparant pour s'y fortifier et y dresser quelque batterie ou surprise. Et se passa cette nuit en grande suspicion de trahison contre le capitaine la Manne pour avoir pris avec tous ses soldats une marque particulière, s'étant fait tous raser la barbe hormis les moustaches : joint qu'en la porte du moustier où il commandait, on disait avoir aperçu quelques sentinelles, faisant mauvais guet, et tournant le dos du côté des ennemis, desquels plusieurs étaient venus auprès de la porte allumer leurs cordes sans qu'on leur eut rien dit. Davantage on avait ouï marteler quelque pièce d'artillerie, et craignait-on qu'on la voulut enclouer. D'autre part la porte des carmes fut trouvée toute ouverte, sans pouvoir savoir qui avait retiré les clefs d'icelle. Toutes ces choses mirent les habitants en telle défiance qu'eux-mêmes voulurent faire la sentinelle à la porte du moustier et à l'entour, et fut mis un cadenas à la porte des carmes jusqu'à ce que les clefs fussent trouvées. Ce nonobstant la Manne se porta toujours si loyalement qu'il apparut évidemment de sa prud'hommie.

Le lundi vingt-cinquième du mois arriva l'artillerie au camp de l'ennemi conduite par un commissaire nommé la Mothe rouge, à savoir deux grosses couleuvrines, deux canons, et cinq autres pièces, et se donnèrent ce jour de grandes escarmouches, tant du côté des jacobins, où commandait Laboria, que vers les cordeliers et carmes que gardait Saint-Michel : lesquelles plusieurs des ennemis furent blessés et plusieurs tués. Sur le soir quelque cavalerie de l'ennemi passa la rivière de Tescon, voulant surprendre la porte des carmes ; mais ils furent vivement repoussés, ayant été tué le cheval de Monluc entre ses jambes : et n'eut été que le feu prit à la poudre, qui était à la porte pour fournir les soldats qui escarmouchaient, la perte eut été beaucoup plus grande du côté des assiégeans. Il y eut aussi quelque combat du côté des cordeliers, ayant fait les ennemis une barricade dont ils tiraient force arquebusades, auxquels fut répondu du haut du boulevart des cordeliers, et ne se fit autre exploit tout ce jour là.

Le mardi vingt-sixième, Dieu frappa d'un si soudain épouvantement les ennemis qu'on fut tout ébahi qu'ils levèrent leur camp en grande hâte et en très-grand désordre, tirant au port de Clos, où quelques-uns se noyèrent, et de là tirant à Château-Sarrazin. Ce nonobstant ils ne furent poursuivis, craignant les assiégés que ce ne fut quelque ruse de guerre. Tel fut ce premier siège, auquel moururent environ soixante soldats du côté des ennemis, qui firent au surplus beaucoup de maux en peu de temps, ayant pillé les métairies d'alentour, avec les maisons des faubourgs de Saint-Étienne, dit moustier et des cordeliers plus prochain de leur camp, et foulé aux pieds de leurs chevaux, les blés verts qui étaient déjà à demi grenés. Et quant à leur artillerie, après avoir été mise sur la grue à Château-Sarrazin, dans un grand bateau pour la mener en Agenois, finalement elle y fut laissée en espérance de revenir bientôt à Montauban.

Le siége levé inespérément, les habitants, en l'absence de leurs consuls et jusques à leur retour, élurent cinq prevots avec puissance consulaire pour gouverner la ville, et pour leur sûreté brûlèrent quelques endroits qui leur pouvaient nuire, en attendant la réponse d'Arpajon et de Marchastel. Et pour ce que le sieur de Mombeton était grand ennemi, Saint-Michel alla piller son château, où il ne trouva nul résistance, ce qui lui coûta la vie puis après. Il voulut aussi en faire autant au château de Paresoles, mais il en fut vivement repoussé. En ces entrefaites, à savoir le quatrième de juin, Marchastel arrivé à Montauban ayant entendu la licence de piller et de tuer que se donnaient les soldats, et considérant là où les choses en viendraient s'il n'usait de sévérité à ces commencements, après avoir fait de grandes remontrances à tous de vivre selon Dieu et de s'abstenir de larcins et pillages illégitimes, fit pendre et étrangler deux habitants de la ville pour avoir mis une corde au col à la chambrière d'un prêtre de Saint-Étienne, pour lui faire déceler quelques reliques et autres biens de son maître : et se montrant très-marri du château de Mombeton (attendu qu'encores que le seigneur eut en haine la religion, ce néanmoins il ne faisait point la guerre, et n'avait aucunement muni son château pour résister, joint que Saint-Michel à la vérité n'avait fait cette entreprise que pour butiner et faire son profit particulier) lui bailla les arrêts. Toutefois il fut puis après élargi, moyennant la reddition du pillage, lequel ce néanmoins ne fut rendu à qui il appartenait. Mais Saint-Michel irrité de cela délibéra de s'en aller avec sa compagnie : ce qu'étant rapporté à Marchastel, il le fit instamment prier tant par les consuls qui étaient revenus, que par Constant, ministre, le capitaine la Manne et autres, de demeurer au moins pour huit jours, attendu qu'il y avait apparence que la ville ne mettrait guères à être de rechef assiégée. Qui plus est n'ayant voulu accorder cela, il fut prié de laisser sa compagnie : à quoi de rechef n'ayant voulu consentir, il fut requis pour la troisième fois de se contenter de prendre les soldats qu'il avait amenés, laissant les autres qui s'étaient adjoints à sa compagnie; mais il ne fut possible de lui faire changer d'avis, sauf que par grande importunité il dit qu'il différerait son partement pour un jour ou deux : et quant à ses soldats que ceux-là demeurassent qui voudraient demeurer. Entendant cela Marchastel, ayant fait fermer les portes de la ville et s'étant saisi des clefs, après avoir eu la promesse des habitants qui lui tiendraient la main pour dompter une telle opiniâtreté, il envoya quérir les soldats de Saint-Michel : auxquelles ayant fait éteindre la mèche, il leur commanda de se retirer en leur logis, et de n'en sortir sous peine de la vie, ayant été tué sur-le-champ, le sergent dudit Saint-Michel, nommé du Pont, pour avoir fièrement répondu à Marchastel qui le menaçait de le faire pendre comme un larron. Saint-Michel cependant se voyant enfermé en la ville, fut si outrecuidé que de lever la serrure de la porte des cordeliers à laquelle il commandait : et peu après lui étant commandé avec grandes remontrances par Laboria et Constant, de venir parler à Marchastel, son colonel, non-seulement répondit dédaigneusement; mais, qui pis est, dépita vilainement et colonel et habitants, et pour le comble de son outrecuidance désespérée tourna la bouche de deux pièces de campagne qu'il avait à ladite porte des cordeliers contre la ville, étant accompagné de son frère Louis Peyralade et de bien peu d'autres. Mais soudain voyant arriver le long du faubourg une troupe d'argoulets pour le saisir mort ou vif, et qu'il était sans monture lui ayant été saisi son cheval de bonne heure, le cœur lui faillit, et tout éperdu se vint présenter avec son frère en la maison du lieutenant principal à Marchastel, son colonel : lequel leur ayant fait poser leurs pistoles et leurs épées, leur remontra les énormes fautes qu'ils avaient faites, s'étant voulu départir de l'alliance pour se rendre (comme il est à présumer) à l'ennemi, ayant aussi au lieu de rendre obéissance à leur colonel, violé la porte de la ville, et braqué l'artillerie contre icelle : achevant lesquelles remontrances il délacha sa pistole contre Saint-Michel lequel se sentant ainsi blessé, et voyant bien que c'était fait de sa vie, reprenant son épée qu'il avait posée sur la table, se ruant d'un cœur merveilleux sur Marchastel il lui donna d'un coup d'estoc en l'estomac : mais pour ce qu'il était armé, le coup glissant porta entre le ventre et la cuisse dont Marchastel fut en danger de mort, et demeura longtemps malade. Alors Saint-Michel et son frère chargés de toutes parts, furent horriblement déchiquetés, et la nuit suivante tous deux pendus en une potence en la place publique : comme aussi fut pendu le corps du sergent du Pont, en une autre potence, ayant Saint-Michel un écriteau attaché aux pieds dont la teneur s'ensuit : c'est Saint-Michel, convaincu d'avoir été larron, voleur, meurtrier, traître, rompant la foi à Dieu, au roi, et à l'alliance faite par monsieur le prince de Condé, pour le délivrement de sa majesté. Et pour cette cause l'avons exterminé, tant pour ses démérites, que pour servir d'exemple à tous ceux qui voudraient suivre cette vie malheureuse et désordonnée : auxquels nous faisons entendre qu'il sera fait de même ; car sommes délibérés de vivre sous la crainte Dieu et l'obéissance du roi, observant de tout notre pouvoir les lois et ordonnances de la guerre, puisque, par le vouloir de Dieu, nous avons les armes en main n pour retirer de captivité, Charles, par la grâce de Dieu roi de France, notre souverain prince et seigneur, ensemble la reine sa mère. Telle fut la fin de ce capitaine vaillant et hardi à la vérité, et qui avait été principal instrument de la délivrance de la ville : laquelle procédure j'ai bien voulu décrire tout au long pour servir d'exemple d'une sévérité militaire, laquelle si on eut bien observée en cette guerre, infinies misères et calamités ne fussent advenues. Ce néanmoins ce jugement ne fut approuvé de tous, excusant le fait de Mombeton sur ce que la guerre était ouverte contre les ennemis de la religion, joint qu'étant Mombeton parent de Marchastel, plusieurs soupçonnaient qu'il avait procédé contre Saint-Michel avec quelque passion particulière, sollicité comme on estime par le capitaine la Tour, ayant quelque haine secrète contre les susdits. Et, quant au crime de trahison, il était fondé sur une simple présomption ; mais à la vérité sa rébellion et désobéissance par trop outrageuse ne pouvait être endurée sans une merveilleuse conséquence. Et quant au crime de meurtre et volerie, cela se rapportait à ce que lui et son frère, ayant débat et question pour leur légitime contre leur frère aîné nommé Raymond, ils l'auraient tué à Saint-Antonin, et s'étaient emparés de la maison et biens d'icelui qui furent incontinent rendus à la veuve après la susdite exécution. Bien que plusieurs disent que ce fut un soldat de Cardaillac qui fit le coup, et que Raymond avait été le premier aggresseur : tant y a que telle fut la fin de l'un et de l'autre, qui doit bien apprendre à ceux qui ont bien commencé quelque besogne, de prier Dieu qu'il leur fasse la grâce de pouvoir commander à leur passions, et de continuer de bien en mieux jusques à la fin.

Les ennemis cependant, pour enceindre la ville de toutes parts et manger les vivres d'alentour, assirent leurs garnisons en plusieurs lieux comme à Moiteich, à Meissac, à Piquecos, Parasols, Saint-Léofaire, Villemur, Neigrepelisse et autres lieux, et notamment à Mombeton, duquel lieu le seigneur ne se voulut jamais contenter de raison, nonobstant, l'exécution de Saint-Michel, et qu'on lui offrit restitution de tout ce qui lui avait été pris, dont infinies courses et pilleries s'ensuivirent de part et d'autre avec la mort de quelques-uns.

Quant aux forces qui étaient dans la ville, dont Laboria était capitaine du consentement de Marchastel, colonel, la Tour partit de Montauban le vingt-troisième dudit mois disant qu'il se trouvait mal disposé. Marchastel le lendemain n'étant encore guéri de sa plaie se retira à Vieulle, d'autant que la dame du lieu était sa tante, laissant en son lieu Boisseron, homme vraiment craignant Dieu, ennemi d'avarice et de tout pillage, voire jusques à ne vouloir pas permettre que la ville lui défrayât seulement sa dépense, et n'avoir jamais voulu prendre aucun présent de ce qui avait été licitement pris sur l'ennemi. Alors aussi se départirent Belfort avec ceux de Millaut, et le capitaine la Manne avec ceux de Castres, de l'exploit desquels il sera parlé en l'histoire de Rovergne. Et, quant au reste, trois compagnies des habitants furent dressées sous la charge de Laboria, dont les enseignes furent baillées à Jean de Moncau dit Bramont, à Antoine de Jean et François Malfères dit Lotap. Et d'abondant fut permis aux trois capitaines étrangers qui étaient de reste, et qui n'avaient amené aucune compagnie, à savoir la Vernade guéri de sa plaie, Soupets et Fontgrave, d'en dresser chacun une pour la défense de la ville, tant que besoin serait ; et furent aussi vingt conseillers créés des plus notables habitants de la ville pour, avec les consuls, déterminer des affaires pour toute la communauté au lieu du conseil général afin que les gardes ne fussent jamais abandonnées.

Ces choses ainsi rangées ceux de Montauban, voyant que leurs ennemis sortant de diverses garnisons ne faisaient autre métier que ravager et brigander tant deçà que delà l'eau, saillirent sur eux un lundi treizième de juillet, et en tuèrent bon nombre ramenant vivres et prisonniers, et se continuèrent ces rencontres fort heureusement pour ceux de la ville conduits par Laboria, qui rembarra fort vivement les ennemis le dernier dudit mois. Et lors pour ce que plusieurs butins se faisaient avec grand désordre il fut avisé au conseil, entre les consuls et leurs assesseurs et les capitaines, avec l'avis des ministres, qu'il en serait fait désormais comme s'ensuit.

Premièrement, quant aux choses publiques ayant servi à l'usage de l'église romaine, celles dont la forme ne pouvait être changée sans qu'il y restât quelque trace et mémoire de superstitions, comme tapisserie contenant histoires ou devises superstitieuses, chappes de mêmes sortes, et autres choses semblables, seraient mises au feu et brûlées. Mais, quant à celles dont la forme se pourrait commodément changer sans qu'il y apparut aucune marque de superstition ou impiété, et dont la matière pourrait être convertie en quelque usage licite, et pareillement toutes autres choses publiques légitimement prises sur les ennemis jurés de la religion (en ce comprises les dîmes) on en ferait trois parts : l'une pour être employée en usages pies, comme subventions et nourriture des pauvres, guérisons des soldats blessés, et autres œuvres charitables : l'autre, pour être appliquée aux frais de la guerre et autres nécessités : et la troisième pour les capitaines et soldats qui auraient fait la prise.

Secondement, quant aux choses privées et particulières, si c'était blé ou vin, tout serait fidèlement apporté dans le magasin de la ville, à laquelle en appartiendrait la moitié, l'autre étant réservée aux soldats qui auraient fait la prise : comme aussi toutes autres choses particulières seraient entièrement à eux sans qu'il leur fut licite, sur peine de la vie, de vendre ni transporter en façon quelconque hors la ville plusieurs fruits de la terre.

Tiercement, qu'il ne serait fait aucune course sur aucun village ou personne, encore qu'ils fussent de la religion romaine, qu'ils n'eussent au préalable porté les armes et ne se fussent par tel moyen déclarés ennemis ouverts de la religion.

Quartement, que les prises illégitimes et qui n'auraient été faites sur les vrais ennemis, seraient entièrement rendues.

Ces ordonnances furent ainsi dressées et jurées, mais très-mal observées bien souvent au grand regret du peuple, comme il advint au commencement du mois d'août, ayant été conduits quelques soldats en divers lieux, comme Bonrepaire, la Bastide Corlarieu, Saint-Capraise, Saint-Léofaire et autres lieux du Tap et Monceau où ils fourragèrent les dîmes, et firent autre grand butin, qu'ils s'approprièrent, hormis qu'ils firent quelque part à la ville du blé qu'ils ne pouvaient celer. Pour cette cause communément ces pillards étaient appelés par le commun Fisaires, et les ministres criaient assez en chaire (étant revenu en la ville Martin Taschard, le dixième d'août, au grand contentement d'un chacun); mais l'avarice et la force l'emportaient. Ce même jour dixième d'août les compagnies de Castres étant allées à Freieville, furent mises en telle déroute qu'il y mourut de quatre-vingts à cent soldats et quasi tous enfants de la ville. Le douzième dudit mois, pour éviter confusion, fut arrêté que les capitaines ne prendraient connaissance sur plusieurs des habitants de la ville ayant fait faute dans ladite ville et juridiction d'icelle, sinon en ce qui concerne le fait de la guerre; ni pareillement les consuls sur aucun soldat ayant fait excès concernant l'édit fait, mais bien auraient connaissance des étrangers mêmes de leurs compagnies ayant commis larçins, voleries, paillardises, et semblables excès dans la ville.

Tandis que ces choses se faisaient à

Montauban, Duras envoyé d'Orléans pour lever nouvelles forces, étant morts de peste à Orléans pour la plupart ceux qui y avaient été conduit de la Guyenne au commencement, ayant fait son amas d'environ seize enseignes en Agenois, après avoir laissé garnison seulement au château de Penne qui était estimé imprenable, et en la ville de Tourvon, s'achemina vers le pays de Quercy pour se joindre à Marchastel, guéri de sa plaie, et séjournant à Saint-Antonin, et prit en chemin la ville de Lauzerte le 15 dudit mois d'août, où furent tués six cents hommes ou plus par un juste jugement de Dieu, pour avoir les habitants malheureusement et traîtreusement meurtri le sieur de Monlausun, duquel il a été parlé ci-devant, homme vraiment de grande piété, de vie irrépréhensible et de doux esprit. Cela fait Marchastel voulant de son côté assembler gens pour être aussi colonel de ceux des églises de sa profession, tira premièrement de Villeneuve leur compagnies de Savignac et Belfort, car déjà la Manne et Honorat s'étaient retirés de ladite ville tirant au côté de Foix : et ne tint pas à commander et à menacer qu'il ne dégarnit Montauban pour le moins des compagnies étrangères, alléguant qu'il fallait pourvoir au principal, et plutôt abandonner tout le pays que de destituer de secours le prince qui avait en tête le plus fort des ennemis. A cette occasion, chacun courant au camp de Duras et de Marchastel, plusieurs villes et places demeurèrent sans aucune garde, et s'adjoignaient même les ministres aux troupes de leurs églises. Monluc donc ayant envitaillé Bordeaux ne faillit à cette occasion, et ayant pris d'assaut Montségur tira droit au château de Penne, lequel ayant pris en peu de jours, il y exerça toute sorte de très-barbare cruauté sans avoir égard à l'âge ni au sexe, ce qui donna telle frayeur aux villes et places destituées de gens de guerre, qu'elles se rendirent incontinent à sa volonté lesquelles aussitôt il abolit tout exercice de religion et rétablit la messe, bien que notoirement il se moquât de l'une et de l'autre.

Le mardi dix-neuvième dudit mois les garnisons laissées à Tourvon par Duras quittèrent aussi la ville sous la conduite de leurs capitaines Blagnac, Boudon et Saint-Vit : lequel en une rencontre qu'ils eurent à Mirabel, distant deux lieues de Montauban, fut tué, non sans avoir vaillamment combattu, voire de sorte que le sergent de Parisols et six soldats y demeurèrent sur la place, et Parisols même, ennemi du tout enragé de ceux de la religion, et particulièrement de ceux de Montauban, y fut tellement blessé qu'il en mourut peu de jours après.

Ceux de Toulouse, au grand regret desquels le siège de Montauban n'avait succédé, foudroyaient cependant par arrêts, et nommément par celui qu'ils donnèrent le vingtième dudit mois d'août, sollicitant aussi Bazordan de tenter par tous moyens d'entrer à Montauban ; lequel, feignant de ne demander rien moins que leur ruine, envoya un nommé le sieur de la Mothe, pour leur dire qu'il ne demandait d'entrer dans la ville qu'avec trente chevaux, et de mettre son infanterie aux faubourgs du Tar, afin que, par un tel signe d'obéissance, Monluc et Terrides perdirent la volonté d'entreprendre chose plus grief contre la ville. La réponse fut que les habitants tenaient la ville pour le roi, et que si on les assaillait ils se défendraient.

Ce même jour la ville de Caylus, ayant refusé ouverture et vivres à Duras, fut prise et pillée comme il allait se joindre à Gourdon avec Bordet, lieutenant du comte de la Rochefoucault, et furent en ce voyage pillés et détruits deux temples les plus renommés entre ceux de la religion romaine, à savoir celui de Saint-Antoine de Marcolles, et celui de notre dame de Roquemadour, par le capitaine la Bessonnie sous la charge de Marchastel, y ayant été quelque temps auparavant découverte par Coras, conseiller du parlement de Toulouse, une grande imposture des prêtres, faisant croire qu'ils avaient céans le corps de Saint-Amador en chair et en os, au lieu duquel n'y fut trouvé qu'un os semblable à celui d'une épaule de mouton, avec quelques petits drapeaux pleins de poudres.

Le vingt-troisième dudit mois Bazourdan, après avoir envoyé devant en la ville quelques damoiselles de la religion, mais aisées à être déçues et propres à décevoir les autres, pour effrayer les habitants, vint lui-même en personne pour les induire à quelque composition, n'oubliant ni promesses ni menaces pour les y amener, mais le tout fut en vain, et furent telles les dernières paroles de Bazourdan : et bien vous vous fiez en Dieu ? ce qui fut recueilli par Constant, ministre, lui répondant ces propres mots : c'est celui vraiment qui nous défendra, et confondra ses ennemis.

Duras et Marchastel, avertis de ces choses, encore qu'ils eussent une intention toute contraire à ceux de Toulouse, toutefois désirant de mener bonnes troupes à Orléans, et tenant la ville pour perdue, envoyèrent aussitôt à Montauban, le capitaine la Soule, lequel arrivé le vingt-cinquième du mois, exhorta les consuls et habitants d'entendre à quelque composition raisonnable, et de leur envoyer leurs forces pour les conduire avec le reste à Orléans : de sorte qu'il ne tint ni aux amis de cette pauvre ville, tant les uns étaient cauteleux et les autres crédules, qu'elle ne fut exposée à l'abandon. Mais Dieu y pourvut, fortifiant tellement les habitants qu'ils résolurent de se défendre en une querelle si juste, ne permettant à ce capitaine de tirer de la ville autres soldats que ceux qui étaient depuis naguère venus d'Agenois, si bon leur semblait. Ils envoyèrent aussi vers Duras et Marchastel, deux bourgeois pour leur faire amples remontrances et demander secours ; et le trentième du mois essayèrent les quatre pièces d'artillerie qu'ils avaient fondues de nouveau, à savoir une couleuvrine, une bâtarde et deux pièces de campagne.

Le samedi 5 de septembre, le capitaine Coulombier et l'évêque de Montauban, menant avec eux quatre-vingts chevaux et environ trois cents hommes de pied, par le moyen d'un avertissement à eux donné par ceux du château de Neigrepelisse de passer par l'île du Moulin, surprirent la ville de Neigrepelisse où plusieurs furent tués ; s'étant aussi finalement rendus par contrainte ceux qui s'étaient retirés, les uns au clocher, les autres à la tour de la porte dite d'Amon, lesquels furent menés avec grandes extorsions dans les prisons du château. Ceux de Montauban, soudainement avertis, y envoyèrent aussi subitement quatre cents hommes de secours. Ce néanmoins ils y arrivèrent trop tard, trouvant la ville prise, saccagée, et les portes fermées, contre lesquelles ils firent tout l'effort qu'il leur fut possible, et y blessèrent entr'autres le capitaine Coulombier qui en est depuis demeuré estropié du bras droit, et un autre méchant, tué nommé la Vorrette, lequel quelques jours après se faisant porter en sa maison, fut surpris par ceux de la religion, achevé de tuer, et jeté dans la rivière de Laveron. Mais finalement ceux de Montauban, destitués d'échelles, et surpris de la nuit, et entendant qu'il venait grand secours de cavalerie aux ennemis, se retirèrent, sans avoir perdu un seul homme. Quoi voyant l'évêque, le lendemain seizième dudit mois, fit tirer d'entre les prisonniers, Jean Claret, dit des Plats, diacre, Jean Sezeran, Pierre et Jean Artis, Jean et Guillaume Millas, qu'il fit très-cruellement massacrer à coups de pierres et de bâtons au bord de la rivière de Lueron où ils furent jetés puis après, étant les autres prisonniers mis à rançon.

Le huitième dudit mois partirent de Montauban quarante argoulets, et soixante arquebusiers avec les capitaines la Vernade et Fontgrave, dit Jean de Jean et du Tap, enseignes, en intention de prendre à Mirabel quelques compagnies qui y étaient; auquel lieu étant arrivés n'y trouvèrent personne, s'étant retirés les habitants et ayant fort bien caché tant leurs biens que ces pièces. Se préparant donc le lendemain pour s'en retourner, et s'étant amusé à brûler un temple nommé Notre-Dame-de-Misères, il furent aussitôt assaillis de tous côtés par cent hommes d'armes ou environ des compagnies de Monluc et Burie, suivant le camp de Duras comme pas à pas pour le surprendre. Quoi voyant, cette petite troupe de Montauban s'écarta çà et là comme elle put, se retirant Fongrave en une métairie prochaine avec environ vingt-cinq soldats, et la Vernade, à Réalville pour chercher secours, de sorte qu'il n'y en eut que quatre qui fissent tête, l'un desquels nommé Jean Bordes, natif de Neigrepelisse, reçut deux coups de lance, l'un à la joue et l'autre à la cuisse, un coup de pistole à l'estomac où il y avait trois balles qui rencontrèrent les côtes et six coups de coutelat en divers endroits étant laissé pour mort, dont toutefois il ne mourut point ni ne put être forcée la métairie, s'étant retirés les ennemis, pour être venu au secours de Réalville aux assiégés où se retira le demeurant, y étant demeurés morts: du Tap, enseigne, Jean Durval, le viel, et Guillaume du Verger, caporaux, Claude Cortillant, marchand, et Laurens Coulon, avec environ dix soldats et deux pris prisonniers. Le moyen de cette route fut un trompette de Monluc, lequel fait prisonnier à Montauban avait fait bonne mine, et lors voyant l'opportunité, s'était aux ennemis qu'il avertit du petit nombre de ceux de Montauban.

Ce même jour, neuvième dudit mois, Marchastel et Duras arrivèrent à Montauban en intention d'enlever les compagnies, et l'artillerie de la ville qu'ils tenaient pour perdue: de quoi avertis les conseillers et habitans résolurent ne le souffrir, dont fut advenue confusion si Dieu n'y eut pourvu par sa providence, ayant fait que leur camp (au moyen d'un faux bruit qui courut que Duras avait été surpris en chemin et était tenu assiégé par Monluc) délogea aussitôt de Caussade et de Réalville, tirant droit à Montauban où il arriva pour retraite sur le soir, bien tard s'étant logés au faubourg Saint-Antoine pour ce jour; mais le lendemain, dixième dudit mois, à cause de la pluie furent logés dedans la ville. Ils étaient environ huit mille hommes, tant à pied qu'à cheval, en vingt-deux compagnies de gens de pied et dix-huit cornettes d'argoulets sans les goujats et autres bagage quasi en pareille nombre que les maîtres qui foulèrent grandement la ville, leur étant baillé le blé et autres fruits sans payer.

Le lendemain onzième dudit mois, les consuls, se voulant servir de cette occasion, prièrent Duras et les autres chefs de les vouloir délivrer des châteaux de Mombreton, Piquecos, et Parisols, et des villages de Montecher et la Francèse, qui étaient les repaires et tanières de leurs ennemis. Suivant laquelle réquisition, Duras envoya assaillir Mombreton. Mais Bazordan avec sa compagnie était dedans, qui repoussa très-bien les assaillans. Ce jour même, fut accordée l'artillerie au sieur de Duras, se voyant qu'il était le plus fort dans la ville, et qu'il menaçait de la prendre par force, si on ne la lui octroyait de gré.

Le dimanche, treizième, fut faite une grande escarmouche, vers le faubourg de Tar, contre environ six-vingts hommes de cheval, amenés par Bazordan, qui furent contraints finalement de se retirer avec perte.

Le quatorzième, Burie et Monluc vinrent poser le siége, pour la deuxième fois, devant Montauban et se campèrent de là la rivière de Tarn, à trois portées d'arquebuse de la ville, près d'une tour appelée Phanasergle, menant avec eux neuf compagnies d'hommes d'armes, outre plusieurs gentilshommes qui le suivaient pour se trouver à la curée, et vingt-neuf enseignes, tant d'argolets que de gens de pied, et trois compagnies d'Espagnols, chacune de quatre cents hommes, avec cinq canons, trois grosses coulevrines et cinq moyennes. A l'arrivée, les ennemis gagnèrent les métairies situées hors la tranchée du faubourg du Tar, tirant à Gasseras, où se vit une grande escarmouche, assez confuse du commencement, en laquelle Bazordan fut mis à pied, et se fourrant parmi les soldats de la ville, joua si bien son rôle, qu'il fut méconnu, et finalement rescoux par quelques Espagnols. Et n'est aussi à oublier la vaillance d'un de la ville, nommé Jean Mazier, lequel, après avoir longuement combattu sur le cheval de Bazordan, que les Espagnols tâchaient de ravoir, finalement abattu et percé d'une épée à travers le corps, se sauva toutefois d'entre leurs mains, et passa la rivière à la nage. L'issue de l'escarmouche fut telle que les assiégeants abandonnèrent la place qu'ils avaient prise, pour se retirer en leur camp, avec grande perte des leurs; et d'autre côté, ceux de la ville y perdirent Loppes, capitaine du camp de Duras, Cargoles, sergent de bande, la Gacheri, caporal de la compagnie de la Varnade, six soldats de la ville et quelques autres étrangers, outre plusieurs blessés.

Le lendemain, quinzième, le faubourg de Tar, qui avait été abandonné, fut de rechef muni de bonnes gardes par les habitants, et fit Monluc une grande faute, en ce qu'il laissa passer cette occasion. Ce même jour, se dressa une fort belle escarmouche, en laquelle les assiégeants eurent du pire; toutefois, du côté de ceux de la ville, Sapientis, sergent de la Vernade et la Moynerie furent tués, et Druelle, capitaine d'Ages, blessé. Il y eut aussi ce même jour un moulin nommé d'Abbarades, sur la rivière de Tar, entièrement brûlé. Mais peu après, étant surpris les boute-feux, en nombre de quatre-vingts Espagnols, comme ils faisaient bonne chère en la métairie d'un nommé Jean Constant dit Robbi, soldat, furent tous tués jusques à un, par vingt-cinq soldats seulement de la ville, qui en rapportaient trente-deux arquebuses, avec autres dépouilles, le tout à la vue du camp des ennemis; desquels s'étant quelques-uns mis en devoir de passer l'eau pour secourir leurs compagnons, leur bateau versa, et furent quasi tous noyés.

Le lendemain, seizième, quelques petites escarmouches se dressèrent, et furent envoyés le capitaine Peirelongue, maître du camp de Duras, et le capitaine la Vernade, pour présenter la bataille à Monluc, qui la refusa. D'autre côté, le capitaine Fontgrave alla parlementer avec l'ennemi, sous quelque prétexte, et dès lors commença à pratiquer sa trahison, dont il sera parlé ci-après. On tira hors la ville quelques pièces de campagne, ce qui fit reculer le camp des ennemis, desquelles toutefois plusieurs passèrent la rivière et mirent le feu en quelques métairies. Quoi voyant Burie et Monluc, et qu'étant la ville garnie de tant de gens, il leur était comme impossible de la forcer, levèrent le siége, le dix-septième dudit mois, prenant le chemin de Montesch, dont puis après, partie d'iceux alla asssiéger Lectoure, et l'autre revint à Toulouse, le tout sans faire aucune perte de gens au délogement. Telle fut l'issue de ce second siége de trois jours, dans lesquels plusieurs dégâts se firent, et y perdirent les assiégeants environ six cents hommes, et ceux de dedans, trente sans plus.

La ville étant par ce moyen délivrée aucunement des ennemis de dehors, s'en réjouissait, priant Duras, Marchastel et Bordet, chef du camp, qui était en la ville, de les délivrer des garnisons circonvoisines. Mais leur joie ne dura guère, s'efforçant, les dessusdits, de persuader aux habitants, ou d'abandonner la ville, ou de composer avec leurs ennemis, en donnant quelque argent, ou recevant garnison, comme étant impossible que la ville se pût garder, après qu'ils seraient départis, poursuivant le voyage d'Orléans. Les habitants, sur cela, usaient de toutes prières et remontrances. Mais quoi qu'ils sussent dire, Marchastel les appelant opiniâtres, et protestant qu'ils étaient cause de leur propre ruine, se résolut d'emmener les deux compagnies d'étrangers, à savoir des capitaines la Vernade et Fontgrave, bien que, jusque-là, elles eussent été dressées et entretenues aux dépens de la ville. Suivant donc cette délibération, le vingt-deuxième dudit mois, leur camp délogea avec les susdites deux compagnies, hormis quelques soldats sollicités par Peirol, enseigne de Fontgrave, qui se tinrent cachés pour n'être contraints de sortir. Et quant à Fontgrave, feignant envers Duras de vouloir seulement mener sa femme à un village nommé Genebrières, terre du vicomté de Bourniquel, où elle serait en sûreté, et donnant à entendre d'autre part aux habitants qu'il sortirait pour quelques jours, afin d'avoir excuse de ne suivre Marchastel, au lieu de faire cela, s'en alla droit à Montesch, pour achever de bâtir sa trahison, qu'il voulut bien depuis exécuter, tâchant de rentrer en la ville, mais l'entrée lui en fut défendue, et fut Peirol fait capitaine en chef des soldats restés de cette compagnie. Outre plus, cette pauvre ville que Marchastel tenait pour perdue, fut dénuée de deux grosses pièces d'artillerie qu'elle avait fait fondre, et des deux pièces de campagne que feu Saint-Michel avait amenées au mois de mai précédent; et qui plus est, furent contraints ceux de la ville de fournir tout l'attelage avec le fondeur, leur principal ingénieur, poudres et boulets, étant par ce moyen destituée quasi de toute aide humaine, étant même sortis plusieurs de la ville, et entre autres, Jehan Brassac, lieutenant particulier du sénéchal, et Jean de Monteau, enseigne d'une des compagnies des habitants ; de sorte qu'il n'y demeura de capitaines que Laboria, auquel il ne tint puis après que la ville ne se perdît, et Antoine de Janson, porte-enseigne de Peirol. Car bien est vrai que Duras étant sorti, avait commandé à Peyrelongue, son maître-de-camp, ensemble à Malvirade et Bongvac de rentrer dans la ville avec leurs compagnies, mais cela ne fut qu'une dissimulation, s'étant deux jours après retirés les deux capitaines pour ratteindre leur camp. Voilà le pauvre état et comme désespéré auquel fut laissée la ville de Montauban, laquelle toutefois fut maintenue et conservée comme il sera dit ci-après ; et au contraire, (tant est la providence de Dieu admirable), ceux qui la tenaient pour perdue, se perdirent eux-mêmes bientôt après, comme il sera dit en son lieu.

Étant donc la ville abandonnée, comme dit restée, Dieu qui avait déchargé les habitants de beaucoup de très-mauvais hommes, remplit le reste d'un très-grand courage, bien que tous n'aient pas persévéré jusques à la fin, voire les principaux aient fait les plus grandes fautes. Et pourtant au lieu de perdre courage, Laboria, comme gouverneur, fit faire revue de ce qui restait, et se trouvèrent six cents hommes, et quelque peu davantage. Cela se fit le vingt et deuxième de septembre, et pour encore mieux pourvoir aux affaires, autre revue fut faite le vingt-septième, auquel jour l'enseigne de Jean de Montrau, qui avait aussi abandonné la ville, fut baillée à Martin de Lanis, vraiment vaillant homme, et celle de du Tap qui avait été tué, à Jean Acier.

Tôt après, les ennemis se préparant au troisième siège, après que le camp de Duras, s'était délogé, poursuivirent d'enceindre Montauban de plus en plus, et mirent garnison au château de Corbarieu, distant d'une lieue de Montauban, le dernier de septembre. Mais le deuxième octobre, ceux de la garnison se retirèrent de crainte d'être forcés, et le quatrième du même mois, Laboria leur ôta tout espoir de retour, ayant brûlé le temple haut, assis vis-à-vis du château.

Ce qui advint le neuvième dudit mois, à Montauban, et le propre jour de la défaite de Duras, près Bergerac, montre bien que ceux de l'église romaine se tenaient bien assurés de leurs entreprises, bien que l'une ne leur succédât pas comme l'autre. Voici donc ce qui leur advint du côté de Montauban, par le moyen du traître Fontgrave, les ayant assurés sur sa vie que gagnant le fort des jacobins, ils emporteraient la ville par escalade ; ce qui ne leur serait mal aisé, comme il disait, s'ils baillaient l'alarme en plusieurs autres lieux pour trouver ledit fort des jacobins dégarni, d'autant que ceux de Montauban, avaient cette mauvaise coutume d'accourir tous incontinent au lieu où se donnait l'alarme, ce que le traître estimait qu'ils feraient, sachant la ville, avoir été ainsi dégarnie de gens de guerre. Suivant donc cette résolution, sur les deux heures après minuit, ceux qui avaient été ordonnés pour cet effet qu'ils tenaient pour tout certain, ayant fait semblant de vouloir bailler l'escalade du côté des Carmes, lâchèrent force coups d'arquebusade, et de là, venant donner l'alarme à la porte des cordeliers, et au même instant, à celle du Pot, delà l'eau, et du Moustier, avec grands cris et tintamarres, finalement plusieurs d'entr'eux couverts de chemises, pour s'entreconnaître, s'adressèrent tout coiement au fort des jacobins, voulant surprendre la garde. Mais Laboria, soit qu'il eût eu avertistissement de cet effort ou autrement, y avait fort bien pourvu, ayant même logé une sentinelle au sommet du temple, et d'autres dedans un pré situé au-devant du fort, par lesquelles se voyant les ennemis découverts, ne laissèrent d'appliquer leurs échelles, et même firent ouverture avec un bélier de guerre, autrement appelé malmouton bien serré et poussé à douze hommes, avec grand bruit de trompettes et tambourins et cris effroyables. Par ce moyen, environ deux cents, échelèrent la première courtine contre le cloître du côté du septentrion, et les deux enseignes de Bazordan, y montèrent en criant ville gagnée. Mais ils furent si bien battus des casemates d'au-dessous et des corps-de-garde qui regardaient sur le pré, qu'ils furent contraints de se retirer, à leur grande honte et dommage, ayant perdu environ deux cents hommes avec trois échelles toutes sanglantes et leur bélier; au lieu que du côté de la ville ne fut tué qu'un seul homme, nommé Perrinet, neveu du sieur de Cornisson, grand maître de Rhodes, auquel il n'avait tenu que le corps-de-garde où il était ne quittât la place, et qui fut tué par sa faute.

Tel fut le commencement du troisième siège de Montauban, n'ayant été levé si tôt que le second, sinon en intention de l'avoir tant plus aisément ou par surprise ou par un autre siége, en baillant moyen au camp de Duras, de s'en retirer, soit qu'il fut rompu en chemin comme il fut, soit que, poursuivant son chemin vers Orléans, il laissât la Guienne dépourvue. Ce voyant donc Terrides, qui arriva le premier à ce siége, déchu de ce que le traître Fontgrave lui avait promis, ayant avec sa compagnie d'hommes d'armes, dix compagnies de gens de pied, posant une partie de son camp près la ladrerie, et quelque corps-de-garde, à l'hôpital de la peste du côté d'occident, s'empara aussitôt du faubourg Saint-Antoine, riche et peuplé, et garni de plusieurs belles maisons, mais aisées à gagner, pour n'être le faubourg, enceint que d'une petite tranchée, gardée par les seuls habitants d'icelui, qui s'enfuirent au seul visage de leurs ennemis. Là ne fut rien oublié de cruauté, pillage et vilénie, voire jusques à ce point, qu'une femme honnête de la religion, étant enceinte, se montrât constante et vertueuse jusqu'au bout, y fut fendue vive, son fruit arraché du ventre, et aussitôt massacré. Voilà par où commencèrent ce jour-là, ceux de la religion romaine; étant au reste advenu tout cela par un juste jugement de Dieu, sur ce faubourg plein de contempteurs de Dieu, voire jusques à ce point que de tous les habitants d'icelui, à grand peine y avait-il une douzaine de personnes qui fissent profession d'être de la religion, et par conséquent les autres n'ayant ni prêche ni messe.

Le lendemain dixième et l'onzième aussi; il y eut force arquebusades tirées de part et d'autre, tirant ceux de la ville, des murailles et du fort des jacobins, mais pour cela les ennemis ne furent délogés, leur étant arrivées neuf pièces d'artillerie de Toulouse, à savoir deux canons portant le boulet, pesant de quarante livres, trois couleuvrines de batterie, et quatre batardes, dont étaient commissaires deux capitouls de Toulouse, avec quatre compagnies de gens de pieds d'élite sous les capitaines Gargas, Cadillac, maître des ports, Pierre Pelpech, marchand, et Maignagut, et autres, sept enseignes conduites par la Garde Montmor, Villemagne, Tilladet et quelques autres : et furent ce même jour rompus les conduits d'eau de la fontaine du Griffol, au défaut de laquelle suppléèrent, puis après les puits et la fontaine du couvent des jacobins. Sur le soir aussi comparurent trois gentilshommes de l'ennemi, contre la porte de Montmarat qui était murée, entre lesquels était Montbertier, maître de l'artillerie, lequel depuis la paix a fait profession ouverte de la religion, exhortant les habitants à se rendre ; auxquels il fut commandé de se retirer : et pour ce qu'on vit que c'était à bon escient, voici l'ordre qui fut établi par dedans pour se défendre avec armes temporelles et spirituelles. Pierre Salicet, ministre de Rabasteux, et Bernard Preissac, ministre de Cajarc, furent assignés au fort des jacobins ; Jean Constant, ministre de la ville, à la porte des cordeliers ; Pierre Gailleuse, ministre d'Albias, à celle du Moustier ; Regnaut, ministre de Cataleux, à celle des carmes ; Etienne Moalan, ministre de Caylus, à celle du Pont ; Pierre du Croissant, ministre de la ville, au corps-de-garde de la place pour y faire les prières, et y demeurer jour et nuit, se donnant garde que Dieu n'y fût offensé, et qu'aucune trahison ne s'y fît. Jean Carvin, aussi ministre ; mais Ces, ancien et auparavant médecin de sa profession, fut ordonné pour visiter les malades ; Martin Taschard, ministre de la ville, eut la charge de faire les prières au temple Saint-Jacques, pour les femmes et vieilles gens, excusés d'aller à la garde ; lesquelles prières depuis il changea en brièves exhortations, comme aussi les autres ministres, se mirent à prêcher les dimanches à leurs corps-de-garde. Outre tout cela ne faillit ledit Taschard, pendant ce siége, de visiter tous les corps-de-garde avec la ronde, chaque nuit, et d'y faire prières. Les consuls tinrent quasi un ordre semblable, se tenant Hugues Calvet, aux portes de Tar et de Tescon, Jean Portus, à celle du Moustier, Jean Pons, à celle des cordeliers, Naves, à celle du Griffol, et Antoine Canesilles, à Montmarat, sans en bouger même la nuit. En chaque porte aussi y avait un des conseillers de la ville pour dispenser la corde et les boulets. Au reste tous soldats, habitants et étrangers, furent assis à leur garde, à la charge de ne s'en départir ni jour ni nuit, ni aller coucher en leurs maisons.

Le douzième d'octobre, ceux de la ville firent deux saillies, l'une du côté des carmes, pour mettre le feu au faubourg Saint-Etienne, afin que l'ennemi ne s'en saisît : l'autre par la porte des carmes, tirant vers un temple de Saint-Michel qui était loin de la ville, où quelques-uns des ennemis furent tués. La nuit suivante et le jour d'après, la batterie commença, mais seulement des deux plus grosses pièces, et assez faiblement, tantôt contre le fort des jacobins, tantôt contre la muraille de la ville, et la maison d'un bourgeois, nommé Dariat.

De là, remuant la nuit l'artillerie plus bas, ils commencèrent à battre avec quatre grosses pièces la tour de Saint-Léger, qui sert d'encoignure aux murailles de la ville, entre le septentrion et l'occident. Mais étant le lieu où ils posèrent leur artillerie en pente et raboteux, ils y perdirent environ six vingts pionniers, tués par ceux de la ville, tirant à coup perdu au travers des ténèbres de la nuit.

Le quatorzième et quinzième suivant, ils battirent la muraille joignant cette tour, mais il n'y eut ni brèche faite ni aucun blessé, et firent merveilles les femmes et le reste des habitans d'apporter terre, bois et fumier ; et tous les côtés qui avaient besoin de réparation et soutenement, furent très-bien remparés par dedans, de sorte que les ennemis, ni ces deux jours ni le troisième, n'avancèrent rien par leur batterie, étant conviés les assaillants par ceux de dedans, qui pendirent aux murailles trois effigies par une espèce de moquerie, l'une du cardinal Stroffi, avec son chapeau et sa robe rouge, l'autre du Cadet, avec Montpezat, évêque de Montauban, et la troisième du traître Fontgrave; auquel spectacle tous ceux de dehors qui y accoururent ne s'en retournèrent pas, d'autant que là auprès on avait logé des meilleurs arquebusiers, qui ne faillaient guères à leur visée.

Le dix-septième, un certain capitaine apostat, envoyé de la part de Terrides, demanda de parlementer avec Laboria; lequel, contre l'avis des ministres, alléguant que, par ce moyen, peu à peu les cœurs étaient affadis et tentaient la confiance qu'ils avaient en Dieu, y alla accompagné entre autres de Taschard et de Constant, ministres. La demande fut, du côté de Terrides, que ceux de Montauban eussent à rendre à pareille condition que ceux de Lectoure avaient rendu leur ville. La réponse fut qu'ils gardaient et garderaient la ville au roi, par l'édit et consentement duquel ils avaient l'exercice de la religion, qui ne leur serait jamais ôté qu'avec la vie, s'assurant que Dieu les maintiendrait en une si utile défense contre tous leurs efforts. Laboria donc pour ce coup répondit vertueusement, bien que, devant qu'en sortir, il eût montré qu'il y avait déjà quelque chose en son cœur qui ne valait rien, ayant répondu avec grande aigreur aux ministres, lui contredisant, qu'ils se voulaient faire cardinaux, et qu'ayant résisté à la force des ennemis, il résisterait bien aussi à la pointe de leurs langues.

La batterie donc fut continuée le dix-neuvième et vingtième, contre cette tour de Saint-Léger et la muraille prochaine, et pareillement de deux pièces bâtardes contre le boulevart de la porte de Montmiérat. Davantage, espérant les ennemis de forcer la porte du Griffol en y mettant le feu, ils y amenèrent à diverses fois deux mantelets dressés à la façon de ceux dont ils avaient usé à la sédition de Toulouse, ci-dessus écrite. Mais toutes leurs entreprises furent vaines. Car leurs mantelets, abandonnés de ceux qui les conduisaient, se voyant battus avec des pièces de campagne, furent aisément renversés et puis brûlés : et quant à leur artillerie, elle ne porta aucun dommage à personne, hormis un seul jeune homme qui fut tué d'un coup d'une pièce bâtarde : bref, il se vit à l'œil, par manière de dire, que la main de Dieu conduisait les boulets, étant advenu que l'un d'iceux rencontrant par le milieu un banc sur les deux bouts duquel deux soldats dormaient, le mit justement en deux pièces, sans endommager ni l'un ni l'autre. Un autre boulet donnant entre les jambes d'une servante, se courbant pour se charger de terre, passa outre, sans lui faire mal quelconque. Les assiégeants, au contraire, en abattirent plusieurs, tirant incessamment et des murailles et du fort; outre certaines pièces posées sur certaines hautes tours et maisons de la ville, s'étant aussi garnis, les habitans, de grosses masses de bois, garnies de pointes de fer, pour enfoncer même leurs morions, s'ils venaient à l'escalade. Bref, ils étaient tellement échauffés, qu'un jeune garçon fut bien si hardi que d'aller saisir une enseigne de l'ennemi dedans le faubourg Saint-Antoine, laquelle peu s'en fallut qu'il n'emportât.

Le vingt-et-unième, les ennemis ayant posé deux compagnies devant la porte des cordeliers, pour empêcher que ceux de dedans ne fissent quelques sorties, remuèrent leur artillerie, à savoir cinq pièces de canon plus haut, au vieux portail du jardin des jacobins, dont ils battirent la cuisine et tout cet endroit du couvent, où furent tués un sergent et un soldat de la compagnie de Peirol, et firent brèche, à la reconnaissance de laquelle fut tué avec des autres un hardi soldat, et fort regretté des siens, nommé le Gendre. Ils tirèrent aussi quelques coups contre la maison de Dariat, qui sert de muraille comme aussi toutes les autres de ce côté-là, dont fut blessé un soldat qui en mourut. Mais quant à la brèche, le creux qui était derrière fut tantôt rempli de fagots et de poudre avec des ais pleins de clous, espérant que l'ennemi viendrait à l'assaut, mais ils s'en gardèrent bien, étant avertis de cela par quelques traîtres de la ville.

Le vingt-deuxième, les assiégeans ayant planté plus haut quatre pièces de leur artillerie sur une plate-forme que les habitans avaient commencé de faire avant le second siège, à soixante pas environ du couvent, battirent le fort du côté du dortoir, et fut cette batterie fort rude; de sorte que la terre tremblait sous les pieds de ceux qui était au dedans du fort, et fut faite brèche à la première courtine : laquelle voulant reconnaître Bazordan, et ayant détourné son rondache pour regarder s'il y avait moyen de faire quelque tranchée pour pouvoir saper la muraille, reçut une arquebusade au-dessous du téton gauche, dont il mourut à l'instant. Ce fut une très-grande perte pour les assiégeans, et grand avantage pour ceux de dedans, car il était très-vaillant homme et entendu au fait de guerre. Ce fut celui qui s'était au commencement moqué de ceux de Montauban, quand ils lui dirent qu'ils se fiaient en Dieu, lequel le sut bien trouver au passage.

Le vingt-troisième, la batterie fut continuée tellement que trois murailles furent percées l'une après l'autre, et fut élargie la brèche jusques à y pouvoir entrer douze hommes de front. Quoi voyant, Terrides commanda l'assaut, pour lequel ayant Saint Salvi, son frère et maître-de-camp, choisi des plus hardis soldats, conduits par le capitaine Gardouche, successeur de Bazordan, ils y vinrent hardiment. Mais étant entrés, et se voyant enfermés de trois murailles avec un rempart en tête, et pleuvant tout à l'entour d'eux un grêle de boulets, retournèrent encore plus vite qu'ils n'étaient venus, tombant et chancelant les uns sur les autres pour gagner leurs tranchées. Plusieurs y laissèrent la vie tant au dedans de la brèche qu'au pied de la muraille, et entre autres Haulteribe, lieutenant de Saint Salvi et autres officiers : et n'eût été que les assiégeans, pour couvrir de fumée leurs gens à leur retraite, tirèrent deux pièces d'artillerie chargées de fourrage et poudre baignée, il en fût demeuré davantage. Quelques-uns aussi des ennemis se présentèrent devant la porte des cordeliers sur la voûte et ruine du couvent, mais ils en furent tantôt déchassés avec perte de six de leurs compagnies; n'étant mort du côté de la ville, en tout cet assaut, qu'un soldat au fort des jacobins, et encore par sa faute, n'ayant voulu bouger de sa place, bien qu'on l'avertît de ce qui lui advint.

Le dimanche 25, un rempart de bois et de tonneaux, que les assiégeans avaient fait au devant de la porte des cordeliers, fut brûlé, et depuis cessa la batterie, s'étant crevés deux de leurs gros canons, à leur grande honte et confusion. Car c'est une chose quasi incroyable des vanteries et blasphèmes par eux prononcés, comme s'ils eussent eu déjà tout gagné, ne dissimulant point qu'ils tueraient jusqu'aux enfants au berceau, et n'épargneraient femmes ni filles en leurs vilenies, menaçant même Dieu qu'ils appelaient Huguenot, et déguisant avec blasphèmes plus qu'abominables le commencement du psaume cinquantième, commençant *le Dieu le fort, etc.*, qu'ils changeaient en un blasphème par trop épouvantable, disant : le Dieu le fol ; choses qui navraient les assiégés plus que choses qu'ils eussent pu souffrir. Aussi montra l'expérience que Dieu ne souffrirait tels blasphèmes impunis, ayant vérifié ce que Taschard, ministre, disait au rebours à ceux de dedans, à savoir que s'ils avaient confiance en Dieu, il donnerait aux hommes un cœur de lion, et aux femmes un cœur d'homme : ce qui se trouva vrai jusques à ce point que les femmes vinrent jusques à monter sur la muraille avec épées et pistolets ; et qui plus est, les petits enfants dressèrent une police de guerre entre eux, ayant corps-de-garde, et jetant coups de fronde qui n'étaient quelquefois sans effet, ayant été même Bazordan blessé près du nez d'un de ces coups de pierre. Au contraire, de cinq cents coups de canon qui furent tirés contre la ville, il ne fut jamais tué que cinq personnes ; mais il restait encore d'autres combats plus dangereux, afin que la postérité pût avoir en cette pauvre ville un singulier exemple que Dieu sait bien garder les siens par dehors et par dedans.

Voyant donc les assiégeants que ni par le traître Fontgrave, ni par aucun assaut, ils n'avaient su rien gagner, délibérèrent de traiter deux autres moyens, à savoir d'environner la ville de blocus et de forts, pour la sauver, et cependant attirer à quelque parlement quelques-uns de dedans ; espérant qu'il s'en trouverait toujours quelqu'un qui se laisserait gagner par quelque offre de composition, dont ils ne tiendraient puis après que ce qui leur plairait. Suivant donc cette délibération, ils envoyèrent plusieurs tambourins l'un après l'autre, demandant nommément quelques-uns pour parlementer. Mais ils furent renvoyés avec défense de ne plus revenir, s'opposant formellement entre autres à tous parlemens, les ministres, avec plusieurs vives remontrances et témoignages exprès de l'Écriture, et notamment de l'histoire de Nehemie, et semblables autres passages. Ce qui les faisait insister tant plus fort sur ce point, c'était que quelques-uns se trouvaient déjà de si faible courage, qu'on ne leur pouvait ôter de l'entendement qu'il ne fût bon de parler de la reddition de la ville, avec quelques tolérables conditions ; du nombre desquels se trouva, contre toute espérance, celui qui avait si bien fait jusques alors, et qui avait la principale charge entre les gens de guerre, à savoir Laboria, lequel, quoiqu'on l'en dissuadât, résolut toutefois de parlementer, comme déjà il avait fait une fois. Ce parlement donc se fit le vingt-huitième dudit mois, entre Laboria, accompagné de Jean Constans, ministre, et de quelques soldats d'une part, et le capitaine Saint Léonard, accompagné d'un autre, tous deux apostats, de l'autre. Là fut tenu plusieurs propos par ledit Saint Léonard et son compagnon, pour épouvanter les assiégés. Sur quoi, étant toujours répondu par Constans que Dieu saurait bien toujours remédier à tout ce qu'ils mettaient en avant, dont les autres se moquaient, répliquant qu'il y avait long-temps que Dieu ne faisait plus de miracles, advint qu'à l'instant l'arc du ciel se montra fort grand et beau et derrière, et comme fort près de celui qui se moquait ainsi ; auquel s'adressant Constans : tournez-vous, dit-il, monsieur, et voyez de vos yeux l'arc que Dieu nous a mis en ces nues, qui ne permettra que nul déluge nous engloutisse. Cela ferma la bouche à celui-là, ayant été de la religion, et ouï parler de cette histoire. Mais Laboria, tirant à part Saint-Léonard, parla longuement avec lui, au grand regret de sa compagnie, et à sa ruine aussi, comme il sera dit ci-après.

Ce parlement s'étant fait au soir assez tard, le lendemain au matin, vingt-neuvième, Laboria fit assembler un conseil particulier et extraordinaire, où se trouvèrent quelques consuls, Antoine Durant, lieutenant du juge ordinaire, Taschard, du Croissant et Constans, ministres, avec quelques-uns du conseil ordinaire, et quelques-autres qui n'en étaient point ; en laquelle assemblée Laboria, après plusieurs remontrances, conclut qu'on devait entendre à la composition requise, et par ce moyen, recevoir Terrides comme lieutenant de roi, lui rendre la ville, moyennant qu'il promît de conserver la religion en son entier. Cette opinion fut suivie par le lieutenant, du Croissant et quelques-autres. Mais ayant été vivement remontré par les autres, qu'on voyait à l'œil, tant par ce qui avait été fait en toutes les autres villes prises ou rendues, que par l'arrêt du mois d'août, donné à Toulouse, l'intention de leurs ennemis n'être autre que de renverser de fond en comble toute la religion, quelque promesse qu'ils fissent au contraire ; et d'abondant que recevoir Terrides comme lieutenant de roi, était se condamner soi-même comme ayant ci-devant porté les armes contre le roi, et trahir le prince et tous ses associés ; la plus grande opinion emporta qu'on répondrait à Terrides que les habitants de Montauban garderaient leur ville au roi eux-mêmes comme ses très-humbles et très-anciens serviteurs et sujets, qui voulaient vivre et mourir en la religion ; qu'ils accordaient aux citoyens qui s'étaient retirés avec l'ennemi, de rentrer en la ville et de jouir de leurs maisons et de leurs biens, sans aucun empêchement ; et finalement, qu'on permettait à Terrides d'entrer dans la ville si bon lui semblait, mais comme voisin seulement, et avec son train ordinaire. Cette réponse fut baillée par écrit à Laboria, pour être présentée par le premier consul Calvet, accompagné d'icelui et de plusieurs du conseil, après avoir apaisé le peuple qui ne voulait aucunement consentir à ce que Terrides pût entrer dans la ville à quelque prix que ce fût. Mais ils ne furent en cette peine, car cette réponse n'avait garde de le contenter. Laboria, déjà auparavant à demi pratiqué, voyant cela, alla derechef l'après-dîner, entre deux et trois heures, parlementer avec Saint-Léonard, sans être accompagné de consul ni de ministre, où il se laissa pleinement gagner, lui ayant été promis qu'il serait gouverneur de la ville pour le roi, et capitaine de trois compagnies entretenues, et que Saint-Léonard serait gouverneur du fort des jacobins. Cela fait, Laboria, que Dieu avait déjà aveuglé, fit assembler le conseil ordinaire pour arrêter cet accord. Mais Dieu suscita un bourgeois, nommé Assier, lequel entrant céans, rompit ce complot ; protestant, tant en son nom que des autres citoyens, de ce qu'ils venaient remettre au conseil ce qui avait déjà été déterminé, et de se prendre à eux de tous les troubles et inconvénients qui s'en pourraient ensuivre. Sur cela donc, il fut arrêté que vraiment cette affaire étant de telle importance, et concernant le général, le tout serait rapporté à une assemblée générale des habitans.

En ces entrefaites, advint que deux soldats étrangers eurent de grandes querelles ensemble ; l'un, qui s'appelait Jean Messier, soutenant qu'on ne devait faire composition avec l'ennemi, contre l'autre, se faisant nommer le capitaine Pius, disant le contraire, et appelant ceux de Montauban rebelles et séditieux. Ce qu'étant rapporté à Laboria, il fit mettre en prison Messier, et dès lors se délibéra de gagner tous ceux qu'il pourrait pour faire faire puis après une assemblée générale à sa poste ; et pour ce qu'il savait qu'il lui serait fort difficile de rien exécuter à son aise s'il n'avait quelques ministres de son côté, il s'adressa premièrement dans le fort des jacobins à Pierre Salicet, ministre, auquel il tint des propos merveilleusement étranges, disant une fois que l'idolâtrie était une chose politique n'appartenant aux consciences; une autre fois, qu'il n'était licite aux chrétiens de prendre les armes ni de résister ; que le prince de Condé n'avait point d'autorité ; que le conseil du roi étant légitime, Terrides avait autorité et puissance d'assaillir et battre les villes ; bref, que l'édit de janvier, de la transgression duquel on se plaignait, n'avait été arrêté que par l'avis de quelques particuliers, choisis comme on avait voulu, et non par les états du royaume ; auxquels points lui ayant été pertinemment répondu par Salicet, il feignit de s'en contenter aucunement, et promit de ne rien faire contre la gloire de Dieu. Mais cependant, ayant avec ce Pius, homme pernicieux, gagné à sa cordelle quelques soldats, il résolut que si le lendemain on ne lui accordait ce qu'il proposerait, il se saisirait du fort avec son parti, et des munitions qui y étaient.

Le lendemain, trentième du mois, Étienne Constans, citoyen, et, qui plus est, conseiller de la ville et frère de Jean Constans, ministre, étant venu prier Laboria pour la délivrance de ce soldat, nommé Messier, qu'il avait emprisonné le jour précédent, il fut bien si outrecuidé, bien qu'il n'eût aucune autorité sur les citoyens en tel cas, et aussi que Constans n'eût aucunement méfait de le mettre lui-même prisonnier ; ce qu'il fit, tant en haine de Jean Constant, ministre et frère d'icelui, que pour épouvanter les autres, afin de pouvoir tant plus aisément venir à bout de ses desseins, joint qu'il était déjà si troublé par un juste jugement de Dieu, qu'il ne savait plus ni ce qu'il disait ni ce qu'il faisait, appelant tout haut mutins et séditieux ceux qui ne lui voulaient adhérer. Mais tant y a toutefois que, voyant que plusieurs prenaient à cœur les emprisonnements, il fit quelque temps après élargir tous les deux prisonniers. L'après-dîner venue Laboria, pensant bien exécuter son dessein, fit crier de son autorité que tous soldats, tant étrangers qu'habitants, eussent à se trouver en la place publique pour entendre choses concernant grandement leur profit. Suivant donc ce cri, grande multitude se trouva en la place, où assistèrent aussi le premier et le second conseil, Taschard, Constans, Salicet et Regnault, ministres. Adonc, Laboria monté à cheval, la tête couverte, comme ainsi fut que tous les autres, voire même les consuls et les ministres, eussent le bonnet à la main, commença de haranguer avec une contenance fort fière, remontrant l'intention des ennemis, toute résolue de ne bouger du siège qu'ils n'eussent pris la ville en quelque façon que ce fût ; le défaut des portes, des munitions, des vivres, qu'ils voyaient et sentaient, joint que le camp de Duras était défait, et toutes les villes circonvoisines réduites en la puissance de l'ennemi, ou par composition ou par force, jusques aux villes estimées inexpugnables, comme étaient Penne et Lectoure, ils ne pouvaient espérer secours d'aucun ; concluant par là qu'il valait beaucoup mieux accepter de bonne heure la composition que Terrides leur offrait, qu'en la rejetant, n'y pouvoir plus parvenir. Cette remontrance achevée, le second consul approuva cette opinion, et lors Laboria, laissant là l'autre conseil et les ministres, se tourna vers les autres assistants, demandant furieusement s'il y en avait qui voulussent contredire à un tel et si nécessaire accord. Trois du peuple sur cela répondirent qu'étant impossible de demander les voix, d'autant que la multitude n'était point rangée, ils s'en rapporteraient à ce que le conseil de la ville, les ministres et certain nombre d'habitants qu'on y adjoindrait, en arrêteraient. Alors trois femmes qui étaient au derrière du peuple, poussées d'un instinct extraordinaire, se mirent à crier de toute leur puissance, qu'il ne fallait faire aucun accord avec l'ennemi ; ce qu'entendant, Laboria fut tellement troublé, qu'avec une extrême colère il tira droit à elles, faisant bondir son cheval, et s'oubliant si fort, que d'user de paroles vilaines et déshonnêtes contre ces femmes, qui étaient toutefois de bonne et honnête réputation, ce qui offensa grandement la multitude. Mais bien fit-il une plus grande faute, quand il osa dire que l'accord se ferait ou qu'il s'en irait avec ceux qui le voudraient suivre, ou qu'il coûterait cinq cents têtes. A quoi lui fut répondu de même par plusieurs, qu'il en aurait menti et qu'il était traître, et y en eut même qui dressèrent leurs piques contre lui. Sur cela, entreprirent les ministres lui remontrer avec toute modestie le tort qu'il se faisait, et le danger apparent de sédition, mais fut bien derechef si mal avisé, qu'il lui échappa de se dresser contre eux, et de leur dire que tous les ministres n'étaient que des mutins et séditieux ; laquelle parole le mit en tel danger, que si les consuls, et ceux mêmes qu'il outrageait ne se fussent mis entre deux et ne l'eussent accompagné jusques au fort, à grande peine en fût-il réchappé. Cela fait, le conseil fut assemblé, auquel étant d'avis presque tous que Laboria devait être arrêté, et mis en sûre garde dans une maison, pour lui faire son procès, Hugues Bonencontre, l'un des chefs et principaux de cette brigue, ayant mis division, non-seulement entre ceux du conseil dont il en avait tiré six à son opinion, mais aussi entre les habitants, survint, remontrant que Laboria avait prononcé ces paroles en colère, dont il était bien déplaisant, priant que pour cela on n'eût point mauvaise estime de lui, ni qu'il eût perdu la volonté de faire mieux que jamais son devoir. Cela fut cause que le conseil, modérant son premier avis, conclut seulement que Laboria, se déportant du gouvernement du fort, continuerait de faire le devoir au corps-de-garde de la place ; mais au surplus, qu'il ne serait plus parlementé en manière ni façon quelconque. Alors Bonencontre passa plus outre, requérant, au nom de Laboria, que punition fût faite de ceux qui avaient dressé les piques contre lui, et qui l'avaient appelé traître, mais il ne put obtenir autre chose sinon que, puisque Laboria avait usé de son côté de très-mauvaises et injurieuses paroles, les injures seraient compensées et feraient faire réconciliation mutuelle. Sur quoi, fut envoyé quérir Laboria, qui promit et jura d'être fidèle et loyal à la ville, retenant toutefois toujours son mauvais cœur, comme tôt après il le montra.

Ces choses ainsi passées, Laboria ayant changé de logis par trois fois en un jour, Bonencontre aussi et autres de cette faction, ne laissait de recevoir lettres et présents, comme de perdrix, oranges, et autres telles choses que l'évêque leur envoyait. Cela les rendait toujours de tant plus suspects, par une singulière providence de Dieu, étant à cette cause leurs actions tant mieux observées; ce qu'ils n'apercevaient point, étant aveuglés de leurs passions. Davantage Peyrelongue, lequel on disait s'être révolté et avoir trahi le camp de Duras, se présenta souventes fois à parlementer, ayant même dressé une embuscade avec quelque intelligence des traîtres de la ville, espérant, sous couleur de ce parlement, de s'emparer du boulevart des cordeliers, le premier jour de novembre ensuivant. Mais il fut toujours répondu suivant ce qui avait été résolu au conseil. Et pourtant recommença la guerre à bon escient, étant le courage redoublé à ceux de dedans, tout au rebours de ce que Laboria et ceux de son parti espéraient; de sorte que ce même jour, Paupelon, caporal, gagna sur les ennemis le moulin de Girac, étant delà la rivière, et seul restant avec un autre, car tous les autres avaient été brûlés. Et bien que ce moulin fût grandement éloigné de la ville, si est-ce que malgré les ennemis il fut tenu par l'espace de sept jours, et le peuple y allait moudre journellement; qui fut un grand soulagement à la ville, d'autant qu'alors il y avait peu de moulins à bras qui y fussent dressés. Et d'abondant ce même jour, furent pris sur les ennemis et amenés en la ville, huit bœufs, neuf pourceaux et trois chevaux chargés de pain, chair et oranges, dont plusieurs pauvres familles furent soulagées.

Le quatrième dudit mois, ayant les assiégeants reçu de Toulouse deux autres pièces bâtardes, et trois émerillons, abandonnèrent le faubourg Saint-Antoine, et l'hôpital de la Peste, pour se retirer en l'évêché qu'ils avaient fortifié; sur lequel remuement ceux de dedans, les poursuivant sur la queue, gagnèrent une charrette pleine d'armes, et tuèrent quelques-uns de leurs ennemis, tant des habitants dudit faubourg qui s'étaient rangés avec eux, que des étrangers, et mirent le feu au faubourg qui fut entièrement brûlé. D'autre part, les ennemis logèrent trois bâtardes au haut du cloître qui est devant le temple, et deux à la basse cour, devant la maison de l'évêque. Et, quant aux autres pièces, elles furent logées par eux jusques au nombre de cinquante ou plus, tant au clocher qu'aux voûtes du temple. Ils firent aussi un autre fort devant la rivière, ayant fortifié la tour de Palaséque; ce qui ne se fit sans escarmouches, dans lesquelles se trouvèrent tant blessés que meurtris, du côté des ennemis, seize soldats, sans qu'aucun de ceux de la ville y reçût aucun mal.

En ces entrefaites, Laboria, continuant en sa mauvaise volonté, tâchait toujours d'en gagner quelques-uns. Mais la colère le surmontait souvent, de sorte que, hormis le corps-de-garde de la place, les autres ne lui obéissaient nullement. Et lui aussi de son côté ne les allait plus visiter; en quoi se trouvant bien empêchés les gens de bien espérant qu'avec le temps cette division cesserait, et qu'au pis aller, on empêcherait bien l'exécution de tous mauvais desseins, furent d'avis de moyenner quelque réconciliation; et à ces fins donc le cinquième dudit mois ayant été mené Laboria par les corps-de-garde, par les lieutenant et consuls, promesses furent faites de part et d'autre d'oublier tout le passé. Ce néanmoins, Laboria ne cessa qu'il n'obtînt que ceux qui avaient dressé les piques contre lui seraient mis en prison en grand danger de leur vie si on ne lui eût résisté. Il fit aussi emprisonner un bon soldat, nommé Jaubart, pour avoir parlé un peu franchement, et le tint aux fers par l'espace de douze jours et jusques à ce que les consuls voyant qu'il n'y avait aucune preuve de crime contre lui, l'élargirent de leur autorité.

Le huitième, sur la diane, les ennemis ayant braqué quelques pièces de l'autre côté de la rivière, reprirent le moulin de Gilac, et en furent tués huit ou neuf de ceux de la ville et quelques-uns faits prisonniers, le tout par la faute et mauvaiseté de Laboria, lequel étant bien averti le soir de devant de ce que les ennemis prétendaient, afin qu'il pourvût à ce que la garnison qui y était ne se perdît point, n'en tint compte aucunement. Mais, hormis la perte des hommes, Dieu pourvut à ce mal, ayant donné l'invention et moyen aux habitants de dresser telle quantité de moulins à bras dans peu de temps, que personne ne fût en nécessité de farines; comme aussi quelques-uns trouvèrent l'industrie de faire du salpêtre, dont ils firent de la poudre fort exquise et en bonne quantité.

Le douzième dudit mois, Laboria et ceux de son parti (entre lesquels n'est à oublier du Croissant, ministre), se fâchant d'attendre, furent bien si hardis plus d'envoyer, nonobstant la susdite résolution du conseil, le syndic des consuls nommé Guichard Scorbiac, vers Terrides, pour remettre sus les termes de quelque accord : lequel Scorbiac quelques jours après fut suivi de plusieurs autres allant parlementer ouvertement avec les ennemis, quelque défense qu'il leur en fît. Et pour ce que, nonobstant tout cela, les soldats tenant le bon parti ne laissaient de sortir et d'escarmoucher avec grand succès. Laboria se dépitait extrêmement jusques à les outrager, tellement que les choses étaient en très-piteux état, dont les ennemis se réjouissaient grandement, tirant forces canonnades à coup perdu sur la ville, pour épouvanter les plus assurés.

Le dimanche, quinzième du mois, jour assigné par Laboria et les siens, pour mettre fin à ce qu'ils prétendaient, ils donnèrent ordre en premier lieu que Taschard, lequel ils craignaient et haïssaient extrêmement, ne prêchât au matin, comme la coutume et l'ordre établi entre les ministres le portait, et fut pour cet effet suborné par eux du Croissant, lequel s'oublia tant que contre son ordre il monta en chaire en la place de Taschard, devant que la cloche eût achevé de sonner; ce que voyant ses compagnons furent bien étonnés d'un tel désordre qu'ils n'eussent jamais attendu. Mais pour éviter un plus grand mal, ils le laissèrent faire, remettant le tout à Dieu, lequel aussi gouverna tellement la langue d'icelui qu'aucun plus grand mal n'en advint. Après midi fut assemblé le conseil général, où se trouvèrent le principal lieutenant du Sénéchal, les consuls, l'avocat du roi et quelques conseillers du Sénéchal, Taschard, Carvin et Constans, ministres, desquels les compagnons étaient cependant en prières, lesquelles Dieu montra bien qu'il avait exaucées. Laboria tout armé avec ceux de son parti s'y trouva aussi, et se mirent presque tous d'un rang. Adonc, Scorbiac, qui avait été motif de faire cette assemblée, après s'être excusé de ce qu'il était allé voir Terrides malgré soi, disait-il, et comme par contrainte de plusieurs des habitants (aussi n'y était-il pas sans le su et aveu de quelques-uns des consuls), récita comme Terrides l'avait assuré d'une singulière bonne volonté qu'il portait à la ville; que Monluc devait arriver bien tôt avec grandes forces duquel ils ne pouvaient attendre que mauvais traitement; que de sa part il se rendrait traitable s'ils voulaient envoyer vers lui pour aviser des conditions de quelque bon accord. Puis il ajouta pour la fin qu'il avait entendu que les ennemis se voulaient emparer de la maladerie et du couvent des augustins, pour en faire des forts, comme ils avaient fait du moustier et de la tour de Panefeigue, pour tenir la ville en détresse de tout côtés. Le lieutenant opinant sur cela le premier, fut d'avis qu'on envoyât vers Terrides pour savoir plus amplement son intention. Après lui, Laboria opina par ses raisons accoutumées qu'on devait faire accord, concluant en termes exprès que tous ceux qui n'étaient d'avis de faire paix étaient menés de l'esprit du diable. Les officiers du Sénéchal, parlèrent conséquemment, puis les ministres, lesquels rabattirent toutes les raisons de Laboria, l'une après l'autre, concluant tout au contraire d'icelui en toute modestie : toutefois les avis qui suivirent furent divers, jusques à ce qu'un citoyen, nommé Bessier, dit hautement qu'autant que se rendre à l'ennemi, les habitants mettraient plutôt le feu à leurs maisons, puis se retireraient où il plairait à Dieu. Un maréchal nommé Pyramis, allégua en italien le mandement que le pape avait donné aux ennemis, de raser Montauban. Un soldat étranger, nommé Messier, duquel il a été parlé ci-dessus, déclara au nom de tous les soldats étrangers que si on voulait rendre la ville en la puissance de l'ennemi, à quelque condition que ce fut, ils s'en départiraient tous. Un autre remontra que la plupart des citoyens étaient absents dans les corps-de-garde, lesquels peut-être, si on arrêtait quelque chose en cette assemblée, ne le voudraient pas tenir, et pourtant il serait bon de députer quelques-uns pour recueillir les voix des soldats par les corps-de-garde. Cette dernière opinion fut suivie, et furent députés deux notaires pour ce faire ; ce qui mit Laboria en telle furie, qu'il ne se pouvait tenir de prononcer paroles merveilleusement indécentes contre ce que les ministres avaient ordinairement en la bouche de la confiance qu'on doit avoir en Dieu ; voire jusques à refuser et renvoyer à Taschard ceux qui lui demandaient quelque provision appartenant à sa charge. Ce nonobstant ceux qui avaient bon courage poursuivaient toujours, et fût suivant l'avertissement dudit Scorbiac, ruiné le couvent des augustins, et pareillement la maladrerie avec la voûte du temple Saint-Etienne, et de celui des carmes. En la nuit de ce jour-là quelques-uns du camp des ennemis vinrent avertir les sentinelles qu'on se gardât bien de se rendre, ne demandant Terrides que de mettre le pied dans la ville pour tout exterminer quelque promesse qu'on eut faite et jurée. Cela fut rapporté aux consuls même, qui le firent aussitôt entendre à Laboria, espérant que cela le divertirait. Mais l'ambition et l'avarice l'avaient tellement gagné qu'au lieu de changer d'avis il envoya de ses suppôts, le seizième dudit mois, en divers endroits de la ville, demander aux plus simples s'ils n'aimaient pas mieux la paix que la guerre, lesquels répondant qu'oui, leurs noms étaient aussitôt mis par écrit. Lui-même aussi d'un autre côté s'en alla au principal corps-de-garde du fort pour savoir l'opinion des soldats, lesquels la lui ayant montrée écrite à la paroi en ces mots, LES ACCORDANTS NE SONT A RECEVOIR, il se déporta d'aller aux autres corps-de-garde, et se retira au sien qui était en la place. Mais le consistoire ne pouvant plus souffrir un tel désordre, vu mêmement que Laboria refusait de faire sa charge par dépit des ministres, envoya Jean Carvin et Constans, remontrer ces choses au conseil, pour l'avertir qu'il eut à pourvoir à ce que la ville ne tombât en ruine et surprise à faute de conduite, avec protestation que si on n'y pourvoyait autrement le consistoire serait contraint d'avoir recours à une assemblée générale pour y pourvoir. Bonencontre, homme pernicieux, prévoyant par cela ce qui adviendrait à Laboria, souffla alors en l'oreille au lieutenant, que la réponse fut délayée, laquelle il ferait lui-même au consistoire y ayant entrée. Suivant cette résolution, le lieutenant conseillé par Scorbiac, et venu en consistoire requit trois choses. La première, que désormais il y eût entrée. Pour la seconde, qu'il fût traité entr'eux pour quelles raisons fondées en la parole de Dieu, il n'était licite de parlementer avec les ennemis et de faire accord avec eux. La troisième qu'on prouvât qu'il fut permis aux ministres de reprendre quelqu'un publiquement, et le remarquer si bien qu'on pût entendre qui c'était. Quant au premier de ces trois points, il lui fut répondu sur-le-champ que l'autorité des magistrats et la juridiction ecclésiastique étaient choses notoirement distinctes par Jésus-Christ, et par perpétuelle usance de l'église chrétienne, tant à l'égard des personnes y séant, que quant à la manière de procéder, et quant au but principal de l'un et de l'autre, et que plusieurs craindraient de découvrir leurs fautes au consistoire si le magistrat y était présent, pour la crainte des peines civiles, dont s'ensuivrait que les admonitions et censures, par lesquelles les pécheurs sont amenés à repentance, n'auraient plus de lieu. Et, quant à ce que le magistrat pourrait craindre que le consistoire entreprît de faire quelque chose contre l'autorité d'icelui, qu'il y avait toujours un des officiers du siège du Sénéchal qui soit au consistoire comme ancien, lequel pourrait avoir l'œil à ce que telle chose n'advînt, comme Dieu merci, elle n'était jamais advenue. Les exemples des rois Saül et Ozias, ayant voulu usurper la sacrificature ne furent oubliés; priant ledit sieur lieutenant de se déporter de son entreprise. Que si, nonobstant toutes ces remontrances, il voulait passer outre, ils n'entendaient de lui résister, mais qu'ils gémiraient à Dieu; protestant avec cela d'avoir recours où il appartiendrait pour le recouvrement de la liberté de l'église. Quant aux autres deux points ils demandèrent délai pour en délibérer, et promirent lui envoyer la résolution qui en serait faite. Le lieutenant protesta au contraire : et cela fait et les actes retenus des protestations respectivement faites, se départit. La réponse au second point fut telle, que vraiment il n'est pas simplement défendu de parler, ni d'avoir quelques convenances avec les infidèles, ou généralement avec ses ennemis, vu que Jésus-Christ nous commande d'aimer même nos ennemis, et l'apôtre veut que nous ayons paix avec tous hommes; mais ce qu'il ajoute, à savoir que cela se fasse autant qu'il est possible, montre qu'il faut bien considérer les circonstances de telles choses pour n'offenser ni Dieu ni son prochain, et pour ne se précipiter soi-même sous ombre de charité ou de paix; attendu que David dit qu'il hait les ennemis de Dieu, Jésus-Christ dit qu'il n'est possible de servir à deux maîtres, l'apôtre dit qu'il n'y a point d'accointance entre la lumière et les ténèbres. Et que, quant au fait dont il était question, les paroles et les faits montraient plus clair que le jour, que ceux avec lesquels on veut parlementer et accorder non-seulement sont détestables et exécrables personnes, ne cherchant que la vie et les biens de ceux qu'ils assaillent, mais aussi que nommément et expressément ils ont les armes au poing pour exterminer la religion de fond en comble, comme ils l'ont montré par effet partout où ils ont pu; tellement que si on en veut douter, c'est autant que disputer s'il est jour en plein midi. Il y a davantage, dit le consistoire, c'est à savoir que la religion des ennemis porte expressément qu'il ne faut point tenir de foi à l'endroit de nous, qu'ils appellent hérétiques; de sorte que, s'il y a quelques consciencieux entr'eux, ils penseraient être damnés s'ils nous avaient tenu promesse. Finalement que quand Terrides, ému de quelque humanité, et ses capitaines auraient délibéré de garder quelques équitables conditions, encore ne le pourraient-ils faire, vu qu'ils ne sont souverains, mais ceux qui abusent du jeune âge du roi, et nommément la cour de Parlement; l'intention de laquelle s'apercevait assez et trop par leurs arrêts et exécutions de tant de personnes de toutes qualités. Et d'autant que parlementer avec eux ne saurait servir à autre chose qu'à vouloir séduire ceux qu'ils pourraient, comme on ne s'apercevait que trop, ou bien à les en aigrir davantage, ce ne serait non-seulement peine perdue, mais aussi dangereuse et très-dommageable et selon Dieu et selon les hommes d'entrer en ces parlements, ne s'en pouvant ensuivre que la ruine de la patrie, de laquelle on doit chercher la conservation sur toutes choses après Dieu. Quant au troisième point, l'occasion de faire cette demande était advenue de ce que Taschard dûment informé que Pius, duquel a été parlé, avait haut et clair souventes fois appelé ceux de Montauban séditieux et rebelles au roi, et qui plus est, disait vouloir maintenir que les hommes avaient franc arbitre, avait repris tellement cette hérésie en chaire, que chacun avait bien entendu de qui il parlait, encore qu'il ne l'eut point nommé. Il fut donc répondu sur ce point qu'on n'avait point failli en cet endroit, non pas même quand on l'eut nommé expressément, comme semeur d'une fausse doctrine, et détracteur du prince et de tant de seigneurs et gens de bien, vu que l'apôtre veut qu'on reprenne publiquement ceux qui pèchent publiquement, et qu'il en a même nommé plusieurs en ses épîtres, qui est bien plus que nommer quelqu'un en chaire, vu que la voix s'évanouit et l'écriture demeure. Telle fut la réponse du consistoire qui ferma la bouche aux plus effrontés, et servit de jugement à Pius, lequel voyant ne pouvoir accomplir sa trahison, se retira au plus tôt vers les ennemis, au lieu qu'on le devait attacher à un gibet. Ce même jour les assiégeants, ayant tantôt su la conclusion de l'assemblée générale, levèrent leur camp, délibérant de réduire la ville à l'extrémité en l'environnant de garnisons de toutes parts. Ils mirent donc au moustier cinq enseignes sous les capitaines Esternan, gouverneur aussi de tous les forts, Montmor, Saint-Salvy, Saint-Léonard et Gardouche ; une compagnie à Bressols sous la charge de Maces, frère d'Espenan; une autre à la tour d'Anguelbaut, sous le capitaine Guérin, Coulombier Paneseigue, duquel lieu se remuant il occupa Albias, Cos et Ardus, tenant tous les passages de la rivière de l'Aveyron, au lieu duquel fut mis Gardouche, n'oubliant pas aussi de mettre garnison de cavalerie et d'infanterie à Mombreton, Montech, Piquecos, Neigrepelisse, Vieulle, Réalville, Caussade et Bruniquel.

Laboria, en ces entrefaites, dissimulant sa trahison tant qu'il pouvait, recommença d'exercer sa charge, en délibération d'exécuter encore son dessein, en faisant revue des soldats, tant habitants qu'étrangers, pour ce qu'il espérait, sous ombre de soulager ceux qui avaient été des plus travaillés, de les changer d'un corps-de-garde en l'autre, et par ce moyen de remplir le fort des jacobins dominant sur la ville, de soldats de son parti; mais Dieu rompit son dessein par deux fois. La première, d'autant qu'il advint que voulant faire la revue, la plupart des soldats du fort se trouvèrent être allés à l'escarmouche, et les autres ne voulurent bouger de leur corps-de-garde. La seconde, en une fausse alarme. Ce que voyant les chefs de la faction furent bien si malheureux que de laisser de faire garde, disant que ceux-là qui en demandaient guerre la fissent s'ils voulaient, dont il advint que par moquerie ils furent appelés les chanoines, et les cent gentilshommes de la maison du roi; mais ils en firent tant pis, ayant dressé un rôle des plus gens de bien qu'ils appelaient mutins et séditieux, lequel ils envoyèrent à Terrides afin que si plusieurs d'entre eux étaient pris quelque escarmouche, il fut exécuté. Et n'est ici à oublier un cuident miracle de Dieu au vu et su de qui l'a voulu voir et savoir : c'est que Laboria et les siens et notamment Jean de Moncau, lieutenant de Laboria, se moquant ordinairement des ministres, exhortant le peuple et l'assurant que Dieu ne les laisserait point en leurs détresses, et notamment de ce que Taschard avait nommément mis en avant les paroles annoncées au roi Ezéchias, par Esaie le prophète : second des rois vingt-neuf; à savoir ces mots : cette année tu mangeras ce qui échut, en la seconde, ce qui croîtra sans semer ; et en la troisième, vous sèmerez et moissonnerez; voulant montrer par cela que Dieu n'est point sujet aux moyens communs et ordinaires ; il advint qu'un bien grand champ près de la tour de Paneseigue, appartenant à la mère dudit Mancau, sans avoir été labouré ni semé, se trouvant tout couvert de beau blé qui vint à maturité ; et fut ce champ après la paix faite, souvent visité par plusieurs comme par miracle, d'autant qu'il était près de la ville. Davantage au terroir d'Ilmande, en un champ appartenant audit Taschard, provint du millet, sans qu'il en eût été semé plus de six ans auparavant.

Le vingt-septième dudit mois, pour empêcher ces divisions et partialités, Laboria avec les ministres et autres qui se tenaient offensés de part et d'autre, furent appelés au conseil ; là où après s'être déchargés bien amplement de leurs complaintes et doléances, finalement il fut arrêté que toutes choses passées s'oublieraient et qu'ils s'embrasseraient en signe de bonne réconciliation ; ce qui fut fait, mais peu sincèrement de l'un des côtés comme l'évènement le montra.

Le vingt-huitième du mois, la cavalerie de l'ennemi commit trois énormes cruautés. La première sur un nommé Antoine Flancolon, lequel étant surpris hors la ville, et le trouvant au rôle qu'on leur avait envoyé de ceux qui avaient contredit à l'accord au jour de l'assemblée générale, ils le tinrent en un égout parmi la boue et ordure par l'espace de neuf jours, puis le pendirent à Montech. L'autre fut commise en la personne d'une femme, nommée Thomasse, laquelle étant sortie de la ville aux faubourgs des cordeliers, fut nonobstant à la vérité qu'elle fut de la religion romaine, non-seulement tuée par eux, mais aussi (cas par trop abominable) charnellement connue après sa mort. La troisième fut exercée contre une pauvre vieille femme qu'ils jetèrent toute vive dans un puits, où ils l'accablèrent de pierres, tellement qu'étant secourue et retirée par quelques-uns de la ville y étant accourus, elle vécut quelques heures depuis. Le reste de ce mois se passa en diverses escarmouches vers Paneseigue et ailleurs, lesquelles Jean Assier, duquel il a été parlé ci-dessus, reçut un coup à la cuisse dont il mourut depuis.

Le deuxième du mois suivant de décembre, Laboria, sentant bien qu'à la fin il serait du tout découvert et empoigné, résolut de quitter la ville, et après avoir arrêté avec ceux de sa ligue qu'un certain jour il les viendrait quérir, auquel ils mettraient le feu aux poudres, et s'empareraient d'une porte pour sortir avec leurs hardes si autrement ils ne pouvaient mettre l'ennemi dedans, feignit d'aller voir sa femme pour trois ou quatre jours seulement, promettant de revenir, empruntant même du lieutenant et de quelques autres des chevaux et des pistoles; et ainsi s'en alla droit au fort du Moustier avec Vesset son sergent. Ce jour même le consistoire en fut averti par lettres de quelque ami, et quatre jours après lui-même écrivit aux consuls, déclarant que, pour le mauvais traitement qu'on lui avait fait, il ne retournerait plus. Toutefois que si on voulait entendre à composition il y emploierait ses amis, si non il regrettait la prochaine ruine de la ville par la faute des mutins et séditieux; et étaient ces lettres datées d'Espavel, bien qu'à la vérité il fut au fort du Moustier avec l'ennemi. Auxquelles lettres ne fut faite aucune réponse. Mais bien furent averties les églises circonvoisines de se garder de lui, comme d'un traître pernicieux.

Le huitième du mois, lettres arrivèrent de Castres, contenant que le prince avait pris Étampes et autres villes, et s'étant joint avec ses Allemands, allait assiéger Paris, et que, d'autre côté, des Adrés tenait Nemours assiégé à Vienne; lesquelles lettres étant lues publiquement en l'assemblée, après les prières du soir, réjouirent grandement un chacun. Mais la joie fut encore plus grande le lendemain, ayant été reçues d'autres lettres de Jean Bressal, lieutenant particulier, écrites d'Assier, qui assuraient la ville d'être bientôt secourue par Jacques de Cursol, baron de Baudine, fils de la dame d'Assier, lieutenant pour le roi en Languedoc; avertissant aussi qu'il était bien vrai que la ville de Rouen était prise, mais que Rendan, colonel de l'infanterie du duc de Guise, et grand nombre de grands sieurs et capitaines y étaient morts; que le prince s'approchait de Paris, auquel était envoyé le sieur de Gonnor pour parlementer avec lui, de sorte qu'on espérait bientôt la paix ou une bataille. Ces lettres lues et le soir venu, furent faites prières solennelles en la place, après avoir sonné toutes les cloches de Saint-Jacques, comme au jour de la cène; et furent les feux allumés avec chants de pseaumes, délassements de toutes les pièces, et grandes scopeteries par tous les corps-de-garde et par tous les boulevarts, tours, clochers et autres lieux éminents, tellement que plusieurs des ennemis accoururent de toutes parts pour avoir part au butin, pensant que la ville fût prise, mais c'était le contraire. Car tout au rebours, ces nouvelles assurèrent tellement les cœurs des plus infirmes et découragés, que tous se rallièrent de nouveau, s'embrassant, promettant par serment de ne plus parlementer sans congé des consuls et capitaines.

Par ainsi, demeura dehors tout confus Laboria, étant du tout rompue son entreprise.

Le dixième, Dieu favorisa encore les assiégés, étant mort le capitaine Espenan, gouverneur de tous les forts, dedans le fort du Moustier, d'un coup de tuile qui lui tomba sur la tête, comme il se promenait; dont les ennemis demeurèrent bien étonnés, et sans se remuer jusqu'au dix-septième dudit mois, auquel ils firent saillie de tous les endroits, et vinrent jusques au pré des augustins. Mais ils furent repoussés de tous côtés, sans y rien gagner que des coups, comme aussi le lendemain, dix-huitième, auquel fut tué, entre autres, un sergent de bande du capitaine Saint Salvi.

Ce néanmoins encore, y avait-il quelques soldats traîtres lesquels, le vingtième dudit mois, se devaient aller rendre à ceux du fort de Pancseigue. Mais Dieu voulut qu'au lieu qu'auparavant, on laissait sortir les soldats à l'escarmouche, quand l'ennemi se présentait, les consuls tinrent les portes closes, doutant de quelque trame, dont bien leur prit comme on a su depuis, sans toutefois avoir pu découvrir les coupables.

Le vingt-deuxième, les ennemis voyant que la force ne leur servait de rien, retournèrent à leurs premières arres, envoyant à Montauban le sieur de Verlac, qui était de la religion, mais ayant été pris lorsque ceux de Montauban sortirent pour vouloir secourir Toulouse et depuis élargi, s'était contenu, sans se formaliser d'un côté ni d'autre. Sa charge portait que toutes les garnisons videraient, pourvu que les habitans se soumissent en l'obéissance du roi, et recevant pour gouverneur tel gentilhomme qu'ils voudraient choisir de ceux de la religion romaine, ils missent les armes bas, et promissent de ne faire plus invasions sur leurs voisins. La réponse fut qu'ils avaient été et seraient toujours loyaux serviteurs de Dieu et du roi; que la ville de tout temps était gouvernée, du vouloir et consentement du roi, par les consuls et autres magistrats, et pourtant ne recevraient autre gouverneur sans exprès commandement du roi, et ne pourraient aussi poser les armes, étant la ville ainsi haïe et environnée d'ennemis. Et, quant aux courses et invasions, que les capitaines laissés par Terrides avaient commencé le train avec toute cruauté et infâmeté, violant même en public les pauvres femmes ravies, sans avoir non plus de honte que les chiens; et pourtant qu'on les fît cesser, qu'eux contiendraient les leurs en toute raison. Cette réponse ouïe, et Verlac s'en étant retourné, ils dressèrent une escarmouche, en laquelle fut pris et soudainement tué, dans le boulevart des carmes, un soldat grandement regretté par eux; et ce jour même, deux méchants garnements, à savoir Sébastien Dabidon, qui avait été prêtre et vicaire de Saint-Jacques, et depuis ayant volontairement abjuré la religion romaine, avait été fait diacre pour faire les prières aux faubourgs des cordeliers, et un nommé Robert, autrefois bedeau de Saint-Étienne, ayant dérobé deux arquebuses au corps-degarde de la porte des cordeliers, se rendirent aux ennemis, leur donnant à entendre que ceux de la ville ne trouvant plus ni pain ni blé à vendre, et ne mangeant que du pain de son, (ce qui était très-faux), ne sauraient encore durer plus de huit jours, qui fut cause qu'ils s'opiniâtrèrent davantage.

Le vingt-troisième, fut dressée une fort belle escarmouche aux faubourgs Saint-Étienne, d'épée à épée, sans aucune arquebuse, en laquelle le capitaine de Lanis, du côté de la ville, fit merveilles, de sorte que l'ennemi fut mis en fuite.

Le vingt-quatrième, Monluc pensant mieux venir à bout de Montauban que les autres, leur envoya Jean Treys dit Dariac, bourgeois de Montauban et receveur de Quercy, qui s'était absenté de la ville de bonne heure, avec ses instructions signées de Monluc, contenant en somme, qu'ayant le prince fait venir l'Anglais en France, ils se devaient départir d'une telle guerre, et envoyer vers le roi pour lui demander grâce du passé : en quoi il promettait leur aider comme leur étant bon ami, et de faire en sorte qu'ils demeureraient en leur liberté, étant libre l'exercice des deux religions en leur ville sous l'obéissance du roi, et que dès-lors, toutes les garnisons videraient, en baillant otages de part et d'autre, jusques au retour des députés qu'il accompagnerait d'un sien gentilhomme à l'aller et au retour. Mais ces articles, reçus au faubourg Saint-Antoine, et communiqués par Hugues Calvet, premier consul, à ses compagnons et au lieutenant principal, on ne fut d'avis d'en parler davantage ; et fut répondu à Dariac que Monluc, ni Terrides, ni le cardinal d'Armagnac n'auraient l'honneur de la délivrance de Montauban, mais Dieu seul qui l'avait jusques alors préservée contre toute espérance humaine.

Les jours suivants se passèrent en escarmouches, toujours à l'avantage de ceux de la ville, et le vingt-septième du mois, se fit la cène, avec grande joie d'un chacun, en laquelle furent nommément excommuniés le capitaine Fontgrave, du Puy, son sergent, Laboria et Vesset, son sergent, un nommé Jean Vessière et quelques-autres, comme aussi il y en eut qui firent réparation et confession publique, se réunissant à l'Église, avec grande édification et consolation de assistants. Et ainsi passa tout ce mois.

Le premier jour de janvier commençant l'année 1563, quelques-uns de la ville, s'égayant, envoyèrent demander leurs étrennes aux ennemis, leur présentant le combat de cent contre cent, jusques à ce que la victoire demeurât d'un côté ou de l'autre; et, pour tenir promesse, marchèrent jusque devant le fort du Moustier. Mais quelque chose qu'ils pussent dire à ceux de dedans pour les attirer, ils ne voulurent jamais sortir, bien qu'au commencement ils eussent répondu au tambourin qu'ils sortiraient seulement cinquante contre cent ; mais au lieu de sortir, ils firent pendre un pauvre jeune garçon qu'ils avaient surpris vers le faubourg du Tar.

Le deuxième, furent reçues lettres d'avertissement, comme le traître Laboria, pour irriter les gentilhommes circonvoisins contre la ville, leur avait donné faussement à entendre que ceux de la ville avaient délibéré de les aller saccager et de brûler entièrement leurs maisons et châteaux, si le siége pouvait être levé, laquelle fausseté et calomnie fut amplement remontrée au vicomte de Montclar. Mais Laboria, continuant sa malheureuse volonté, se présenta lui-même en une escarmouche dans le faubourg Saint-Antonin où il fut reconnu, nonobstant qu'il portât un taffetas rouge devant le visage, comme de fait, il devait bien mourir de honte, mais tant y a qu'ils furent gaillardement repoussés comme aussi du côté de la porte des carmes.

Le sixième du mois, l'escarmouche se donna si chaude, en laquelle fut tué entre autres le frère du capitaine Gardouche ; que les ennemis furent contraints d'envoyer quérir en diligence les garnisons de Bresols et de Mombeton à leurs secours, lesquelles arrivées, le capitaine Lanis eut grande peine de faire retirer ses soldats à coups de plat d'épée, tant ils étaient échauffés, et n'eût été qu'un soldat de la ville se hâta de tirer, il y eût eu un terrible échec, d'autant que les ennemis fussent tombés dans les embuches qu'on leur avait préparées dans les vignes et à l'entour des fossés. Mais étant découvertes, chacun se retira, les uns toutefois plus marris que les autres ; et n'eût pas meilleur succès une autre escarmouche dressée devers le fort des jacobins.

Le huitième, le vicomte de Bruniquel envoya copie d'une lettre du roi, écrite au sieur de Joyeuse, l'avertissant de la prise du prince, et que la victoire était demeurée du côté de Guise, il s'offrit de venir parler à ceux de Montauban, et de leur dire un bon expédient pour les remettre en liberté, s'ils lui voulaient bailler assurance de sa personne. Ceux qui avaient bon cœur ne firent pas grand cas de ces lettres, auxquelles fut répondu qu'on le remerciait, et que, s'il savait quelque expédient pour le bien de la ville, autre que par la voie de reddition, il lui plût de les en avertir par lettres, dont la ville lui serait à toujours redevable ;

ce qu'entendant les assiégeants du côté du fort du Moustier, écrivirent le deuxième dudit mois à Moncau le viel, qui avait été lieutenant de Laboria, l'avertissant que si ceux de la ville voulaient remettre la ville sous l'obéissance du roi, on leur présenterait de si bonnes conditions, qu'ils auraient occasion de se contenter. Ces lettres communiquées aux consuls, la réponse fut qu'ils avaient assez souvent déclaré qu'ils ne tenaient la ville pour autre que pour le roi, et qu'ils étaient meilleurs serviteurs et sujets qu'eux, qui ne faisaient que brigander, meurtrir, ravir femmes et filles, blasphémer Dieu incessamment, et commettre toute espèce de cruauté et vilenie contre les commandements de Dieu et du roi ; mais que, s'il voulaient faire réparation de tels excès, qu'ils les prendraient à merci. Et d'autant que les ennemis avaient daté leur lettre du fort royal du Moustier, il fut écrit sur la lettre de réponse : au temple papal et bourdeau épiscopal qui périra. Cela fâcha grandement leurs ennemis, et toutefois leur fit si grande honte, que tant pour ce reproche, que d'autant que les soldats étaient mangés de vérole, ils chassèrent les putains du fort du Moustier et de Paneseigue ; mais ils ne laissèrent de retenir quelques pauvres femmes et filles qu'ils avaient ravies de Montauban et du pays d'alentour.

Ce même jour, Verlac d'un côté manda que Monluc faisait appareil de dix-huit canons et de plusieurs ingénieux pour avoir la ville ; et d'autre part, furent surprises à la porte du Griffol deux lettres, dont l'une était écrite par le chevalier de la Serre, très-mauvais homme, à un certain habitant, auquel il mandait qu'il tâchât de sortir, et que, lui mandant le jour, il le viendrait recevoir et accompagner, d'autant que bientôt la ville serait ruinée ; l'autre lettre, écrite d'un certain fugitif à sa femme, l'avertissait de serrer ses papiers en lieu bien assuré, d'autant que bientôt la ville serait pillée ; le porteur desquelles lettres fut mis en prison étroite. Mais Dieu, d'autre côté, encouragea grandement ceux de la ville par autres lettres reçues du sieur de Crussol et de ceux de la ville de Castres, les avertissant de la vérité de la bataille de Dreux, en laquelle il était bien vrai que le prince avait été pris, mais avec un terrible contre-échange, ayant été pris et mené à Orléans le connétable, et le maréchal de Saint-André tué, avec très-grande perte de plusieurs grands seigneurs et gentilhommes, et que la place du camp n'était demeurée aux uns ni aux autres, et leur promettant secours en brief.

Le lendemain onzième, le capitaine Saint-Jame, le moine de Maranal et Jean Moucau, qui avait été pris à la défaite de Duras, vinrent parlementer avec les consuls, hors la porte de Tar, leur voulant persuader que l'évêque leur portait fort bonne affection, et ne demandait que le paiement de ses dîmes, pour leur faire avoir quelque bonne composition. Mais ils eurent telle réponse qu'ils méritaient.

Le douzième, le capitaine de Lanis, avec douze chevaux et quarante arquebusiers, besogna si heureusement, qu'il gagna le fort de Bidonnet, et en ramena assez bon nombre de bétail, ce qui soulagea grandement les habitants.

Le quatorzième, le capitaine Montmor, homme renommé pour avoir été des plus cruels hommes au fait de Toulouse, où il s'était fait porter pour se faire guérir, tant de la vérole que d'une arquebusade qu'il avait reçue en une escarmouche devant Montauban, mourut, par un grand jugement de Dieu. Car, étant apportées fausses nouvelles que Montauban était pris, soudain craignant que le butin fût départi sans lui, il se mit en chemin avec d'Alzon et Danqueville, conseillers en parlement. Mais à grande peine eut-il fait trois lieues, que sa plaie s'ouvrit, et fut à grande peine de retour dans la ville pour y mourir, laissant sa place à Entraigues.

Le quinzième, advint une étrange rencontre en une escarmouche vers Panesèigue, en laquelle quelque nombre de soldats de Montauban, surpris par cinquante chevaux de l'ennemi, bien équipés, firent si bien, qu'au lieu d'être enfoncés, ils blessèrent au col le capitaine Gardouche, dont il s'est senti toute sa vie ; navrèrent à mort Saint-Jame, son lieutenant, et le sieur du Repaire, chef des argoulets de Monluc, très-cruel et très-méchant homme ; tuèrent sur la place deux soldats de pied et deux chevaux, dont l'un était à Gardouche, outre plusieurs de pied et de cheval, blessés, sans qu'un seul de la ville fût tué ni blessé, bien qu'ils poursuivissent leur victoire jusques au fort auquel les ennemis se tinrent de là en avant, plus cois et même, craignant d'être forcés, se retranchèrent tout à l'entour.

Le dix-huitième, le capitaine Saint-Salvi envoya en la ville, par un tambourin, la lettre des états de Quercy, datée du quatrième, étant les états assignés au vingtième. La réponse fut délayée jusques au lendemain, contenant remontrances de la brève assignation qui leur avait été donnée, pour leur avoir été trop tard rendues les lettres du mandement. Aussi leur était remontrée l'ancienne et du tout démesurée haine du parlement de Toulouse contre la ville de Montauban ; tant devant cette guerre (comme il avait été connu et jugé au conseil privé du roi) que depuis cette guerre, en laquelle ils auraient été et seraient encore auteurs des plus étranges cruautés et extorsions de toutes sortes qu'on saurait faire contre une pauvre ville qu'ils tenaient encore environnée de toutes parts, pour la réduire à la faim, et par conséquent, l'exterminer; n'étant haïs que pour la profession qu'ils faisaient de la religion, priant les états, à cette cause, de leur être aidant en si utile et nécessaire cause, et n'admettre aucune accusation contre eux, en leur absence, trop légitimement fondée; offrant toutefois de faire leur devoir en leur endroit quant au département des tailles, comme ils avaient toujours été et voulaient être très-humbles sujets et serviteurs du roi; à la charge toutefois que lesdits états ne les greveraient, ni surchargeraient en rien, contre lesquels, en faisant autrement, ils auraient ci-après leur recours au roi, leur étant donné sûr accès à sa majesté. Cette réponse fut baillée à Saint-Salvi, au faubourg du Moustier, par les consuls qui s'y trouvèrent avec bonne garde pour cet effet. Et pour ce que Saint-Salvi n'oublia de mettre en avant les termes de quelque composition, disant que monsieur de Montpensier devait bientôt arriver avec douze canons, les consuls répondirent en un mot, qu'ils ne pouvaient dire autre chose que cela même qui avait été tant de fois répondu; et sur cela, chacun se retira.

Le reste du mois se passa en plusieurs escarmouches qui furent bien rudes, surtout le vingt-sixième et le vingt-huitième dudit mois, avec perte d'un côté et d'autre, mais trop plus grandes, sans comparaison, du côté des assiégeants, lesquels, pour s'en venger, usèrent de terribles cruautés, notamment le capitaine Coulombier, le plus grand carnassier qui fut jamais de son état, jusques à brûler hommes, femmes et pauvres petits enfants, dans quelques métairies et maisons des faubourgs, encore qu'ils fussent de la religion romaine.

Ce fait, les assiégeants remuèrent leurs garnisons pour la perte de plusieurs des plus braves soldats qui fussent dans les compagnies plus proches de la ville; et fut mis Saint-Léonard dans Panesegue, dont s'ensuivirent plusieurs escarmouches de jour à autre, dans lesquelles ceux de dedans eurent toujours du meilleur, non toutefois sans en perdre toujours quelqu'un. Mais advinrent nommément des coups merveilleusement étranges et mémorables, le sixième de février, auquel, du côté de la ville, un vaillant soldat, nommé Robert Vaillant, blessé à la tête d'une arquebusade, et porté dans la ville après avoir perdu la parole, deux jours fut tôt après guéri. Un coup d'artillerie emporta la semelle du soulier du sergent de Forges, sans lui faire mal aucun. Un autre coup d'artillerie coupa à un autre soldat, nommé Despailla, le bois de son arquebuse, sans l'endommager aucunement, ni aucun de ceux qui étaient auprès de lui. Un autre, nommé François de Portus, eut son collet percé tout outre, demeurant le boulet près de la chair sans l'avoir seulement froissée, et si n'avait-il point de chemise de Notre-Dame de Chartres. Et ce même jour, furent reçues certaines nouvelles, comme les échelles conduites par le traître Laboria, s'étaient perdues sur la rivière de la Garonne, au port de Mouleu, ce qui vint fort à point à ceux de la ville, qui n'étaient aucunement avertis de cette escalade.

Le septième dudit mois, le meurtrier Coloumbier donna à dix heures de nuit dans le faubourg de Tar, et y exerça de merveilleuses cruautés sur hommes, femmes et enfants qu'il fit brûler tout vifs, et ravit la belle-fille d'un nommé Fatigue, après l'avoir massacré, et sa femme, bien qu'ils fussent de la religion romaine. Et ne fut faite aucune saillie du côté de la ville, d'autant qu'on avait eu avertissement sur le soir, qu'il y avait quelque trahison qui se devait exécuter cette nuit-là; ce qui fut cause qu'on tint les portes soigneusement gardées. Ce néanmoins, les ennemis furent finalement contraints de se retirer à coups d'arquebuses et de mousquets, craignant aussi quelque saillie.

Le lendemain huitième tomba entre les mains de Constans et Taschard, ministres, une certaine requête dressée par Hugues Bonencontre, comme pour présenter au roi, au nom des consuls, syndics et habitants de Montauban, pour le supplier de commander à Burie de se transporter à Montauban pour faire ôter les garnisons de devant ladite ville; de quoi averti le conseil, ladite requête fut désavouée et lacérée, mais il ne fut passé plus outre contre l'auteur d'icelle.

Le lendemain neuvième, une troupe de bons soldats de la ville, sortie de nuit sous la conduite du sergent Forges et d'un caporal, nommé Pambelon, allèrent fourrager jusques à Villeneuve, qui est un mas distant de Montauban d'une lieue et demie, dont ils amenèrent seize tant bœufs que vaches, six chevaux, six vingts moutons et seize pourceaux, avec nombre de poulailles et d'oisons, et deux prêtres prisonniers, l'un desquels, nommé Pierre de Villeneuve, était un très-méchant garnement, qui fut pendu, étant son compagnon délivré par rançon. Mais ne fut fait aucun déplaisir à autre personne qu'on y trouvât, bien qu'ils fussent tous de la religion romaine, et qu'ils donnassent secours de tout leur pouvoir à leurs ennemis. Et le lendemain, le même Pambelon, caporal, donna jusques au village de Gasseras, où il fit la vengeance de quelques-uns qui s'étaient trouvés au brûlement des femmes et enfants, qui s'était fait au faubourg de Tar.

Le onzième dudit mois, ayant été assemblées toutes les garnisons et autres gens de guerre, couvertement avec appareil de béliers de guerre pour battre les murailles d'échelles, pics et autres instruments nécessaires, les ennemis, conduits par le traître Laboria, vinrent, environ les dix heures de nuit, et sur le premier sommeil, vers le corps-de-garde dit de Coffignal, à côté de la courtine du fort des jacobins, et passant le long des tranchées larges et profondes, et qui venaient toucher à un des bouts de la courtine flanquée de peu de canonnières, joint que Laboria, avant son départ, avait fait démolir un petit ravelin, étant devant une porte qu'il avait fait murer, marchèrent si coiement, qu'ils ne furent aperçus jusques à ce qu'ils furent près de la muraille, appliquant leurs engins pour emboucher les canonnières dont ils pouvaient être battus. Ces engins étaient des pales de bois, garnies par derrière et tout au travers de lames de fer, ayant les manches fort longs, et mis à la façon des pales de four, lesquels engins, ainsi plaqués contre les canonnières, incontinent, les piquiers les raffermissaient en dehors avec les piques, afin qu'on ne les pût ôter ni ébranler. Davantage, ils portaient de gros marteaux pour rompre les pointes des hallebardes ou javelines qu'on eût pu faire passer par quelques trous des canonnières, pour repousser lesdites pales lorsqu'on les aurait appliquées. Et pour ce que Laboria devant qu'être rtattre, se défiant de pouvoir tenir ce corps-de-garde, avait fait oindre de térébenthine et de soufre les soliveaux et poutres d'icelui, afin d'y mettre le feu promptement s'il eût été contraint de l'abandonner, il avait aussi lors donné ordre de le brûler, en attachant au bout de quelques piques des fagots et des sarments secs, semés de soufre et de térébenthine, pour appliquer à l'avant-toit et chevrons sortant hors la muraille, afin que le corps-de-garde fût abandonné, ou bien que, pendant qu'on s'amuserait à éteindre le feu, ils eussent moyen de battre la muraille avec leurs béliers. Toutefois, Dieu anéantit leur entreprise, ne s'étant pris le feu que bien peu, lequel fut soudain amorti, d'autant que la térébenthine, de laquelle les chevrons avaient été frottés long-temps auparavant, s'était desséchée et consumée. Se voyant donc les ennemis découverts, ils commencèrent de crier d'une façon merveilleusement épouvantable aux soldats étrangers, qu'ils se retirassent de la ville, et qu'on les voulait sauver, comme s'ils eussent déjà tout gagné. D'autre côté, ceux du fort se voyant en petit nombre, sonnèrent une petite cloche pour avoir secours, duquel son, on vint tantôt au tocsin, qui amena tantôt tel nombre de défendants, que les assiégeants, bientôt repoussés, reprirent leurs erres par le même chemin qu'ils étaient venus, ayant été des leurs, tant tués que blessés, environ deux cents, sans que aucun de la ville reçût dommage. Ce qui déçut Laboria, fut que depuis son département, on avait fait une petite tranchée devant le corps-de-garde de Coffignal, tellement qu'on ne se pouvait approcher pour battre la muraille ; joint qu'on avait coupé les hantes des piliers de la courtine, à côté desquelles les ennemis se pensaient sauver contre les arquebusades qu'on leur tirait en flanc. Davantage, bien que la nuit fût obscure lorsque les ennemis s'approchèrent, toutefois la lune commença incontinent à reluire, et y voyait-on clair à tirer comme s'il eût été jour ; et dura cet assaut environ deux heures, pendant lequel, ceux de la garnison de Panesegue, pour amuser ceux de la ville, vinrent donner l'alarme par la porte du pont. Mais le lieutenant du capitaine Saint-Léonard ayant été blessé au bras, et trois soldats tués, ils furent pareillement contraints de se retirer.

Le lendemain douzième, furent trouvés plusieurs morts des ennemis çà et là ; et fut aussi trouvée la dague de Laboria, lequel dès lors devint comme hors du sens, et finalement un peu après la paix, par un juste jugement de Dieu, se préparant comme il disait (tant il était impudent) à vouloir défendre sa cause en plein synode, il fut frappé de mort subite, et alla plaider sa cause devant Dieu.

Le trézième du mois, Jean Darjat, receveur de Quercy, duquel a été fait mention ci-dessus, envoya à Montauban le département fait sur la ville par les états, montant à deux mille six cents livres ; et suivant l'assurance qu'il avait impétrée, se présentant devant la porte des cordeliers, avec le capitaine Malicy, rapporta comme les états avaient transporté le siège du sénéchal à Moyssac, et ordonné que l'office de sénéchal serait impétré du roi pour Terrides, et que les garnisons étant à l'entour de Montauban, seraient entretenues aux dépens des états ; sur quoi depuis fut avisé par le conseil de persister en leurs protestations, demandant copie des lettres patentes du roi, en vertu desquelles lesdits états auraient été tenus. Ces choses ainsi conclues, Darjat ayant retiré à part les consuls, syndics et quelques-uns du conseil, n'oublia rien à dire de ce qui les pouvait intimider et induire à rendre la ville, leur faisant entendre comme Monluc, Terrides et Neigrepelisse avaient délibéré d'assaillir la ville de plus près que jamais, s'ils perdaient cette occasion; et, qui plus est, ajoutaient les larmes à tout cela, (bien que le tout fût très-faux) comme s'il eût plaint grandement la ville. Mais il lui fut répondu magnanimement à tout cela par Hugues Calvet, premier consul, que tant qu'eux et leurs enfants seraient en vie, ils défendraient la ville contre leurs ennemis, contre lesquels ils espéraient bien d'avoir quelque jour la réparation des tyrannies et cruautés plus que brutales qu'on leur avait faites, lorsque le roi serait remis en sa liberté. Ainsi se passa ce mois avec plusieurs escarmouches, en l'une desquelles, le vingt et unième jour du mois, ceux de la ville qui étaient sortis furent en grand danger, et finalement secourus.

Le deuxième de mars, Coulombier, avec trente ou quarante chevaux et quelque infanterie, se levant d'une embûche où il avait demeuré la nuit, au terroir de Valgilade, fut chargé et mis en route par ceux de Montauban, et poursuivi jusques au fort du Moustier; et l'après-dînée du jour suivant, en une autre escarmouche, fut tué entre autres le sergent de bande du capitaine Saint-Salvi; et fut rapporté en la ville que Monluc avait délibéré de battre la ville dans dix jours en deux endroits, à savoir, par le faubourg Saint-Antoine, du côté du septentrion, et devers la porte du Moustier du côté du levant, de sorte que chacun se prépara à le recevoir.

Le quatrième, furent reçues lettres de la mort du duc de Guise, et comme la paix se traitait, dont furent rendues grâces à Dieu solennellement. Depuis, aucun jour ne se passa sans escarmouche, et surtout le dixième dudit mois, étant arrivés aux ennemis deux conseillers de Toulouse, pour leur faire grands reproches, comme s'il eût tenu aux capitaines et soldats que la ville ne fût déjà prise; sur lesquelles remontrances, ayant été assemblées toutes les garnisons avec les plus braves soldats, l'escarmouche se dressa fort terrible en la plaine qui est entre le Moustier et le faubourg Saint-Étienne; en laquelle, du côté de la ville, fut tué un caporal, et huit soldats blessés, et du côté des ennemis en demeura trois sur le champ, et vingt blessés, comme il fut rapporté: entre autres ce cruel Coulombier fut grièvement navré, et un nommé Jean Vaissière aussi, lequel nous avons dit ci-dessus avoir été excommunié. Depuis cette escarmouche, ceux de la ville eurent plus grande liberté de tenir les champs; ce qui leur vint fort à point, car déjà y avait-il nécessité de grains en la ville.

Le quatorzième dudit mois, advint un exemple mémorable du jugement de Dieu, sur un jeune marchand de Toulouse, nommé Chalon, lequel, étant soldat dans la ville, prié d'un écolier dudit Toulouse, nommé Corvidat, de lui faire compagnie, arrivés tous deux en un bois, nommé le Ramier, à un quart de lieue de Montauban, Chalon le tua et briganda, puis revint en la ville; et demeura quelque temps ce meurtre en tel état, sans être découvert. Mais Chalon, tourmenté par sa propre conscience, changea premièrement de contenance, étant devenu fort morne et pensif, puis tomba en frénésie, en laquelle il criait à haute voix que c'était lui qui avait fait ce meurtre, déclarant où et comment, et criant que Dieu n'était pas assez miséricordieux pour lui pardonner, et, finalement, ce quatorzième jour, bien qu'auparavant il fût débile, ne se pouvant remuer, s'étant, celle qui le gardait, endormie, il se pendit et s'étrangla d'une corde qu'il trouva d'aventure pendue au plancher.

Le 20 du mois, Pierre Sestier, dit du Croissant, ministre, mourut en partie de regret de s'être laissé tromper par Laboria, non pas pour trahir la ville, mais pour être du côté de ceux qui demandaient qu'on la rendît à quelques conditions tolérables, estimant qu'il était impossible de la garder.

Le 22, les nouvelles vinrent en la ville que la paix s'en allait faite, mais que devant qu'elle fût publiée, Monluc devait faire tous ses efforts pour prendre la ville; de quoi tant s'en fallut que ceux de la ville perdissent courage, qu'au contraire le capitaine de Lanis, accompagné d'environ deux cents hommes, tant de cheval que de pied, avec un bélier ou malmouton, et autres instruments nécessaires pour battre une muraille, après avoir prié Dieu hors la ville, tira droit au fort de Bedonnet qui avait déjà été forcé une fois, lequel se trouva vide de la plupart des soldats, sortis pour voler ceux qui venaient du marché de la Françoise. Ils firent si bien, qu'ayant fait brèche, ils contraignirent ceux qui étaient restés dedans de se rendre à merci, à savoir huit hommes restés vivants et deux putains, lesquels, avec leur bagage et dépouille amenés en la ville, furent promenés avec triomphe en la place publique, où furent rendues grâces à Dieu, avec grande réjouissance. Quant aux soldats qui étaient sortis du fort, n'ayant découvert ceux de Montauban que trop tard, ils s'enfuirent à vau-de-route, et passèrent quelques-uns la rivière du Tar, à la faveur de ceux de Panesegue qui arquebusaient delà l'eau. Mais cependant le fort de Bedonnet fut entièrement brûlé avec une tour qui était auprès, afin que les ennemis ne s'en vinssent emparer; et, par ce moyen, tout cet endroit du pays fut rendu sûr, au grand avantage non seulement de la ville, mais aussi de tous les villages de ce côté-là.

Le reste de ce mois se passa en escarmouches, dans lesquelles le premier corps-de-garde et puis aussi un autre étant au jardin, dit du Célier, devant le fort du Moustier, furent forcés, y étant blessé à mort le capitaine la Nafrède, lieutenant de Delriu, successeur d'Antraigues qui était mort.

Le premier d'avril, ceux de la ville sortis la nuit brûlèrent le temple et les granges de Périsols, et Saint-Maurice, delà la rivière de l'Aveyron, dont ils amenèrent force fourrage, nonobstant lesquels avantages, encore y en avait-il quelques-uns si lâches, que de parler de composition; deux desquels allèrent parlementer vers les ennemis, vers Panesègue. L'un d'iceux était frère du sergent Forges, lequel en ayant été prévenu, et depuis relâché par faute de bonne preuve, n'échappa pour cela le juste jugement de Dieu, étant mort le lendemain ainsi qu'on le rapportait d'une escarmouche en la ville, étant seulement blessé en la jambe. Ainsi continuèrent les escarmouches d'une part et d'autre jusques au dixième dudit mois, auquel jour arrivèrent les lettres du cardinal d'Armagnac et de Terrides, portant les nouvelles de la paix, et désirant sur cela savoir l'intention de ceux de la ville. La réponse fut qu'on l'acceptait très-volontiers, pourvu que toutes les garnisons se retirassent, et qu'on montrât par effet qu'on désirait aussi de leur observer la paix. Ce jour même arrivèrent nouvelles du secours de deux cents chevaux et de six cents arquebusiers que Rapin leur amenait de Castres et Puylaurens; lequel de fait y entra le lendemain 11 dudit mois sur le soir, ayant été la sainte cène célébrée le matin avec solennelle action de grâces pour la paix, et dès lors on se prit à parlementer touchant l'exécution de cette paix. Mais le 14 arrivèrent nouvelles que ceux de Toulouse, conduits par Dalzon, conseiller en parlement, étaient allés assiéger ceux que Rapin en passant avait laissés sous la charge du capitaine la Légade, dedans Buzet, pour assurer son retour. Ces nouvelles reçues, Rapin partit en toute diligence avec deux cents soldats pour lever le siège. Mais devant qu'il y arrivât, la Légade avait déjà choqué tellement ceux de Toulouse qui étaient un grand nombre de gens mal aguerris, et plus propres à manier l'écritoire que l'épée, qu'ils s'étaient retirés à leur grande honte, y laissant mort le capitaine Graignague avec trente-deux soldats, outre grand nombre de blessés.

Le quinzième, arriva dans Montauban le sieur de Chaumont, envoyé par la reine-mère et par le prince, pour faire publier et exécuter la paix à Montauban; ce qu'ayant notifié Saint-Salvi, qui demanda terme pour en avertir Terrides et ceux de Toulouse, le capitaine Bidonnet, lieutenant de Terrides, arriva avec commission de conclure et arrêter avec ceux de Montauban sur la vidange des garnisons, demandant qu'on baillât otages de toutes parts et quelques autres articles. Sur cela ayant été répondu qu'il ne fallait ni otages ni articles, mais seulement bonne foi et conscience pour l'exécution de la paix, elle fut solennellement publiée le lendemain au matin jour de dimanche, dix-huitième dudit mois, par les consuls vêtus de leurs robes consulaires, accompagnés du lieutenant particulier (étant décédé auparavant le lieutenant principal), le sieur de Rapin et plusieurs autres gentilshommes, et autres montés à cheval. L'après-dînée cette publication fut réitérée devant le fort du Moustier, auquel ledit Rapin, avec plusieurs autres tant étrangers qu'habitants, allèrent souper avec Saint-Salvi en témoignage de bonne paix et amitié, et furent après souper rendues grâces en la place publique de la ville, avec feu de joie et grande réjouissance, étant chanté nommément avec les commandements de Dieu, le psaume cent vingt et quatrième, commençant *Or peut bien dire Israël*, etc. Ceux de la religion romaine, d'autre part, délogèrent les uns après les autres, ne laissant rien dedans leurs forts que ce qu'ils ne pouvaient vendre ou emporter, et même ayant mis le feu dans le fort du Moustier, qui ne put être éteint que la voûte du temple et les maisons d'alentour qui étaient des chanoines, ne fussent ruinées.

Le vingt-quatrième du mois, arriva le capitaine Sainte-Colombe, envoyé par le roi pour faire publier la paix partout, avec charge de faire que Montauban reçût Terrides pour gouverneur; ce qui n'advint toutefois, ayant remontré ceux de la ville le peu d'occasion qu'ils avaient de s'assurer de lui qui leur avait fait une guerre si cruelle, et Terrides, d'autre côté comme aussi Monluc, refusant le gouvernement de ladite ville, laquelle par ce moyen demeura en la puissance de ses magistrats ordinaires.

Telle fut l'issue de toutes ces tempêtes à l'endroit de Montauban où Dieu à la vérité démontra merveilleux témoignages de sa providence, ayant été si grièvement assaillie et par dedans et par dehors, y étant demeurés de la part des assiégeants, par leur dire même, environ deux mille soldats avec le capitaine Bazourdan, Montmaur, Espenan et son enseigne, Haute-Rive, Entragues, la Nafrède, Saint-Jame, Coulombier, Pellefigue, un Italien, lieutenant de Saint-Salvi, Gardouche, son lieutenant et son frère. Le sieur de Zigouzac, et plusieurs officiers et membres de compagnies desquels on n'a pu avoir les noms avec plusieurs autres grièvement blessés, au lieu que de ceux de dedans ne sont pas morts plus de soixante soldats, et quant aux gens de marque seulement, les capitaines Assier et Consignal, Pertinet, Pierre Colon, enseignes, et bien peu d'autres : et n'est à oublier entr'autres choses le bon ordre qui fut mis et très-bien observé dès le commencement jusques à la fin, quant aux blés, ayant été recherchés tous ceux qui en avaient outre leur provision, et contraints de les vendre selon l'ordonnance et distribution faite par les consuls, sans leur être permis de jamais hausser le prix, tellement qu'après la paix faite, le prix du blé augmenta au double.

Les temples ayant été quittés par ceux de la religion en la ville de Nîmes, suivant le mandement du seigneur comte de Crussol, le vingtième de janvier 1562, ils commencèrent leur exercice ordinaire en l'hôpital hors la ville. Il fut tenu au même temps un synode provincial au bas Languedoc à Nîmes où se trouvèrent septante ministres, outre ceux qui y furent élus; auquel temps, à savoir le onzième de février, fut apporté l'édit de janvier, et reçu avec grande joie, bien qu'il semblât désavantageux en quelque point. Mais cette espérance ne dura guères, étant venues les nouvelles du massacre de Vassy, tôt après lesquelles arriva aussi un gentilhomme de la part du Prince, avertissant les églises de Languedoc, de l'état des affaires, et leur demandant secours de gens et d'argent. Ceux de la religion romaine, d'autre côté, aussitôt que Crussol eût repris le chemin de la cour où il avait été rappelé par la reine-mère, s'émurent de toutes parts, et principalement les provençaux, conjoints avec les gens du pape, comme il est dit en l'histoire de Dauphiné. Cela fut cause que ceux de ces quartiers, ayant assez d'affaires à pourvoir eux-mêmes, ne purent réenvoyer au prince tout le secours d'hommes et d'argent qu'ils eussent bien désiré. Ce néanmoins ils lui accordèrent, pour le commencement, vingt mille livres, et lui envoyèrent cinq compagnies de gens de pied, conduites par les sieurs de Peyrault, de Catdet, de Saint-Jean, de Mandagout, et de Sestalle, fils du baron d'Alex; auxquels s'adjoignirent quatre autres compagnies qui avaient été laissées en garnison en Provence après la prise de Barjols, desquelles le sieur de Saint-Auban était colonel, conduites par lui, le baron des Portes, Lussan et Rousset. Et demeurèrent encore les choses assez paisibles au quartier de Nîmes, jusques au mois de mai. Mais il n'en advint pas de même en plusieurs autres endroits du Languedoc. Car à Castelnaudarry en Laurages, environ Pâques fleuries, comme ceux de la religion étaient au sermon hors la ville, suivant l'édit de janvier, joignant un moulin à pastel, ceux de la religion romaine, pour pratiquer le proverbe à bon jour bon œuvre, ayant attiré une procession générale, non jamais accoutumée à tel jour, et passant par devant le lieu de l'assemblée, dressèrent premièrement l'escarmouche à coups de pierres par les enfants, puis entrés au-dedans, sans aucune distinction de sexe, d'âge ni qualité, tuèrent le conseiller Tomassi, le contrôleur Marion, le juge ordinaire, l'avocat du roi, les consuls Tuquet et Dachié, et quarante ou cinquante autres : entre lesquels fut le ministre, nommé Giscart, auquel après la mort on tira les tripes du ventre qu'on brûla avec autres indignités, et en blessèrent soixante ou quatre vingts, mirent le feu au moulin, et rentrés en la ville, serrèrent les portes, et se mettant en défense sous la conduite d'un gentilhomme leur voisin. Ce fait tant horrible étant rapporté au sieur de Crussol, il dépêcha commission au sénéchal de Toulouse, pour y aller avec bonnes forces, et en faire justice exemplaire ; auquel furent refusées les portes, et dès-lors étaient les choses tant enaigries après avoir entendu le massacre de Vassy et ce qui se faisait et préparait à la Cour, qu'il n'y eut ordre d'y pourvoir ni d'empêcher la tempête toute prochaine.

D'autre part, l'édit de janvier étant publié à Béziers, ceux de la religion commencèrent à prêcher avec accroissement de peuple, tant de la ville que des villages : ce que ceux de la religion romaine, prévoyant leur ruine si cela continuait, ne purent endurer. Ceux de la religion, d'autre part, se voyant ainsi accrues, au lieu de cheminer en humilité, et gagner leurs prochains par la pratique de ce qui leur était prêché journellement, devinrent merveilleusement insolents. Les uns donc appelaient les autres papistes et grégoriaux ; les autres, au contraire, les surnommaient huguenots, luthériens, et grégons. Il y avait aussi des factions dans les villages, dont les uns qui étaient les plus faibles, à savoir, ceux de la religion, étant battus par les autres qu'ils appelaient les malins, eurent recours à ceux de la ville, qui rendaient la pareille à ces batteurs, quand ils les traînaient à l'écart, en la ville ou aux champs, avec de gros bâtons de trois pans (qui est une mesure d'environ de trois pieds, qu'ils nommaient épousettes.) Et, bien que, pour remédier à ces inconvéniens, il y eût des chefs élus, à savoir ; un de chacun côté, marchant avec vingt-cinq hommes en armes ; si est ce que le mal ne cessa pour cela, pour ce qu'il y en avait toujours qui allumaient le feu, avec impunité. Ainsi en advint-il un dimanche, quinzième de Mars, auquel jour peu s'en fallut que tout n'éclatât, étant en un même temps rapporté au grand temple de Saint-Nazaire, comme on disait la grand' messe, que ceux de la religion étaient en armes pour les venir massacrer ; et au même instant au contraire s'étant élevé une rumeur en l'assemblée de dehors la ville, que ceux de la religion romaine leur venaient couper la gorge. Ce néanmoins, nul ne comparaissant de part et d'autre, cela s'évanouit.

Nous avons dit ci-devant que ceux de la religion étant en la ville de Carcassonne, nonobstant que le tort à eux fait par la conspiration de certains de leurs magistrats demeurât impuni, avaient commencé de jouir de l'exercice de la religion suivant l'édit de janvier, en vertu duquel ayant obtenu pour ministre un nommé Vignaux, ils le présentèrent au Viguier, le treizième de mars, audit an, pour faire le serment, lequel ne le voulut recevoir, alléguant qu'il voulait premièrement avoir l'avis de la cour de parlement, où ils avaient envoyé sous main pour obtenir lettres d'appel. Mais Dieu voulut que le messager apportant ces lettres, quelqu'un auquel il s'en était déclaré sur le chemin, trouva façon de retirer son paquet si dextrement, qu'étant arrivé, ses lettres se trouvèrent égarées. Ceux de la religion voyant ce refus, délibérèrent, le quinzième dudit mois de mars, de commencer l'exercice de leur religion hors la ville, à huit heures du matin. Leurs adversaires avertis de cela firent une procession générale extraordinaire, et portèrent leur hostie aussi solennellement que le jour de leur Fête-Dieu, qui fut cause de différer le sermon jusques à une heure après-midi; après laquelle ils sortirent, non sans avoir été visités à la porte par le juge mage et par le viguier, qui les trouvèrent sans armes. Ils sortirent donc environ deux cents personnes de la ville; auxquels s'adjoignirent trois ou quatre cents des églises circonvoisines, que ceux de la ville avaient priés de venir pour leur assister à ce commencement s'ils en avaient besoin contre la populace. Eux sortis, les portes furent incontinent saisies, et fut en armes toute la ville haute et basse, étant les magistrats les premiers à émouvoir le peuple, notamment deux conseillers, l'un nommé Estevenely, et l'autre Estogy, avec du Vernet, lieutenant principal. Ceux de la religion voyant qu'au lieu de leur ouvrir les portes on les repoussait à coups d'arquebusade, de traits d'arbalète, et de pierres, se rangèrent dans l'hôpital de la peste, envoyant en diligence leurs députés, vers le sieur de Crussol, pour l'avertir de tout et obtenir provision. Et cependant faisant leur protestation, se gabionnèrent pour n'être offensés, vu qu'on avait assis l'artillerie sur les murailles à l'encontre d'eux. Et passèrent ainsi les affaires en parlementant d'un côté et d'autre jusques au dix-neuvième dudit mois; auquel jour, ceux de la ville ayant fait venir pour leur chef, le fils du sieur de Lanet, nommé Castelmaure, et se voyant de quatre à cinq mille personnes, commencèrent à canonner et à faire sonner par tous les tambourins et trompettes, dont le petit nombre de ceux de la religion tout effrayé abandonnant les faubourgs, se mirent à vau-de-route : plusieurs desquels rencontrés au bout du pont par ceux de la cité et des faubourgs, furent les uns tués, les autres blessés. D'autre côté ceux de la ville basse, venant avec grande furie en la maison d'un nommé Jacques Sabatier, qui était de la religion, le tuèrent, ensemble son fils et trois ou quatre autres qu'ils y trouvèrent; et fut amené prisonnier aux prisons de l'inquisition, un nommé Montirot, syndic de ceux de la religion, ayant été trouvé fort malade au-delà du pont, près la basse ville; et finalement, comme ayant fait une grande vaillance, ordonnèrent qu'au pareil jour se ferait procession solennelle pour en conserver la mémoire.

Crussol, commissaire ordonné de par le roi, pour apaiser tous ces désordres, étant peu auparavant venu de Provence en Languedoc, et ayant entendu ce que dessus, ordonna sur la requête à lui présentée le sixième d'avril, que les prisonniers détenus par l'inquisiteur, nommé frère Joseph Corroge, jacobin, seraient élargis; ce qui fut exécuté, après qu'ils eurent beaucoup souffert de rançonnements et violences dans les prisons. Et ce fait, voulant pourvoir au principal, dépêcha le sieur de l'Espinasson, maître des requêtes, pour y aller et remettre les choses en état, en attendant qu'il y vînt en personne. Mais d'Espinasson ne sut jamais trouver moyen de persuader à ceux de dedans de recevoir ceux qu'ils avaient déchassés, qu'avec des conditions si désavantageuses, qu'eux aimèrent mieux demeurer hors de leurs maisons, se retirant aux lieux circonvoisins, en attendant la venue de Crussol. Mais il fut tellement contraint de hâter son retour à la cour qu'il n'y vint point, et demeurèrent dehors ceux de la religion jusques à la fin de la première guerre civile, par la faute du sieur de Joyeuse, auquel, comme lieutenant gouverneur, Crussol en avait laissé toute charge de faire justice. Mais au lieu de cela, le président de Lasset et autres principaux conseillers, notoirement auteurs et promoteurs de la sédition, en vertu des fausses informations faites par eux-mêmes, par lesquelles ils mettaient toute la faute et coulpe sur ceux de la religion, décernèrent prise de corps contre cent ou six vingts; et nonobstant les causes de récusation par lesquelles ils étaient chargés un par un d'être eux-mêmes ceux auxquels il fallait faire le procès, ne laissèrent de passer outre sous couleur de justice, comme nous dirons en son lieu.

L'édit de janvier étant aussi publié à Ruel, ville de Lauragues, et ceux de la religion suivant icelui faisant leurs assemblées hors la ville, les prêtres et moines, le jour de Pâques, vingt-neuvième de mars, sachant la susdite sédition advenue à deux lieues près d'eux, en la ville de Castelnaudary, délibérèrent de faire de même, faisant sonner le tocsin en tous les clochers de la ville, auquel son, les uns et les autres étant courus aux armes, peu s'en fallut qu'on n'en vînt aux coups. Mais les magistrats usèrent de telle diligence, que chacun se retira en paix en sa maison. Cela fait, ceux de la religion ayant recours aux sieurs de Crussol et de Joyeuse, lieutenants pour le roi, audit pays, obtinrent lettres en date du dixième d'avril, par lesquelles il était mandé au juge et magistrats du lieu, de maintenir les uns et les autres en bonne paix suivant les édits du roi, et de choisir pour cet effet tel nombre qu'il verrait nécessaire des habitants des mieux famés, et responsables; ce qu'étant exécuté, toutes choses furent paisibles jusques en mai.

Ceux de Castres, oyant ces choses, s'étant saisis de leurs villes sans aucune difficulté, élurent d'un commun consentement pour leur gouverneur-général le sieur de Favières, et Jean-Jacques de Bernas, pour capitaine, s'étant aussi retirés en la ville, les sieurs de Sauvages et de Boisseson, de Rapin, de Soupés, de la Mothe, de Monledier, de Vairagues et le capitaine Honorat de Foix.

Le neuvième de mars, Crussol, accompagné du sieur de Joyeuse et de sesdits commissaires, arrivé à Montpellier où l'édit de janvier avait été publié dès le septième de février, sans que toutefois ceux de la religion romaine eussent encore osé recommencer leur service, dès le lendemain appelant à soi les officiers des présidiaux, consuls, et les anciens de l'église réformée avec les ecclésiastiques, leur déclara l'intention du roi sur l'exercice paisible des deux religions : sur quoi les uns et les autres ayant protesté de vouloir vivre et mourir en bonne paix et accord, chacun exerçant sa religion en sûreté, et sans aucun détourbier, ordonna finalement que, pour remédier à tous inconvénients, le sieur de Moscon, gentilhomme capable de telle charge, demeurerait en la ville, suivi de vingt-cinq soldats de suite ordinaire, avec puissance d'en lever davantage si la nécessité le requérait.

Suivant cet accord, Pierre Viret, ministre de grand renom, prêchant le jour de Pâques, vingt-neuvième dudit mois, au fossé du portail de Lattes, en temps fort clair et serein furent vus par l'espace d'une heure et plus trois soleils environnés d'une forme d'arc-en-ciel; chose qui donna à penser à beaucoup de gens, comme étant présage de quelques grandes divisions. Et de fait les guerres civiles commencèrent ce même mois par le massacre de Vassy, perpétré par le sieur de Guise, première occasion de toutes ces calamités qui sont ensuivies; outre la désolation des églises de Castelnaudary, Carcassonne, Foix et Villefranche, advenue en ce même mois. Qui plus est, ce fut le même jour que le prince de Condé, étant à Meaux, se mit aux champs contre la Triumvirat, pour la conservation de l'état et de la religion tout ensemble.

Les ecclésiastiques, d'autre part, le treizième du mois d'avril suivant, recommencèrent de chanter messe à Montpellier, au temple de Saint-Firmin, sans aucune résistance. Mais advint, sans qu'on ait jamais pu savoir d'où venait cela, que quelque bien petite pierre tomba d'en haut au milieu du temple, sur la tête de l'un des assistants, qui jeta un très-grand cri; et au même instant, un garçon, neveu du capitaine Rat, qui le traînait par force dedans le temple, commença aussi à s'écrier. Ce qui donna telle alarme aux ecclésiastiques qu'ils sortirent à la foule tous éperdus, quittant leur service. Le sieur de Joyeuse, entr'autres, s'enfuit tout étonné en la maison du premier consul, tellement qu'à grand'peine Crussol le put rassurer, après avoir fait un tour par la ville sans trouver aucun qui se bougeât; comme de fait, ainsi que puis après il fut bien connu, dès l'après-dînée, pas un de ceux de la religion n'avait pensé à se remuer.

Le lendemain, quatorzième du mois, les susdits commissaires ayant appelé derechef les ministres et anciens, s'enquirent tant de la première saisie des temples, que du brisement des images; sur quoi leur fut répondu que l'incommodité des lieux et l'injure du temps ayant ému quelques-uns assez et par trop indiscrets à vouloir entrer dans les temples, il avait été avisé, pour éviter l'émotion et pillerie qui fût advenue, qu'on s'avancerait de serrer ce qui était le plus dangereux. Et par ainsi avait-on choisi le moindre mal; et, quant au brisement d'images, leur fut remontré comme les armes prises par les ecclésiastiques en avaient donné l'occasion telle et si soudaine, qu'il n'avait été possible d'empêcher que les soldats qui autrement se fussent acharnés sur les hommes, ne se ruassent sur les images.

Ces choses entendues, on ne contesta plus amplement sur cela; mais après grandes exhortations, Crussol leur donna congé, et le lendemain partit pour aller ailleurs.

En ces entrefaites, ceux de la ville de Nîmes, à savoir, ceux de la religion, s'y étant aussi rendus les plus forts sans aucune difficulté, et voyant ce qui se faisait delà le Rhône, et notamment que ceux de la religion romaine traitaient fort mal leurs concitoyens à Aiguemortes et ailleurs, joint que de toutes parts on se retirait devers eux comme au principal siége de la sénéchaussée, commencèrent à lever gens de pied et de cheval. Quoi voyant les prêtres abandonnèrent volontairement leurs temples, se retirant pour la plupart où bon leur sembla, sans qu'aucun d'eux reçût aucun mal ou injure en sa personne; et afin de pourvoir aux affaires, six personnages furent élus d'un commun accord, tant d'entre les magistrats que du peuple, pour être adjoints aux consuls, avec puissance de pourvoir à tout ce qui serait requis en telles difficultés. A Montpellier aussi ceux de la religion, s'étant sans aucun combat rendus les plus forts, après avoir entendu les cruautés exercées à Toulouse et Orange, délibérèrent de se bien défendre : et suivant leurs priviléges, élurent quatre hommes pour la défense de la ville, à savoir, Sauravi, Saint-André, Saint-Geore et Tuffani. Vrai est qu'ayant entendu la surprise de Beaucaire, ils furent merveilleusement ébranlés, mais leur ayant aussitôt été apportées les nouvelles de la reprise, par le secours envoyé de Nîmes, ils reprirent courage jusques à secourir les autres. Finalement le vingt-septième de mai, fut élu à Nîmes, pour chef et protecteur des églises de Languedoc, sous l'autorité du roi et du prince, le sieur de Baudiné, frère puîné dudit sieur comte de Crussol, laquelle élection fut depuis ratifiée par toute la noblesse, et généralement de ceux du parti de la religion. Aussi était-il bien besoin qu'il y eût quelque chef et bien capable de cette charge pour conduire les affaires qui s'enaigrissaient fort de plus en plus. Car du côté de Beziers où toutes choses avaient été assez paisibles, nonobstant les massacres advenus à Carcassonne et à Castelnaudary, tellement que la cène y avait été célébrée sans trouble le dimanche d'après Pâques, étant venues les nouvelles du massacre de Vassy, et de ce que le connétable avait fait à Paris et dans les lieux où on prêchait, ceux de la religion prévoyant une guerre, ou pour le moins quelque grande émeute, mirent en avant de se fournir de gens, chacun selon sa puissance, pour les avoir et nourrir en sa maison, et s'en servir au besoin, espérant les introduire sans aucun bruit un jour de marché, qui était le premier jour de mai. Ce conseil n'était pas des pires, vu la nécessité du temps, s'il eût été sagement conduit, et si on en eut bien usé, mais il advint tout autrement, étant soudain monté en la tête de quelques-uns qu'il fallait se servir de ce moyen pour abattre les images, de sorte que plusieurs de ceux qui furent appelés en la ville, y vinrent en cette espérance. Mais ceux du consistoire qui avaient été nouvellement élus, s'y étant opposés fort et ferme, chacun se contint ledit jour premier de mai, et, le lendemain, furent d'avis les plus sages de renvoyer les soldats qui étaient venus. Mais le dimanche, troisième dudit mois, étant advenu qu'une troupe de ces gens qui se retiraient, passant par devant le temple des Augustins, ouït une cloche qui sonnait la messe, soudain ils entrèrent dedans, et se mirent à tout renverser. Ce qu'étant entendu parmi la ville, on fut tout ébahi que plusieurs de toutes parts suivirent cet exemple, de sorte que quelques remontrances que sussent faire les consuls et autres officiers, ni les anciens ni les ministres, les autels et images furent abattus en treize ou quatorze temples qu'il y a, entre dix et onze heures devant midi, le peuple au reste se tenant assis devant les portes des maisons, sans que pour cela il survînt mutinerie ni querelle, ayant aussi les prêtres pourvu quelques jours auparavant à mettre en lieu sûr leurs reliques et autres choses plus précieuses. Ces choses ainsi advenues, et le conseil assemblé en la maison de ville, quelques-uns furent députés pour en avertir Joyeuse, en poste, lequel se trouva bien étonné, non-seulement à cause du fait auquel il ne s'était attendu, mais aussi et principalement pour ce qu'il voyait ces entreprises avoir été prévenues. Car c'est chose bien certaine, que lui et Fourquevaux, capitaine de Narbonne, tenant le parti du Triumvirat, avaient préparé sous main tout ce qu'ils avaient pu, pour l'extermination de ceux de la religion. Tout ce qu'il peut donc faire en telle nécessité, fut qu'il manda à ceux de Beziers qu'ils fissent vider tous les soldats, en attendant qu'il vînt lui-même en la ville pour pacifier le tout. C'était la couleur qu'il voulait donner à son entreprise, ayant cependant donné ordre que les soldats se saisissent de Saint-Nazaire, qui est le fort de la ville, et envoyé le capitaine Dones se saisir de Villeneuve, qui est à une lieue de Beziers. Ceux de la ville cependant, présupposant que Joyeuse y allât à la bonne foi, s'accordèrent volontairement les uns avec les autres, qu'on se contenterait d'avoir en la ville deux capitaines, avec cinquante hommes du pays, bien connus, avec autre conditions fort avantageuses pour ceux de la religion: lesquelles étant envoyées à Joyeuse, pour les autoriser, le contraignirent de lever le masque pour ne désavantager par trop ceux de la religion romaine, pour ce qu'en ces articles n'était faite aucune mention du rétablissement de la messe, et qu'il était dit par exprès que les ecclésiastiques se pourraient trouver à l'exercice de la religion, sans être empêchés dans les fruits et revenus de leurs bénéfices. Cela fut cause que d'autre côté ceux de Beziers, ne doutant plus de la mauvaise volonté de Joyeuse, avertirent de toutes choses les églises circonvoisines pour en avoir secours, et faisant sortir deux canons, contraignirent Dones de quitter Villeneuve, où les images et autels furent incontinent brisés et rompus. Ce nonobstant, Joyeuse poursuivait ses coups, ayant fait défense sous peine de la vie, de bailler ni apporter aucuns vivres à Beziers, et remplissant de capitaines et soldats tous les lieux circonvoisins, pillant et saccageant les biens de ceux de la religion jusques aux portes de la ville, qui en fut tellement effrayée qu'ils furent prêts de s'accorder de recevoir pour gouverneur, le sieur de Connas, que Joyeuse leur présentait. Mais étant survenus quelques-uns de Pezenas et le sieur de Combas, avec six vingts hommes qui avaient marché toute la nuit pour cet effet, ils furent tellement fortifiés qu'ils se résolurent de tenir bon, offrant toutefois à Joyeuse de recevoir un gouverneur, pourvu qu'il fût de la religion. Mais en ces entrefaites, la ville se dénuait fort, se retirant ceux de l'une et de l'autre religion, même des officiers et des gens de qualité. Toutefois, cinq conseillers présidiaux et le procureur du roi, avec le lieutenant du juge royal et plusieurs avocats y demeurèrent, et gens de pied et de cheval y arrivaient de jour en jour. Mais surtout y vint bien à point le sieur de Baudiné, que j'ai dit avoir été élu à Nîmes chef des armes en cette guerre en Languedoc, lequel ayant accepté cette charge, et sur-le-champ averti que Joyeuse pratiquait la ville d'Agde, tenue aussi par ceux de la religion, y accourut en poste après avoir donné ordre que cinquante pistoliers envoyés de Beziers y entreraient aussi à point nommé; ce qu'ayant été bien exécuté, il trouva qu'un nommé Antoine, sieur de Belican, avait dressé une compagnie de gens de pied dans les villages circonvoisins, pour s'y rendre le plus fort sous l'autorité de Joyeuse, lequel Antoine avec partie de ses gens il fit prisonnier, mais il le relâcha puis après, pour n'en aigrir les affaires davantage. Puis ayant laissé céans le capitaine Codrouhac, et venu à Beziers le trentième de mai, donna ordre à toutes choses et notamment à la cueillette des deniers nécessaires pour cette guerre, en l'exaction desquels toutefois il usa d'une rigueur qui en dégoûta plusieurs. Ce néanmoins, les habitants en général prirent courage, se voyant assistés d'un chef accompagné de plusieurs seigneurs et capitaines de nom, comme des sieurs de Coulombiers, du baron de Momperroux, Gasparet, Codrouhac, Olivier, les Gremians, et autres. Le premier exploit de Baudiné, étant à Beziers, fut sur la garnison de Magalas, empêchant le chemin de Beziers à Pezenas, laquelle place finalement se rendit après avoir attendu le canon. Toutefois on n'y usa d'aucune violence, pour ce que n'y trouvant les soldats qui s'en étaient allés le jour de devant à Gabian, les pauvres paysans furent épargnés, comme aussi les damoiselles des sieurs de Magalas et de Connas, qui y furent laissées contre l'avis de plusieurs capitaines, qui voulaient qu'on les retint prisonnières avec tout bon traitement, pour s'en aider en quelque échange de prisonniers, et pour tenir en bride leurs maris. Peu après ils allèrent au village de Lespignan qui fut pris à la diane, où furent tués environ quatre-vingts ou cent soldats de deux compagnies d'infanterie de bandouliers, que Fourquevaux, gouverneur de Narbonne, y avait mises, s'étant le demeurant sauvé au château, qui ne put être forcé. De là, Baudiné fut à Servian, pour assaillir deux autres compagnies, des capitaines Bizanet et Dones; mais pour être mal servi d'artillerie et de vivres, joint qu'il faisait une extrême chaleur, on revint à Beziers sans rien faire, hormis que vingt-neuf soldats de bon compte, revenant de piller les métairies, et surpris en une grange, y furent tués. Mais lors étant sortis ceux de dedans, exercèrent une grande cruauté à l'endroit d'un pauvre jeune laquais, du lieutenant ordinaire de Beziers, lequel trouvé dormant au pied d'un olivier, ils attachèrent et brûlèrent vif au pied de l'arbre en la présence de leurs deux capitaines, lesquels Dieu en punit depuis, ayant été Bizanet tué devant Montpelier, et Dones devant Agde, et ce village surpris depuis, et très-mal traité par ceux de Beziers. Joyeuse entendant ces choses sur le commencement du mois de juillet, et se voyant frustré de l'opinion qu'il avait de gagner Beziers par famine, assembla ses forces de toutes parts, et s'étant mis aux champs avec environ cinq mille hommes recueillis de divers lieux, avec quatre canons, deux couleuvrines, deux bâtardes et quatre pièces de campagne, se vint camper à une lieue de Beziers devant le château de Lignan, où nous le laisserons, pour réciter ce qui advint en ces entrefaites à Limoux, Carcassonne, Beaucaire et Revel.

Limoux donc étant l'une, sinon des plus grandes, toutefois des plus riches villes de Languedoc, pour le fait de draperie qui s'y exerce, jouissait comme les autres de l'exercice de la religion, suivant l'édit de janvier, ceux de la religion étant de beaucoup les plus forts, quand un dimanche, premier de mars, sur l'heure de vêpres, une sédition s'y émut, en laquelle deux de la religion romaine furent tués, et qui ne put s'appaiser tellement, que le vingt-septième d'avril étant renouvelée, trois autres n'y fussent tués. Cela fut cause que la guerre ayant commencé de s'échauffer, le 7 de mai, le sieur de Pomas, arrivé de Carcassonne, au secours de ceux de la religion romaine de Limoux, la guerre fut ouverte, s'étant à cette occasion ceux de la religion saisis de la grande ville (partie de la ville ainsi appelée), qui fut cause que Pomas, avec ceux de son parti, fut contraint de s'arrêter en la petite ville, dont il délogea tôt après. Mais ce fut pour revenir avec trop plus grandes forces, le onzième du même mois tenant et pillant les villages d'alentour, l'espace de dix-huit jours avant que se camper devant la ville, bien qu'il eût dix compagnies, auquel s'adjoignirent de sept à huit cents bandouliers, la plupart espagnols, conduits par un insigne larron, nommé Peyrot Loupian. Mais de l'autre côté, le seizième du mois, cinquante bons hommes venus de Foix avec deux charges de poudres, entrèrent en la ville au secours des assiégés.

En ces entrefaites advint la ruine du parti de la religion en la ville de Toulouse, et, incontinent après, le maréchal de Mirepoix, par autorité de la cour, fut envoyé à Limoux avec nouvelles forces, lequel après l'avoir battue en vain avec seize pièces d'artillerie, finalement le sixième de juin, y entra par trahison, ayant un certain marchand trouvé moyen de percer une sienne maison, répondant sur la muraille de la ville, et d'introduire sans qu'on s'en aperçût bon nombre d'ennemis, qui se firent par ce moyen maîtres de la ville, où fut exercée toute espèce de cruauté et de pillerie, avec violement de femmes et de filles, le plus vilain et détestable qui ait jamais été commis, sans aucune distinction de religion. Vignaux, ministre, y fut tué; les principaux chefs, à savoir, le sieur de Nouvelles et le bâtard de Saint-Coignat, avec soixante soldats d'élite, ayant été pris prisonniers, furent ce nonobstant pendus à l'instance du sénéchal, père dudit maréchal de Mirepoix. Un nommé Peyrot Dauchès y commit entre autres un acte merveilleusement détestable, s'étant logé, en cette prise, chez une honnête femme veuve, laquelle ayant racheté de lui avec bonne somme d'argent la pudicité d'une sienne fort belle fille unique qu'elle avait avec elle, ce méchant toutefois après avoir reçu l'argent et juré qu'elle serait conservée, la viola en la présence de sa propre mère, puis, pour le comble de sa méchanceté plus qu'énorme, les tua toutes deux de sa main. Le butin du maréchal de Foix, en ce saccagement, fut estimé valoir de trois à quatre cents mille livres, et n'y eut capitaine ni soldat qui ne se fît riche de la désolation de cette pauvre ville, pillée comme nous avons dit, sans épargner même ceux de la religion romaine, à l'un desquels, nommé Jean Ribestrouvé, hors la ville ils crevèrent les yeux et coupèrent le nez : comme aussi le treizième dudit mois de juin, Bernard Semer, lieutenant du Viguier, âgé de quatre-vingts ans, sortant du temple où il avait ouï sa messe ordinaire, fut ce néanmoins, tué à coups d'épée, dépouillé et laissé tout nu sur le pavé, sur le corps duquel une pauvre femme ayant mis un linceul blanc, le linceul fut aussitôt dérobé, et fut finalement ce corps à grand'peine enterré.

Toutefois, ce pillage ayant finalement cessé, la ville commença peu à peu à se redresser par ceux qui avaient été cause de cette destruction, amenant avec eux certains commissaires et conseillers de Toulouse, lesquels, pour achever d'exterminer ceux de la religion qui s'étaient absentés, ne faillirent de leur faire leur procès, et de les condamner à la mort avec confiscation de leurs biens. Et dura cette furie si longuement que mêmement après l'édit de pacification publié, il y eu pour un coup quatorze de ceux de la religion tués, qui s'étaient hasardés d'y rentrer, comme aussi un autre, bien qu'il fût serviteur de Joyeuse, ce néanmoins, fut tué en pleine rue, et pillé et de cent nonante écus, pour avoir été trouvé à la suite de Pierre du Château, juge de Limoux, qui eut grande peine à se sauver, s'étant jeté dans un étable, et de là en une maison, où il fut caché.

Nous avons dit que ceux de Carcassonne qui étaient de la religion romaine, non contents d'avoir déchassé leurs concitoyens dès devant la guerre ouverte, persévéraient en leur furie de plus en plus. Premièrement donc le dixième de mai, le sieur de Pommas, retourné du siége de Limoux à Carcassonne, pour lever gens, les séditieux qui étaient demeurés prisonniers depuis le mois de décembre précédent, et lesquels jusques alors, quelque désordre qu'il y eût en la ville, n'avaient été délivrés, furent élargis à pur et à plein. Le fruit de cela fut que le 19 du même mois, trois maisons de riches bourgeois furent pillées et saccagées, à savoir, celle de Monterat, de Bernard Ithier et de Bech. Davantage, le propre jour de Pentecôte, un de la religion, nommé Lugua, du lieu de Couques, amené prisonnier à Carcassonne, fut assommé dans les faubourgs à coups de pierres, avec telle cruauté qu'après sa mort ils lui coupèrent encore les oreilles et le nez et lui arrachèrent les yeux de la tête. La populace ayant joué ces jeux, les bons magistrats que dessus qui étaient notoirement juges et parties, procédant au jugement contre ceux qu'ils avaient ajournés jusques au nombre de cinquante-neuf de toutes qualités, les condamnèrent à être pendus et étranglés : en vertu de laquelle sentence furent quelques-uns exécutés en effigie jusques au nombre de dix, et des prisonniers qu'ils tenaient, fut exécuté un nommé Artigues, avec quatre autres, et plusieurs condamnés en amendes pécuniaires, comme entre autres le receveur de Saint-Pons, et depuis, à savoir le troisième d'octobre, le sieur du Villa, gentilhomme paisible, et toutefois renommé tant pour sa vaillance que pour sa prud'hommie, étant chargé d'avoir été aux faubourgs de la basse ville avec ceux de la religion, ayant corcelet et pistole (ce qui était faux), s'étant à la persuasion de quelques-uns de ses parents qui le trahissaient rendu prisonnier à Carcassonne pour se justifier, fut, sans être ouï en ses défenses ni admis à prouver ses reproches, condamné à être décapité, comme il le fut, hors la porte, au lieu nommé le Pradet.

Au même temps que cette piteuse tragédie se jouait à Limoux, ceux de Nîmes avertis par ceux de Beaucaire qui avaient joui de l'exercice de la religion paisiblement depuis le douzième de janvier, que ceux de la religion romaine avaient délibéré de les exterminer le deuxième de juin, jour des octaves de leur Fête-Dieu, y envoyèrent deux compagnies, sous la conduite des capitaines Saint-Véran, Beauvoisin, Servas et Buillargues, lesquels trois jours devant ce jour-là arrivés de bon matin à une petite porte appelée le Canceau, qui leur fut subtilement ouverte, firent en sorte que s'étant fait maîtres de la ville et du château, sans offenser personne, ils entrèrent dans les temples, tant de la paroisse que des cordeliers, où ils eurent tantôt brisé les autels et rompu les images, dont ils firent deux ou trois feux par la ville; et cela fait, se retirèrent, ayant été dressée une compagnie pour la garde de la ville, sous la charge d'Ardouin de Porcelles, sieur de Maillaire, ayant pour lieutenant Beauregard et le sieur d'Adignan pour enseigne. Cet exploit fâcha extrêmement ceux de la religion romaine, de sorte qu'ils se délibérèrent d'avoir leur revanche, moyennant le viguier de Tarascon, qui leur promit tous les fouages de sa juridiction. Et de fait la nuit du dixième dudit mois, plusieurs des ennemis habillés en paysans entrèrent secrètement et furent cachés en la maison d'un nommé Pierre Tairon, audit lieu. Ce même jour, environ onze heures de nuit, ayant été donné un signal à ceux de Tarascon, n'y ayant que le Rhône entre deux, qu'ils eurent tantôt passé, et les portes de la ville de ce côté-là leur étant ouvertes, ils entrèrent de quinze à seize cents, vêtus de chemises blanches, avec hurlements et crieries épouvantables, tuant et pillant sans aucun respect tous ceux de la religion, qu'ils pouvaient rencontrer, entre lesquels ledit sieur de Ledignan fut tué. Ce néanmoins, ils se sauvèrent quasi tous au château, et entre autres le ministre, lequel ayant prié Dieu et rassuré chacun du mieux qu'il put, s'avisa de dévaler un garçon avec une corde par la muraille, pour aller à Monfrain demander secours à toutes aventures, et ne sachant ce que Dieu y avait préparé. Car le jour précédent, Servas et Bouillargues, avertis que les ennemis s'étaient saisis d'Aramon, étaient accourus à Monfrain, en espérance de regagner Aramon; ce que n'ayant pu faire, s'étaient arrêtés là après une barque, chargée de leurs ennemis tirant à Beaucaire, laquelle ils gagnèrent, ayant défait tout ce qui était dedans, en intention de s'en retourner le lendemain. Mais Dieu voulut que les nouvelles de la camisade de Beaucaire leur furent apportées par ce garçon, lesquelles entendues, ils firent si bonne diligence, qu'environ huit heures du matin ils arrivèrent, à savoir l'infanterie au château, et la cavalerie le long des oliviers, passant le long de la muraille au travers des arquebusades, pour aller à l'endroit appelé le four de la Chaux, où il y avait deux bateaux pleins de gens, charriant le bagage qu'ils avaient pillé toute la nuit, jusques aux clous des maisons; ayant aussi mis le feu dans les maisons de Maillane et de Beauregard. Voyant ces choses, ceux qui avaient fait leur compte de jouir de la ville et du château même à leur plaisir, ne pensant qu'à leur butin, tombèrent aussitôt en merveilleuse confusion. Ce néanmoins, repoussèrent Servas avec son infanterie assez rudement du premier coup; mais finalement tous se mirent à fuir en merveilleux désordre; et nonobstant que parmi les rues et maisons ils se fussent remparés avec du bois et autres besognes semées par les rues, si est-ce que partout ils furent forcés, jetant leurs armes et criant miséricorde, à plusieurs desquels Servas pardonna. Cependant les gens de cheval de Bouillarges, qui étaient à l'entour de la ville, lassés de tuer ceux qui s'enfuyaient et sautaient par dessus les murailles, entrés en la ville en dépêchèrent autant qu'ils en purent attraper. Ce néanmoins, quelque nombre était échappé, s'étant jetés les uns dans deux bateaux, les autres sur un radeau. Mais Dieu ne voulut que pas un d'eux se sauvât, s'étant noyé le bateau au milieu du Rhône, et le radeau près de Valabrigue. Telle fut la fin de ces pillards qui se trouvèrent tant tués que noyés plus de douze cents, ayant été prise la ville sur la minuit, et reprise devant les dix heures du matin; n'étant à oublier qu'environ trois heures après-midi, Saint-Véran arriva dans le château avec trois cents hommes de pied, au même instant que les ennemis s'étant rassemblés à Tarascon avec ceux d'Arles, conduits par Ventabran, avaient passé le Rhône et s'étaient campés devant la ville en intention de l'assiéger. Mais voyant le nouveau secours arrivé dans le château ils s'en déportèrent. Par ainsi demeura Beaucaire, ville et château, en la puissance de ceux de la religion, jusques à l'édit de la paix. Mais Ventabran avec sa suite craignant d'être chargé en s'embarquant pour retourner à Tarascon, descendit trois lieues plus bas pour repasser le Rhône, à savoir, jusques à Fourques, là où trouvant le château abandonné par le capitaine Goyart, il s'en saisit, au grand dommage de tout le pays; ne cessant les voleurs qui s'y logèrent et qui avaient barques et frégates à leur commandement, de courir toutes les nuits, jusques à ce que Bouillargues les resserra deprés, ayant défait un nommé le Chevaucheur de Sargnac, qui s'était saisi d'un lieu clos, nommé Domchan, au nom de ceux d'Avignon, après laquelle défaite, Bouillargues tint toute la rivière en quelque sujétion.

D'autre côté, le vingt et unième de mai, étant venues les nouvelles à ceux de Revel, que ceux de la religion avaient abandonné Toulouse, et que le siége était devant Limoux, ce qui haussait merveilleusement le cœur à leurs concitoyens, ils furent contraints pour éviter plus grand mal d'abandonner leurs biens et familles, se retirant les uns à Castres, les autres ailleurs, où ils pensaient être en plus grande sûreté. Mêmement le juge du lieu, nommé Jean Roques, encore qu'il ne fût de la religion, toutefois pour avoir assisté aux assemblées, seulement pour empêcher la sédition comme il lui avait été commandé, fut contraint, pour sauver sa vie, de quitter aussi son état et abandonner la ville, au lieu duquel fut établi un personnage propre à leurs desseins, nommé Sébastien Turées. Ils créèrent aussi nouveaux consuls, et finalement, pour avoir moyen d'occuper sous ombre de justice les biens de ceux qui s'étaient retirés, introduisirent en la ville un nommé Simon de Canes, lieutenant particulier au siége du sénéchal de Lauragues, pour informer du port d'armes dont ils chargeaient ledit juge et ceux de la religion, appelant port d'armes ce qui avait été fait par lettres patentes et commandement exprès des susdits lieutenant pour le roi au pays. Ce lieutenant, ayant fait telles informations que bon leur sembla, les envoya au parlement de Toulouse, qui décerna aussitôt en une même commission ajournement à trois brefs jours, prise de corps, et à faute d'appréhension, annotation de biens, tant contre ledit Roques, juge, que contre cent et douze personnes, entre lesquels y avait plusieurs des plus notables et honorables. Et pour l'exécution de cette commission, ayant été les nouveaux consuls avertis qu'un nommé Martin du Puits, l'un des diacres, homme paisible et sans reproche, s'était retiré en une petite borde près de la ville, bâtie à simple muraille de terre fraîche, appartenant à un nommé Paul Bertrand, sortis avec grand nombre d'arquebusiers, et une pièce d'artillerie, comme s'ils eussent voulu assaillir quelques grands guerriers et quelque grande forteresse, le saisirent sans aucune résistance, ayant toutefois mis le feu en ladite borde, et ne cessèrent que ce pauvre homme, quoi qu'il pût alléguer, ne fût pendu et étranglé, s'étant montré fort constant jusques à la mort. Qui plus est, le corps étant pendu au gibet, le visage, les pieds et mains lui furent noircis secrètement, faisant courir le bruit qu'il avait eu le diable au corps, et finalement fût jeté par terre, et baillé à manger aux chiens.

Quelques autres aussi saisis et menés

à la boucherie, c'est-à-dire à Toulouse, furent condamnés, les uns aux galères, les autres en grosses amendes pécuniaires, les autres bannis. Et quant aux absents, les consuls et autres habitants s'étant emparés de leurs meubles, les immeubles furent annotés, les femmes dépouillées de tous leurs biens, contraintes ce nonobstant de loger et nourrir les soldats étrangers, forcées d'aller à la messe à coups de bâton, et les enfants rebaptisés. Outre tout cela, ils firent venir de Toulouse le capitaine Montmaur, en la ville, avec sa compagnie, lequel ayant fait crier que quiconque aurait en garde quelque chose appartenant à ceux de la religion, eût à le relever et apporter sous peine de la vie, en quatorze jours qu'il fut dans la ville, acheva de fourrager tout ce que ces pauvres femmes avaient pu serrer.

Tel fut l'état de Revel jusques à la publication de la paix.

Le huitième de juillet, les compagnies de Castres et de Roquecourbe prirent par escalade la ville de Venés, où était une garnison de très-méchants hommes qui s'étaient ramassés, desquels les uns furent tués, les autres amenés prisonniers et depuis exécutés par justice, pour être convaincus de voleries et brigandages.

Nous avons laissé Joyeuse devant Lignan, château appartenant à l'évêque de Beziers, et lequel le cardinal Stroffi, faisant échange de Beziers contre Alby, s'était réservé pour en faire son bordeau; mais ceux de Beziers s'en étaient saisis dès le commencement de cette guerre. Or n'y avait-il lors en cette place que douze soldats, avec munition de deux jours seulement, auxquels voulant Baudiné donner moyen de se sauver, sorti de Beziers avec quatre compagnies, amusa tellement son ennemi que les soldats eurent loisir de percer la muraille à l'endroit auquel la rivière touche le château, laquelle ayant gayée, ils se rendirent à leurs compagnons, et de là à Beziers. Cela fait, Joyeuse, pour tenir en sûreté le chemin de Narbonne à son camp, au lieu d'assaillir Beziers, où il y avait encore pour lors cinq grandes brèches faites par les pluies dès dix ans auparavant, prenant la route de la ville de Pezenas, laissant dans Lignan le capitaine Crouzille avec deux compagnies d'infanterie, assiégea Lezignan qui attendit le canon, et fut forcé au deuxième assaut, y étant mort entre autres du côté de Joyeuse, le sieur de Pomas. De là, passant plus outre, il assaillit Montagnac, où il trouva les compagnies des capitaines Paraloup et Porquerez, lesquels ayant vaillamment soutenu leurs ennemis, finalement toutefois se rendirent leurs vies sauves; nonobstant laquelle composition, Joyeuse en fit mourir quatre, entre lesquels était le sieur de Bomail. Baudiné cependant faisait aussi son amas de toutes parts pour secourir Pezenas, lui étant envoyées forces de pied et de cheval des Cevennes, du Vivarais, d'Usés, Nimes et Lunel, qui se rendirent en Agde où il les devait joindre. Par ainsi partant de Beziers, avec ce qu'il put tirer de forces, le quatorzième de juillet, il arriva le lendemain à midi à Pezenas, ayant défait en chemin une compagnie de l'ennemi conduite par son enseigne, nommé la Veine de Lodève, qu'il surprit pillant une métairie appelée Concergue. L'armée de Joyeuse, approchant aussi, le voyait entrer, et repassant la rivière, se mit en bataille. Baudiné, bien que l'heure fût indue, d'autant que le soir n'était pas loin et que la campagne était fort à l'avantage pour Joyeuse, qui était fort d'artillerie et de cavalerie, joint que les gens de cheval n'avaient eu loisir de repaître, et que les capitaines étaient d'avis d'attendre au lendemain, vu que Bouilargue et le baron d'Aigremont devaient arriver avec deux cents chevaux, ne se tint d'assaillir l'ennemi de toutes ses forces, dressant le premier l'escarmouche, où il fit fort bien, s'étant mêlé tellement parmi l'ennemi qu'il fut pris une fois ; mais échappé de leurs mains, il se retira vers son infanterie, laquelle marchant en fort bel ordre le long d'une colline, avec trois pièces de campagne seulement, au couvert de l'artillerie de l'ennemi, les capitaines Servas et Gremian, ayant tiré cinq cents arquebusiers de la troupe, et s'acheminant vers le camp de l'ennemi à flanc de l'artillerie, l'allaient saisir pour certain, branlant déjà la plupart de l'infanterie de Joyeuse, quand Cordognac, maître de camp, cria qu'on tournât visage pour gagner la montagne ; ce qu'étant fait, et le front du bataillon étant parvenu au pied de la montagne, fut exposé au canon, lequel en emporta les deux premiers rangs ; ce qui mit tout en déroute et désordre, tellement que, sans les vignes qui garantirent ceux qui se sauvaient, et la nuit qui survint, tout était perdu. La déroute fut grande, en laquelle furent perdues cinq enseignes de Baudiné, demeurant le champ à Joyeuse. Mais on assure que de part et d'autre il ne mourut plus de cent personnes. Cordognac fut grandement chargé d'avoir pratiqué cette rencontre et trahi le camp ; et de fait, peu de jours après fut saisi d'une maladie à Montpellier, dont il mourut. On dit qu'il confessa que l'ennemi lui avait promis quinze cents écus, desquels il avait déjà reçu cinq cents. Aussi était-il un ordinaire blasphémateur du nom de Dieu, et y avait plusieurs gens de bien qui n'étaient pas contents de le voir en telle charge. Ce nonobstant, on se rallia dans peu de temps, et dès le lendemain matin furent redressées les enseignes comme auparavant. Mais, à vrai dire le nombre de tous les soldats ne s'y trouva pas, plusieurs s'étant écartés, lesquels se retirant comme si tout était perdu, furent cause que ceux de la religion romaine qui faisaient bonne mine en plusieurs lieux auparavant, se déclarèrent ennemis, comme à Gignac, Clermont, Saint-Andien, et nommément à Frontignan, dont nous parlerons tantôt. Quelques jours après cette déroute, Baudiné, par le conseil (comme on estime) du capitaine Daisse, auquel il avait grande créance, consentit de parlementer, étant moyenneurs deux gentilshommes voisins de Pezenas, à savoir, le sieur de Chastelnon, du côté de Joyeuse et le sieur de Saint-Martin, de la part de ceux de la religion, offrant Joyeuse de laisser paisibles ceux de la religion partout en la jouissance de l'édit de janvier, et de se retirer à Narbonne, pourvu qu'il fût reconnu pour gouverneur du pays, et que dès lors on lui mît entre les mains Pezenas et Beziers. Ces offres furent aussitôt acceptées, à savoir, le vingt-troisième de juillet, contre l'avis de plusieurs capitaines, et au grand mécontentement des églises, alléguant que cela ne se pouvait ni devait faire en cette façon. Ce néanmoins, Baudiné se retira en Agde, départant ses compagnies par garnisons, et Joyeuse, d'autre côté, entra dans Pezenas, auquel lieu il ne fut plutôt arrivé, qu'oubliant les promesses (dont bien en prit à ceux de la religion qui étaient perdus, s'il eût fait contenance de tenir l'accord), on n'ouït que menaces par la ville, qui furent tantôt suivies de l'effet, y étant tués les pauvres soldats blessés qu'on y avait laissés, et quelques autres habitants qui n'avaient eu moyen de sortir avec l'armée

Suivant donc cet accord, Joyeuse pensant aussi recouvrer Beziers, y accourut, faisant sommer la ville par le capitaine Coulombiers, qui avait été pris prisonnier à la déroute de Pezenas. Mais il trouva visage de bois, d'autant que Baudiné ayant entendu le traitement fait à Pezenas, contre les promesses accordées, y avait déjà envoyé les capitaines la Laignade, Tourrie, et la Castelle. Et, qui plus est, durant les affaires de Pezenas, à savoir le dix-septième de juillet, ceux de Beziers avaient pris et brûlé le château de Lignan, ayant défait les deux enseignes laissées par Joyeuse en garnison, et avaient amené leur capitaine Crozille prisonnier en la ville. Mais il n'en prit pas ainsi à ceux de Bedarieux, lieu distant de cinq lieues de Beziers, lesquels jusques alors avaient constamment continué l'exercice de la religion, et estimant que l'accord de Pezenas tiendrait, s'adressèrent le vingt-huitième dudit mois de juillet, au baron de Puzol, leur voisin, le priant de les recevoir et maintenir tant les uns que les autres en bonne paix, suivant le dit accord, ce qu'il leur promit; mais aussitôt qu'il y fut entré, il remplit la ville de prêtres et soldats ramassés, et même y établit, pour lieutenant, un sien frère, moine et secretain de l'abbaye de Villemanche; ce qui contraignit tous ceux de la religion de sortir et de se sauver où ils purent.

Baudiné, d'autre part, après avoir laissé bonne garnison dans Agde, vint à Montpellier, où il trouva les capitaines Grille, envoyé de la part du baron des Adrets au secours du Languedoc, et Bouillargues, avec les seigneurs de Thouras et Monvaillant qui lui venaient au secours, ayant entendu sa déroute advenue à Pezenas, avec lesquelles forces, ayant su que Joyeuse ne tenait rien de ce qui avait été accordé, il se délibéra de faire la guerre plus forte que jamais. Et d'autant qu'à Frontignan, ceux de la religion, lesquels, au commencement de cette guerre, ayant été en danger d'avoir la gorge coupée par leurs concitoyens de la religion romaine, les avaient mis hors de la ville, et, au contraire, après la déroute de Pezenas, ayant été induits à les laisser rentrer à certaines conditions, avaient été déchassés par eux, il se délibéra de les assaillir les premiers, ce qu'il fit le dixième d'août, mais mal-à-propos; car pour ce qu'on lui avait donné à entendre qu'ils se rendraient au premier coup de canon, cela fut cause qu'au lieu d'y mener toutes ses forces et de les assaillir vivement, il n'y alla qu'avec quelques compagnies, et quelques pièces, sans pionniers et sans grandes munitions. Il s'y trouva donc bien trompé, se défendant les assiégés fort vaillamment, de sorte que plusieurs vaillants hommes y furent tués, comme entre autres les capitaines la Castelle, revenu de Beziers, et Costier, et plusieurs bien blessés, comme entre autres le seigneur de la Valette, lieutenant du capitaine Bombas. Joyeuse, entendant ce siège, prépara ses forces pour y accourir, ayant commandé au seigneur de Connas, son maître-de-camp et gouverneur de Pezenas, de s'avancer des premiers, lequel, accompagné de sept à huit cents hommes de pied, et de cent ou six vingts chevaux, étant venu à Loupian, fut tellement chargé à la dépourvue par Grille et Bouillargues, menant avec eux deux cents chevaux et cinq arquebusiers, qu'il fut contraint de se retirer à son dommage. Cela se portait bien ce semblait au désavantage des assiégés, mais tout au contraire fut occasion de leur délivrance, d'autant qu'à cette cause, ayant été abandonnée la plage de la mer sans grande garde, deux frégates de Provençaux vinrent au secours de la ville. Ce qu'entendant, Baudiné fut contraint de se retirer à Montpellier, tant pour rafraîchir les soldats, que pour redresser les compagnies, afin de faire tête à l'ennemi. Car Fourquevaux et Connas ayant assemblé grandes forces, et trouvé Frontignan délivré, étaient venus jusques au Terrail, château appartenant à l'évêque de Montpellier, à une lieue de la ville, montrant contenance de le vouloir assiéger. Baudiné donc, pour ôter l'avantage à l'ennemi de se camper aux faubourgs, contenant autant ou plus que le corps de la ville, avec plusieurs temples qui pouvaient nuire grandement, commanda de les raser; qui fut un merveilleux dommage, y étant ruiné grand nombre de superbes édifices, avec une trentaine de temples, outre la perte inestimable des pauvres particuliers, ayant eu bien fort peu de délai pour retirer ce qu'ils pouvaient de leurs biens dedans la ville. Fourquevaux et Connas voyant cela, prirent leur chemin à Lates, pour se camper au mas d'Eusimade, lieu environné d'eau par la rivière du Lez, à une lieue française de la ville, où ils s'assirent le deuxième de septembre, ayant forcé en chemin une tour antique et non flanquée, en laquelle avaient été logés quelques arquebusiers, lesquels s'étant rendus la vie sauve par faute de munitions, furent tous tués ce néanmoins à la sortie. Trois jours après, à savoir, le cinquième dudit mois, Peyrot Lopian, célèbre bandoulier, duquel nous avons parlé en l'histoire de Limoux, leur amena renfort de grand nombre d'Espagnols, tant à cheval qu'à pied. Baudiné, d'autre côté, après les avoir escarmouchés à l'entour de la ville, sortit de Montpellier, le onzième du mois, avec seize enseignes d'infanterie et cinq cornettes de cavalerie, se campant en un lieu appelé métairie de Boison, si près de l'ennemi, que les uns pouvaient tirer sur les autres, où Baudiné faillit être tué, lui ayant été emporté, d'une mousquetade, un chapeau de paille de dessus la tête. Par ce moyen, ceux qui étaient venus pour assiéger Montpellier, se trouvèrent assiégés, ayant d'un côté le camp qui les empêchait d'avoir vivres par terre, et d'autre part, le château de Maguelone leur fermant la mer, peur être assis à la chaussée d'entre la mer et l'étang de Pequaix, lequel, à cette cause, ils assaillirent, mais en vain, jusques à ce qu'il leur fut vendu et rendu par le capitaine du fort, autrement bon soldat, mais pauvre et convoiteux de s'enrichir, lequel, toutefois, n'en reçut d'autre paiement que la mort qu'il méritait, avec vingt soldats qu'il avait, ne leur ayant été non plus tenu promesse qu'à ceux de la tour, dont nous avons parlé ci-devant. Étant donc les choses en ces termes, des Adrets, requis auparavant de ceux de Languedoc de les secourir, arrivé à Nismes avec une incroyable diligence, à onze heures du soir, passant le lendemain outre Montpellier sans y entrer, arriva au camp de Baudiné le treizième dudit mois, et d'une même célérité, ayant donné ordre que leurs forces fussent départies en trois, à savoir, sous lui, Baudiné et Bovillargues, assaillit ainsi l'ennemi de trois divers côtés, sur la nuit du même jour, ayant été revêtus, leurs soldats, de toiles blanches pour s'entre-connaître. Et fut cet assaut si bien et si vaillamment poursuivi, qu'ainsi qu'on a entendu depuis par des principaux des ennemis, si l'assaut eût duré jusques au jour, la cavalerie avait résolu de se sauver de vitesse, abandonnant l'infanterie à la merci de des Adrets. Mais on ne sait à quelle occasion, environ la minuit, comme les tranchées de l'ennemi s'en allaient infailliblement forcées, on sonna la retraite, et des Adrets ayant ramené rafraîchir sa cavalerie en la ville, le seizième dudit mois, ayant entendu nouvelles de Soubise, et de ce qui était advenu à Vienne, retourna avec la compagnie du capitaine Merle, avec non moindre diligence qu'il était venu. Toutefois, il laissa à Lates les compagnies d'argoulets du baron du Bar, du sieur de Senas et du capitaine Herbaut, lesquels, battant l'estrade, attrapaient toujours quelqu'un des bandouliers et pillards, entre lesquels se trouva finalement un neveu de Peyrot Loupian, aussi homme de bien à-peu-près que son oncle.

Le dix-huitième dudit mois, deux ministres, l'un de Vebau et l'autre de Cornonterrail, allant à Mogueul, furent pris de l'ennemi, conduits au camp, et aussitôt pendus à un arbre, qui fut cause qu'on pendit quelques ennemis à Montpellier.

Or, l'intention des ennemis était, après la prise de Sisteron par Sommerive, et de Vienne par Nemours : d'unir toutes leurs forces, à savoir, les Provençaux, ceux du bas Languedoc et de Gévaudan, pour prendre Montpellier et nettoyer entièrement le Languedoc; comme de fait, si toutes ces forces se fussent jointes ensemble, il n'y eût eu moyen de leur faire tête, à parler humainement, mais Dieu y pourvut, comme s'ensuit. Suze ayant su comme le baron des Adrets avait passé le Rhône pour aller à Lattes au secours de Baudiné, passa le Rhône avec ses régiments, le quinzième dudit mois, à Villeneuve d'Avignon, qui furent suivis le lendemain par Sommerive, et finalement tous ensemble se campèrent au lieu de Fourques, à une lieue d'Arles, étant en nombre d'environ trois mille hommes de pied et quatre cents bons chevaux, avec deux canons et une coulevrine. Baudiné entendant cela, ramena son camp dans Montpellier, dont fut envoyé le capitaine Grille pour jeter des arquebusiers dans Saint-Gilles, petite ville sur le Rhône, conduisant les trois susdites compagnies d'argoulets provençaux avec six cents hommes de pied, sous la charge du capitaine Rapin. Bouillargues aussi avec sa cavalerie, et celle du capitaine Albenas, fut envoyée à Nismes. Ceux-ci s'étant joints ensemble, en intention de secourir Saint-Gilles, en nombre de six cents chevaux et huit cents hommes de pied, partis de Nismes le vingt-septième dudit mois, et tirant à Fourques, prirent trois hommes de cheval, provençaux, en une métairie nommée Estagels, à demi-lieue de Saint-Gilles, deux desquels ayant été tués, le troisième, pour sauver sa vie, leur déclara l'état du camp des ennemis, ne se doutant de rien, et logés sans aucun ordre militaire en la plaine, joignant une maison des Croisats de Malte. Ce qu'ayant découvert être véritable, et poursuivant leur chemin, non point en intention de combattre, s'ils le pouvaient éviter, mais seulement de secourir Saint-Gilles, y mettant leurs arquebusiers que Bouillargues conduisait, ils ne furent plutôt découverts, descendant de la montagne, tous de front avec leur infanterie au milieu, et leurs drapeaux ployés, (ce qui faisait paraître leur nombre au double), que leurs ennemis, surpris en désordre, et se persuadant que ce n'était que l'avant-garde, et que la bataille suivait puis après, en laquelle il pensait que des Adrets fût en personne, se mirent à vau-de-route, tant capitaines que soldats, avec le plus grand épouvantement qu'il est possible. Cela fut cause que Bouillargues, au lieu de tirer droit à Saint-Gilles, comme il avait pourpensé, frappa dessus ces fuyards, dont il eut très-bon marché, pas un d'eux ne tournant visage. Grille survint puis après, qui fit une terrible boucherie, de sorte qu'il ne mourut de l'infanterie moins de deux mille hommes tant tués que noyés, étant gagnées les barques par une partie de ceux de cheval, et les autres tirant à course de cheval au pont de Fourques, les autres vers Aiguemortes, où toutefois ils n'arrivèrent pas tous. Tout le bagage du camp fut pris aussi, et nommément les coffres de Sommerive et de Suze, où furent trouvées plusieurs lettres et commissions bien étranges; le butin fut grand, d'autant que ces gens s'étaient équipés comme pour aller aux noces, de sorte qu'il s'y trouva une infinité de violons et de livres d'amour qui furent tous rompus et brisés. Les deux canons furent pris aussi avec deux enseignes et le guidon du colonel, et menés à Nismes, étant la coulevrine submergée au Rhône, qu'on ne put onques recouvrer. De prisonniers, il n'y eut que le baron de Ledenon. Or, n'est à oublier entre les miracles de cette journée, qu'un seul homme de ceux de la religion n'y mourut de la main de leur ennemi, mais seulement deux furent tués par ceux de leur côté même, ayant oublié le mot du guet, qui était Salomon : comme, au contraire, quelques Espagnols et Italiens l'ayant appris, se fourrèrent pêle-mêle parmi les victorieux; mais leurs langues les ayant tantôt découverts, ils passèrent au prix des autres. Le lendemain matin, le capitaine Paillignargues étant venu à Fourques, trouva le pont rompu, et le château tout ouvert et abandonné, muni toutefois de pain et de farines.

Cette victoire rapportée à Nîmes et de-là à Baudiné, grâces à Dieu furent rendues partout. Si est-ce qu'en ces entrefaites, à savoir, le vingt-sixième du mois, ceux de la religion eurent une frottée, étant advenu que des deux capitaines Gremians, l'un fut tué au pont Juvénal, et aussi le fils du sieur de Maillane, de Beaucaire, ayant été surprise et forcée une embuscade qu'ils avaient dressée aux ennemis, lesquels, voyant que Baudiné s'était retiré en la ville, et avait grandement diminué ses forces, commencèrent de courir le pays plus librement. Si est-ce que les morts vendirent bien cher leur vie, ayant tué plusieurs des ennemis, entre lesquels se trouva Peyrot Loupian, ce détestable brigand, tué d'une arquebusade.

Le lendemain, vingt-septième du mois, et le propre jour de la défaite de Saint-Gilles, Joyeuse, espérant bien de se joindre avec les provençaux, arriva au camp de Lattes avec six enseignes d'infanterie, et deux cornettes de cavalerie, entre lesquels il y avait plusieurs prêtres et moines, recueillis pour la plupart de Carcassonne, qu'on appelle les mendits verts, et huit ou neuf pièces d'artillerie, où il entendit les piteuses nouvelles de la défaite à Saint-Gilles. Ce néanmoins, et bien qu'outre cette perte il fût bien marri, voire dépité contre Fourquevaux et Connas, de ce qu'ils s'étaient campés si mal-à-propos et en lieu si désavantageux, délibéra toutefois d'attendre les forces qu'Apcher devait amener de Gévaudan, pour se retirer tant plus aisément de ces marais, fût pour assiéger Montpellier. Mais il fut derechef trompé de ce côté-là, s'étant Apcher amusé au siège de Florac, comme il est dit en l'histoire de Gévaudan. Toutefois, le vingt-neuvième dudit mois, Mirepoix, qui s'appelait le maréchal de la Foy, arriva vers Joyeuse, amenant six canons et deux doubles canons pour servir à battre Montpellier, avec vingt-trois pièces, si leur dessein eût succédé.

Pour retourner à la défaite de Saint-Gilles, Grille, le premier jour d'octobre, étant sur son retour à Montpellier, Joyeuse lui dressa une très-forte embuscade de deux mille hommes de pied et de cinq cents chevaux, dans le bois de Grammont, dont il fut averti assez à temps, avec conseil, devant que passer outre, d'attendre les compagnies qui étaient demeurées derrière, joint qu'on lui promettait de faire saillie de Montpellier, et d'enclore par ce moyen l'embuscade des ennemis devant et derrière, ou bien que laissant le pays plat, il prît chemin vers Vendargues, et gagnant la garrigue du crests il se rendit en sûreté jusques à Châteauneuf et Montpellier; mais enflé par trop de sa victoire, au lieu de croire ce conseil, il marcha tant plus audacieusement jusques au lieu appelé la belle croix; dont ayant découvert les morions et corcelets des ennemis, reluisant parmi les olivettes, il passa outre ce néanmoins, et parvenu en une pleine de sablons (lieu appelé les Arenasses), attendit son ennemi en bataille. Là donc fut chargée sa cavalerie, laquelle fit fort bien du commencement, mais finalement fut contrainte de céder au grand nombre des ennemis, se reculant jusque dans l'infanterie qu'elle rompit. L'infanterie, d'autre part, ne songeant qu'à sauver son butin de Saint-Gilles, et voyant qu'il n'y avait qu'un trait d'arquebuse à passer la plaine pour gagner les olivettes et de-là la montagne, se mit aussi à la retraite, hormis quelques-uns, lesquels, aveuglés de la poussière, se trouvèrent enveloppés de leurs ennemis, tellement que le capitaine Merle y fut tué, combattant vaillamment; et demeurèrent sur le champ d'une part et d'autre environ cent cinquante soldats. Baudiné en ces entrefaites, ayant découvert la mêlée, sortit avec ce qu'il put de forces, et rencontrant encore plusieurs des ennemis, les uns occupés au pillage, les autres poursuivant les vaincus, les contraignit de lâcher prise, ayant tué entre autres le capitaine Bizanet, et par ainsi ramena Grille dedans la ville. Mais la déroute fut si grande, que les uns fuyant vers Lunel, les autres à Maugueul, les autres vers Sommières, à peine la troisième partie rentra pour lors dans la ville, et passèrent quelques jours devant que le tout se pût rassembler.

Joyeuse, nonobstant cette victoire, se voyant enserré dans ces marais si puants, que plusieurs mouraient de caquesanque, ou enflés comme crapauds, à cause des mauvaises eaux, et d'autant qu'ils n'avaient autre vin que du moût de raisins pétris dans des tonneaux, demanda de parlementer; ce qui lui étant accordé au pont Juvénal, l'issue en fut telle, qu'on lui donna passage, et ainsi reprit son chemin de Fabrecques et Frontignan, après avoir chargé leur artillerie et autre attirail de leur camp, sur les étangs, en barques plates. Ce nonobstant, les garnisons qu'avait l'ennemi en la vallée de Montferrant venaient tous les soirs jusques aux portes bailler l'alarme, et pillant les granges, contre lesquelles courses le capitaine Olivier étant sorti de la ville, tua quelques-uns de ces coureurs; mais les poursuivant jusques aux Matelles, il fut tué d'un coup d'arquebusade, dont le capitaine Herouart fit peu après la vengeance, ayant surpris et tué l'un de leurs chefs principaux, nommé Valestre. Ce qui faisait ainsi tenir les voleurs à l'entour de la ville, était une secrète intelligence que Joyeuse avait dans la ville avec le capitaine Rascalon et son lieutenant Annet Jacommel, lesquels, accusés d'autre fait, à savoir, d'avoir pillé la maison du lieutenant, du gouverneur, et condamnés, le huitième d'octobre, d'avoir la tête tranchée, confessèrent à leurs derniers soupirs cette trahison, de laquelle on ne s'était jamais aperçu.

Le camp de Lattes étant ainsi départi, Grille délibéra de gagner une tour de garde, appelée la Carbonnière, assise dans les palus d'Aiguemortes, à une lieue de la ville, et défendant le passage, pour aller à la ville par terre ferme. Pour cet effet donc, parti de Montpellier, le neuvième d'octobre, ayant braqué le canon contre un endroit de la tour où était la montée des degrés, par avertissement de quelques gens du pays, il contraignit ceux de dedans à se rendre, ne restant que deux soldats en vie, de six qu'ils étaient, auxquels la vie fut donnée contre les droits de guerre. Et delà, Bouillargues allant de nuit au port d'Aiguemortes, se saisit, malgré la garnison de la ville, des barques et luts, qu'il mena à la Carbonnière, avec lesquelles furent enlevés les sels de Pequais, dont ceux de la religion firent depuis de grands deniers pour les frais de la guerre.

Pendant ces entrefaites, Beziers, qui était toujours environné de quelques garnisons, pensa être surpris, étant venus les ennemis jusques aux pieds de la muraille, le seizième d'octobre ; mais la providence de Dieu y pourvut miraculeusement, étant advenu qu'un certain tambourin, nommé Candalier, s'étant enivré le soir, et d'aventure réveillé en sursaut, sur les deux heures après minuit, au même instant que l'ennemi voulait planter ses échelles, se mit à sonner la diane, qui fut cause que les assaillants, pensant que ce fût une alarme contre eux, se mirent en fuite, laissant leurs échelles, qui furent trouvées le lendemain. Les conspirateurs étaient un nommé Marot Casseneuve, Antoine Rocoles, Pierre Pages dit de Revel, Foulcraut Vainte et autres ; lesquels, pour faire la bonne mine, avaient fait profession de la religion, en l'assemblée, mais peu après, le fait étant découvert, et convaincus, furent exécutés. Ce nonobstant, le vingt-quatrième du mois, quelques-uns des ennemis ayant bien bu, au lieu de Beian, délibérèrent par bravade de toucher en plein jour les portes et murs de Beziers. Mais ce fut à leurs dépens, y étant frappé entre autres un renommé capitaine et grandement regretté par les siens, nommé Fendilles, dont il mourut bientôt après, faisant de grands regrets, comme il a été depuis rapporté, de s'être, contre sa conscience, bandé contre ceux de la religion.

Pour retourner à ceux qui étaient sortis de Lattes, Joyeuse ayant pris la route de Pezenas, laissant Rapin pour gouverneur dans Montpellier, Baudiné vint à Pousan, auquel lieu Joyeuse avait mis deux compagnies d'infanterie sous la charge du capitaine la Crose ; lequel, non content d'avoir infiniment affligé les pauvres habitants qui étaient presque tous de la religion, et se voyant pressé de sortir, pour n'être le lieu de grande résistance, délibéra de leur couper la gorge, la nuit, devant son partement ; mais Dieu y pourvut par le moyen d'une honnête damoiselle, leur voisine, qui les en avertit, tellement qu'ils évadèrent tous, et le lendemain rentrèrent avec Baudiné, louant Dieu de ce que tous ensemble il les avait délivrés d'une telle servitude corporelle et spirituelle. Cela fait, Baudiné, ayant entendu que la ville d'Agde était aucunement menacée, y envoya le capitaine Sanglas, et s'en alla assiéger le Bourg, sur le Rhône. Joyeuse cependant étant arrivé à Pezenas, on lui amena certains prisonniers de Montpellier, entre lesquels était un nommé François Guichard, homme d'esprit subtil et d'entreprise, avec un nommé Jean le Pelissier, tous deux très-méchants et très-ingrats, lesquels, ayant reçu à Montpellier beaucoup plus d'honneur que ne portait leur qualité, s'étaient volontairement fait prendre prisonniers, pour mieux venir à bout de leur malheureuse intention. Or, avaient-ils mis en tête à Joyeuse d'assembler à Gignac toutes les plus grandes forces, avec tous les chevaux, mulets et mules qu'il pourrait recouvrer, pour porter nombre d'arquebusiers, avec lesquels, venu sur la diane à Montpellier, comme il le pouvait faire à couvert jusques à cent pas près de la ville, à cause des olivettes et faubourgs ruinés, et l'infanterie mise en embûche, Guichard, comme s'étant sauvé, viendrait à la porte, où il savait qu'il serait le fort bien reçu pour la bonne estime qu'on avait de lui, de sorte que chacun serait joyeux de sa délivrance, mais qu'il trouverait de ses compagnons et amis avec lesquels il se saisirait de la porte, et donnerait aisément l'entrée à ceux qui sortiraient de l'embuscade. Cette entreprise, pour certain, était très-aisée à exécuter ; mais Sanglas, averti de l'assemblée de Gignac, et se doutant de ce qui était, envoya aussitôt le capitaine Calvet, son enseigne, vers Rapin, lequel ayant encore eu avertissement plus ample de se tenir sur ses gardes, pourvut si bien à la fermeture et ouverture des portes, et à faire bonnes rondes toute la nuit, que Joyeuse, perdant toute espérance de cette exécution, prit délibération d'assiéger Agde, venant à Florensac et Marsillan : ce qu'ayant découvert Calvet, qui retournait de Montpellier en Agde, en vint avertir incontinent Baudiné, qui cependant avait pris le Bourg. Il envoya donc aussitôt et en extrême diligence la compagnie d'argoulets du capitaine Antoine Duplex, dit Gremian, avec cent soldats des compagnies de Montpellier que devait mener Calvet, pour se jeter dans Agde, s'il était possible, et cependant se mit à rassembler à Montpellier les plus grandes forces qu'il put recouvrer pour secourir les assiégés. Mais étant déjà la ville enceinte, dès le pénultième d'octobre, par le sieur de Villeneuve, auquel Joyeuse se rapportait principalement du fait de son armée, il ne fut possible à ces compagnies d'y entrer, dont l'une demeura à Mese, l'autre se tint à Loupian ; et par ce moyen, demeura la ville en grand danger, étant mal munie d'elle-même, et avec cela mal fournie de poudres et munitions et de gens, étant décédé le capitaine de Lom, autrement Pareloups, et son lieutenant, nommé Perreau, absent. Ce néanmoins, Sanglas, accompagné d'un bon conseil de quelques habitants, pourvut bien et diligemment à toutes choses. Le pénultième d'octobre, Villeneuve étant venu reconnaître le lieu propre pour asseoir ses pièces, fut frappé d'une arquebusade au pied, près la porte Saint-Julien, qui fut cause qu'on le ramena à Pezenas, faisant place à Connas.

Le premier de novembre, la batterie se fit du même côté de Saint-Julien, avec trois canons et une coulevrine, auxquels on ajouta encore un canon et une coulevrine venue d'Aiguemortes, qui eurent tantôt fait brèche à fleur de terre, et fort large, pour y entrer même à cheval. Tôt après, les assiégeants se préparèrent à l'assaut ; ceux de dedans, d'autre part, faisant un merveilleux devoir, tant hommes que femmes, se préparèrent aussi à les recevoir, ayant surtout recours à Dieu par prières qui se faisaient à haute voix, et jusques à se fair ouïr de leurs ennemis, par Torreau, ministre, homme plein de zèle et de courage. Cet assaut dura quatre bonnes heures, auquel rien ne fut oublié jusques à combattre à coups de coutelas, avec telle ardeur, qu'il y en eut de ceux de dedans qui sortirent hors la brèche, poursuivant leurs ennemis, et jusques à une femme, qui fit merveilles avec une épée bâtarde. Cependant on donnait l'escalade d'autre côté, en laquelle les assiégeants ne gagnèrent aussi que des coups ; tellement que force leur fut de se retirer sur le défaut du jour, laissant plusieurs morts au lieu du combat. Et fut faite la nuit suivante telle diligence de remparer, que le lendemain la brèche se trouva plus forte qu'en autre endroit de la ville. Le jour suivant, deuxième dudit mois, ne se continua la batterie, par faute de munitions ; et les assaillants s'étant saisis d'un coulombier près de la brèche, endommagèrent grandement ceux de dedans, entre lesquels Torreau, ministre, fut blessé d'une mousquetade, duquel coup il décéda quelques jours après le siége levé. Or, avaient ceux de dedans, dès le commencement du siége, envoyé à Beziers un soldat, nommé Trencaire, natif de la ville, pour demander secours, lequel, ayant trouvé un gué entre deux corps-de-garde, fit si bien, qu'y étant arrivé et ayant exposé la nécessité des assiégés qui avaient faute de gens et de poudres, il fut arrêté de leur envoyer six vingts arquebusiers, portant chacun, outre leur fourniture, une livre de poudre, avec charge que si Dieu leur faisait la grâce d'entrer dans la ville, ils fissent un signal de feu au clocher, dès leur arrivée. Ceux-ci donc, partant sur le commencement d'entre le deuxième et troisième jour du même mois, conduits par le capitainte Angles, et guidés à couvert par Trencaire droit audit gué, passèrent, ayant l'eau jusques aux aisselles, de sorte qu'il fallait porter la poudre et le flasque au bout de l'arquebuse. De là, parvenus aux jardins, près de la ville, ils s'arrêtèrent sur le bord de la rivière de Hérault, fort large et profonde, laquelle, Trencaire ayant passé à la nage, et apporté les nouvelles du secours, soudain bateaux leur furent envoyés à la faveur de la nuit, qui les rendirent à sauveté dans la ville, laquelle, pour certain, sans cela était perdue, autant qu'on en peut juger. Et fut soudain donné le siglal du feu au haut du clocher, lequel, aperçu de ceux de Beziers, qui étaient toujours au guet, donna occasion d'en rendre grâces à Dieu et de faire prières publiques partout, pour la sauveté des assiégés ; même advint que les deux susdites compagnies vinrent au même instant donner l'alarme au camp des ennemis, pour montrer aux assiégés que Baudiné veillait pour leur secours. De fait, il était arrivé à Pousan, et y avait déjà grandes forces à Mese, à Loupian et autres villages, arrivant toujours gens de pied et de cheval à la file. Ce nonobstant, Joyeuse, le troisième du mois, ayant fait nouvelle batterie, par l'avertissement d'un prêtre, à un autre quartier de muraille bâtie seulement de terre et pierres rondes, y fit belle et grande brèche, ayant percé le mur tout outre en trois coups de canon, et commanda quand et quand de donner l'assaut ; mais les assiégés ayant usé de la diligence accoutumée, les uns à remparer, les autres à se présenter à la défense, peu de soldats s'offrirent à l'assaut, lesquels étant repoussés furent fort mal suivis. Voyant donc cela Joyeuse, et d'abondant averti du secours que Baudiné amenait, leva son camp sur la mi-nuit du quatrième du mois, les uns allant à Pezenas, les autres à Gignac, les autres à Agienne. Baudiné, averti de cela à Montpellier, envoya Bouillargues pour savoir leurs brisées, lequel, ayant entendu par un paysan que deux compagnies, à savoir, celle du baron de Combas, conduite par le cadet Tonvillon, et celle de Saint-Félix, étaient à Saint-Paragone, tenant la route de Gignac, les chargea si à propos, qu'il en tua sur le champ deux cent septante-quatre, de compte fait, entre lesquels fut le capitaine, ensemble le cadet de Balfonds et Morgue, chanoine de Montpellier, sans perdre un seul homme que le pauvre paysan, qui fut tué pour n'avoir su dire un mot; et rapporta Bouillargues les enseignes, armes et chevaux à Montpellier.

Après cette défaite, Bouillargues s'étant retiré à Nîmes, averti par le capitaine Burgondi, étant en garnison à Monfrain, que trois cents hommes, mis en garnison par ceux d'Avignon dans Aramon, couraient ordinairement jusques aux portes de Bagnols, y donna si bon ordre, que les ayant attirés en une embûche, il en défit la plupart, mettant aussi en fond une frégate qu'ils avaient amenée.

En ces entrefaites, le comte de Crussol, lequel à son retour à la cour, dont il a été parlé en son lieu, ayant trouvé les choses merveilleusement confuses, avait pris le chemin d'Allemagne et de Suisse, et finalement s'était rendu en Dauphiné, en sa maison de Charme, et delà, en sa ville d'Uzès, fut instamment requis (et toutefois en vain), dès le premier octobre, par ceux de Languedoc, d'accepter le gouvernement et la protection de tout le pays, durant ces troubles, à la faveur de ceux de la religion, sous l'obéissance du roi. Mais finalement, ayant été élu par les états-généraux, qui avaient commencé de tenir à Nîmes, le deuxième de novembre, (où se trouvèrent avec la noblesse, les consuls et députés des villes et diocèses de Montpellier, Nîmes, Beziers, Agde, pour lors assiégée, Uzès, Viviers, Castres, Mande et Lavaur), ayant été élu, par commun accord, comme très-digne de cette charge, l'accepta, le onzième dudit mois, après avoir reçu serment de tout le corps de l'assemblée, parlant par la bouche de Charles de Barges, juge et lieutenant-criminel au gouvernement de Montpellier, de demeurer entièrement en l'obéissance et sujétion du roi, et d'observer inviolablement les lois politiques du royaume, par ci-devant reçues, avec quelque autre réglement pour la distinction des consistoires d'avec la juridiction des magistrats, dont chacun fut grandement réjoui. Plusieurs ordonnances furent aussi faites en la séance desdits états, (après avoir solennellement approuvé l'association jurée à Orléans) tant sur la recette et distribution des deniers procédant, partie des recettes du roi, partie des impôts qui se feraient, et des biens ecclésiastiques, que sur les gages des officiers, ministres, capitaines et soldats, et sur l'exécution de la justice et taxe des vivres ordinaires, afin que toutes choses fussent faites par bon ordre. Et nommément fut arrêté que ledit sieur comte ne tiendrait en son service et suite aucuns de la religion romaine, ni temporiseurs, de quelque état et condition qu'ils fussent. Et serait aussi prié de ne recevoir aucun gouverneur ni capitaine, sans avoir reçu bonne attestation de sa vie et de ses mœurs; et aurait pour son conseil le baron d'Anduse, président en la cour des généraux des aides. Le sieur de Saint-Ravi, général en ladite cour, Guillaume de Contour, contrôleur-général des finances, le sieur de Clausonne, conseiller présidial de Nîmes, le sieur de Boussargues, de la ville de Bagnols, le sieur de la Roche, Viguier d'Uzès, Antoine du Solier, de Privas, Antoine Fabre, d'Annonay, Pierre de Prata, d'Agde, et Antoine du Chemin, médecin, de Beziers. Et demeura Crussol à Uzès, jusques au treizième de décembre, qu'il fit son entrée à Nîmes.

Tandis que les états du pays pourvurent ainsi très-bien et sagement à leurs affaires (ce qui fut puis après suivi par les états du Dauphiné, là où tout le grand effort de la guerre tomba), ceux de Beziers non-seulement se défendaient, mais aussi gagnèrent sur les garnisons circonvoisines ce qu'ils pouvaient, étant Joyeuse trop faible pour tenir la campagne en gros. Ainsi, le douzième de novembre, le capitaine Lauragues, avec sa compagnie, fut défait par ceux de Beziers, près de Cessenon. Quant au dedans de la ville, les uns se gouvernant selon le temps, les autres ayant eu quelque bon vouloir, mais étant auparavant surmontés de crainte, embrassèrent franchement et publiquement la religion; et nommément toutes les nonnains quittant leur habit sans force ni violence aucune. Plusieurs aussi qui s'étaient retirés de la ville, y rentrèrent, non toutefois sans difficulté. Mais il advint un fait bien vilain, et qui montra bien que ceux qui avaient la religion en la bouche et qui la portaient avec l'arquebuse sur l'épaule, ne l'avaient pas au cœur. C'est qu'un nommé Antoine Salvin, serviteur d'un bourgeois de la ville, ayant été pris en une escarmouche, lequel on offrait de rendre pour un cheval, pris en la même escarmouche au capitaine Verdaille, on aima mieux le laisser pendre que rendre le cheval. Mais Dieu en fit bientôt après la vengeance, ayant ce cheval, qui avait forte bouche, emporté un gentilhomme auquel il avait été donné, au milieu des ennemis, qui tuèrent le maître et recouvrèrent le cheval.

Au surplus, ce même mois, ceux de Beziers se trouvèrent en merveilleuse perplexité pour le paiement de leurs garnisons; à quoi n'avait encore été donné ordre par les états, de sorte que les soldats étaient prêts à sortir, et peut-être à se payer eux-mêmes. Mais la providence de Dieu y pourvut miraculeusement, étant advenu qu'ainsi qu'on creusait une fosse pour la fonte de l'artillerie, au lieu où le chapitre de Saint-Nazaire avait accoutumé de fondre ses cloches, une grande table d'argent et de grand prix, qui avait servi au grand autel de ladite église, et que certains chanoines y avaient enfouie, y fut trouvée et aussitôt rompue et monnayée à Montpellier, dont les soldats furent payés.

Pendant que ces choses se faisaient, une troupe de brigands qui couraient à l'entour du Bourg (pris auparavant par Baudiné), ayant pris et tué le sieur de Sauzet, de Nîmes, homme fort zélé, qui le trouvèrent allant vers des Adrets, avertis qu'il n'y avait point de garnison audit lieu de Bourg, s'en saisirent sans résistance, et y tuèrent le baron de Saint-Remesy avec un sien fils, de l'âge de douze ans, qui s'y trouva d'aventure passant par-là, et y ayant couché; de quoi avertis ceux de la religion, assiégèrent la place avec le canon pris à Saint-Gilles, et la forcèrent le douzième de novembre, où furent tués environ quatre-vingts voleurs, qui s'étaient là ramassés de tout le pays, outre une batelée qui se noya, se sauvant par la porte du Rhône. Mais, d'autre côté, les capitaines Aïsse, jadis gouverneur d'Aiguemortes, et Claude Rays, guidon de Bouillargues, hommes vaillants et hardis, qui avaient été laissés à la Carbanière, pour presser Aiguemortes, dont ils faisaient très-bien leur devoir, furent surpris et tués par certains arquebusiers, en un vallon, le même douzième dudit mois.

Le onzième du mois de décembre suivant, ceux de la religion qui avaient été chassés de Bedarieux, dès le mois de Juillet, par le moyen du secours de ceux de Beziers, conduits par le capitaine Angles, surprirent la ville en plein jour, et la tinrent toujours depuis, jusques à l'édit de pacification; comme aussi, huit jours après, le capitaine Rapin, gouverneur de Montpellier, averti qu'une troupe de brigands, qui tenaient le lieu d'Agnane et faisaient mille maux dans les lieux circonvoisins, ayant convié tous les prêtres d'alentour, faisant leur bacchanales, accompagné de cinq cents arquebusiers et de la cavalerie du capitaine Gremian, les vint réveiller si à-propos, qu'il les surprit, les uns endormis, les autres en chemise, desquels la plupart furent mis à mort, les autres amenés prisonniers à Montpellier; avec lesquels se trouvèrent quelques damoiselles de la ville, qui s'y étaient retirées pour avoir la messe et ce qui en dépend à commandement. Ce fut le même jour que la bataille de Dreux fut donnée.

Bouillargues, d'autre côté, après avoir long-temps demeuré en garnison à Loudon, averti que trente-cinq lanciers Italiens, soixante arquebusiers à cheval, et une compagnie de gens de pied s'étaient saisis de Saint-Laurent des Arbres, au comté de Venisse, d'où ils faisaient mille maux, passant le Rhône, les approcha jusques à les saper, où il perdit sept hommes. Et le lendemain, ayant fait venir l'artillerie de Roquemaure, finalement, les Italiens étant sortis, il les chargea et repoussa dedans, hormis ceux qui demeurèrent sur la place, et fut le lieu abandonné la nuit et laissé à sa discrétion.

La veille de Noël, vingt-quatrième de décembre, ceux de Beziers ayant entreprise sur Pezenas, la faillirent, ayant été découverts; mais, au rebours, le vingt-huit de décembre, ceux de Puylaurens rentrèrent dans la ville par escalade, dont ils avaient été tirés par cautèle, et y fut incontinent l'exercice de la religion rétabli. En ce même temps arrivèrent les nouvelles de la prise du prince, à la journée de Dreux, qui fut cause que ceux de Beziers, présupposant que leurs ennemis ne faudraient de s'en prévaloir, commencèrent de regarder de plus près à leurs affaires, amenant de tous côtés blés et vins en la ville, et nettoyant le pays circonvoisin le plus qu'ils pouvaient. Entre autres, le lieu de Servian, accoutumé de favoriser à ceux de Joyeuse, fut pris d'escalade par le capitaine Montpeiroux, le dix-huit de janvier; mais il gagna une pleurésie, dont il mourut puis après. La garnison de Casouls fus aussi forcée par le capitaine Gremian, lequel peu-après s'en alla vers Castres, et de-là à Montauban; mais ce même jour, le capitaine Peyrot, fils de Monluc, assiégea et battit avec des canons tirés de Toulouse, deux petites villes, séparées seulement de la rivière Dagout, à savoir, Saint-Paul et Damyate, qu'il traita très-cruellement, les ayant prises le troisième jour. Ce néanmoins, Jean Sevin, ministre, fut sauvé par le moyen d'un capitaine enseigne, nommé Amadine, natif de Florence, en Gascogne, lequel ayant tué un prêtre, cria que c'était le ministre, qu'il fit conduire trois jours après à Puylaurens, et de-là à Castres, là où les habitants, pour se fortifier à bon escient, démolirent le château de la Case, maison forte de l'évêque de Castres, et prochaine de la ville. Au mois de février suivant, Beziers fut en grand danger par deux fois, à savoir par une sédition qui s'émut entre les soldats et ceux de la ville, tant à cause de la solde qu'on ne leur payait pas, que pour quelques paroles indiscrètes, qui fâchèrent tellement les soldats, que si les principaux capitaines n'eussent fait fermer les portes de la ville, ils l'eussent du tout abandonnée. L'autre occasion fut que les ennemis, le onzième dudit mois, donnèrent une escalade, moyennant une intelligence qu'ils avaient avec quelques prêtres, soufferts jusques alors dans la ville. Et de fait, bien que les ennemis fussent repoussés, si est-ce qu'ils étaient venus si forts, qu'ils emmenèrent un grand nombre de bétail, et même quelques prisonniers surpris en leurs jardins. Cela fut cause que tous les prêtres furent jetés hors, sans toutefois leur faire autre mal. Un autre inconvénient, plus grand et plus dangereux, survint encore entre ceux de la religion même, s'étant émue une grande envie entre ceux qui étaient natifs de la ville et les étrangers; se plaignant, ceux de la ville, de ce que quelques étrangers étaient employés aux affaires. Pour ces causes, Crussol, afin de remédier à ces divisions, envoya le capitaine la Coste avec une compagnie d'argoulets pour commander à Beziers. Et d'abondant, députa le sieur de Maillanc, conduit par un docteur en médecine, homme de grand savoir et jugement, nommé Antoine du Chemin, pour entendre que c'était de ce différend, et y pourvoir. Maillane, sur cela, ayant pris connaissance de ce fait, fit sortir de la ville quelques-uns des plus mutins; de quoi se sentant irrité, un très-mauvais homme de la ville, nommé François Portessons, ayant rencontré ledit du Chemin sur la muraille, le précipita du haut en bas, le quatrième de mars, dont il mourut, le seizième d'avril suivant, grandement regretté par tous les gens de bien. Mais Portessons, qui se disait auparavant de la religion, s'enfuit au camp des ennemis. Quelque temps après, à savoir le dix-septième dudit mois, ledit capitaine la Coste prit Villeneuve-lez-Beziers d'escalade.

En ces entrefaites, Crussol, entré en son gouvernement, le vingt-sept de novembre, avait pourvu en toute diligence aux garnisons nécessaires contre les forces de Joyeuse, du côté de Beziers, et contre Apcher, en Gévaudan. Et, finalement, pour la faute commise par des Adrets, amplement déduite en l'histoire de Dauphiné, étant requis par les états du pays de prendre aussi leur protection, étant, par ce moyen, jointes par une particulière association les trois provinces, à savoir Lyonnais, gouverné par Soubise, Languedoc et Dauphiné, sous la charge de Crussol, il passa le Rhône pour secourir Grenoble, où il entra le cinq de mars, durant lequel temps, Aramon fut en vain assiégé par ceux de la religion. Cela fait, les états furent assignés à Bagnols, le dernier de mars, où se trouvèrent les délégués des susdites provinces, où furent proposés quatre points. Le premier touchant les deniers nécessaires, à quoi on n'avait pas suffisamment pourvu, pour n'avoir pu savoir au vrai quel nombre de gens il fallait entretenir. Le second touchant le défaut de l'administration de la justice et police. Le troisième pour le désir qu'avaient les conseillers de rendre compte de leur administration, et d'être déchargés pour leur soulagement. Le quatrième était touchant certaines lettres avec une copie d'articles, non signée, du traité de la paix, que le prince avait envoyées à Crussol. Il fut donc pourvu à tout cela, et se départit l'assemblée, en grande joie, étant entendues les nouvelles de la mort de Guise, apportant certaine espérance de la paix, puis que le principal empêchement en était ôté. Et de fait, les nouvelles certaines en arrivèrent bientôt, lesquelles reçues, Crussol leva son armée qu'il avait au comtat Venaissin, la départant par les garnisons, et quand et quand assigna une autre assemblée des états à Montpellier, le onzième de mai, ayant auparavant été envoyés de la cour, le sieur de Caylus, de par le roi, prenant son chemin droit à Toulouse, et le sieur de Boucart, de la part du prince, à Crussol, pour donner ordre à la publication de l'édit. Boucart donc, ledit jour, onzième du mois, fit une longue et belle harangue, comme il était gentilhomme, de lettres et d'épée, déclarant par le menu les justes causes et nécessaires qui avaient contraint le prince d'accepter cette paix, encore qu'il semblât que quelque chose fût connu de l'édit de janvier. Deux jours après, Caylus arrivé, déclara comme il avait fait publier l'édit à Toulouse, Carcassonne et Castelnaudary; qu'il avait aussi signifié à Narbonne, à Joyeuse. Et bien qu'il eût trouvé du commencement les peuples assez mal disposés à la paix, si est-ce que depuis son partement, il avait reçu lettres qu'ils avaient fait meilleur devoir; ce qui n'était pas toutefois trop véritable. Il ajouta puis après qu'il avait commandement exprès du roi de déclarer, tant à Crussol qu'aux manants et habitants du pays, faisant profession de la religion, que le roi et la reine sa mère avaient à gré tout ce qu'ils avaient fait pour leur juste défense, et les tenait pour bons et loyaux sujets, voire les remerciait du bon service qu'ils avaient fait pour le bien de la couronne; puis fit lire les lettres-patentes de sa mission, donnée à Amboise, le sixième d'avril, en vertu de laquelle il dit qu'il prétendait de faire publier l'édit, tant en la ville de Montpellier, que par tout autre lieu où il appartenait, espérant qu'il n'y aurait opposition ni contredit. Crussol, aussi de sa part, fit lire certaines lettres à lui envoyées par la reine-mère, à même fin, datées d'Amboise, du quatrième avril. Sur lesquelles remontrances, le lendemain, treizième dudit mois, Clausonne, au nom des états, fit ample réponse à Caylus, remerciant très-humblement le roi de l'honneur qu'il leur faisait, et du témoignage qu'il plaisait à sa majesté leur rendre du devoir qu'ils avaient fait à son service; en quoi ils délibéraient de persévérer à toujours, comme très-obéissants sujets et serviteurs, consentant à la publication de l'édit, sans y contrevenir directement ou indirectement; mais au surplus, suppliaient le roi de deux points. Le premier, que ceux qui leur avaient été tant injustement adversaires, fussent rangés au même devoir qu'eux, et à ce contraints par toutes voies de légitime rigueur, vu qu'on était assez averti qu'ils renforçaient leurs garnisons au lieu de les ôter, et que depuis la publication de l'édit à Toulouse, plusieurs grands maux s'étaient commis et commettaient tous les jours. Le second, qu'attendu le cruel traitement qu'ils ont reçu de Joyeuse, ayant même introduit les Espagnols au royaume, il plût au roi leur octroyer un autre gouverneur, et nommément un prince du sang, comme portant leurs anciens priviléges; lesquelles choses ils espéraient faire entendre au roi, par députés exprès. Et quant au sieur du Boucart, envoyé de la part du prince, il fut prié de lui rendre tout service au nom desdit états, avec remerciement de tant de peines et travaux qu'il avait soufferts pour la délivrance des églises, et conservation de l'état, dont ils confessaient lui être infiniment obligés à jamais, et en général et en particulier, le suppliant de continuer, et surtout de donner ordre à l'entière et chrétienne instruction de la jeunesse du roi, leur souverain seigneur. Bien le suppliaient-ils outre cela, se trouvant en l'édit quelques dures conditions, tant en ce qui concerne l'exercice de la religion, que pour la sureté de ceux qui ont suivi et accompagné ledit sieur prince, et quelques choses aussi concernant particulièrement le pays de Languedoc, qu'il lui plût de faire en sorte qu'ils ne fussent point pressés à une étroite observation de tous les points de l'édit, devant qu'ils eussent eu loisir et moyen de faire les remontrances au roi, et d'entendre sur cela son bon plaisir. Semblablement quant à Crussol, après avoir déclaré combien ils lui étaient tenus et obligés, ils le supplièrent, qu'ayant égard aux menaces et à la mauvaise volonté de leurs adversaires, étant plutôt accrue que diminuée, lui plût continuer encore en leur défense et conservation, jusques à ce que le roi y eût plus sûrement pourvu. Sur quoi, Crussol s'étant excusé bien et longuement, finalement il leur promit de faire tout ce qu'il pourrait pour leur conservation, sous le bon vouloir du roi. Ces choses furent bien et sagement considérées et remontrées. Mais, nonobstant toutes allégations, Joyeuse, par la faveur du connétable, gouverneur en chef du Languedoc, duquel il avait épousé une nièce, quittant l'évêché d'Alet, fut maintenu en sa lieutenance; et, qui plus est, tomba le gouvernement principal entre les mains de Henry de Montmorency, sieur de Damville, et second fils dudit connétable, l'un des plus grands et cruels ennemis de la religion.

Étant puis après question de Montpellier, et de la publication et exécution de l'édit, une assemblée se fit entre ceux de l'une et l'autre religion en la maison consulaire, où ceux de la religion romaine accordèrent d'un commun consentement à ceux de la religion trois temples qu'ils leur avaient quittés, suivant la teneur de l'édit, à savoir celui de la Loge, de Saint-Firmin et de Saint-Paul. Nonobstant lequel accord, Caylus voulait exécuter l'édit à toute rigueur; mais ceux de la religion romaine ne comparaissant point devant lui, encore qu'il les sommât, il remit cela à un autre voyage, qui fut le dernier juillet. Ceux de la religion cependant rentrèrent aux temples des susdits qui leur avaient été accordés.

De là, Crussol et Caylus vinrent à Beziers où ils firent publier l'édit le seizième de mai, après avoir parlementé avec Joyeuse, tellement que peu à peu les choses s'apaisèrent. Aussi fut-il tenu, sur le commencement de juillet, un synode provincial des églises réformées à Beziers, où se trouvèrent environ vingt-cinq ministres qui adoucirent grandement les cœurs de plusieurs, tellement que, sans contredit, le quatrième août, suivant mandement du sieur de Caylus, commissaire ordonné par le roi, le temple fut abondonné par ceux de la religion, continuant leur exercice à la grande place jusques au commencement de novembre, que Damville, lieutenant pour le roi au gouvernement de Languedoc, le leur défendit par criées publiques, nonobstant l'édit.

Les choses se portèrent beaucoup plus mal à Carcassonne où ceux de dedans poursuivaient toujours leur furie contre ceux qu'ils avaient si cruellement déchassés. Et, finalement, furent tous prêts de se tuer eux-mêmes ayant été mis en avant, en une assemblée de ville, environ le temps de l'édit de la pacification, par Roque, avocat du roi, de chasser hors certains qu'il disait être suspects d'être de la religion, tant hommes que femmes et enfants, jusques au nombre de deux à trois cents personnes, pour les exposer en proie aux meurtriers qui les devaient suivre. Mais Dieu ne voulut qu'un si malheureux conseil fût suivi. Ce que voyant, ceux qui s'étaient attendus à ce butin, desquels était chef un nommé Pierre Dauches, ils délibérèrent d'exécuter dans la ville ce qu'ils n'avaient pu faire aux champs, mais Dieu derechef y pourvut par une certaine femme qui découvrit la conspiration au juge mage, lequel y donna si bon ordre, que Dauches fut saisi prisonnier, mais non pas exécuté comme il méritait, d'autant qu'il fut envoyé à Toulouse, auquel lieu telles gens étaient les bienvenus pour lors, tant s'en fallait que justice eût lieu. Peu de temps après arriva l'édit de pacification, auquel tant s'en fallut qu'on voulût obéir, qu'au contraire ceux qui se hasardèrent de le publier en un seul carrefour furent en grand danger de leur vie, et dura cette rébellion bien six mois après devant qu'ils ouvrissent les portes à leurs concitoyens.

L'année de cette guerre qui fut mil cinq cent-soixante-deux, furent commises deux exécrables cruautés en la ville de Souraize en Lauragues, où il y a une abbaye de moines noirs, par un nommé le capitaine Durre du régiment du sieur Dangarravaques, que j'ai ici remarquées à part pour n'avoir pu savoir ni le mois ni le jour. L'une fut en la personne d'un homme de Saint-Ain en la baronnie de la Gardeolle, lequel en haine de ce qu'il avait renoncé à la prêtrise pour se ranger à la religion, gagnant sa vie au labeur de ses mains, fut pris et amené à Souraize, et conduit sur une haute tour et arquebusé, puis jeté en bas dans les fossés. Celui qui tira le premier coup à ce pauvre homme fut un moine de cette abbaye, donnant exemple aux autres de l'ensuivre. L'autre fut encore plus exécrable en la personne d'une pauvre femme nommée Castille Rocques, veuve d'un menuisier nommé Benoit Laveine, âgée de soixante ans, laquelle s'étant retirée en une sienne petite maison près de Souraize, y fut prise par le capitaine Durre, accompagné de trois cents hommes de pied, et amenée en la ville, où il commanda qu'elle fût liée fort étroitement de cordes, lui disant en blasphémant Dieu qu'il la ferait arquebuser comme il avait fait le prêtre Huguenot. Mais, à cause qu'il était trop tard il la fit serrer en un retrait, toute cette nuit, lui tenant une corde au cou. Le lendemain, l'ayant à demi étranglée et traînée par la place, il lui demanda par dérision combien de fois elle avait paillardé en l'assemblée de ceux de la religion, à quoi lui fut répondu par cette pauvre femme courageusement que telles vilenies n'avaient aucun lieu dans les assemblées chrétiennes. Sur cela, Durre la prit par les ouïes, et lui heurta la tête contre les murailles par telle violence et par tant de fois que peu s'en fallut que la cervelle n'en sortît. Après cela lui demanda sept cents pièces d'or qu'il disait qu'elle avait cachées. A quoi lui ayant répondu qu'elle était pauvre et qu'en tout son avoir elle n'avait qu'un seul tournois, irrité de cette réponse, il la traîna derechef la corde au cou, et, qui pis est, il fit cuire des œufs durs qu'il lui appliqua tout chauds sous les aisselles de telle façon qu'il lui brûla partie des côtes, et blasphémant lui disait par moquerie qu'elle criât à son père qui est aux cieux afin qu'il la vînt secourir. Elle répondit : « Je ne crie pas haut, mais il » m'entend bien, et me délivrera de » tes mains ; » étant plus affligée des blasphèmes prononcés par ce malheureux que du tourment qu'elle endurait en son corps, et frappant les jambes d'icelui avec des sabots qu'elle portait en ses pieds, lui reprocha sa cruauté qui surpassait celle des Turcs et infidèles. Ce méchant sur cela l'appelant Huguenote, lui dit que cela n'était que commencement de douleurs, et que si elle ne lui révélait les sept cents pièces d'or, il lui larderait les ouïes et les mamelles avec des lardons, puis l'attacherait sur un banc et la flamberait toute vive, puis la ferait monter sur le plus haut clocher de la ville et la précipiterait en bas. A quoi elle fit réponse : « que si son corps » était jeté en bas, son âme volerait en » haut au ciel. » Adonc, ce capitaine enflammé plus que devant, reniant Dieu, et ayant pris du papier pressé, lui en remplit la bouche avec grande force, puis la bâillonna de son couvre-chef, et, l'étreignit de telle force qu'il lui rompit deux dents. D'abondant, voyant que tous ces tourments ne pouvaient ébranler la foi et constance de cette pauvre femme, il lui dit: « Mange ce sucre, » et lui ouvrant la bouche, il prit du mortier, et lui faisant ouvrir la bouche avec sa dague, le lui fit avaler. Davantage, non content de cela, lui fit boire un verre d'urine qu'il avait faite devant elle, puis lui jeta le verre contre la face avec ce qui restait dedans. Finalement, il la fit promener à l'entour de la ville et par les corps-de-garde en la présence des magistrats et d'un prévôt des maréchaux nommé de Menerbes, qui ne s'en faisaient que moquer. Finalement, bien qu'elle fût promenée entre les soldats en intention de la faire mourir, toutefois étant émus de compassion, ils ne lui firent aucun mal : ce que voyant cet enragé capitaine, la fit ramener en son logis, où il lui donna quatre traits de corde, dont il lui rompit les bras, et tout le corps, et lui serra tellement les bouts des doigts qu'il les lui brisa de telle façon qu'elle tomba comme morte ; et l'eût achevée du tout sans quelques habitants du lieu, lesquels, moyennant dix écus qu'ils baillèrent à ce cruel tyran, la firent ramener en sa maison, où elle mourut peu de temps après.

Les nouvelles du massacre de Vassy et de ce qui s'en était ensuivi étant venues à Nonnay, ceux de la religion, pourvoyant à leur défense, se rendirent les plus forts, et, tôt après, les images et autels furent abattus, et notamment la châsse qu'on appelait les *saintes vertus* dont nous avons parlé en son lieu, fut ouverte et brûlée à la vue d'un chacun en pleine place. Ces choses irritèrent grandement leurs voisins, et notamment le baron de Saint-Vidal, l'évêque du Puy, et plusieurs autres, les menaçant de les venir assiéger. Ce nonobstant, ils demeurèrent assez paisibles jusques à la fin du mois d'août mil cinq cent soixante-deux, auquel temps leur fut envoyé pour gouverneur le sieur de Sarras de par le baron des Adrets, lequel ayant entendu que les dessusdits se tenant forts de ce que le sieur duc de Nemours avait de nouveau pris la ville de Vienne, se préparaient à le venir assiéger, délibéra de les soutenir, quelques conditions que Nemours lui offrit par le capitaine Jarnieu, bailli de la ville. Et d'autant qu'il avait trouvé la ville dégarnie d'armes, étant sorti de nuit le vingt-septième d'octobre avec le plus d'armes qu'il put amasser, se trouva sur le point du jour à Saint-Etienne de Forêt, petite ville renommée pour la multitude d'armes qui s'y forge : et soudain mettant le feu aux portes y entra, et fit prendre et emballer toutes les armes qui lui faisaient besoin, sans commettre autre excès dans la ville. Mais cela ne s'étant pu faire sans donner loisir au voisinage de s'assembler, et la retraite étant un peu longue, Sarras et les siens furent chargés au retour si rudement que tout fut mis en route, lui pris prisonnier, un sien frère fort blessé ; et de ceux de Nonnay environ six vingts tant tués que blessés, et fort mal traités depuis.

Le bruit de cette affaire troubla merveilleusement les pauvres habitants, destitués d'armes, de gens et de gouverneur, qui fut cause que plusieurs dès-lors s'en retirèrent. Mais le pis fut que quatre jours après, à savoir le dernier dudit mois, le sieur de Saint-Chaumont, leur mortel ennemi, avec grandes forces de pied et de cheval, se trouva devant les portes, envoyé par Nemours, au nom duquel ayant sommé la ville, et feignant ne demander sinon obéissance au roi, avec quelque somme de deniers pour payer ses soldats, pensa entrer dans la ville sans résistance. Mais il en advint autrement, s'étant ceux de dedans évertués à le repousser, lesquels toutefois, prévoyant leur être impossible de tenir longuement, après avoir trouvé moyen de sauver Pierre Aillet et Pierre Bollot, leurs ministres, qu'ils firent conduire avec leurs familles jusques en lieu de sûreté, se délibérèrent d'entrer en composition, qu'ils espéraient d'obtenir pour n'avoir Saint-Chaumont aucunes pièces de batterie. Mais ils furent bien ébahis quand sur les deux heures après midi, ils virent les rues pleines de leurs ennemis, les uns étant entrés par une vieille poterne joignant la rivière, les autres par une porte appelée de Deome. La désolation de cette pauvre ville ainsi surprise fut fort extrême, n'y étant oubliée aucune espèce de pillerie quant aux biens, jusques à emporter les gonds, barres et serrures, ni de cruauté quant aux meurtres, avec les plus horribles et détestables blasphèmes qu'il est possible de penser, dont je réciterai seulement trois exemples. Un pauvre serrurier, sommé de renier Dieu pour avoir la vie sauve, ayant refusé de ce faire, fut découpé à coups d'épée. Un autre, nommé Jean Balmaret, paysan, lui étant proposé cet exemple et ayant aussi peu voulu prononcer ce blasphème, fut assommé jusques à lui crever la cervelle du talon d'une arquebuse. Un autre pauvre cloutier, âgé de quatre-vingts ans, et qui avait quasi perdu la vue, refusant de se donner au diable, traîné par ses pauvres cheveux gris en sa boutique, fut enlevé par les pieds sur son enclume, sur laquelle sa tête lui fut escarbouillée à coups de marteau. Au reste, le feu mis à la porte gagna tellement par un vent impétueux, qu'il brûla vingt-deux maisons, et n'eût été qu'à l'aide du capitaine Jarnieu le feu fut amorti, toute la ville était en même danger. Pendant que ces choses se faisaient en la ville, le sieur d'Achon faisait ses ravages parmi les villages, autant ou plus cruellement que Saint-Chaumont en la ville : et dura cette désolation jusques au second de novembre, auquel jour étant venues nouvelles que des Adrets remuait ménage du côté de Vienne, les gens de guerre sortirent de Nonnay après midi pour se rendre au camp de Nemours, étant laissé Jarnieu en garnison dans le château des Célestins, à demi-lieue de la ville.

Après ce sac, la ville demeura longtemps désolée et comme déserte, où se retiraient toutefois quelques-uns peu à peu qui s'étaient cachés, les uns en quelques maisons des gentilshommes voisins, les autres par les bois et les montagnes, ne pensant à autre chose à leur retour qu'à se tenir cois et à céder à cette tempête. Mais les consuls avec le procureur du roi et cinq ou six autres qui s'étaient retirés à Tournon et Valence, ayant plus de courage, firent tant que le sieur comte de Crussol, élu pour chef des églises de Languedoc sous l'obéissance du roi, leur envoya le sieur de Saint-Martin pour son lieutenant au pays du Vivarais. Lequel arrivé à Nonnay le vingt-huitième de décembre, avec environ quatre cents hommes tant de pied que de cheval, usa de toute diligence pour réparer les murailles, fortifier les portes, et pourvoir en général à la défense de la ville, ayant même sommé et tâché d'avoir le château des Célestins ; mais en vain ; car soudain Nemours renvoya Saint-Chaumont avec forces d'environ quatre mille hommes ramassés de tous les pays d'alentour, avec lesquels et deux pièces de canon il se trouva devant la ville le dixième de janvier 1563. Dès le matin, Saint-Martin ayant entendu cet apprêt, s'était retiré à Tournon avec la plupart de ses gens de cheval, ayant laissé le reste et la garde de la ville sous la charge des capitaines Prost, le Mas et Montgros. Les faubourgs furent incontinent saisis, et l'artillerie posée devant le monastère Sainte-Claire, au bourg de Deome, et la batterie dressée à l'endroit d'un colombier contre la muraille, joignant certain jardin en lieu haut et pendant. Là donc furent tirés environ cinquante coups de canon, qui firent assez grande brèche, mais de si difficile accès qu'il était même comme impossible de la venir reconnaître, joint que Montgros, qui avait la charge de ce quartier, faisait une merveilleuse diligence de remparer autant de pertuis que pouvait faire le canon. Cela fut cause que Saint-Chaumont délibéra de parlementer et faire composition : et fit tant après plusieurs allées et venues de Jarnieu, et d'une pauvre femme du faubourg qu'on contraignait de faire office de trompette, que la capitulation fut accordée sur la mi-nuit, au grand regret des soldats étrangers et de leurs capitaines, aux conditions qui s'ensuivent.

Que les chefs et soldats étrangers se retireraient en toute sûreté avec leurs armes et chevaux, laissant toutefois leurs enseignes.

Que l'infanterie n'entrerait point dans la ville, mais seulement quelques gens de cheval en petit nombre, pour s'y rafraîchir et y demeurer seulement un jour.

Qu'aucun de la ville ne recevrait dommage ni déplaisir, pouvant les hommes pour plus d'assurance, si bon leur semblait, se retirer au château, et les femmes et enfants dans les maisons des sieurs de Jarnieu et du Peloux.

Telle fut la capitulation, en vertu de laquelle les habitants laissèrent entrer quelque compagnie de gens de cheval, sortant les capitaines et soldats étrangers qui avaient tenu la ville par la porte de Tournon : auxquels fut baillée escorte pour un peu de chemin. Mais ayant passé outre, ils furent chargés par Achon qui n'y gagna rien, étant vaillamment repoussé par Montgros, comme aussi Jarnieu fit très-grand devoir à ce que la promesse fût observée. Mais Achon voyant cela fit du pis qu'il put, pillant et tuant tout ce qu'il rencontrait à deux lieues à l'entour de la ville, sans respect d'âge ni de sexe. Cependant les portes furent démurées, et nonobstant toutes promesses bien signées et jurées, l'infanterie ayant eu le mot du guet pour ce soir, la double Mort-Dieu entra dans ville, où il n'est possible de dire les cruautés qui y furent commises dont il suffira de réciter quelques exemples. Une pauvre jeune femme trouvée cachée dans une maison avec son mari, fut violée en sa présence, puis contrainte de tenir l'épée en sa main de laquelle un autre lui poussant le bras tua son mari. Antoine Fabre, qui avait déjà beaucoup souffert pour la religion, et procureur du roi en la baronnie de Nonnay, et pareillement Jean Montchal, honnête bourgeois, et Ymbert Ranchon, chirurgien, tous trois anciens du consistoire, furent précipités de la haute tour en présence et du commandement de Saint-Chaumont, montrant une singulière constance. Plusieurs autres furent aussi précipités comme par passe-temps, et entre autres, deux jeunes laboureurs, par faute de deux testons que quelques soldats leur demandaient. Bref, c'était une chose plus qu'horrible de voir l'un enfermé dans sa maison et y brûler, l'autre précipité d'une fenêtre, ou de plus haut sur le pavé: les cris et hurlements des filles et des femmes; tout rempli de flammes, de sang et de glaines ; les personnes exposées à l'encan, et pour ne trouver aucun qui les rachetât, cruellement tuées et massacrées. Les maisons aussi étaient exposées de même, et s'il ne se trouvait personne qui en baillât argent, le feu était mis dedans, jusques à en brûler de cent à six vingts en cette façon; et sans la diligence de quelques gens de bien, et entre autres de Jarnieu et du Peloux (qui sauvèrent surtout la plupart des femmes, joint que Dieu fit ouverture miraculeusement à quelques-uns, même à ceux qui s'étaient retirés au château), il semble qu'il ne fût demeuré créature vivante en cette pauvre ville, ni même aucuns biens : étant rompu et brisé par les soldats tout ce qu'ils ne pouvaient emporter, voire jusques à tirer coups de pistoles contre les tonneaux pleins de vin dont il y avait grande quantité au pays, après en avoir bu leur saoûl, tellement que plusieurs caves furent remplies de vin ainsi perdu. Et dura cette furie jusques au quatorzième dudit mois, auquel jour Saint-Chaumont ayant fait outre tout cela abattre les murailles de la ville en vingt lieux jusques au fondement, démanteler les tours, ôter les portes, se retira à Bonlieu, petite ville à demi-lieue de Nonnay, où il fit quasi de même. Il semblait bien qu'il fût impossible que cette pauvre ville ainsi désolée en toutes sortes, à grande peine se relèverait jamais ; et toutefois Dieu en disposa autrement, donnant un tel courage au demeurant de ces pauvres gens que, nonobstant tout le passé, et bien que depuis encore ils aient été chargés de garnisons et passages de gendarmerie, toutefois s'entr'aidant les uns les autres, et assistés d'une grâce miraculeuse de Dieu, devant les yeux de leurs ennemis, en peu de temps ils se remirent en quelque état. Surtout ils pourchassèrent le rétablissement de l'exercice de la religion au milieu d'eux ; lequel leur fut premièrement accordé par le maréchal de Vielleville, puis défendu par le maréchal Damville, auquel se rendant obéissants, ils désistèrent de s'assembler publiquement, mais ne laissèrent d'être particulièrement consolés par les maisons, avec prières et larmes assiduelles, par Pierre Aillet, leur ministre, y faisant un très-bon et grand devoir. Finalement Dieu leur fit cette grâce que la ville de Nonnay, le vingtième d'août 1564, fut assignée par le roi étant à Romans pour lieu destiné à l'exercice public de la religion pour toute la sénéchaussée de Beaucaire, suivant l'édit de pacification, avec plusieurs priviléges et exemptions en considération des calamités par eux souffertes. En quoi leur aida grandement envers le roi Monluc, évêque de Valence, se souvenant du gracieux traitement qu'il y avait reçu, lorsqu'il y était retenu prisonnier, par le commandement de des Adrets.

Nous avons dit ci-dessus parlant de Rouergue que plusieurs églises s'y dressèrent même devant l'édit de janvier; mais d'une façon fort violente, dont aussi ils furent aigrement repris, tant par les plus sages des lieux mêmes, que par lettres écrites des ministres députés qui étaient lors à la cour. Nous avons aussi vu comme à l'occasion du massacre advenu à Cahors et de la mort de Fumel, commissaires furent envoyés de la part du roi pour faire justice : ce qu'ayant été bien ordonné pour apaiser les troubles de part et d'autre, tourna entièrement contre ceux de la religion par le moyen premièrement de Monluc, puis après Burie, lesquels entendant le changement advenu à la cour depuis la faction du triumvirat, firent du pis qu'ils purent, sous couleur de punir les rompeurs d'images. Étant donc les dessusdits sollicités par le cardinal d'Armagnac, ils vinrent à Villefranche le onzième d'avril. Ce jour même aussi était arrivé d'Orléans au pays le sieur d'Arpajon, envoyé du prince pour avertir chacun de la religion de l'état des affaires. Mais ce fut trop tard, car dès le lendemain, douzième du mois, les dessusdits, sans plus user de dissimulation, ayant assailli l'assemblée hors la ville, prirent prisonnier en pleine chaire Vaisse, ministre, et dix-huit ou vingt des principaux avec lui. Toutefois ils furent élargis le soir, hormis le ministre qui fut en grand danger de sa vie, et toutefois fut relâché dans le sixième jour, après avoir péremptoirement répondu aux calomnies qu'on lui imposait, avec inhibition toutefois de plus prêcher dans Rouergue, et commandement de vider de Villefranche avec sa famille dans deux jours. Mais au lieu d'icelui, Monluc, pour complaire au cardinal, y fit exécuter sans forme de procès un tailleur de la Bastide, qui voulait recueillir tous gentilshommes de la religion. Ces choses ainsi exécutées, le sieur de Valsergues y fut laissé en garnison, sous l'autorité duquel vingt-six autres personnages y furent exécutés, entre lesquels ne fut oublié un diacre nommé la Serrette. Toutes sortes de jeux, paillardises et dissolutions, qui en avaient été déchassées, y furent remises : les enfants rebaptisés, plusieurs filles et femmes violées et par conséquent tout le troupeau de ceux de la religion dissipé. Autant en prit aux églises de Villeneuve, Perrouse, Froissac, Savignac, la Guepye, Espaillon et Sainte-Afrique, par le moyen de l'arrière-ban de Rouergue qui y fut envoyé; mais, nonobstant cette tempête, Millau, Brefeul, Compeyre, Saint-Félix, Cornus et le pont de Camares tinrent bon. Saint-Antonin aussi ayant été surpris par le sieur de Cormisson, fut recouvré par le sieur de Savignac au commencement de mai, qui l'en déchassa avec trente soldats seulement ; ainsi s'émut la guerre en Rouergue entre les deux parties. Au même état aussi était le pays de Gévaudan, et se firent plusieurs grands exploits de guerre en ces pays ainsi que s'ensuit.

Environ le vingt de juin, ceux des Cevènes, conduits par le baron d'Ales, entrèrent à Jamberigaut. Mais, au lieu d'y planter la religion, ils ne firent que piller et brûler.

Le quinzième de juillet, en fut fait autant au fort de Quesac, où fut brûlée une image de Notre-Dame fort renommée, et n'y fut épargné le pillage des reliques et autres ornements qui se trouvèrent monter à deux cents octante marcs d'argent, que les soldats à la vérité cherchaient plutôt que la gloire de Dieu.

Ces choses étant en cet état, le capitaine Boy Sezon, par l'avis de Marchastel, partant de Montauban, reprit d'amblée Villeneuve en Rouergue, distant d'une lieue de Villefranche, et là se joignirent à lui les compagnies de la Manne et de Soupets, aussi sorties de Montauban et conduites par Honorat, son enseigne. Entendant cela, les capitaines Valsergues, Vezin et Belcastel, les vinrent aussitôt envelopper avec multitude de populace estimée de quatre à cinq mille hommes ; mais le capitaine Savignac, nommé Raymond Gauthier, et Belfort, avec environ deux cents hommes seulement, voyant le danger où étaient les assiégés, entreprirent de les secourir, et de fait les faussèrent tout au travers jusques dedans la ville, duquel effort les assiégeants étonnés se retirèrent.

Sur la fin du même mois, ceux qui avaient pris Quesac, étant la plupart de Marvejols, vinrent droit à Mende, où ils entrèrent par composition, faite avec le sieur de la Vigne, étant accordé que le sieur de Léon de la Vigne, sieur de Monbrun (non pas celui de Dauphiné), en serait gouverneur. Il y avait parmi ces troupes, un nommé Copier, ministre, mais au reste faisant du capitaine au grand scandale de plusieurs, lequel avec quelques autres, sitôt qu'ils furent entrés, commencèrent de tout manier, et notamment les deniers, desquels ils fournirent deux mille écus aux soldats qu'il renvoyèrent, n'y restant que vingt-cinq ou trente, au lieu qu'il en fallait pour le moins trois cents pour bien garder la ville, quand même elle n'eût pas été pleine de prêtres comme elle était. En cette même saison, cent ou six vingts soldats de Marvejols, départant de Mende et conduits par un chauffetier d'Albi, tout fraîchement fait capitaine, nommé Etienne Crisas, et depuis se faisant appeler le capitaine la Croix, vinrent sommer ceux de Chirac, auxquels ils en voulaient, tant pour être leurs voisins que pour une querelle particulière du sieur d'Avriac, gouverneur de Marvejols, contre le bâtard d'Entraigues, habitant de Chirac. L'issue de cette entreprise fut telle, qu'étant trèves de quelques jours accordées à ceux de dedans qui baillèrent otages, et ce nouveau capitaine et ces soldats, courant les champs en désordre, le capitaine Treillans, le puîné, le premier jour d'août, avec une cornette de cinquante chevaux et quelques soldats à pied, les ayant surpris, en tua une bonne partie, s'étant le reste sauvé à la fuite dans Marvejols ; après laquelle exécution, ayant pris le chemin de Mende, dont peu auparavant Monbrun était sorti pour réparer la faute de Copier et amener des forces, il y entra sans résistance, prenant prisonnier le capitaine, le ministre, avec les soldats restant dans la ville ; en quoi il ne saurait être blâmé, mais non pas en ce que disant faire la guerre pour la religion romaine, il s'appropria un calice estimé mille écus et davantage, avec grand butin, sans épargner même l'argent du roi, pillé chez Serré, receveur, duquel aussi il emporta les papiers, qui lui coûtèrent trois cents écus à ravoir depuis la paix. Cela fait, il s'en retourna en Rouergue avec son butin, laissant la ville à l'abandon, mais le sieur d'Apcher et de Saint-Remèse, le père, se jetèrent dedans environ le 15 d'août, en intention de la bien garder.

Ceux de Marvejols voyant ces choses, firent tant envers le sieur de Peyre, leur voisin et grand sieur en ces quartiers-là, favorisant tellement à la religion, en laquelle Marchastel, son fils, s'était embarqué bien avant, que cependant jusques alors il ne s'était nullement déclaré, qu'il leur bailla lettres de créance envers ceux des Cevènes, pour en avoir secours et par ce moyen venir à bout de Chirac. Cela fut cause que le sieur de Gabriac se mit aux champs avec quinze cents hommes, recueillis des églises du pays, avec lesquels ayant pris Chanac en passant, il n'avait pas fait peu de chose, d'autant que c'est le passage pour aller aux Cevènes ; mais pour l'amitié qu'il portait particulièrement à l'évêque de Mende, comme comte de Gévaudan, il l'abandonna ; et lors se jeta dedans le chevalier de la Vigne, avec six vingts hommes qui firent depuis beaucoup de maux. De là étant Gabriac et ses troupes arrivés devant Chirac, le vingt-troisième d'août, Peyre s'y trouva aussi, non pour empêcher qu'il n'y eût du sang répandu ; et ne tint à lui qu'ainsi ne fût, ayant amené ceux de Marvejols, à cette raison qu'ils ne demandaient à ceux de Chirac, sinon qu'ils chassassent les prêtres, et donnant quelque chose pour contenter les soldats, ils reçussent l'exercice de la religion ; mais ceux de dedans ayant fièrement répondu, et, sans occasion, n'étant la ville aucunement tenable de soi-même, avec cela très-mal garnie, à savoir de quelques 25 hommes d'armes, quelques prêtres mal avisés et le tout conduit par un gentilhomme de peu d'expérience, nommé Salebrusse, Peyre pria le sieur d'Entraigues, qui n'était pour lors de la religion, d'aller lui-même remontrer à ces pauvres gens le danger où ils étaient ; ce qu'il fit, voire même avec larmes et juques à leur offrir de leur faire puis après refaire leurs images à ses dépens. Mais cela ne servit de rien envers ces opiniâtres, entretenus par leur curé, qui fut la source de tout leur mal. Par quoi le lendemain ayant été aisément abattues quelques défenses par deux mousquets, et le feu mis en trois portes, et un trou fait à la muraille, la ville fut forcée, où furent tués sans aucun respect quatre-vingts personnes pour le moins, et fut pillé tout ce que les soldats purent emporter, le feu mis au temple et en trois ou quatre maisons, pour avoir ceux qui s'y étaient cachés, les cloches fondues, et la ville démantelée. Mais quant à y mettre la religion, on ne s'en soucia pas beaucoup ; et fut vendu ce butin, puis après, à Marvejols, duquel encore ne se contentèrent pas les soldats, disant qu'on leur avait promis argent pour leur paie. De là, le 27 d'août, ils allèrent droit à Mende, en espérance de l'avoir et piller aussi. Mais Apcher, étant dedans avec plusieurs gentilshommes de l'arrière-ban, tout ce qu'ils purent faire fut de ravoir les prisonniers, à savoir Copier et vingt-cinq soldats. Vrai est que ceux de dedans promirent aussi de vivre en paix, suivant l'édit de janvier, mais il n'en fut rien fait.

Cependant, le sieur de Vesin et Treillans, le puîné, assiégèrent Compeyre en Rouergue, mais ils furent repoussés par ceux de dedans. Ceux de Millau, étant sortis pour leur donner secours sous la conduite d'un de leur bourgeois, nommé Peigre, peu ou point expérimenté au fait de la guerre, perdirent de vingt-cinq à trente hommes, et fut pris leur capitaine; lequel, depuis, à la sollicitation du cardinal d'Armagnac, fut démembré tout vif à Toulouse ; et peu auparavant, le même Treillans, entré au château de Beaucaire, y prit prisonniers, trois conseillers de la Sénéchaussée, l'un desquels, nommé Cavagnac, fut rançonné par lui de quatre mille livres, les deux autres furent massacrés sans forme de justice, bien que l'un, nommé Guisart, n'eût jamais été de la religion, et l'autre, nommé Pomeraux, s'en fût notoirement révolté.

Sur la fin de septembre, le baron de la Goize, guidon du sieur de la Fayette, fils d'Apcher, entré dedans Gévaudan, où toutes choses commençaient d'être assez paisibles, fit un terrible et vilain ménage, ayant pillé, entr'autres, un village, nommé le Maset, près de Marvejols, puis la montagne de Lozère, et jusques au pont de Mouvert, violant partout filles et femmes, et même ayant mis le feu à quelques maisons. Par là commencèrent infinies voleries, meurtres et pillages partout le pays de Gévaudan, où ne restait quasi de places bien tenables que Marvejols, pour ceux de la religion, et ayant mis Apcher, nouvellement créé lieutenant pour le roi en Gévaudan, des gouverneurs et garnisons partout. Entr'autres vilains et détestables actes, n'est à oublier le rapt d'une fille de paysan et sur les terres du sieur de Peyre, qu'un certain gentilhomme, que je ne veux nommer, commit d'une façon bien vilaine, ayant contraint le pauvre père, âgé de quatre vingts ans, de lui tenir sa fille pour commettre sa vilénie. Il y en avait bien d'autre aussi se renommant de la religion qui ne faisaient pas guères mieux, témoins ceux de la Cappelle Livrou, lesquels, se voulant venger, disaient-ils, du commandeur du lieu, abusant d'une nonnain, leur sœur, le tuèrent en sa maison qu'ils pillèrent, et puis se faisant braves du pillage, se rangèrent au camp de Duras. Dans Marvejols, même où étaient les forces de ceux de la religion, les gros mangeaient les petits, et hormis les meurtres et violements, il n'y avait guères meilleur ordre qu'ailleurs.

Sur le commencement du mois d'octobre, Apcher, baron Saint-Vidal, la Fare, Treillans et autres, ayant assemblé leurs forces de pied et de cheval, jusques au nombre de deux mille hommes, en intention de se joindre avec Joyeuse, au camp de Lates, comme il sera dit au reste de l'histoire de Languedoc, ayant entendu que les affaires s'y portaient mal, et nommément la défaite des provençaux, à Saint-Gilles, changèrent d'avis : et d'autant qu'un peu auparavant, ceux de la religion, tenant de Fleurac, se doutant de cet amas de gens qu'avait fait Apcher, avaient fait vider ceux de l'église romaine pour leur sûreté, conclurent de les avoir, sachant (comme c'était la vérité) qu'il y avait fort peu de gens pour la défendre ; car, de fait, il n'y avait que huit soldats qui sussent que c'était de la guerre, conduits par un vaillant soldat, nommé Boissi, de Montpellier ; mais plus étaient faibles les assiégés, plus apparut la puissance de Dieu en leur délivrance vraiment miraculeuse; car ayant été la ville assiégée l'espace de huit jours, battue, assaillie par escalades et tentée par la sape, les assaillants, n'y ayant gagné que des coups, furent finalement contraints d'abandonner le siége, à leur grande honte et confusion, aux premières nouvelles qu'ils ouïrent que Baudiné venait au secours des assiégés. Les femmes, et une entre toutes les autres, firent merveilles en ce siége, faisant elles-mêmes les rondes et tirant arquebusades, outre la diligence incroyable à jeter pierres et bois sur les assaillants, faisant aussi un merveilleux devoir de prier Dieu et d'encourager chacun à l'exemple de leur ministre, nommé Louis du Mas, auparavant ministre d'Espaillon. Boissi y acquit un grand honneur, mais il n'en put jouir longtemps, étant advenu, sur le point que le siége se levait, qu'il fut blessé d'une arquebusade, ce qu'il dissimula tellement, de peur d'effrayer ses soldats que, par faute d'avoir de bonne heure pourvu à la plaie, qui de soi n'était mortelle, il en mourut certain temps après, au grand regret de ceux qui lui étaient tenus après Dieu de leur conservation.

Sur la mi-novembre, la compagnie du capitaine Sobeyras, allant à la Convertirade, fut rompue par vingt-cinq ou trente chevaux de l'évêque de Lodève.

Le premier de décembre, advint un grand méchef au sieur de Savignac, lequel ayant failli de surprendre Villefranche de Rouergue, en faveur de ceux de la religion, s'était retiré au château de Granes avec cent soldats ou plus, espérant de tenir la ville en sujétion; mais il en advint tout autrement, ayant été lui-même aussitôt enveloppé et pressé de si près que, pour la nécessité des eaux, ayant été empoisonnés les conduits de la citerne du château, il fut contraint dedans le treizième jour de venir à composition, signée par les capitaines des ennemis, par les consuls de Villefranche et par Jean Ymbert, seigneur dudit château, portant que tous sortiraient la vie sauve, en délaissant leurs armes, sauf ledit sieur de Savignac et six autres tels qu'il voudrait choisir, et autres six soldats de Foix et un autre de Villefranche y dénommés, auxquels il était permis de sortir avec leurs arquebuses et autres armes; mais comme ils étaient prêts de sortir, quelques-uns envoyés pour se saisir des armes qu'on devait laisser au château, persuadèrent à Savignac qu'il était expédient, de peur d'émotion, que les arquebuses des réservés leur fussent portées dans quelques sacs, en certain lieu. Etant donc ainsi sortis sans armes, aussitôt qu'un capitaine eut fait signe à ceux qui étaient disposés tout à l'entour, ils furent accablés de coups d'arquebuse très-malheureusement jusques au nombre de quatre vingt-quinze; entre lesquels étaient les sieur de Savignac, de Geniers et de Toloniac, les corps desquels ayant été assez contemplés par ceux de Villefranche qui en firent grande fête, et y vinrent en procession, furent jetés en deux fosses en un pré devant le château, hormis les corps de cinq; l'un desquels, à savoir de Daigna, avocat, fut enseveli à Versac, et les autres quatre ailleurs, s'en étant sauvés six ou sept, au moyen des brumes qui étaient lors fort épaisses. Ce fut la première foi rompue en la guerre de ces quartiers-là, dont vint puis après le proverbe, *la foi de granes.*

Environ ce même temps, Treillans assiégea Loupiac, château fort auprès de Séverac qui se rendit; et Millau, d'autre part, voyant aller mal les affaires de Rouergue, se mit sous la protection du comte de Crussol, gouverneur de Languedoc, pour ceux de la religion, lequel leur envoya le capitaine Beaufort.

Sur le commencement de janvier, le capitaine Puchaut, qui se tenait à

Servières, ayant pillé Saint-Lager de Peyre, où il n'y a que de pauvres drapiers, vint aussi à Chirac, piller la maison d'Entraigues, qui n'était encore de la religion, et pour sa sûreté ne se voulant mêler de ses affaires se tenait à Marvejols, mais ayant entendu l'outrage à lui fait par Puechaut, et s'étant mieux informé de la doctrine de ceux de la religion, il l'embrassa dès lors et sortit de Marvejols, avec le capitaine Rouzier et trois cents hommes, pour avoir sa revanche de Puechaut; mais il faillit de l'attraper dans Servières, par quoi se vengeant sur ses gens, il pilla Servières, de sorte que Puechaut fut du tout dépouillé de sa garnison. Et, d'autre part, le sieur de Peyre, irrité de quelque pillage fait sur lui, s'étant aussi tenu comme neutre jusques alors, commença de se déclarer pour la religion, et envoya quérir des forces aux Cevènes.

Sur le commencement de février, un nommé le Coffart, chef de la garnison de Recoles d'Albrac, assiégea la place de Marchastel, et la prit par la trahison d'un fils de putain, nommé Jean Brissonnade, notaire, et suivant l'exemple de Granes, ayant donné la foi à quelques soldats qui y étaient, les fit tous cruellement massacrer.

Adonc recommença la guerre en Gévaudan, plus cruelle que jamais, étant arrivés à Marvejols, à la semonce du sieur de Peyre, le capitaine Saint-Jean de Gardonnenche et Fontenailles, avec leurs compagnies; tous lesquels assemblés allèrent à Recoules et à Sainte-Orfille, où furent tués de soixante à septante de leur ennemis. Le Coffare et le Chaylar, son enseigne, furent pris, l'un, mis à rançon de trois cents écus, après avoir été très-rudement traité, mais non pas comme il le méritait; l'autre, à savoir le Chaylar, a depuis fait profession de la religion.

Le château de Marchastel aussi fut repris et rendu par ceux qui étaient dedans, auxquels la foi fut tenue. Pareillement les garnisons de Haumont et de Serniantes vidèrent, tellement que les affaires de ceux de la religion se remirent sus. Et en Rouergue aussi le Pont de Camares fut pris par ceux de la religion. D'autre part, Apcher faisait son amas, auquel se vint joindre Bresous, se disant lieutenant du roi, au haut pays d'Auvergne; ce qu'ayant entendu Marvejols, Guillot, lieutenant de Saint-Jean, et Fontenailles, sortirent avec cent cinquante hommes pour reconnaître l'ennemi; mais ils furent tellement et si soudainement enveloppés qu'ils furent contraints de se jeter dedans Haumont, où il n'y avait poudres ni vivres requis à soutenir un siége. D'autre côté, ceux de Marvejols n'avaient forces suffisantes pour lever le siége. Ce que voyant les assiégés, prirent courage de lions, et se souvenant de la foi de Granes, sans s'arrêter à aucune promesse qu'on leur fit, le deuxième jour de leur siége, qui fut le quatrième de mars, entre les dix et onze heures de nuit, sortirent les armes au poing; et ayant faussé trois corps-de-garde, se rendirent à Marvejols, ayant perdu toutefois vingt-six hommes de leur compagnie, qui furent tués sur la place, et quatre prisonniers, l'un desquels, qui était tambourin de Saint-Jean, Apcher tua de sa main comme on dit. Les autres trois amenés à Saint-Chely furent lâchés comme si on leur eût donné la vie sauve, mais furent aussitôt massacrés qu'ils furent sortis sans armes, à la façon de Granes.

Ainsi passèrent les affaires de cette misérable guerre dans les provinces de Rouergue et Gévaudan, dont plusieurs se servaient, les uns pour occasion de butiner, les autres pour exécuter leurs vengeances et passions particulières, les autres pour gratifier aux plus grands dont ils espéraient récompense, faillant grandement en cela non seulement ceux de la religion romaine qui étaient notoirement assaillans, mais aussi ceux de la religion, quoiqu'ils eussent juste cause de se défendre, étant armés de l'édit du roi, pour le moins durant sa minorité; mais ces défauts, après être arrivées les nouvelles de l'édit de la paix, se montrèrent encore plus clairement du côté de ceux de la religion romaine. Car comme ainsi fut que ceux de la religion offrissent toute obéissance, et ne demandassent autre chose sinon que l'édit fût pratiqué, leurs ennemis, au lieu de s'accorder à la raison et à l'édit, ne laissèrent de faire du pis qu'ils purent. Ainsi se porta le baron de la Fare qui avait été mis à Mende, lequel, après avoir essayé par tous moyens de subornation d'avoir à son commandement une jeune fille de Florac, renommée pour sa beauté, soit pour lui soit pour Apcher, comme on disait, depuis l'édit de la paix, le cinquième d'avril 1563, assiégea Florac; mais Dieu ne permit une telle méchanceté, étant venu au secours de la ville, le sieur de Baudiné qui le contraignit de se retirer.

Au même temps, la Vigne qui n'avait jamais commandé durant la guerre, s'émouvant sans aucune raison, prit Queysac par composition, et finalement, après avoir en vain assailli Hispagnac, se jeta dedans Mende, délaissée par la Fare, et s'y porta si bien avec une compagnie qu'il y amena, qu'il en acquit le surnom de Mange-peuple. Treillans, sur le commencement de juin, rendit Loupiac, mais tout pillé et dénué, traînant avec soi deux prisonniers qui lui avaient déplu, nommés les Crespias, qu'il espérait bien faire mourir à Rodez. Mais leur innocence se trouva telle qu'ils furent élargis quelques mois après. Le gouverneur de Marvejols, pensant éviter la garnison, accorda au maréchal Damville, gouverneur du Languedoc, en l'absence du connétable son père, ce qu'il voulut, sans avoir assez d'égard à ceux de la religion. Mais il ne laissa d'être contraint de recevoir, avec la messe, la compagnie de don Francisque d'Est, conduite par Perneranches, guidon, et après celui-là une compagnie du régiment de Sarlabos, composée plus de putains et autre bagage que de soldats, les plus mal complexionnés qu'il est possible, qui ravagèrent tout le pays de Gévaudan, de lieu à autre, avec toute impunité.

D'autre côté, en Rouergue, Valfergues délogeant de Villefranche, donna l'alarme à Millau, ayant tué et pillé ce qu'il rencontra. Et, quant à ceux de Villefranche, vrai est que finalement ils rentrèrent en leurs maisons, mais jamais il ne leur fut possible d'obtenir que quelque lieu fût nommé pour l'exercice de la religion, suivant l'édit. Ce néanmoins, les assemblées de ceux de la religion se redressèrent peu à peu, et, qui plus est, plusieurs qui leur avaient fait la guerre se rangèrent à elles, comme entre autres le baron de Saint-Remèse et son fils, le baron de Tournel, lesquels, suivant la permission du roi, ont depuis dressé de belles églises en leurs maisons.

L'édit de janvier étant publié, ceux de Foix qui étaient de la religion commencèrent à prêcher hors la ville, obéissant à l'édit en tout et partout. Mais tant s'en fallut que cela adoucit Pailles, gouverneur du pays pour le roi de Navarre, ni ceux qu'il avait mis dans le château, livré par subtils moyens, comme a été dit, qu'au contraire (surtout après avoir entendu les nouvelles du massacre de Vassy et ce qui s'en était ensuivi en cour), il délibéra de se servir de cette occasion pour tout exterminer. Ceux de la religion apercevant cela clairement, dissimulèrent toutefois, jusques à ce que ceux du château commencèrent ouvertement à faire provision de vivres et munitions, et de nombre de gens, contre l'accord qui avait été fait. Alors donc ils délibérèrent de prévenir, espérant d'affamer le château aisément à faute d'eau. Et de fait il en fût ainsi advenu, n'eût été que Pailles, usant de ses ruses accoutumées, donna le tort en apparence à ceux du château; et promettant merveilles à ceux de la religion, les détourna de leur entreprise pour exécuter la sienne. Il y avait lors au conseil du roi de Navarre, l'évêque de Mende, bâtard du feu chancelier du Prat, lequel nous avons dit avoir été un des principaux instruments pour persuader son maître de quitter le parti de ceux de la religion. Celui-là, outre la haine qu'il portait en général à tous ceux de la religion, était nommément irrité contre ceux de Foix, qui lui avaient ruiné une abbaye dedans la ville; à raison de quoi il ne faillit, à la sollicitation de Pailles, d'avoir telles lettres qu'il voulut du roi de Navarre, contre ces pauvres sujets, donnant à entendre qu'ils avaient les armes en main, et ne voulaient aucunement obéir à l'édit. Les nouvelles de ces lettres rapportées à ceux de la religion, ils ne faillirent d'envoyer à Pailles faire leurs doléances, et pour le prier de leur bailler lettres de témoignage envers le roi de Navarre, pour s'en servir contre ceux qui les auraient ainsi calomniés. Sa réponse fut qu'il ferait cela lui-même pour eux, et qu'ils n'avaient rien à craindre, pourvu qu'ils voulussent s'accorder que toutes leurs armes fussent réduites en la maison de ville, ce qu'il ferait faire aussi à tous ceux de la religion romaine, afin que tous vécussent en paix, suivant l'édit du roi.

Tôt après cette réponse, le seigneur de Roquebrune fut envoyé par lui en la ville, pour exécuter ce que dessus, avec lettres les plus gracieuses qu'il était possible. C'était alors que la sédition commença à Toulouse, et que Limoux fut assiégé; ce qui faisait tenir Pailles en suspens, pour se gouverner selon que ces affaires-là se porteraient.

Étant donc rapportée la désolation advenue à Toulouse, et Pailles pressant ce que dessus, ceux de la ville consentirent à rendre les armes; ce qu'étant rapporté à Pailles, encore ne se pouvait-il assurer, et pourtant leur manda par lettres plus gracieuses que jamais, qu'étant besoin qu'il fît un tour à la ville pour donner ordre à tout, il leur conseillait et les priait que quelques-uns d'entre eux (à savoir ceux qui craignaient le plus, et qui étaient pour conduire les autres en cas de résistance) se retirassent de la ville pour quelques jours; d'autant, disait-il, qu'ils se trouvaient chargés de la démolition des autels et des images, et toutefois il ne leur voulait mal faire. Ceux-là donc étant départis, et le reste étant désarmé et sans conduite, fut aisé à Pailles, arrivé en la ville, de faire tout ce qu'il avait entrepris, mettant prisonniers tous ceux que bon lui sembla; ce qui effraya tellement les autres, qu'ils sortirent pour la plupart ainsi comme ils purent. Entre ceux-là, le ministre, nommé Antoine Caffer, se sauva en habit de berger. Mais sa femme, nommée Ruth, se voulant sauver en habit de paysanne, fut surprise à la porte, à laquelle Pailles fit cette courtoisie, qu'il la recommanda à une maison honnête, et quelque temps après la fit sûrement conduire à son mari, dans Pamiers. Mais la cruauté de laquelle il usa envers les pauvres prisonniers innocents, quoiqu'il les chargeât de tels crimes qu'il voulait, ayant aussi nombre de témoins à son commandement, effaça tout le los de cette humanité. Car ayant fait venir un juge de ses terres, nommé Abatia, qu'il créa prévôt, et se débordant du tout, après avoir entendu la prise et saccagement de Limoux, de dix prisonniers qu'il avait, pour lors il en fit mourir deux d'une cruelle sorte, leur faisant couper bras et jambes, et finalement la tête. L'un d'iceux était nommé Aconrat, qui avait été capitaine de ceux de la ville, homme paisible et irrépréhensible en sa vie. L'autre était un gentilhomme, dit d'Amboys. Il en fit brûler deux autres, l'un desquels fut accusé d'avoir fait la couronne de paille à l'image de Nougausi, dont il a été parlé en son lieu; l'autre, d'avoir dit par risée, à un grand crucifix qu'on avait abattu: tu te chausses à plus de points que moi. Les six autres furent pendus, comme aussi, quelque temps après, ayant fait venir quelques commissaires, vingt-deux personnages furent exécutés à mort, et dix condamnés aux galères.

Si les personnes n'étaient épargnées, encore avait-on moins d'égard aux biens abandonnés au pillage des soldats, surtout de ceux qui étaient sortis de la ville. Ce qui effraya tellement tout le comté de Foix, que toutes les villes, hormis Pamiers, posèrent les armes ainsi qu'il plût à Pailles de commander. Ce nonobstant, ceux de la religion n'étaient assurés ni dans les villes ni aux champs, étant les paysans par tout au guet pour détrousser, tuer et rançonner les passants, fussent en troupe ou non, leur étant permis de sonner le tocsin quand et comme bon leur semblerait.

Ceux de Pamiers, en ces entrefaites, oyant telles choses, et connaissant le peu de moyen qu'ils avaient de résister, s'ils étaient assaillis avec grande force, se trouvaient en merveilleuse perplexité, de sorte qu'un jour ils sortirent, en délibération de se retirer à Castres d'Albigeois, ou à Montauban. Mais ayant su qu'ils étaient aguettés par les champs, et considérant plus mûrement que pourraient devenir leurs pauvres familles, ainsi abandonnées à leurs ennemis, ils rentrèrent aussitôt, et dès lors, se résolurent de se remettre à la bonne volonté de Dieu; encore que, selon les hommes, ils se vissent destitués de tout moyen. Ce néanmoins peu après quelques-uns se retirèrent là où ils purent, et la prédication étant cessée, force fut aux ministres de se contenter de faire ce qu'ils pourraient, consolant et exhortant particulièrement les personnes, jusques à ce que le peuple les contraignit de se retirer en un château sur la montagne, pour être là comme en dépôt, jusques à ce qu'il plût à Dieu de leur donner plus de moyen de s'assembler. La ville donc en tel état, n'attendait autre chose, sinon que l'ennemi y entrât sans résistance. Mais Dieu y pourvut d'une étrange façon, envoyant la peste dans la ville, laquelle fut tellement conduite par la main de Dieu que, quant à ceux qui étaient à craindre par dehors, il n'y eut personne d'eux qui eût envie d'y entrer, étant leur cruauté et leur avarice surmontées par la crainte de la mort. Et quant à ceux de dedans de la religion romaine, les uns s'enfuirent de bonne heure, à savoir les plus riches et qui avaient plus de moyen de nuire; les autres plus pauvres, et qui eussent pu être d'autant plus ardents au pillage, furent tellement frappés de ce fléau de peste, que chacun jour il en mourait grand nombre, au lieu que ceux de la religion étaient merveilleusement épargnés, voire de telle sorte que de trois mille et plus qui moururent de ce mal, il ne s'en trouva pas plus de cinquante de ceux de la religion. Qui plus est, beaucoup de ceux de la religion qui étaient persécutés d'une part et d'autre, se venaient ranger à Pamiers, de sorte qu'ils demeurèrent ainsi maîtres de la ville, ayant la peste pour tout rempart. Car, quant à la reine de Navarre, leur dame et maîtresse, qui était en Béarn, et laquelle ils sollicitaient souvent par lettres, la pauvre dame était elle-même bien empêchée à se garder soi-même en son pays souverain. Ils eurent donc recours à Dieu seul, et reprenant courage, redressèrent la prédication publique. Mais la plupart du peuple s'étant trouvée saisie de telle crainte, que fort peu de gens se trouvaient à l'assemblée, il fut avisé que les exhortations se feraient en secret, et par les maisons, pour n'irriter davantage Pailles, n'attendant autre chose, sinon que la peste sortît afin qu'il y entrât. En ces entrefaites, la reine de Navarre voulant donner à sa ville de Pamiers le rafraîchissement qu'elle pouvait, leur envoya le baron de Benac, lequel, leur ayant donné quelque espérance d'être secourus par Duras, qui fut défait environ ce même temps, se retira à Castres, investi pour lors par le chevalier d'Ambres et le sieur d'Albigeon, tenant les villages circonvoisins, et pressant la ville de si près, que force lui fut de demander secours de quelques gens de Pamiers. Cela fut cause, qu'environ soixante soldats de bon cœur, auxquels il fut adjoint un de leurs ministres, nommé Geoffroy Brun, se mirent au hasard de traverser jusques à Castres, distant de douze grandes lieues du pays, sous la conduite du capitaine Honorat. Suivant donc cette résolution, s'étant jetés, sur la nuit, en une métairie de Lauraguez, et s'y étant tenus enfermés tout le jour suivant, qui était le vingt-huitième d'octobre, ils cheminèrent toute la nuit suivante, en telle diligence, qu'ils firent environ neuf lieues de chemin, sans que le pays fût ému. Mais sur la pointe du jour, s'étant rencontrés quelques muletiers portant quelque marchandise de Toulouse en Espagne, et quelques-uns de la compagnie, convoiteux de ce butin, les ayant saisis avec commandement de les suivre à Castres, l'alarme fut aussitôt donnée par un de ces muletiers, qui s'en était fui en un village prochain, nommé Escossans. Par ce moyen, le tocsin sonnant de village en village, ils furent aussitôt assaillis et environnés de toutes parts, quelque diligence qu'ils fissent de gagner pays. Car outre ce qu'ils étaient lassés d'avoir fait un tel chemin sans repaître, joint qu'il avait beaucoup plu ce jour-là, il leur fallait cheminer par les champs gras et fraîchement labourés, au milieu desquels le ministre étant chu dessous un petit cheval sur lequel il était monté, fut sauvé miraculeusement. L'issue de toute cette rencontre, en laquelle dix ou douze de ceux de Pamiers demeurèrent, fut telle, que s'étant le reste sauvé en une maison champêtre, ils se défendirent depuis huit heures du matin jusques à trois heures après midi. Et lors leur vinrent au secours ceux de Castres, avertis par un de la troupe qui s'y était sauvé en fuyant, quoi qu'il y eût la distance de deux bonnes lieues entre Castres et cette maison. Les assiégés donc délivrés par ce moyen, se rendirent en la ville, où ils servirent beaucoup depuis. Et six semaines après, entendant les menaces de Pailles, ils retournèrent à Pamiers avec leur capitaine Honorat et une autre compagnie que ceux de Castres leur fournirent, pour leur rendre la pareille ; mais leur voyage fut sans grand hasard, ayant été contraints de rebrousser chemin une fois, depuis un lieu appelé Lamyate, pour avoir entendu une embuscade qu'on leur avait préparée ; et depuis, s'étant remis en chemin le huitième de décembre, leur guide, qu'ils étaient contraints de prendre, parce qu'ils ne pouvaient cheminer assez sûrement que de nuit, les mena droit aux portes de la ville de Revel, sur les onze heures de nuit ; auquel lieu étant découverts, et l'alarme étant aussitôt donnée, de clocher en clocher, par tout le pays, bien leur prit qu'il se leva un brouillard si épais, qu'ils eurent moyen de passer le reste de leur chemin, sans qu'on les osât seulement venir reconnaître. Ils entrèrent donc dans Pamiers, en sauveté, et huit jours après donnèrent une escalade au château de Saverdan, en espérance d'en faire leur retraite en la nécessité comme étant cette place beaucoup plus défensable que Pamiers ; mais ils n'y firent rien, en ayant été ceux de dedans avertis, ne se pouvant faire dans Pamiers aucune entreprise, qu'elle ne fût incontinent décélée à leurs ennemis.

Le parlement de Toulouse entendant ces choses, menaçait fort Pamiers ; de quoi étant avertis, quelques temporiseurs firent tant, qu'il fut arrêté d'y envoyer pour traiter de quelque accord tolérable, et duquel les conditions seraient préalablement communiquées et approuvées de ceux de la religion. Mais ces députés, excédant leur commission, accordèrent tout outre, que ceux de Pamiers feraient vider les ministres, et vivraient selon l'Eglise romaine ; ce qu'étant rapporté à la ville, ils furent très-bien désavoués, et servit cela à ceux de la religion pour mieux connaître ceux auxquels ils avaient affaire.

N'étant donc plus question que de faire la guerre, le capitaine Honorat, au mois de février 1563, accompagné des deux frères nommés les Lombat, et de trente-huit hommes, entreprit d'entrer dans Tarascon en Foix, pays de sa naissance ; mais le vicomte de Sercs et son frère, avertis de leur venue, ayant assemblé trois cents hommes, les contraignirent de se retirer dans les montagnes, lesquels les poursuivant, ils se trouvèrent eux-mêmes enclos ; de sorte que non seulement le vicomte y fut tué de la main propre de Honorat, quelque rançon qu'il lui offrît, mais aussi son frère y fut tué, et la plupart de leurs gens. Ce fut un grand jugement de Dieu, ayant le vicomte commis infinies cruautés et pilleries au comté de Foix, et se préparant y en faire encore davantage. Cela fait, Honorat revint à Pamiers, et Lombat n'osant encore y entrer à cause de sa mauvaise vie passée, revint à une vieille tour qui était sa retraite accoutumée, en un lieu appelé les Cabanes.

Ceux de Pamiers cependant s'essayèrent de surprendre un petit lieu nommé Varilles, situé sur le chemin de Foix et Tarascon, et fâchant fort les allant et venant, à cause du passage. Mais outre ce qu'ils furent découverts, leur étant venu un avertissement qu'un consul de la ville, nommé Dou Rieu, faisant auparavant profession d'être de la religion, avait ému sédition en la ville, après leur partement, force leur fut de retourner à grande hâte. Toutefois ils ne purent revenir si vite, qu'ils ne trouvassent les portes fermées, et plusieurs de la religion romaine sur les murailles ; quoi voyant, ils se hâtèrent aussi de leur côté, et firent si bien, qu'avec des échelles ils entrèrent par un endroit dont on ne se doutait, près d'une porte appelée la porte de l'Étang. Chacun peut estimer en quelle colère ils étaient, pour la déloyauté de laquelle on avait usé envers eux, sans aucune occasion. Et de fait, leur délibération était d'en faire une horrible vengeance. Mais Dieu voulut qu'un nommé Semer, homme d'autorité et craignant Dieu, voyant ces compagnons ainsi animés, les retint, disant que pour le moins il fallait avant toutes choses remercier Dieu de la grâce qu'il leur avait faite, d'être ainsi rentrés dans la ville, et ayant lui-même sur cela fait une prière très-ardente à haute voix, leur cœur fut tellement adouci tout soudain, et incliné à rendre le bien pour le mal, qu'ils se contentèrent de marcher par la ville, en bataille, sans aucunement offenser aucun de leurs adversaires, demeurant convaincus en leurs propres consciences.

Cette trahison n'ayant succédé, le parlement sollicita le capitaine Peyrot, fils de Monluc, d'essayer quelque autre moyen; ce qu'ils entreprirent par une secrète intelligence avec un prêtre, nommé Raspaud, et un autre, nommé Rodes, ayant entrepris de lui donner entrée par le couvent des augustins. Mais la trahison ayant été décelée par un tiers qu'ils avaient tâché de pratiquer, Rodes fut saisi et emprisonné à temps. Le mal fut que, bien peu après, il échappa des prisons, soit qu'on lui ouvrît la porte ou autrement.

Au même temps, un grand pillard, Saint-Paul, s'étant logé, par le commandement de Pailles, en un village nommé Artigat, en intention d'assiéger Carlat, petite ville du comté de Foix, à trois lieues de Pamiers, qui avait toujours refusé de poser les armes, et qui tenait pour la religion; ceux de Pamiers espérant d'entrer dans Artignat, par le moyen d'un prêtre, se mirent en chemin. Mais étant déchus de leur espérance, ils ne firent autre chose que se présenter à l'escarmouche ; en laquelle quelques-uns étant tombés de part et d'autre, chacun se retira. Tant y a toutefois que Carlat demeura en paix depuis cette escarmouche.

Nous avons dit ci-dessus que les Lombat, après la défaite du vicomte de Seres, s'étaient retirés en leur vieille tour, des mœurs et de la condition desquels il est bon de faire ici quelque mention. L'aîné de ces deux frères, nommé Guiraut, quelques années devant ces guerres, ayant, pour quelque querelle assez légère, tué un homme des principales familles de Tarascon, qu'on appelle les Merciers, s'était accompagné de quelques siens semblables, tenant les champs et tuant autant de parents desdits Merciers qu'ils en pouvaient rencontrer, sans qu'il fût possible de l'attraper pour en faire justice, et ainsi s'entrecherchaient ces deux familles avec une inimitié irréconciliable. Mais ce qui fortifia le plus les Lombat en leur méchanceté, fut que Pailles, quelque commandement qu'il eût, comme sénéchal, de les prendre et de leur faire leur procès, au lieu de les punir, s'en servit au siège de Foix, au mois de février, l'an 1562. Et depuis, les ayant supportés contre les Merciers, qui étaient de la religion, les envoya à Monluc, auquel ils firent bonne compagnie en toutes les pilleries et cruautés commises à Montségur; auquel lieu, faisant comme les autres, ils prirent deux jeunes filles fort bien instruites en la religion, qu'ils violèrent et emmenèrent en leurs montagnes, en intention d'en abuser à leur manière accoutumée; mais il en advint tout autrement par un singulier miracle de Dieu. Car au contraire, ces pauvres femmes désolées firent tant par leurs remontrances que ceux qui les avaient ainsi ravies, commencèrent à reconnaître et détester leur méchante vie passée, et prétant l'oreille et le cœur à ce qui leur fut dit, tant par ces deux femmes que par autres qu'elles envoyèrent quérir pour les enseigner, ils embrassèrent la religion à bon escient, les épousant en loyal mariage; et même, ayant appointé avec les Merciers, auparavent leurs ennemis, ils se vouèrent dès lors à la religion, à la vie et à la mort.

Tels étaient ces Lombat, alors qu'ayant défait le vicomte de Seres, ils se retirèrent en leur vieille tour; de quoi étant indignés ceux qui les avaient chéris, tandis qu'ils étaient brigands, et qui ne les pouvaient endurer étant devenus gens de bien, délibérèrent de les avoir à quelque prix que ce fût; et de fait ayant assemblé nombre d'hommes, les assiégèrent en espérance de les avoir pour le moins par famine, d'autant que l'artillerie ne pouvait être conduite contre leur tour. Mais les assiégeants furent les premiers affamés, ne leur pouvant être fournis vivres à suffisance, qu'avec un merveilleux travail. Ce néanmoins, les uns survenant au prix que les autres s'en retournaient, le siège continuait, là, où nous les laisserons pour cette heure pour revenir à Pamiers.

Nous avons dit que Rodes, le traître, était échappé des prisons, dont ceux de la justice qui étaient composés de l'une et de l'autre religion s'excusaient grandement. Mais le mal était très-grand en toute l'administration de la justice, surtout en la punition des crimes, en partie par la pusillanimité des juges, alléguant qu'il ne leur était licite de juger en dernier ressort; en partie, pour ce que parmi les armes il est difficile d'exercer la justice civile comme durant la paix. Ce désordre donc croissant, et attirant plusieurs maux qui demeuraient impunis, les plus gens de bien et les plus sages, prévoyant que cela ne pourrait durer, se délibéraient d'abandonner la ville, quand un gentilhomme de la Guyenne, nommé Brimont, de la prud'hommie et vaillance, duquel il a été parlé en l'histoire de Lectoure, étant arrivé à Pamiers, donna si bon ordre aux affaires, reprenant les uns, encourageant les autres, et faisant dresser potences partout, au nom de la reine de Navarre, que chacun reprit courage. Voyant cela, ceux de la religion romaine, commencèrent à pratiquer avec Pailles et autres, irrités aussi de ce que peu à peu leur service était empêché par les soldats ne se pouvant plus contenir. Mais étant tombées entre les mains de quelqu'un, certaines lettres, par lesquelles il apparaissait de l'entreprise faite pour introduire l'ennemi par l'intelligence des couvents, tout le mal éclata en un coup, après avoir longuement couvé; étant les soldats courus en un instant dans les couvents des quatre mendiants, lesquels incontinent après il ne se trouva un seul moine, soit qu'ils s'en fussent fuis tous à la fois, soit (comme il est beaucoup plus vraisemblable) qu'ils les eussent tués, acte cruel pour certain, et non convenable à la religion, pour laquelle ils se disaient porter les armes. Au bruit de cela, les chanoines et prêtres de la ville s'enfuirent à Foix, et furent leurs maisons, comme aussi celle de l'évêque, pillées, quoi que les ministres et Brimont, pussent dire ni faire.

Tôt après arrivèrent les nouvelles de la paix, aussi agréables aux gens de bien, que mal plaisantes à ceux de l'une et de l'autre religion, qui faisaient leur profit des calamités d'autrui. Par ce moyen, la guerre s'amortissait fort lentement, quand Dieu justement irrité, envoya une grêle sur le commencement de mai, sur tout le territoire de Foix et de Barbillières, là, où avaient commencé les armes l'année précédente, si terrible et si impétueuse et continuée par trois fois de huit en huit jours, qu'il ne demeura fruit ni verdure aucune sur le pays, non plus qu'en plein hiver; voire même plusieurs maisons furent entièrement découvertes. Cela fut interprété en diverses sortes, les uns confessant que c'était un juste jugement de Dieu, pour les cruautés et pilleries qu'ils avaient commises contre leurs concitoyens présents et absents; les autres au contraire disant que Dieu s'était courroucé de ce qu'on avait laissé rentrer par les villes, quelques-uns de ceux de la religion en vertu de l'édit de la paix. Mais tant y a que les chanoines de Pamiers, qui semblaient au commun peuple avoir amené cette grêle à leur queue, furent contraints, pour éviter la fureur de la commune, de sortir de la ville de Foix et se retià Mangansy. Les Lombat cependant étaient toujours assiégés en qualité de brigands, de sorte que personne ne les osait secourir. Eux d'autre part se défendaient à merveilles, n'étant céans qu'environ trente personnes. Il y avait une fontaine près de la tour, que les assiégeans avaient tranchée, comme l'assiette du lieu le pouvait porter. Ce nonobstant, ceux de dedans trouvaient façon de s'en servir jusques à ce que les assiégeants l'empoisonnèrent, jetants dedans du sublimé, avec du blé et plusieurs charognes. Enfin les Lombat, un second jour de mai, se voyant contraints de quitter la place, ayant percé la tour du côté par lequel l'ennemi ne la pouvait approcher, mirent au pertuis plusieurs canons d'arquebuses, chargées jusques à la gueule, puis ayant envoyé les femmes avec les soldats par certains passages entrecoupés, se sauvèrent à leur queue, après avoir mis le feu dedans un grand tas de bois qu'ils avaient expressément arrangé pour cela; de quoi s'apercevant ceux de dehors qui avaient plus d'envie d'avoir les dépouilles qu'ils pensaient être là dedans, que de poursuivre ceux qui se retiraient par chemins si fâcheux et raides, accoururent pour entrer et éteindre le feu. Mais plusieurs s'en trouvèrent bien mal, s'étant crevées les arquebuses chargées comme dit a été, dont plusieurs furent tués, et d'autres blessés. Les Lombat cependant avec leur troupe recueillaient plusieurs qui s'étaient retirés dans les cavernes de ces montagnes, qu'on estime avoir été autrefois des minières, étant merveilleusement longues et spacieuses, et qui ne servirent pas moins à plusieurs en ce temps-là, qu'autrefois à David, aussi fugitif les rochers d'Engaddi. Et enfin arrivèrent à Pamiers, là, où s'étant reposés quelques jours, et n'osant y séjourner davantage, s'en allèrent à Castres, où pour lors était la peste bien grande qui les contraignit de se retirer, en intention d'aller redresser leur tour, ou en bâtir une autre auprès. Mais voulant exécuter leur entreprise, ils moururent tous deux de peste; bien que quelques-uns aient estimé qu'ils se soient plutôt retirés en quelque pays étrange. Mais tant y a que jamais depuis ils n'ont été vus.

Au surplus, bien que l'édit de la paix eût été publié, et que dès le mois d'avril, Montauban eût été délivré, si est-ce que ceux du comté de Foix ne voulaient aucunement recevoir ceux de la religion. Mais étant advenu au Mas d'Azil, qu'étant refusée une troupe de ceux de la religion, ils s'étaient eux-mêmes fait ouverture, sans faire au demeurant aucun mal à personne ; les autres villes s'adoucirent peu à peu, comme fit aussi la ville de Foix, après avoir longuement résisté, nommément quant au château que le capitaine refusa de rendre à sa dame et maîtresse même depuis la paix.

LIVRE ONZIÈME.

CONTENANT LES CHOSES ADVENUES DANS LA VILLE DE LYON ET PAYS CIRCONVOISIN DU RESSORT DU PARLEMENT DE PARIS.

1562

Ceux de Lyon que nous avons dit en l'histoire du roi Henri, dès l'an 1551, avoir continué leurs assemblées secrètes, sous le ministère de Pierre Fournelet et Claude Monier, qui y fut brûlé en ladite année, poursuivirent ce nonobstant, ayant aussi reçu pour ministre, premièrement un nommé la Rochebouiller, et depuis encore, un nommé Semide, et conséquemment, un nommé Jacques Ruffi, provençal, s'accroissant toujours le nombre jusques en l'an 1561, auquel temps voyant comme en la plupart du royaume, et même en la cour du roi on prêchait publiquement, ils s'enhardirent de faire le semblable. Premièrement en la maison de Archimbault, près le temple de la Platière, puis trois jours après, au cimetière de Saint-Pierre, et de là en la maison de Martin Pontus, près de la maison de ville. Au même temps (à savoir le dix-neuvième dudit mois), arriva en la ville le comte de Sault, pour y commander en titre de lieutenant-général, en l'absence du maréchal de Saint-André, personnage de grande qualité, et dès lors non ennemi de la religion, désirant toutefois, en tout et partout, de se gouverner selon ce qui lui serait commandé. A son arrivée donc, il ne tint pas à lui que ceux de la religion ne se déportassent de prêcher en public. Mais il lui fut remontré par ceux de la religion, qu'il ne devait les presser davantage, que le roi ne pressait ceux de sa cour, lui offrant au reste toute obéissance. Si est-ce qu'il obtint d'eux qu'ils se déporteraient du lieu si proche de la maison de la ville, et lors furent achetés par eux, les fruits pour six ans de la maison du général de Bretagne, où se firent les assemblées, jusques à la publication de l'édit de janvier, y exerçant le ministère, avec Ruffi, le sieur d'Anduse, Jean l'Anglais, Paiani, Pagesi et Pierre Viret. Pour revenir au sieur de Sault, quelques jours après avoir fait retirer les assemblées en ladite maison, s'essayant de moyenner quelque manière de vivre entre les uns et les autres, tâcha de leur persuader de s'entr'assurer par quelques bonnes cautions; à quoi ceux de la religion s'étant accordés, et ayant offert caution de 400,000 écus, ceux de la religion romaine n'y voulurent entendre, s'excusant sur ce que la ville était composée de plusieurs étrangers pour lesquels ils ne pouvaient répondre. Etant donc les choses ainsi confuses, le comte de Crussol y arriva envoyé par le roi au pays d'en bas pour remédier aux troubles qui s'y élevaient, lequel fit tant avec de Sault, que ceux de la religion s'accordèrent de prêcher hors la ville, dans les faubourgs de la Guillotière ; mais nonobstant cela, et que le peuple suivant le commandement fait à cri public fut désarmé, les défiances continuaient, et sur cela fut apporté l'édit de janvier, avec lettres patentes du roi, qui portait expressément de remettre les prêches de ceux de la religion, dans les villes de frontières. Ce que craignit toutefois de Sault, d'exécuter en la ville de Lyon, s'y opposant ceux de la religion romaine, en laquelle difficulté le gouverneur se voyant délibéra avec le bon vouloir du roi, de se rendre fort dedans la ville pour empêcher quoiqu'il advint, que les uns ne se heurtassent contre les autres. Pour cet effet donc il envoya en Dauphiné, le capitaine Mormoiron, pour lui amener deux cents hommes, et en leva cinq cents autres dans la ville, à savoir trois cents de ceux de la religion romaine et deux cents de la religion, lesquels il distribua en telle sorte que ceux de la religion romaine eurent la garde des portes et chaînes, et des places plus importantes de la ville. Et quant aux deux cents autres, les faisant conduire, par un capitaine de sa maison, nommé Vertis, il s'en servait seulement pour faire escorte à ceux qui revenaient du prêche de la Guilloterie et pour la garde de la Platière, dont ceux de la religion se disaient avoir reçu plusieurs outrages par les bouchers et bateliers du quartier de Saint-Vincent. Et ainsi passèrent les affaires avec grande défiance de part et d'autre, sans notable tumulte toutefois, jusques aux nouvelles du massacre de Vassy, qui fut cause que, non seulement à Lyon, mais aussi beaucoup plus avant, ceux de la religion commencèrent à préparer tout ce qu'ils pensaient être nécessaire pour leur défense. Alors donc fut envoyé en diligence à Orléans, le capitaine Moreau, de la part des églises du Comtat Venaissin, de Languedoc, du Dauphiné et de Laon, pour entendre du prince ce qu'il leur commanderait pour le service du roi et repos du royaume, contre les transgresseurs de l'édit de janvier. Le prince renvoya incontinent en poste, ledit Moreau, ensemble le sieur de Grille, gentilhomme de la chambre du roi, et le capitaine Aisse, auparavant capitaine d'Aiguemortes, par lesquels il priait ceux de la religion de lui envoyer des forces, et notamment ceux de Lyon, et de se tenir assurés de la ville pour le roi, sous la charge du sieur de Sault, gouverneur en icelle, pourvu qu'il se contentât de ne tenir autres gens de guerre que de ceux de la religion. Ces trois gentilshommes, avec grand péril de leur vie, notamment en la ville de Bourges, où ils furent arrêtés quatre ou cinq heures, arrivèrent à Lyon, le pénultième jour d'avril, où peu s'en fallut qu'ils ne fussent découverts, étant menés par les gardes de la porte de Véze, audit seigneur gouverneur, qui les enquit soigneusement. Mais ils surent si bien répondre, qu'ils furent renvoyés pour s'en aller loger et rafraîchir pour ce soir ; mais leur rafraîchissement fut tel, qu'ayant envoyé quérir des principaux de ceux de la religion, auxquels ils firent entendre leur créance, et ayant trouvé leur cœur et leurs forces disposés, ils se délibérèrent de se saisir la nuit même de la ville sans plus attendre. Suivant donc cette délibération, aussi chaudement prise qu'exécutée, la providence de Dieu le voulant ainsi, le dernier jour d'avril à deux heures après minuit, sortant ceux de la religion, assaillirent les corps-de-garde, ordonnés à Saint-Nizier, et dans la maison commune, comme lieux les plus importants, qui se laissèrent surprendre sans peu ou point de résistance, n'y étant tué qu'une seule sentinelle, le capitaine du Perat, n'ayant eu le loisir de prendre ses chausses, qu'il ne fut arrêté dans le lit. Par ainsi se firent maîtres ceux de la religion, tant de la maison commune, que de l'église et clocher de Saint-Nizier. Au même instant ils forcèrent les églises des cordeliers et de confort, gagnant les clochers qui commandent aux places qui sont devant icelles, où ils logèrent de leurs forces. Ils surprirent pareillement la porte du Rhône, rompant les ferrures, et du côté de deçà l'eau, gagnèrent les places du Change et s'emparèrent des avenues du pont, sans que le corps-de-garde étant à Saint-Eloi, fit aucun devoir de se défendre, s'étant depuis excusé, le capitaine qui y commandait, sur ce qu'ayant envoyé de ses soldats frapper aux portes de Saint-Paul et de Véze, pour recueillir quelques bonnes forces, l'on avait répondu partout qu'on voulait garder sa maison, ce qui l'empêcha d'assaillir ceux qui avaient gagné les dites places du Change et du Pont. Le gouverneur oyant tout et n'ayant avec soi que vingt arquebusiers de garde, avec ses serviteurs et domestiques, envoya soudain de côté et d'autre, reconnaître que c'était, disposant ses gens, tant aux portes de sa maison, qu'autour du parapet des cloîtres de l'archevêque, quand arrivèrent vers lui bien étonnés, trois comtes de Saint-Jean, à savoir la Barge, le comte Marc et Chevrières, avec autres, la plupart armés de corcelets, lesquels ayant envoyé dehors appeler des forces, n'avaient su ramasser que sept hommes, chacun de ceux qui étaient appelés, répondant qu'ils voulaient garder chacun sa maison. Plusieurs du clergé arrivèrent puis après à la file vers le gouverneur, et les officiers du roi, aussi pour se sauver; par le conseil desquels, un nommé la Motte fut envoyé pour parler à ceux de la religion, qui lui envoyèrent le sieur Desplans, avec lequel il fut communiqué des moyens de quelque accord. Mais cependant ceux de la religion ne voulant perdre l'occasion, s'approchèrent plus près, braquant à chacune des portes du cloître, une grande couleuvrine et deux autres dans le jardin des célestins, vis-à-vis de l'archevêché. Quoi voyant lesdits comtes et quelques soldats de la ville, qui s'y étaient aussi venus sauver à la file, et qu'on avait assis pour la garde des dites portes, ils furent surpris de telle frayeur, qu'abandonnant tout ils se sauvèrent par la porte Saint-George. Le gouverneur ayant entendu cela, fit reserrer la porte Saint-George, étant demeurés avec lui les susdits, la Barge, le comte Marc et Chevrières, à l'instance desquels il permit que certaines reliques et autres ornements fussent logés dans une chambre de son logis, dont ils retinrent la clé, ne s'en étant voulu charger, et ainsi passa cette nuit jusques au matin que ceux de la religion, heurtant à la porte du cloître et se disant être seulement cinq ou six qui voulaient parler audit sieur gouverneur, y entrèrent, puis après à la foule, par la faute de ceux qui leur firent ouverture, et montant jusques à la chambre dudit gouverneur, après quelques brèves remontrances des causes qui les avaient émus à prendre les armes, lui demandèrent les trois comtes susdits, pour les emmener, afin de recouvrer quelques-uns de leurs ministres, prisonniers en Forêts. Ce que ne leur étant accordé par le gouverneur, qui leur dit que plutôt il serait lui-même fait prisonnier que de les lâcher, ils s'en retournèrent, et furent puis après ces comtes, envoyés hors de la ville en sûreté. Voilà en somme comme cette grande et tant peuplée ville de Lyon, fut saisie par petit nombre de gens et peu expérimentés, aidés de bien peu de gens de guerre, ayant titres de capitaines, comme entre autres du capitaine Brion du Dauphiné, Prau de Vivarets, Monségut, gascon, Cherverieu et Pisay, de la ville, comme aussi s'y portèrent vailllamment, entr'autres, Raucoules et la Jaquière. Mais entre tous est due principalement cette exécution au conseil et à la constance d'un des ministres, lequel entr'autres choses, modéra si bien le tout par une singulière providence de Dieu, qu'encore que cet exploit eût duré depuis après minuit jusques à huit heures du matin, il ne s'y trouva de morts que deux hommes, et tous deux de la religion romaine.

Or, étant donc la ville ainsi réduite entre les mains de ceux de la religion, la première chose qu'ils firent, fut d'aller au gouverneur, auquel, deux heures après midi, par la bouche d'un notable marchand, nommé Jean Darut, ils firent leurs excuses de ce qui était advenu, alléguant pour leurs raisons que, voyant comme ceux de la religion étaient traités en plusieurs endroits du royaume, et n'ignorant pas ce que le sieur de Maugeron et autres leur préparaient, dont ils avaient certains avertissements, ils avaient été contraints de prévenir leurs adversaires; auquel exploit, toutefois, chacun voit à l'œil qu'ils n'avaient procédé par vengeance, ni pour ravir les biens d'autrui, protestant au surplus ne s'être saisis des forces en intention de tenir la ville pour autre quelconque que pour le roi, leur souverain seigneur après Dieu, contre les perturbateurs de repos public, et notoires violateurs des édits dudit seigneur; priant au surplus ledit sieur gouverneur de demeurer en sa charge, et de leur commander, comme à ceux qui étaient prêts de lui obéir, autant que faire se pourrait et devrait. La réponse du gouverneur fut qu'ils ne se pouvaient excuser de rebellion, dont il avertirait le roi; et, quant à sa charge, que s'ils remettaient les armes entre ses mains, et déchassaient les soldats étrangers, alors, et non autrement, il reprendrait sa charge, et moyennerait envers le roi à ce que cette rebellion fût oubliée, et qu'ils fussent conservés selon les édits; et ne fut pour lors conclu ni résolu autre chose, ne voulant nullement ceux de la religion se désarmer. Le lendemain, tous les officiers de la justice, échevins de la ville et autres principaux bourgeois de la religion romaine, craignant d'avrir pis, prièrent très-instamment ledit sieur gouverneur de continuer en sa charge; qu'il ne leur voulut accorder, que toute la force ne lui demeurât entre ses mains. Ils vinrent donc jusques à protester contre lui, en son propre et privé nom; ce qui fut cause finalement qu'il promit de demeurer, et faire du mieux qu'il pourrait en la ville, attendant la réponse du roi sur le tout. Et, quant aux armes, ceux de la religion romaine consentirent qu'ils demeureraient entre les mains de ceux de la religion, avec lesquels ils contribueraient pour l'entretenement de douze cents hommes de guerre, sous la charge de six capitaines, tous choisis de la religion, par lesquels, avec approbation du gouverneur, fut fait un certain réglement pour la tuition et la tranquillité de la ville. Deux jours après, arrivèrent les capitaines Blacons et Condourcet avec quelques gentilshommes et leurs compagnies. Le même jour au soir, arriva aussi François de Beaumont, sieur et baron des Adrets, auxquels les susdits capitaines Grille, Aisse et Moreau, ayant fait entendre l'intention et charge qu'ils avaient du prince, pour le service du roi, et conservation des provinces du Dauphiné, du Comtat, de Provence et Languedoc, partirent par eau, dès le lendemain, pour exécuter leur charge, non sans avoir donné avertissement au prince, de l'état auquel ils laissaient la ville de Lyon. Le baron des Adrets était auparavant colonel des légionnaires de Lyonnais, Dauphiné, Provence et Languedoc, homme vigilant au possible, hardi et heureux entrepreneur, et vraiment doué de plusieurs qualités réquises en un grand capitaine, mais au reste extrêmement ambitieux et cruel; lesquels deux vices obscurcissaient le lustre de ses autres vertus, et finalement lui eussent fait perdre conscience et réputation. Tant y a que s'étant trouvé à Valence en Dauphiné, le vingt-huitième d'avril, qui fut le lendemain de la sédition en laquelle la Motte-Gondrin avait été tué, comme il est dit en l'histoire du Dauphiné, il fut du vouloir et par l'avis de le noblesse de la religion, choisi pour avoir le maniement des affaires, en attendant plus ample déclaration du prince, si, d'aventure, il n'avait cela pour agréable. Des Adrets donc sur cela, sitôt qu'il eut entendu ce qui était advenu à Lyon, ne faillit d'y accourir, et bien que ceux de la ville ne lui eussent baillé aucune charge, si est-ce qu'il étendit son élection jusque-là, sans qu'eux s'y opposassent, voyant qu'il était homme d'exécution, et présupposant, qu'après leur avoir donné son avis de ce qui serait de faire, il s'en retournerait de Dauphiné. Mais du premier coup il s'empara de toute autorité, ordonnant et faisant tout à son appétit. Quoi voyant, ledit sieur de Sault, après avoir temporisé quelque temps, obtint congé du roi pour s'en retourner en sa maison. Ce qu'il fit, le dernier de juin 1562, bien que le capitaine Moreau lui eût amené, dès le quinzième de mai, deux cents bons hommes de pied et quelques hommes de cheval, levés dans les propres terres d'icelui. Environ le même temps, arrivèrent aussi à Lyon, envoyés d'Orléans, de la part du prince, les sieurs de Poncenat et de Changy, gentishommes de bon lieu et honorables; l'un, à savoir Poncenat, pour commander aux gens de cheval, et Changy, pour les gens de pied, en état de maître-de-camp; ce qui pensa causer dès lors quelque divorce, mais le tout fut appaisé par la modestie de Changy, lequel se contenta d'être envoyé pour gouverneur à Talence, demeurant la maîtrise de camp à Blacons, et fut la ville de Lyon désignée pour lieu principal, dont se prendrait le conseil et la force pour la conservation tant du Dauphiné que des autres pays circonvoisins, sous le gouvernement de des Adrets, duquel Blacons fut fait lieutenant, en son absence, d'autant que le baron des Adrets allait et venait avec une extrême diligence en divers lieux. Mombrun donc, le quinzième jour de mai, fut à Châlons, dont l'issue fut malheureuse, comme est dit en l'histoire des Mâconnais, et peu après, les capitaines Moreau et Verty furent aussi envoyés à Mâcon, qui était demeurée dépourvue, dont étant retournés, il leur fallut aussitôt aller à Villefranche, à savoir, Verty avec sa compagnie de cent soldats, et deux coulevrines bâtardes, et Moreau avec sa troupe de gens à cheval, accompagnant Blacons, outre cinquante hommes de cheval, conduits par le capitaine, baron de Villeneuve de Berc, l'exploit desquels est déclaré en l'histoire du Mâconnais. Tôt après, des Adrets étant parti pour assaillir Maugiron en Dauphiné, Blacons, son lieutenant dedans Lyon, averti que le baron de Saint-Vidal, et autres gentilshommes d'Auvergne, avaient assemblé grand nombre de gens du plat pays, pour tenir les champs, et pour faire le dégât à l'entour le pays de Lyonnais, y envoya Poncenat pour les combattre, accompagné du capitaine Montferrier, son neveu, seulement avec environ cinq cents hommes, lesquels, encore que leurs ennemis fussent en nombre de trois à quatre mille, (mais quasi tous paysans et autres gens mal aguerris) leur donnèrent la chasse, et en firent tel carnage, qu'ils en délivrèrent tout le pays, et poursuivit, Poncenat, sa victoire jusques en Feurs, l'une des principales villes de Forêt, en laquelle, le sieur de Saint-Prye et autres gens de nom, lui voulant faire tête, furent tellement repoussés en une escarmouche, que les uns gagnèrent le haut, les autres furent assiégés en la ville, laquelle ayant, ledit Poncenat, assiégée et forcée, il la garda jusqu'à la prise de Montbrison, comme il sera dit ci-après. Ceux de Mâcon, environ ce même temps, ayant demandé secours à Lyon, obtinrent pour gouverneur le capitaine Entraigues, avec cent arquebusiers, conduits par le capitaine Saint-Louis, et quelques pièces de campagne, lesquelles y firent très-bien leur devoir, ayant repoussé Tavanes, à son grand déshonneur, comme il est dit en l'histoire des Mâconnais. Pendant ces exploits de Blacons et Poncenat, en Forêt, des Adrets fit merveilles en Dauphiné, contre les commis de Sommerive, Suze, Carses, Maugeron et autres, puis retournant à Lyon, sur le commencement de juillet, délibéra d'assaillir deux places de Forêt, à savoir Mouron et Montbrison; pour lequel exploit il employa quasi toutes ses forces avec celles de Vivarais, ayant laissé à Lyon, pour gouverneur en son absence, le sénéchal de Valentinois, homme de lettres et non de guerre. Cela mécontenta fort les Lyonnais, outre plusieurs autres départements, ne voulant des Adrets faire à sa fantaisie, de sorte qu'ils importunaient fort le prince de leur envoyer quelque seigneur de marque, pour mieux conduire les affaires. Des Adrets cependant, poursuivant son entreprise, prit les places qu'il prétendait, comme aussi elles n'étaient de grande résistance, ni munies de forces. Mais le seizième de juillet, il usa d'une cruauté qui fit grand tort à ses victoires et réputation, ayant fait précipiter de sang-froid, et comme pour passe-temps, après-dîner, plusieurs prisonniers du sommet de la haute tour de Montbrison, entre lesquels même il y avait quelques gentilshommes de nom. Ce fut au grand regret de Blacons et Poncenat et des autres capitaines, qui firent tout ce qu'ils purent pour l'en détourner, alléguant des Adrets qui était dans une merveilleuse furie, que les ennemis en avaient fait cent fois autant à Orange, et que le moyen de faire cesser tels actes, était de leur rendre la pareille. De là, il tourna vers le Puy en Auvergne, mais il ne fit que passer, se retirant à Lyon, où il trouva les choses changées. Car ayant le prince failli à combattre ses ennemis à Talsi, près de Beaugency, comme il est dit en l'histoire d'Orléans, et voyant, après la surprise de Blois, qu'il ne pouvait faire tête en campagne à ses ennemis, renforcés nouvellement de reistres et lansquenets, il délibéra de se mettre sur sa défensive, envoyant le sieur de la Rochefoucault, en Poitou, le sieur de Duras, en Guyenne, le sieur d'Andelot, en Allemagne, pour lui amener nouvelles forces en toute diligence, et pour commander à Lyon, le sieur de Soubise, chevalier de l'Ordre, plein de conseils et d'expérience tout ensemble. Soubise donc y étant arrivé le dix-neuvième dudit mois de juillet, (non sans avoir échappé de grands dangers en chemin), au même temps que des Adrets retournait de Forêt, après lui avoir déclaré sa charge, lui fit quelques douces remontrances touchant cette cruauté ; et d'abondant déclara à toutes gens de guerre ayant charge et soldats, que ceux qui en voudraient faire autant eussent à se retirer de Lyon, sous peine d'être châtiés. Sur quoi, des Adrets au commencement ne put dissimuler son mécontentement, mais ayant entendu l'intention du prince, tant par lettres que par la bouche de Soubise, il se rapaisa, délibérant quant et quant d'aller besogner en Dauphiné, où il était appelé par Mombrun, ce qu'il fit, menant avec soi quatre des plus belles compagnies françaises, et une de cent Suisses pour sa garde, toutes bien armées et payées pour un mois ; ce que Soubise lui accorda gracieusement, pour ne l'irriter, et au-contraire l'incita de faire de bien en mieux. Ce qu'il promit, et partit en apparence fort content dudit sieur de Soubise, et fit merveilles, puis après, étant descendu en diligence contre Suze, au secours de Mombrun, comme il est dit en l'histoire du Dauphiné. Quelque temps devant l'arrivée du sieur de Soubise, ceux de Lyon avaient surpris une lettre du roi de Navarre au sieur de Sommerive, lieutenant du comte son père, au gouvernement de Provence, par lesquelles il lui mandait qu'il assemblât toutes les plus grandes forces qu'il pourrait en Provence, pour icelles jointes avec celles que Maugeron lèverait en Dauphiné, et Tavanes en Bourgogne et lieux circonvoisins, empêcher la ville de Lyon de faire la cueillette, et l'assaillir de toutes parts. D'autres lettres de Tavanes, écrites à Sommerive et aux autres chefs des provençaux, furent surprises, par lesquelles il exhortait à faire diligence, comme il promettait de faire de sa part. Sur ces avertissements, ceux de Lyon firent tant, qu'il leur fut accordé huit enseignes de la ville de Berne, trois de Neufchâtel et quatre des Valesans, faisant nombre de cinq à six mille hommes, aussi bien armés et équipés qu'il en sortit jamais de ce pays-là, avec certaines conditions portées par la réponse desdits seigneurs de Berne, le onzième de juillet, à savoir qu'ayant entendu la requête à eux présentée par Jean Freslon, libraire de Lyon, à ce commis, pour leur accorder une levée de huit enseignes, tant pour la défense de la ville de Lyon, que pour secourir leurs circonvoisins fidèles, eux s'arrêtant au premier point du secours de Lyon, sans accepter le second, de passer outre, leur répondait que la difficulté du temps et leur propre danger les gardaient de leur donner secours par élection et commandement ; mais que, présumant que quelques-uns de leurs sujets, accoutumés de suivre les guerres par le passé contre leurs défenses et édits, oyant ce commun bruit de guerre, s'enleveraient pour la suivre, leursdits commis les pourraient attendre à Genève, pour les mener à leur secours, entendant que ce fût pour la défense et conservation de ladite ville, afin qu'elle ne fût foulée ni oppressée comme quelques autres dépourvues de garnison. Puis donc, que ladite levée était venue en effet s'arrêtant à cette intention, ils avaient fait commandement aux capitaines conducteurs desdites enseignes, à peine de corps et biens et honneurs, qu'ils eussent à suivre leur dite limitation, et être et demeurer en garnison audit Lyon, pour y faire cet honneur au roi, et service de garder et préserver de tout leur pouvoir la ville et les habitants d'icelle, des inconvénients advenus en d'autres villes desgarnies d'aide, durant ces troubles de France, jusques à ce qu'il plût à Dieu rétablir la paix du royaume, et de dresser les moyens que sa majesté puisse constituer sa ville de Lyon et autres en l'état de paix et tranquillité, contre les cruels assauts de ceux qui, jusques alors, les avaient tant tourmentés. Partant, ils avaient enjoint auxdits capitaines et conducteurs de se déclarer de ce que dessus à tous demandant raison de leurs entreprises, à savoir qu'ils ne portaient les armes contre le roi, ni aucuns de leurs alliés et confédérés; mais leur intention n'était autre que de garder la ville de Lyon, de force et violence, de quoi il les avait bien voulu avertir, afin qu'ils eussent pour excuses lesdits capitaines et conducteurs, s'ils refusaient d'être autrement employés; les leur recommandant, au surplus, et priant se contenter d'un tel service, sans les importuner outre leur vouloir et intention; qui n'était, qu'eux ni les leurs entreprissent acte d'hostilité contre la couronne de France. Suivant donc cette résolution, ces compagnies, auxquelles s'étaient adjoints, à Genève, cent hommes de cheval, en fort bon équipage, étaient déjà à Sardon en Savoie, lieu distant de Lyon, de journée et demie, quand le sieur de Soubise arriva à Lyon; lequel, trouvant étrange cette capitulation, renvoya à Berne, remontrant que pour garder Lyon, il n'était besoin de s'enclore de murailles, mais de tenir la campagne, pour favoriser la cueillette et envitaillement, et faire tête aux ennemis qui s'assemblaient à Châlons pour leur ôter toute commodité. A quoi fut finalement répondu par lesdits seigneurs de Berne, qu'ils accordaient que leurs gens allassent là par où il serait besoin, seulement pour la sûreté et défense de la ville de Lyon, et pour la cueillette. Cela fut cause qu'au lieu de se loger dans la ville, ils marchèrent vers Mâcon, avec autres forces commises à Poncenat, disant, ceux de Neufchâtel et les Valaisans qu'ils iraient par tout où l'on voudrait, et promettant aussi, quelques particuliers des Bernois de se débander, s'ils étaient rappelés par leurs supérieurs, et faire bon service en tous lieux pour la querelle de la religion. Cela mettait Soubise en quelque espérance d'en envoyer jusques à quatre mille à Orléans, au secours du prince, envoyant d'autre côté à Strasbourg, pour essayer d'avoir quelques reistres pour leur escorte. Mais tout cela fut rompu par la surprise de Mâcon, ainsi qu'il est dit en son lieu. D'autre côté, Soubise ayant pourvu à plusieurs défauts qu'il trouva au gouvernement du dedans de la ville, tant en la police qu'en la justice, et notamment à ce qu'elle ne fût dépouillée du reste de plusieurs grandes richesses, dont les ennemis qui étaient dehors se prévalaient, en les tirant par faveurs et corruptions, envoya quelques compagnies au pays de Forêt, pour amener des blés sans laquelle provision, la ville s'en allait affamée. Blacons en était le conducteur, lequel, ayant pris l'abbaye de la Chaise-Dieu, y laissa en garnison Monjoux, son beau-frère, et alla jusques en la ville de Puy en Auvergne, où il ne fit rien, par faute d'artillerie; joint qu'il avait en tête les forces conduites par Saint-Eran, Saint-Chaumont, Saint-Vidal et autres : lesquels reprirent ladite abbaye, et contre la composition faite avec Monjoux, l'envoyèrent prisonnier à Ryon, où il demeura longuement, et fut très-inhumainement traité. De là, ils furent à Saint Saphorin, où était le capitaine Chastelus, qui fit quelque mine de tenir, mais se retira puis après, sans attendre le secours qui lui était envoyé, de sorte que l'ennemi y entra à son aise. Cependant, on n'oubliait de pratiquer Soubise, pour lui persuader de remettre Lyon entre les mains du roi, comme portaient les lettres qu'on lui écrivait; mais comme il était sage et avisé, il savait bien aussi faire telles réponses qu'il appartenait, déclarant qu'il ne la tenait point contre le roi, et qu'on ne la pouvait commettre pour ce temps-là en meilleure main que la sienne, pour la lui bien garder. En ces entrefaites, ceux qui faisaient cette guerre, sous le nom du roi, envoyèrent Mandozze en Suisse, pour se plaindre aux Bernois, comme contrevenant au traité perpétuel des ligues avec la couronne de France, et pour les prier de rappeler leurs gens. A quoi leur fut faite ample réponse, contenant en somme que leurs gens n'étaient point envoyés par leur commandement, mais que ne les pouvant empêcher d'aller à la guerre, ils les avaient toutefois amenés à ce point, de leur faire jurer et promettre de ne faire autre exploit que de garder la ville de Lyon d'être forcée ou pillée, comme plusieurs autres villes ; en quoi ils estimaient faire un grand service au roi, tant s'en fallait qu'ils eussent prétendu contrevenir au traité de paix perpétuelle ; maisque, ce néanmoins, ils renverraient quérir leurs gens, puis qu'ils entendaient que le roi n'avait à gré ce qu'ils en avaient fait. Suivant donc cette résolution, furent envoyés à Lyon deux de leurs conseillers, à savoir, les seigneurs Nicolas de Grafenried et Jérôme Manuel, qui donnèrent à entendre tout ce que dessus au sieur de Soubise, lequel ils priaient se souvenir à quelle condition leurs gens leur avaient été envoyés, et que, sitôt que le terme de leur service serait expiré, ou bien que dès lors, s'ils s'en pouvaient passer, ils les contentassent, et leur baillassent congé de s'en retourner. Soubise leur accorda cela très-volontiers, d'autant qu'il n'en avait que faire pour la garde de la ville. Et pourtant, étant reçus dans la ville, deux jours après, il leur fit faire monstres et les congédia dès le lendemain. Ce néanmoins, les capitaines des Valesans et de Neufchâtel, sous la charge de Peter Ambiel, leur colonel, se rangèrent sous six enseignes, ayant fait nouvelle capitulation, et demeurèrent à Lyon, où ils firent depuis de très-bons services. Ce département des Suisses ne plut pas à tous les habitants de Lyon, qui pensaient par ce moyen être abandonnés en proie aux ennemis, de sorte que plusieurs d'iceux sortirent avec les Suisses, abandonnant la ville; les uns, sous couleur d'accompagner quelques marchandises baillées aux Suisses pour en faire argent et en fournir leur paiement, les autres, feignant d'aller à leurs granges, sortant à pied comme pour voir passer les Suisses; de quoi étant averti Soubise, tant s'en fallut qu'il en fût marri, que même il dit publiquement que tous ceux qui avaient peur, lui feraient plaisir de sortir après les autres, laissant toutefois bons gages après eux, pour la défense de leur patrie qu'ils abandonnaient.

Peu de jours après, Tavanes, faisant son compte d'assaillir Lyon à bon escient, s'approcha jusques à Anse à trois lieues de la ville de Lyon et non plus près ; attendant sa grosse artillerie de Châlons et le secours des Italiens, au-devant desquels arrivés à Mâcon en nombre d'environ trois mille sous la charge du comte d'Anguesole, il alla jusques à Belleville dont il les amena en son camp où se trouvèrent aussi les troupes de Saint-Chaumont, grand prieur d'Auvergne. Ce néanmoins, il ne s'approcha pas plus près de la ville, à l'entour de laquelle, vers la porte appelée de Vèze, se firent plusieurs belles escarmouches durant le séjour de Tavanes à Anse, qui fut d'environ un mois, empêchant ceux de Lyon de faire leurs vendanges, excepté les lieux les plus voisins de la ville. En ces entrefaites, la reine-mère écrivit derechef à Soubise par le sieur de Monchenu, le neuvième de septembre, le conviant à rendre Lyon qu'elle estimait être en danger d'être saccagée. A quoi Soubise fit réponse que c'était au roi qu'il la gardait et garderait tant qu'il y aurait commandement. Ce qu'entendant, ceux de Guise y envoyèrent le duc de Nemours avec nombre de cavalerie et les reistres du comte de Roquendoff, estimant que Tavanes se contenterait de demeurer sous ledit de Nemours : en quoi ils furent déçus. Car étant Nemours arrivé au camp, le quinzième de septembre, Tavanes mal content, ou plutôt, comme il était un homme prévoyant les choses de loin, étant bien aise d'avoir quelque occasion de se retirer de ce siège, dont il n'attendait aucune issue qui fût à son honneur, sachant la force des assiégés et la vigilance de Soubise, se retira en son gouvernement de Bourgogne. Nemours donc recueillit toutes les forces de ce camp jointes aux siennes, et il tira droit en Dauphiné, où se firent plusieurs exploits dont nous parlerons en son lieu. Mais le comte d'Anguesol, se plaignant qu'il n'était payé, se retira dès-lors, hormis six enseignes qui accompagnèrent Nemours sous la charge de Braucaccio. Ces troupes d'Italiens envoyés et soudoyés par le pape firent beaucoup de maux par où ils passèrent, et pillèrent jusques aux souliers des pauvres ladres qu'ils trouvaient, et au reste si vilains et détestables en leur vie qu'ils traitaient avec eux des chèvres pour s'en servir à leurs vilenies plus que brutales, qui fut cause que puis après en tous les lieux par où ils avaient passé, les chèvres furent tuées et jetées en la voirie par les paysans. Pendant le séjour de Nemours à Vienne qui lui fut rendue par le capitaine Bernin, comme il sera dit en l'histoire de Dauphiné, les vivres devenaient fort courts à Lyon. Pour à quoi remédier, Soubise tâcha d'obtenir des habitants la solde de deux ou trois cornettes de reistres, avec lesquels, joints à sa cavalerie et autres forces, il se promettait de pouvoir tenir la campagne et envitailler la ville. Ce qui lui étant refusé par ceux qui se disaient avoir été épuisés d'argent par les Suisses, et sachant que Mouvans et Senas, par faute de secours ayant été contraints d'abandonner Sisteron, comme il sera dit en l'histoire de Provence, s'étaient retirés du côté de Pragela avec bon nombre de bons et braves soldats provençaux, endurant grande nécessité, et en grand danger d'être perdus, il leur écrivit ensemble à des Adrets qui était au pont Saint-Esprit, afin de le venir trouver en telle nécessité. Suivant donc cette délibération, des Adrets, avec trois ou quatre cents argoulets, n'osant entreprendre d'amener des gens de pied parce que quasi toute l'armée de Nemours était logée près des lieux où il voulait passer, se mit en chemin sans attendre les Provençaux. Mais il ne sut achever son voyage si coiement ni si diligemment qu'auprès de Beaurepaire il ne fût chargé de toute la cavalerie de Nemours, laquelle finalement le mit en déroute. Si est-ce qu'il entra dans Lyon avec la plupart de ses gens ; et bien que ses argoulets prissent la fuite, toutefois il se trouva que Nemours y perdit plus qu'il n'y gagna. Quant aux Provençaux, ils avaient tiré à Grenoble, et avertis de laisser leur droit chemin, tournèrent vers Cremieu, là où ayant séjourné une nuit seulement, et reçu l'escorte envoyée de Soubise, finalement ils arrivèrent à Lyon en sauveté, comme il sera déduit en son lieu. Outre ces forces, Soubise dépêcha à Orléans, et d'autre part aussi, au sieur de Andelot, sur les confins d'Allemagne, le capitaine Bataille pour avoir trois cornettes de reistres qui devaient être conduites par la Bourgogne en toute sûreté par ledit Bataille, sachant fort bien tous les détroits et chemins, se délibérant avec ces forces de combattre Nemours avec grande espérance de victoire ; pour lequel effet aussi il fit à Lyon trois fontes d'artillerie, à savoir quatre canons, douze grandes couleuvrines, et le reste de moyennes et bâtardes ; mais il ne put obtenir ce qu'il demandait, tant pour ce que les reistres refusèrent de prendre le hasard du chemin en si petit nombre, que pour être pressé le prince à Orléans de secourir Roüen s'il était possible, écrivant de jour à autre à Andelot qu'il le vînt trouver avec toutes ses forces, et en diligence. Étant les affaires de Lyon en ces termes, Soubise voyant qu'il n'avait faute de capitaines, mais bien de soldats, pour faire son renvitaillement, fit tant que des Adrets fut content de repasser en Dauphiné pour lui amener plus grandes forces, tant de pied que de cheval, le priant Soubise de ne faillir de l'avertir quand il approcherait, afin qu'il ne lui en prît comme à l'autre fois par faute d'avoir été fortifié de cavalerie. Des Adrets, arrivé en Dauphiné, fit telle diligence qu'il assembla de quatre à cinq mille hommes de pied et environ quatre cents chevaux, avec lesquels sans avertir Soubise (en quoi il fit une grande faute) étant près de Beaurepaire, il fut derechef chargé comme l'autre fois de toute l'armée de Nemours, où il eut un grand combat pour quelque peu de temps. Mais une partie de l'infanterie de des Adrets, et mêmement sa cavalerie, ne s'opiniâtra guère au combat, prenant la route de Lyon, où ils donnèrent un grand effroi. Ce nonobstant, des Adrets, ralliant ses gens, gagna Bourgoing, et puis après Cremieu où il fut mal suivi de Nemours, qui perdit lors une belle occasion de le défaire du tout, et advint cette route le dix-neuvième d'octobre. Soubise, averti le même jour de ce fait par lettres de des Adrets même, qui l'assurait n'avoir perdu gens ni bagages, et, qui plus est, que le sieur de Mirabel avec dix ou douze gentilshommes et environ soixante soldats partis de Romans, l'étant venu trouver bien à point, et ayant laissé derrière eux plus de trois cents chevaux qui devaient bientôt arriver, le refoulait d'aller vers l'ennemi le plus près qu'il pourrait, demandant seulement des vivres en attendant qu'il eût loisir d'en dresser quelque état. Soubise, dis-je, entendant ces choses et ne voulant perdre une si bonne occasion de recouvrer des vivres, lui envoya aussitôt les deux mille Suisses qu'il avait sous la charge d'Ambiel, et environ trois mille hommes de pied, Français, conduits par

Senas, avec trois cents chevaux, sous la conduite de Poncenat et Mouvans, le priant de planter son camp entre Lyon et Vienne, afin que sous sa faveur il pût retirer le plus de blé qu'il pourrait du pays de Dauphiné. Des Adrets donc, plantant son camp dans les villages de Saint-Sainphorien et Tenay à deux lieues près de Vienne, où il séjourna l'espace de trois semaines, durant lesquelles se firent plusieurs belles escarmouches, dans lesquelles ceux de Nemours eurent toujours du pire, comme il sera dit en l'histoire de Dauphiné. Étant les affaires en tel état, à savoir Nemours avec son armée ayant des Adrets devant soi, et Soubise donnant ordre cependant à ce qui était nécessaire pour avoir du blé, advint qu'un certain messager que Soubise avait envoyé vers l'amiral à Orléans, portant lettres tant de lui que du cardinal de Châtillon, étant pour lors en Languedoc avec le comte de Crussol, au lieu de s'en revenir à Lyon avec la réponse de l'amiral, porta le tout au maréchal de Brissac, sous lequel il avait autrefois été soldat. En cette dépêche de l'amiral, il y avait une lettre contenant sur ce qui lui avait été écrit des déportements de des Adrets, qu'il fallait endurer le plus qu'on pourrait de ses bouillons, et l'entretenir de le faire devenir d'insolent du tout insensé; ce qu'ayant lu Brissac, il ne faillit d'envoyer en poste un gentilhomme de Dauphiné, nommé Saint-Sernin, premièrement vers Nemours, lui ouvrant ce moyen pour pratiquer des Adrets, et de là vers des Adrets même, auquel il écrivit des lettres que nous insérerons en son lieu.

Ainsi que ces choses avaient été projetées, elles furent aussi exécutées, tellement que dès-lors des Adrets commença d'être gagné; mais la providence de Dieu et la vigilance de Soubise pourvurent à tout, car Soubise, le lendemain que Saint-Sernin était venu parler à des Adrets, étant venu en personne au camp, tant pour le visiter que pour communiquer avec des Adrets de quelque entreprise, il aperçut tantôt parlant à lui qu'il avait quelque étrange délibération en son entendement, ce qu'il déclara en partant pour s'en revenir à Lyon à quelques gentilshommes, les priant d'avoir l'œil sur lui, et de l'avertir de tout ce qu'ils en pourraient découvrir, dont ils s'acquittèrent fidèlement depuis, comme il sera dit en l'histoire de Dauphiné.

Des Adrets donc, après avoir communiqué avec Nemours tant par personnes interposées qu'en présence, rompit son armée, et tout aussitôt Nemours, tant pour faire semblant qu'il ne prétendait qu'à la ville de Lyon, bien qu'à la vérité il s'attendît bien d'être bientôt en possession de tout le Dauphiné, se vint loger à Saint-Genis, à une bonne lieue de Lyon, empêchant par escarmouches qu'aucuns vivres n'y entrassent; et attendant que le terme assigné pour le mettre dans Romans et Valence fût échu, monta jusques à Villefranche, et mit garnison partout le pays de Dombes, de sorte qu'il ne pouvait sortir homme par la porte de Lyon nommée de Saint-Sébastien, qu'il ne fût en grand danger. Davantage, en ce même temps, le capitaine Saint-Auban, revenant du camp du prince avec quelques autres capitaines et soldats, jusques au nombre de quatre-vingts chevaux, fut défait et pris avec son fils sur la montagne de Tarare, mais, peu après, lâché par Nemours, auquel il laissa son fils en otage, tellement que Soubise n'était pas sans grande perplexité pour le défaut de vivres qui le menaçait. Bref, sans que la providence de Dieu y remédia d'une étrange façon, c'était chose assurée que Lyon eût eu beaucoup à souffrir. L'intelligence donc d'entre Nemours et des Adrets, par laquelle Nemours espérait venir à bout de toutes choses, fut cause que Nemours, s'assurant d'avoir Dauphiné et puis Lyon, n'eut ni l'un ni l'autre; car étant venu le temps de l'assignation, Nemours revenu à Saint-Genis tira droit à Vienne avec son armée qu'il ne pouvait pas départir en deux sans être trop faible. Ce qu'ayant su Soubise, comme il n'avait faute de bons espions, fit sortir aussitôt, et comme à point nommé, trois mille hommes de pied, et de trois à quatre cents chevaux, pour lui amener du blé de Dombes. D'autre part, il dépêcha les capitaines Mouvans et Cléry en Dauphiné, avec charge de se saisir du baron des Adrets, suivant l'avertissement que lui en avaient donné les gentilshommes qu'ils lui avaient mis à la queue pour veiller sur toutes ses actions, ce qui sera plus amplement déclaré en son lieu. Ceux qui furent envoyés en Dombes, tant pour avoir vivres, que pour nettoyer tout le pays des garnisons que Nemours y avait laissées, firent ce qu'ils voulurent sans grande résistance, d'autant que toutes les garnisons, aussitôt qu'elles eurent entendu quelles forces étaient en pays contre eux, abandonnèrent lâchement les places, hormis quarante hommes qui entreprirent de garder le château de Trévoux, lequel, toutefois, fut forcé par le capitaine Moreau. Ce que voyant ceux de dedans, gagnèrent une tour à trois voûtes, d'où ils se défendirent tellement, étant montés par une échelle sur le plus haut étage, et ne se voulant rendre à composition qu'on leur offrit, qu'on fut contraint par le moyen d'un caque de poudre de les faire tous sauter et ensevelir en la ruine de la tour. Cela fait, furent amenés environ cinq mille charges de blé dans Lyon, dudit pays de Dombes, pour mettre au magasin, avec bonne assurance du paiement à ceux à qui on l'avait pris. Nemours donc, voyant l'entreprise de Dauphiné faillie, et même le baron des Adrets arrêté prisonnier, ayant aussi entendu quel nombre d'hommes était sorti de Lyon, écrivit à Saint-Chaumont (lequel avec l'évêque du Puy avait assemblé quelque bon nombre d'hommes) à ce qu'il entreprit d'y donner une escalade, avec grande apparence d'y entrer, vu le petit nombre de soldats restés au dedans. Mais Soubise en étant bien averti, jusques à savoir la nuit qu'ils devaient venir, donna si bon ordre à toutes les advenues, que Saint-Chaumont l'ayant aperçu, n'osa jamais approcher la muraille de cinq cents pas. Voyant cela, Nemours, retourné à Saint-Genis, délibéra lui-même de bailler une escalade par le côté de Saint-Just, dès le premier soir de son arrivée, dont Braucaccio eut la charge avec ses Italiens. Ils gagnèrent les faubourgs sans combattre, parce qu'ils étaient abandonnés; mais ainsi qu'ils se persuadaient d'être tous riches, et d'avoir tout gagné, Soubise arrivé à la porte, après avoir tout mis en bon état du côté des murailles, fit une saillie sur eux si rude et si âpre, qu'ils délogèrent encore plus habilement qu'ils n'y étaient entrés. La même nuit, les autres forces donnèrent à un quartier des tranchées, où on dit que Nemours se trouva en personne, et se mit à pied. Mais voyant le bon nombre d'hommes qui étaient sur les tranchées, tous prêts à le recevoir, il se retira, laissant les échelles dans les vignes avec grande confusion. Sur cela, voyant Nemours qu'il était débouté de cette entreprise, et que cependant la ville s'envitaillait, fit quelque semblant de tirer à Mâcon, d'autant qu'il n'avait autre moyen de passer la rivière pour aller en Dombes, à cause que ceux que Soubise y avait envoyés avaient retiré tous les bateaux de leur côté. Mais Soubise, prévoyant cela, fit retirer ces gens tout à temps, qui lui amenèrent les bateaux tous chargés de vivres ; outre cette provision, encore fit-il en sorte que monsieur le duc de Savoie fut content, pour avoir du sel dont il avait grande faute en ces pays, de lui fournir deux mille charges de blé. Et n'eût été la cherté du grain qui lors était bien grande en Savoie, il en eût bien eu davantage. Nonobstant cela, Nemours s'opiniâtra de tenter encore une escalade du côté de Saint-Just et de Loiasse, faisant aussi monter des bateaux par le Rhône, pour faire descendre des gens dans le pré d'Esnay, pour ce que de ce côté-là les tranchées et boulevarts étaient fort bas et sans fossé, et pensait bien que, s'il avait moyen de faire descendre gens dans le pré, il forcerait aisément les tranchées, mêmement assaillant la ville par plusieurs endroits, après avoir averti quelques-uns, avec lesquels il avait intelligence dans la ville, de s'élever soudain qu'ils entendraient l'alarme. Soubise, averti de tout ce que dessus, fit mettre la moitié de toutes les compagnies en garde et tenir prête l'autre moitié en leurs quartiers ; fit aussi marcher la cavalerie en armes et toute la nuit par la ville, pour empêcher qu'aucun traître ne s'élevât ; outre cela mit bon nombre d'artillerie sur les remparts du côté d'Esnay, gardée par bon nombre de gens de pied, avec commandement de laisser descendre les ennemis dans le pré sans les empêcher, jusques à ce qu'il y fût arrivé. Outre tout cela, il envoya des gens de cheval sur les avenues, pour être averti de bonne heure si les ennemis marchaient, qui fut cause que l'entreprise du côté du pré d'Esnay ne fut exécutée. Car le sieur de Lessein, frère de Maugeron, qui menait une troupe de cavalerie le long du bord du Rhône, près des bateaux qui portaient les gens de pied, ayant été rencontré par trois ou quatre chevaux que Soubise avait fait sortir du côté de la Guillotière, où ils se sauvèrent, connaissant par là que leur entreprise était découverte, s'en retourna incontinent, faisant reculer arrière ses bateaux, lesquels aussi n'eussent pu arriver que le jour ne les eût découverts. Mais Nemours, qui était de l'autre côté avec le reste de son armée vers Saint-Just, n'étant averti de cela, ne laissa de faire donner l'escalade, qui ne put aussi avoir effet, d'autant que le jour les surprit comme ils montaient, et que par dedans la ville il ne se fit aucune rumeur, n'ayant pu ceux qui avaient intelligence avec les ennemis se remuer, à cause de la cavalerie marchant par tous les quartiers de la ville. Cette entreprise donc tourna à néant comme les autres, moyennant la vigilance de Soubise, lequel finalement fit une saillie sur la queue des ennemis, dont ils emmenèrent quelques-uns prisonniers. Nemours avec un grand déplaisir, tant de n'avoir pu exécuter son entreprise, que de se voir trop faible pour battre et assaillir une telle ville par vive force, s'en retourna à Saint-Genis, attendant nouveaux moyens, et entretenant les intelligences qu'il avait en la ville, et, peu après, reçut les nouvelles de la bataille de Dreux, avec charge de les faire entendre à Soubise, lui envoyant les lettres de la reine-mère, en date du vingt-deuxième de décembre, dont la teneur s'ensuit :

« Mon cousin, je vous écrivis hier comme nous avons perdu la bataille, et véritablement le pensais, mais depuis j'ai su comme ayant été la bataille rompue où était mon cousin le connétable, et lui pris, dont cette alarme était venue, mon cousin le duc de Guise avec l'avant-garde, avait chargé avec une telle furie, qu'il avait recouvré l'artillerie qui était perdue, rompu leurs troupes, et regagné la bataille perdue, de façon que le prince fut pris prisonnier et toute l'armée taillée en pièces. Et pense-t-on que l'Amiral soit mort, ayant été combattu avec une telle obstination, qu'il ne fut jamais une bataille mieux combattue. De quoi je n'ai voulu faillir vous avertir en toute diligence, afin que vous le fassiez semer et entendre partout, et que vous retiriez tous ceux d'entre eux qui voudraient venir au service du roi, monsieur mon fils, leur promettant qu'il leur sera pardonné, sans qu'ils soient recherchés ni travaillés pour le passé, et que ceux qui ne voudraient revenir, se peuvent assurer que leurs biens seront confisqués, sans espérance de grâce ou miséricorde. Ce que vous ferez publier par tout, afin que voyant toute leur espérance perdue, ils regardent à eux et prennent parti. Vous ferez aussi entendre cette nouvelle au sieur de Soubise, afin qu'il regarde, si lui étant toute l'espérance de secours levée, et ne pouvant attendre qu'une ruine prompte et manifeste, il ne veut pas remettre la ville de Lyon entre vos mains, et la rendre au roi mondit fils, lequel acte sera suffisant pour effacer tout le mal qu'il saurait avoir fait, ou il se peut assurer que faisant autrement, il s'en trouvera si mal, que la repentance suivra de bien près le péché, me semblant, sur cette occasion, que vous avez beau moyen de faire quelque chose de bon. Quant à l'argent, j'espère en trouver maintenant plus aisément qu'auparavant cette défaite, ce que je vous ferai savoir le plus promptement qu'il me sera possible. Et cependant, je prierai Dieu, mon cousin, vous avoir en sa sainte et digne garde. De Paris, ce 22 jour de décembre 1562, et au-dessous est écrit : votre bonne cousine, Catherine. »

Sur cela, ne croyant pas la moitié de ces nouvelles, qui avaient été écrites sitôt après la bataille, et devant qu'on pût savoir pleinement quelle en pouvait être l'issue, de part et d'autre, sachant aussi que ceux de Guise, ayant le roi et la reine en leur puissance, leur faisaient écrire en tel style que bon leur semblait, ne fit autre réponse à Nemours, sinon qu'il attendait nouvelles du roi et de la reine mêmes, adressées à lui. Cela fut tantôt fait, et en telle diligence, que le roi et la reine lui en écrivirent en mêmes termes et en même fin, en date du vingt-sept et du dernier décembre. Soubise, pour y faire réponse, étant arrivé fort à propos un gentilhomme, envoyé à la cour, de la part du cardinal de Châtillon et du comte Crussol, ajouta sa créance, que quand il voudrait remettre la ville de Lyon en autres mains, ceux de la ville ne consentiraient jamais qu'elle fût remise en la puissance de Nemours, sachant qu'il leur était ennemi capital (ce qui était suffisant pour l'excuser d'obéir si tôt à ce commandement); mais que voyant leur majesté en leur pleine liberté, et hors la puissance de ceux de Guise, il montrerait par effet que les armes n'avaient été prises que pour la conservation d'eux et du royaume, desquels il était fidèle et obéissant sujet et serviteur. Ce gentilhomme, arrivé à la cour, exposa si mal cette créance et l'amplifia tellement, qu'on entendit que Soubise ne faisait difficulté que de la personne de Nemours, et pourtant, écrivirent le roi et la reine, en date du 13 et 14 de janvier, à Soubise, que puisque Nemours, pour si juste occasion, n'était agréable à ceux de Lyon, il remit la ville entre les mains du sieur de Bourdillon, qui était encore de-là les monts, auquel aussi ils en écrivaient, pour la recevoir de ses mains. Cette réponse, apportée par le gentilhomme même qui avait porté la créance, et qui avoua en bonne compagnie de l'avoir amplifiée par nécessité, et ne pensant pas que ce qu'il avait ajouté fût de telle importance, mit Soubise en grande peine, ne voulant être trouvé en deux paroles, et se voyant être contraint de désavouer le gentilhomme ; joint qu'il craignait que, si ces nouvelles étaient rapportées au prince, à Orléans, cela ne les décourageât grandement, et ne mît en doute sa réputation. Il résolut donc de suspendre sa réponse jusques à ce qu'il eût averti l'Amiral de toutes ces choses, ce qu'il fit, lui envoyant Mery, un de ses domestiques, pour le prier de lui envoyer certaines nouvelles de la bataille, d'autant qu'il n'en avait rien entendu, sinon ce que dessus, tant avaient été les passages diligemment fermés et empêchés. Quelque temps après, à savoir le 4 de février, étant le sieur d'Albeine venu au camp de Nemours, dont il avertit Soubise qu'il allait à la cour, il lui donna lettres de créance, quasi pareilles à la précédente, hormis la susdite amplification ajoutée par le gentilhomme, suppliant aussi le roi et la reine l'excuser s'il ne leur faisait encore réponse à leurs dernières, pour des raisons qu'il leur ferait entendre bientôt après. Or, y avait-il à Lyon un nommé Marc Herlin, receveur du Taillon, pour le roi, lequel, étant homme de cœur, avait, par la permission de Soubise, levé et entretenu à ses dépens une compagnie d'arquebusiers à pied, l'espace de deux à trois mois, après lesquels expirés, et les moyens lui étant défaillis, et ces soldats remis en d'autres compagnies, s'étant bien monté et armé, il sortait souvent à l'escarmouche avec les autres. Advint donc, sur la fin de février, qu'étant sorti pour aller à la guerre, sous la charge de Poncenat, fut pris et mené au camp, où il fut reconnu par les Lyonnais, qui le menaçaient de le faire pendre, comme portant les armes contre le roi, duquel il était officier. Mais il fit, par Lignerolles qu'il connaissait de long-temps, qu'il lui fut présenté, comme ayant à lui dire chose d'importance. Ce qu'il lui dit, fut en somme que, s'il lui plaisait, il lui mettrait entre mains une porte de Lyon. Enquis quel moyen il en avait, assura qu'il avait de ses soldats, jusques au nombre de cent et plus, auxquels il ferait faire tout ce qu'il voudrait pour avoir entièrement gagné leurs cœurs, durant le temps de deux à trois mois qu'il les avait fort bien soudoyés et entretenus, en délibération de s'en aider pour faire un bon service au roi, et qu'il était sorti exprès, en intention de se faire prendre pour s'y employer. Il ajoutait que la porte de Saint-Just était la plus propre, tant à cause des montagnes et vignes qui sont tout auprès, où grand nombre de gens se pourrait tenir caché, que pour avoir moyen de loger un soldat à la dérobée au tourrion du faubourg, qui leur donnerait le signal, sitôt que lui avec ses gens aurait coupé la gorge à ceux du corps-de-garde de la porte. Mais qu'il fallait nécessairement que cela s'exécutât de jour, à savoir à huit heures du matin, d'autant que lors on prêchait par toute la ville, la plupart des soldats allant au sermon, et les autres s'amusant à déjeûner, jusques à laisser quelquefois les portes bien mal gardées, au lieu que Soubise faisait si bonne garde toutes les nuits, qu'il était impossible de le surprendre. Nemours ajoutant foi à ce que dessus, donna ordre que Herlin fût lâché, comme si (étant mal gardé) il fût échappé, lequel étant de retour à Lyon, et soudain ayant le tout déclaré secrètement à Soubise, trama si bien toute cette affaire, par le conseil d'icelui, qu'envoyant lettres et recevant réponse, et mêmement parlant quelquefois en personne à Nemours, le jour de l'exécution fut assigné, à savoir le septième de mars 1563. Ce jour donc, étant arrivés trois mille hommes de pied, suivant le signal qui leur fut donné du tourrion, entrèrent dans le faubourg Saint-Just, sans aucun empêchement ; ce qu'ils ne trouvèrent étrange, pour ce qu'ils étaient bien avertis qu'on ne faisait point de garde en ce faubourg, et est à noter que les premiers qui y entrèrent étaient les vieilles bandes du comte de Brissac, lequel y fit à la vérité aussi vaillamment et bravement que jeune homme saurait faire. Ainsi entrés et marchant vers la porte, Herlin, qui les conduisait en personne, étant entré par le guichet, le leur ferma soudain, et aussitôt fut déchargée sur eux toute la grosse artillerie, avec deux ou trois cents mousquets qui avaient été portés la nuit dans les boulevarts et le long des murailles, outre le nombre de trois à quatre mille arquebusiers qui tirèrent dessus cette troupe branlante, et fort étonnée. D'abondant furent soudain mis dehors environ six cents arquebusiers des plus assurés, sous la charge des capitaines Blacons, Poyet, Audefroy et Entraigues, qui les achevèrent de rompre, les uns sortant à la foule par la même porte du faubourg par où ils étaient entrés, les autres se jetant pardessus les murailles et se rompant bras et jambes : quelques autres se retirant par la porte s'enclouèrent aux chausses-trappes que quelques-uns cachés dans le portail avaient eu charge de jeter au premier coup de canon qu'ils entendraient tirer. Il y en eut aussi plusieurs assommés de coups de pierre, de sorte qu'à cette porte il se fit un monceau si haut de morts et de blessés que le passage fut fermé aux derniers. Et si la cavalerie conduite par Poncenat, qui avait été envoyée à la porte de Vèze, avec commandement de sortir dès qu'ils ouïraient le premier coup de canon, pour s'en venir tout le long des boulevarts jusques à la porte du faubourg, eût bien fait ce qui lui avait été commandé, à grande peine un seul des ennemis se fût-il sauvé ; mais par quelque faute qui y survint, ils y arrivèrent si tard que ceux qui avaient eu moyen de sortir s'étaient déjà sauvés, n'ayant pas grande retraite à faire, d'autant que Nemours était sur la montagne prochaine et fort près dudit faubourg ; mais tant il y a qu'il y en demeura de trois à quatre cents de morts dans les faubourgs, outre un grand nombre de blessés, dont les uns moururent en se retirant les uns en leur camp et les autres à Vienne, où on les conduisit pour être pansés. Nemours, qui en avait été spectateur de dessus la montagne, conçut de cela tel déplaisir qu'il en pensa mourir, et en fut malade au lit près de deux mois. Les choses donc demeurèrent en cet état, se faisant toujours quelques escarmouches à l'entour de la ville jusques à ce que la paix étant faite à Orléans le dix-neuvième dudit mois de mars, et aussitôt envoyée à Nemours, il la fit publier en son camp, en donnant avertissement à Soubise et le priant de faire le semblable. La réponse de Soubise fut qu'il attendrait que lui-même en reçût les nouvelles, envoyant quand et quand lettres de créance à la cour par Bonacoursy, le jeune, avec sauf-conduit de Nemours à lui accordé. La créance portait en somme qu'il suppliait le roi et la reine lui faire entendre ce qui était de la paix et leur volonté sur icelle pour lui obéir, y ajoutant qu'il était raisonnable que Nemours désassiégeât la ville entièrement devant que ceux de Lyon se fiassent à cette paix ; et les avertissant aussi des moyens qu'il pensait être les plus propres pour rendre cette paix ferme et durable. Cet avertissement reçu à la cour, le sieur de Gordes, gentilhomme de Dauphiné et chevalier de l'ordre, avec lettres patentes du roi, fut envoyé à Lyon avec bonnes et gracieuses lettres à Soubise, en date du huitième avril mil cinq cent soixante-trois, afin qu'il ne fît difficulté de remettre la ville entre les mains d'icelui, après avoir donné ordre à tout ce qu'il pensait être nécessaire pour y induire les habitants et acheminer toutes choses à une bonne tranquillité ; et déjà auparavant le sieur de Boucart, avec lettres non seulement du roi et de la reine, mais aussi du prince, lequel il avait toujours suivi en cette guerre, était passé par Lyon pour aller en Dauphiné et Languedoc, avec charge bien ample pour l'exécution de l'édit de la paix. Sur cela, Soubise ayant appelé les conseillers et échevins de la ville en la présence du sieur de Gordes, auquel il était prêt de quitter sa place, ils leur proposèrent plusieurs difficultés et non sans cause, après un tel et si grand changement, sur lesquelles fut arrêté qu'ils enverraient leurs députés au roi, accompagnés des lettres desdits Soubise et de Gordes. Cependant il leur fut écrit, quant à l'armée du duc de Nemours, qu'il lui était mandé et à Maugeron d'en licencier la plupart, outre ce que les vieilles bandes étaient rappelées. Mais cela même ayant accru le soupçon plus grand qu'auparavant, bien que Nemours se fût retiré en une sienne maison et non sans cause, d'autant qu'il semblait par là qu'on les voulût seulement assiéger de plus loin, il y avait encore deux autres difficultés grandes : c'est qu'il fallait trouver deniers pour payer les soldats étrangers, et davantage comme ainsi fut qu'entre les soldats il y eut plusieurs Français d'autres provinces, et nommément comme de Provence et de Bourgogne, auxquels, nonobstant l'édit, on refusait l'entrée en leurs maisons, cela fut causé que ceux de Lyon ne firent autre réponse sinon qu'ils attendraient le retour de leurs députés envoyés à la cour. Cela fut cause que le maréchal de Vieilleville fut envoyé à Lyon pour passer puis après plus outre, à savoir en Dauphiné et en Languedoc, la venue duquel, comme il était homme d'esprit paisible et qui ne s'était jamais rendu partial en ces derniers troubles, servit de beaucoup pour adoucir les esprits, mais non pas qu'il n'y eût de très-grandes difficultés et non sans cause ; car, outre ce que dessus, ceux de la religion ne pouvaient être amenés à consentir de voir derechef la messe devant leurs yeux, ni à se fier à ceux qui étaient sortis. Ce néanmoins, finalement, la paix fut publiée, lieux assignés à ceux de la religion qu'ils bâtirent depuis à grands frais, dont l'un fut nommé Paradis, et l'autre la Fleur-de-Lys, et fut le tout accommodé par la venue du maréchal de Vieilleville, attrempant tellement l'humeur des uns et des autres qu'enfin ceux de dehors rentrèrent dedans, et commença chacun de faire ses besognes et trafics, mais en condition non égale, étant peu à peu ceux de la religion fort mal traités, nonobstant qu'ils n'épargnassent rien pour avertir le roi des contraventions, donnant bons et gros gages à un personnage qu'ils entretenaient à la cour pour cet effet. Mais l'effet montra que le texte de l'édit et l'intention de ceux qui maniaient les affaires ne s'accordaient pas. Ce serait chose par trop longue de vouloir réciter toutes les particularités et traverses advenues en ce temps-là. Mais j'en dirai seulement une des plus notables, et dont j'ai eu bonne et certaine connaissance. Il fut imprimé sous main en ce temps-là, dans Lyon, sans y apposer le nom de l'auteur ni de l'imprimeur, un livre intitulé : *la Défense civile et militaire des Innocents et de l'Église de Christ*, forgé vraiment en la boutique de quelque esprit malin et séditieux ; lequel livre étant tombé entre les mains de quelques gens de bien, on fit tout ce qu'on put pour savoir d'où il venait ; mais il ne fut possible d'en savoir la vérité, hormis qu'il y avait de grandes conjectures que Charles du Moulin, avocat et jurisconsulte célèbre du parlement de Paris, qui pour lors était à Lyon et avait suivi le parti de ceux de la religion dès le temps du roi Henri, en était l'auteur, ayant toujours devant et depuis montré un esprit par trop fantastique. Mais tant y a qu'il s'en excusa même avec grands serments, soit à tort ou à droit. Pour s'arrêter donc plutôt au livre qu'à l'auteur, le tout fut renvoyé par Soubise aux ministres pour entendre leur jugement, lesquels répondirent ce que s'ensuit :

« Nous, ministres de la parole de Dieu en l'église réformée de Lyon, suivant le commandement à nous fait par monseigneur de Soubise, chevalier de l'ordre, pour le roi, en ladite ville, après avoir invoqué le nom de Dieu, et vu un certain livre, puis naguère imprimé, intitulé: *la Défense civile et militaire des Innocents et de l'Église de Christ*, certifions et témoignons icelui être plein de fausse et mauvaise doctrine, conforme en plusieurs points à celle des anabaptistes, induisant les hommes à sédition, à rébellion et désobéissance aux rois et princes contre l'exprès commandement et ordonnance de Dieu ; et ce d'autant plus, que l'auteur d'icelui abuse de plusieurs témoignages et exemples des écritures saintes, lesquelles il applique très-mal à son propos contre le vrai sens et saine intelligence d'icelles, comme nous sommes prêts de montrer et maintenir par la parole de Dieu : au moyen de quoi nous désirons, et, en tant que besoin est, requérons que ledit livre soit totalement aboli, afin que les hommes ne soient infectés de telle séditieuse et pestilente doctrine. »

Ainsi signé : Pierre Viret, L. de Semidde, Jacques Roux, l'anglais; la Roche, de Mesmes, Payan, Pelet, P. Pages, Micael.

Suivant laquelle censure, Soubise fit l'ordonnance qui s'ensuit :

« Sur l'avertissement à nous fait que plusieurs esprits malins, mus de mauvaise et damnable affection envers le repos public, ont puis naguères fait imprimer un livre intitulé : *la Défense civile et militaire des Innocents et de l'Église de Christ*, et ledit livre parvenu en nos mains, l'ayant trouvé plein de fausse doctrine, tendant à sédition et émotion populaire contre l'obéissance due au roi et à ses magistrats, et comme tel étant censuré par l'avis des ministres de la parole de Dieu de l'église réformée de cette ville de Lyon: Pour ces causes, il est très-expressément commandé à tous ceux qui auront devers eux ledit livre, de l'apporter et mettre dans les mains dudit seigneur de Soubise, dedans vingt-quatre heures après la publication de ces présentes; et défendu à tous marchands, imprimeurs, libraires et autres, d'aucunement vendre, ni s'entre-communiquer le dit livre, d'en distribuer, transporter ou faire transporter hors cette dite ville, en quelque sorte et manière que ce soit, le tout sous peine à ceux qui s'en trouveront saisis et qui les auront distribués, ou qui les auront et retiendront devers eux après cette publication, d'être pendus et étranglés sans aucune forme et figure de procès et sans espérance de grâce ni modération de peine. Pareillement est commandé à tous ceux qui en auront déjà mis hors cette ville de venir déclarer les lieux et personnes où il les ont envoyés; et cependant feront leurs diligences de les retirer et remettre par devers ledit sieur, autrement où ils se trouveront en faute ou demeure de ce faire, ils seront unis de la même peine. Et, afin que l'auteur et l'imprimeur soient châtiés selon leur démérites, celui ou ceux qui les révéleront, seront rémunérés comme bons et loyaux, et fidèles serviteurs de Dieu et du roi; autrement il seront punis comme criminels et convaincus de lèse-majesté divine et humaine, où il se trouvera qu'ils l'aient su sans le révéler audit sieur. Davantage nous avons ordonné et ordonnons au prévôt du camp, de faire brûler ledit livre, en quatre des principales places de cette dite ville; et par même moyen réitérer, avec les présentes, les défenses ci-dessus faites à tous imprimeurs, faire imprimer ni exposer en vente aucuns livres nouveaux, sans le privilège du roi, ou notre permission, sous les peines contenues en nos dites défenses ci-devant publiées. Donné à Lyon, le onzième de juin, mil cinq cent soixante-trois. Ainsi signé, Soubise, par commandement de mondit seigneur, Servin.

Lue, criée et publiée à haute voix et cri public et son de trompe, par tous les carrefours de cette ville de Lyon, par moi, Claude Ravot, crieur public de cette dite ville, afin que du contenu en icelle nul n'en puisse prétendre cause d'ignorance, ce jourd'hui, samedi douzième jour du mois de juin 1563; signé, Ravot.

Ladite publication faite comme dessus, et écrite suivant l'ordonnance de mondit seigneur de Soubise, adressée au prévôt de camp à Lyon, les livres sus mentionnés en ladite ordonnance ont été brûlés par l'exécuteur de la haute justice à Lyon, à savoir dans les places des deux descentes du pont de la Saône, des Cordeliers, Confort, puis Pelu, et puis de la Sel, audit Lyon, présents lesdits crieur et trompette, ensemble des archers dudit prévôt de camp, le douzième jour de juin mil cinq cent soixante-trois; signé, Gasteron.

Ainsi passèrent les affaires touchant ce livre, duquel plusieurs années depuis fut accusé comme en étant auteur, du Rosier, ministre d'Orléans, qui n'était lors à Lyon, mais à Orléans, ne sachant non plus ce qui se faisait lors à Lyon, que le gouvernement des Indes. Si en fut-il recherché, mené prisonnier à Paris, avec grand bruit, comme si ceux de la religion approuvaient cette doctrine. Mais Dieu voulut que la vérité fut tantôt connue, bien que du Rosier eût forte partie, nommément Birague, qui, quelques années après, fut gouverneur indigne de Lyon.

LIVRE DOUZIÈME.

CONTENANT LES CHOSES ADVENUES DANS LA VILLE DE GRENOBLE EN DAUPHINÉ.

1562

Nous avons vu ci-dessus comme le prêche, suivant l'édit de janvier, se faisait à Grenoble, aux faubourgs, en une cour appartenant à un marchand, nommé Bernardin Curial. L'église donc commençait de multiplier grandement, bien que leurs adversaires ordinairement, leur disent mille injures; dont finalement ceux de la religion firent plaintes au président Desportes et à Bucher, procureur du roi, lesquels, au lieu d'y donner ordre, ne répondirent autre chose, sinon que puisqu'on voulait ôter au peuple sa religion il fallait qu'on en vînt aux mains. Qui plus est, le 4 de mars, la cour dérogeant l'édit, fit défense à ceux de la religion de n'aller en troupe en plus grande compagnie que de dix, ajoutant, pour colorer leur modification, défenses au peuple de les injurier, dont le peuple se moquait, ce que toutefois ceux de la religion portèrent patiemment. D'autre côté, le sieur de la Motte Gondrin, lieutenant au gouvernement de Dauphiné, en l'absence du duc de Guise, gouverneur en chef, au service duquel il s'était voué, n'oubliait aucun moyen de travailler ceux de la religion, de sorte qu'étant allé à Romans, il commença de faire abattre une maison où s'étaient faits quelques prêches, dont il se leva tantôt un tel tumulte, qu'il fut contraint de sortir par l'huis de derrière et se sauver au galop à Valence, plein de dépit de vengeance; pour l'exécution de laquelle, il obtint de la cour de parlement de Grenoble, à la requête de Bucher, procureur du roi, ajournement personnel contre quelques-uns des principaux dudit Romans; mais iceux ayant eu recours au sieur de Cursol, ayant charge expresse du roi, de telles matières, le tout fut renvoyé aux commissaires qui lui avaient été ordonnés pour l'exécution de sa charge. Suse et Vinay, étant venus parlementer avec Gondrin, avaient dèjà pris leur chemin vers le duc de Guise, des desseins duquel, et du changement de la volonté du roi de Navarre, plusieurs nouvelles se semaient. Ils furent aussi avertis que le duc de Guise avait écrit certaines lettres à Gondrin, dont la teneur s'ensuit :

« Monsieur de la Motte, depuis vous avoir dernièrement écrit par la voie du capitaine Fouroux, retournant en Provence, la reine m'a fait entendre que j'aille incontinent la trouver, comme celui qui y serait le très-bien venu; et suivant la résolution que j'avais prise sur la dépêche qu'elle m'avait faite peu auparavant, comme vous avez vu par mes dites dernières ; je m'avance toujours le plus qu'il m'est possible, et ai été bien aise de m'être conformé là dessus selon son intention. J'ai cependant vu ce que vous me mandez du 19 du mois passé et 3 du présent. Et au regard de la déclaration qui a été prise, d'établir bientôt au château de Quirieu quelque garnison, j'espère, à mon arrivée à la cour, entendre plus à plein ce qui en sera ; et si cette occasion advient dépendant de mon autorité, j'aurai plaisir que le capitaine Nicolas Allonard ait la charge dudit château, vu le bon rapport que vous m'en faites, et tant plus volontiers qu'il est natif et habitant du pays. Quant à l'avertissement que vous m'avez fait au reste de l'alarme que vous avez eue passant par Romans, j'ai été merveilleusement aise que vous y ayez si bien pourvu que le mal n'ait point été plus grand de votre côté que vous me le faites savoir, et néanmoins je vous prie bien fort que, sans dissimulation, ce fait ne demeure impuni, à ce qu'elle puisse servir d'exemple, m'assurant que le vouloir du roi et de la reine et du roi de Navarre sont tels, et qu'il n'y a celui d'eux qui le trouve mauvais. Je pense que, s'il se fait par delà quelque assemblée notable et où il y ait beaucoup de gens, qu'il sera bon de se saisir du ministre et le faire tout soudain pendre et étrangler, comme auteur des séditions et tumultes dont on a usé à l'encontre de vous et des rébellions qu'on fait aujourd'hui contre les ordonnances et commandemens du roi et de la justice, estimant que, par ce moyen, les autres se voudront garder de méprendre et que cela réprimera à plusieurs leur folie. Vous me ferez plaisir de n'épargner en cela chose que vous puissiez ; car je ne pense point qu'on en puisse autrement venir à bout ; et si vos forces ne sont suffisantes avec les trois compagnies qui ont été ordonnées, tenir garnison au pays, et l'aide que vous pourrez trouver de gens de bien, qu'il y soit pourvu ainsi qu'il sera nécessaire ; priant toujours Dieu, monsieur de la Motte, qu'il vous ait continuellement en sa très-sainte et digne garde. Ecrit à Dammartin-le-Franc, près Joinville, ce dernier de février, mil cinq cent soixante-un. »

Ces lettres furent envoyées quatre jour après, comme se peut juger par ce qui était ajouté de la main propre dudit sieur de Guise, au-dessous et en marge : Vous êtes homme de guerre, il vous faut attraper ledit prédicant, quand ils sont peu accompagnés hors de leurs prêches, ou en autres lieux, comme verrez à propos, et soudain, le billet au pied, le faire pendre par le prévôt comme séditieux, contrevenant aux édits du roi. De mes voisins et sujets m'ont voulu depuis trois jours faire une braverie, où ils m'ont blessé une douzaine de gentilshommes, de quoi il se sont trouvés marchands. Voilà leurs belles évangiles. Votre bien affectionné ami François de Lorraine. Et au-dessus d'icelle lettre est écrit : A monsieur de la Motte Gondrin, chevalier de l'ordre, capitaine de cinquante lances et lieutenant pour le roi au gouvernement de Dauphiné.

Ces lettres ayant été découvertes par une singulière providence de Dieu, ceux de la religion se trouvant bien empêchés comme ils pourvoiraient à leurs affaires, reçurent nouvelles de la retraite du prince à Orléans, du deuxième avril, et de l'association qui y avait été jurée le onzième dudit mois; laquelle étant rapportée et publiée par toutes les églises, chacun se délibéra d'employer ses biens et sa vie pour une juste défense contre une si intolérable tyrannie de ceux de Guise, s'armant et se couvrant de l'autorité du roi de Navarre, ainsi misérablement séduit par eux. Or était-ce la coutume observée de toute ancienneté en la ville de Valence, élire nouveaux consuls et conseillers le jour de Saint-Marc, vingt-cinquième jour dudit mois, auquel jour prétendant Gondrin de faire élire des consuls à sa poste, et pour cet effet ayant fait fermer les portes de la ville, armé tous ses gens de pied et de cheval, desquel il environnait le lieu où se faisait l'élection, 18 ou 20 personnes de la religion s'apercevant de cela, s'assemblèrent en une maison en délibération de se défendre jusques à la mort s'ils étaient assaillis. Ce qu'ayant été rapporté à Gondrin, il envoya d'un côté le capitaine Nicolas, pour les défaire, et lui-même entrant en personne en l'assemblée, avec une rondache à la main gauche et une pistole à la droite, qu'il décharga contre un sien secrétaire trouvé en l'assemblée, mit le tout en une horrible confusion. Cependant ceux qui s'étaient assemblés en cette maison sortis par une porte de derrière, gagnèrent la porte Saint-Félix, qu'ils trouvèrent moyen d'ouvrir pour donner ouverture à tous ceux de la religion qui voudraient se sauver, étant le bruit ému par toute la ville qu'on les voulait tous massacrer. Mais Gondrin, pour leur couper le chemin, avait déjà fait sortir par une autre porte nombre de cavalerie, pour les rencontrer et les mettre en pièces. Ce qu'eux ayant découvert, se tinrent au-dedans de la porte, dont ils se tenaient couverts. Mais la cavalerie ne les ayant trouvés, se mit à battre les chemins, dans lesquels rencontrant quelques pauvres paysans des villages circonvoisins venant au marché, pour ce que c'était un jour de samedi, se rua dessus sans autre connaissance de cause, et en furent trouvés ce jour-là quelques-uns morts dans les blés, les corps desquels étant apportés en la ville sur des échelles, devant les yeux de tout le peuple, un merveilleux tumulte s'émut des gens de l'une et l'autre religion criant justice, et qui rompit le dessein de Gondrin, voyant qu'il avait affaire aux uns et aux autres, dont l'issue fut telle, que ceux de la religion romaine, apaisés par le vicaire de l'évêque, et ceux de la religion par la Place, leur ministre, chacun retourna en sa maison. Le lendemain, vingt-sixième dudit mois, l'expérience montra combien ce bruit s'était répandu au long et au loin, arrivant à la file à Valence grand nombre d'hommes, non-seulement des lieux circonvoisins de la ville du côté de Dauphiné, mais aussi du Vivarais, séparé du Dauphiné par la seule rivière du Rhône, tous en délibération de secourir ceux de la religion qui étaient à Valence, auxquels ils avaient entendu qu'on voulait couper la gorge, lesquels, craignant au contraire que ce remède ne fût pire que la maladie, leur envoyèrent gens au-devant pour leur remontrer que le tout avait été apaisé, et pour les remercier de leur bonne volonté et de la peine qu'ils avaient prise. Qui plus est, d'autant que ces choses se faisaient environ le temps que le prêche avait accoutumé d'être fait, auquel désiraient assister plusieurs de ceux qui étaient survenus, ceux de l'église de Valence, craignant que cette occasion les retenant, le nombre des étrangers n'accrût toujours, furent d'avis, bien que ce fût un jour de dimanche, de ne prêcher point pour ce jour. Mais Gondrin, pensant avoir trouvé une belle occasion pour faire sortir de la ville ceux de la religion, et par ce moyen demeurer seul maître d'icelle, en leur fermant les portes au retour ; d'autant que les prêches, suivant l'édit, se faisaient aux faubourgs, ne cessa qu'il ne les eût, tant par prières que par commandement, persuadés de prêcher, disant que par cela chacun montrerait avoir désir de se gouverner selon l'édit. Ce nonobstant, Dieu détourna sur la tête de Gondrin cette mauvaise volonté, ayant été surpris le portier sur le point qu'il voulait fermer les portes. Cela fut cause que la multitude, tant de ceux de la ville que des étrangers, sans attendre la fin de la prédication, se jetant dans la ville, se saisirent des portes, croissant le trouble, quoi que les plus sages tachassent d'apaiser le tout d'une part et d'autre. Le jour venu, qui était le vingt-septième dudit mois, advint, par une singulière providence de Dieu (comme il en apparut très-évidemment puis après) que les principaux gentilshommes de la religion au pays de Dauphiné arrivèrent à Valence, à savoir les sieurs baron des Adrets, de Mombrun, de Mirabel et Montoux, beau-frère du sieur de Blacons, qui trouvèrent la ville ainsi saisie que dit est, et Gondrin assiégé de toutes parts en sa maison, avec merveilleuse crieries et menaces, les uns se plaignant des outrages et concussions de Gondrin et de ses gens, les autres demandant que les meurtriers qui avaient tué le jour précédent ces pauvres paysans fussent châtiés sur le champ et devant tous. Et dura cette émeute (nonobstant toutes remontrances, tant des magistrats que du ministre, tâchant par tous moyens d'apaiser le peuple) jusques à ce que deux heures après-midi, le feu fut mis à la porte de la maison. Quoi voyant Gondrin, bien qu'il eût à ladite porte une couleuvrine toute chargée d'un boulet et d'une chaîne, et qu'il eût assez de force avec soi pour enfoncer cette commune désarmée pour la plupart, et éparse sans aucun ordre, et que même bon et grand nombre de ceux de la religion, auxquels ce tumulte déplaisait, s'offrissent de lui faire faire passage au hasard de leur propre vie, perdant sens et courage tout ensemble, se retira en la maison voisine, en laquelle il fut suivi et tué avec six ou sept de ses domestiques ; et ne put encore être apaisé ce peuple, que le corps n'eût été pendu en une fenêtre regardant sur la grand'rue, pour être reconnu de tous. Encore fut cela fort mal aisé, à cause que Gondrin, durant ce tumulte, voulant se sauver par ce moyen, avait tellement fait noircir et rogner sa barbe, voire tout son visage, qu'il fallut prouver à ce peuple que c'était lui-même. Mais au surplus nul ne fut endommagé en ses biens ni en sa personne, hormis que la maison de Gondrin fut saccagée, de laquelle toutefois les meubles furent après rendus à la poursuite des anciens du consistoire, et remis entre les mains du capitaine Cadret. Ce fait, et les étrangers s'étant retirés, les plus sages, considérant l'importance d'un tel fait, envoyèrent à Grenoble, suppliant le parlement de députer quelques commissaires pour informer de ce fait. Suivant laquelle réquisition, fut délégué un conseiller qui en prit les informations. Mais pour ce que cet acte semble avoir été la première ouverture de cette guerre civile en Dauphiné, je dirai en quel état étaient lors les affaires, outre ce qui en a été dit auparavant.

Ceux du parlement de Grenoble se montrant notoirement partiaux, dès le six d'avril, dérogeant à l'édit, firent expresses défenses aux magistrats royaux de se trouver aux assemblées de ceux de la religion, et le dix-huit dudit mois, arrêtèrent (chose ne leur appartenant aucunement) que personne, sous peine de la hart, n'eût à partir de sa maison, sans congé du Vibailly. Qui plus est, le vingt-sept du même mois, commandement fut fait à tous gentilshommes ayant service au roi, de se trouver à Paris, vers le roi, dans le vingt de mai, avec leur équipage de guerre, sous peine de crime de lèse-majesté, pour secourir, disaient-ils, le prince de Condé, détenu prisonnier à Orléans, par les séditieux. Au reste, voici l'ordre que ceux de Guise avaient donné pour faire leurs besognes à l'entière ruine de ceux de la religion et pays de Lyonnais, Dauphiné et Provence. Maugeron avait déjà introduit grande quantité d'armes dans la ville de Lyon, en laquelle il prétendait d'être introduit avec puissance de commander par les forces et conseil de Gondrin. Le naturel paisible du comte de Tendes, gouverneur en chef de Provence, n'étant propre à remuer ménage, le sieur de Sommerive, son fils, était subrogé en son lieu. Le Pape diligentait d'envoyer compagnies de cheval et de pied à Fabrice Serbelonne, au Comtat. Tous les séditieux et rebelles de Provence, tels déclarés par l'arrêt des commissaires, comme il est dit en l'histoire de Provence, s'étaient réunis, et tenaient déjà la campagne. Grenoble était sous le gouvernement d'un gentilhomme du pays, gendre de l'un des conseillers de Parlement, avec garde de gens choisis et étant tous adversaires de la religion, et à l'appétit de certains particuliers, notoirement passionnés. Tous ces desseins pour la plupart furent rompus par la mort de Gondrin, survenue par un juste jugement de Dieu, et fort à propos pour empêcher infinies cruautés, bien que le moyen de l'exécution ne soit de soi-même excusable. Etant donc les choses en tel état, le même jour de la mort de Gondrin, les gentilshommes et autres personnes notables qui se retrouvèrent dans Valence, s'étant assemblés, choisirent pour chef le baron des Adrets, comme étant déjà colonel des légionnaires du Dauphiné, Provence et Languedoc, pour la conservation de ceux de la religion, suivant l'édit, en adhérant à l'association faite à Orléans, seize jours auparavant, et dont la copie leur avait été apportée, le tout ce néanmoins par prévision, en attendant plus certain commandement du prince. Davantage, il fut ordonné en la même assemblée, qu'en attendant plus particulier avertissement du prince, on ne toucherait, en sorte que ce fût, aux biens ecclésiastiques, ainsi que pour empêcher tous désordres, les temples demeureraient clos et fermés. Et fut cela fait et observé, jusques à ce que les nouvelles du brisement des images fait par tout le royaume, furent arrivées, n'ayant été lors possible de les garantir en Dauphiné, non plus qu'ailleurs. Des Adrets, homme d'extrême vigilance, considérant de quelle importance était, entre autres villes, celle de Lyon, de l'état de laquelle il était en grand souci, et celle de Grenoble, où était assis le parlement du Dauphiné, qui pouvait faire de grandes nuisances, ne faillit d'avertir incontinent ceux de la religion dedans Grenoble, qu'ils avisassent à leurs affaires en toute diligence, leur promettant bonne assistance. Et pour ce qu'il connaissait les particuliers plus passionnés contre ceux de la religion, dès le premier de mai, il envoya lettres pleines d'autorité à la cour de parlement, comme choisi pour gouverneur du pays, pour la conservation d'icelui, durant ces troubles ; à ce qu'ils eussent à faire absenter de la ville certains séditieux, comme, entre autres, Guillaume de Portes, second président, Pierre Bucher, procureur-général, Jean de Buffenent, vis-à-vis Jean Robert, avocat de la ville, Jean Paviot, dit Bariat, quatrième consul, lesquels il menaçait de faire pendre et étrangler, s'ils ne sortaient incontinent de la ville; mais ils n'attendirent pas le commandement, mais se sauvèrent à l'intention qui s'ensuit. Ces bonnes gens étant de l'intelligence de Gondrin, avaient fait complot avec un gentilhomme, nommé Rozans, sieur de Mirebel, de le mettre dans la ville avec trois cents hommes, ce qui eût été exécuté, se promenant déjà Rozans dans la ville, avec quelque suite, n'eût été que ce complot fut découvert tout à temps, par une singulière providence de Dieu. Advint donc qu'un certain personnage allant solliciter Bucher pour un sien procès, entre-ouït, sans qu'on s'en donnât garde, comme Bucher, parlant à Mirebel, lui promettait de lui faire bailler ce soir-là toutes les armes qui étaient en la tour de l'île, pour armer sa compagnie; ce qu'étant soudain rapporté à ceux de la religion, ils ne firent pas comme l'échevin dont a été parlé en l'histoire de Mâcon, mais tout incontinent s'en allèrent au parlement, se plaignant de l'entreprise faite contre eux, de leur couper la gorge. Cela ainsi dit et entendu, et la cour s'étant incontinent levée, ceux de la religion, tant conseillers qu'autres, se retirèrent, déclarant qu'ils pourvoiraient à leurs affaires; et, quant à des Portes, faisant la meilleure mine qu'il pouvait, il alla par la ville, feignant de chercher Mirebel, lequel, au premier bruit entendu, était déjà sorti, et ne l'ayant trouvé, mais bien un sien valet portant une arquebuse, au lieu de le faire mettre prisonnier, l'envoya hors la ville avec grandes menaces; et tôt après souper, feignant d'aller à l'ébat, s'enfuit lui-même. Autant en firent les sus-nommés Bucher, Robert et autres complices, et même un cordelier, nommé Caperou, qui prêchait ordinairement devant ledit président et autres, le plus séditieusement qu'il était possible. Ceux-là étant départis, ceux de la religion voyant bien qu'ils étaient perdus s'ils ne pourvoyaient à leurs affaires, se saisirent des portes de la ville, ledit premier jour de mai, et commencèrent à les garder, sans toutefois offenser aucuns en leurs biens ni en leurs personnes, et pour la juste crainte qu'ils avaient d'être assaillis dans les faubourgs, du consentement exprès des députés, tant de la cour de parlement et chambres des comptes, que du conseil de la ville, entrèrent au couvent des cordeliers, qu'ils nettoyèrent de toutes les images et autels, pour désormais y continuer l'exercice de la religion; se plaignant toutefois grandement les cordeliers, et reprochant au parlement que leur marchandise était d'aussi bonne mise que celle des autres ecclésiastiques. Mais tant y a qu'il leur fut permis, sans aucun empêchement, de tirer leurs meubles, et de se retirer en paix, sans perdre une maille, ni recevoir aucun outrage. En ce même temps, étant remise sus l'élection des consuls, entreposée trois mois et plus, comme il a été dit en son lieu, quatre consuls nouveaux furent élus, dont les trois étaient de la religion, et les conseillers de ville furent choisis de ceux de l'une ou de l'autre religion, quasi en nombre égal, le tout en conseil général, à la manière accoutumée, et sans contradiction d'aucun; étant cette élection faite nommément, afin de pourvoir à ce que la ville fût gardée contre tous, sans aide d'étrangers. Pareillement les députés de la cour de parlement, des comptes, du conseil de la ville, et de ceux de la religion, étant assemblés, élurent, pour capitaine de la ville, un jeune homme natif d'icelle, nommé Aynemont Cot, auquel ils permirent de lever deux cents soldats, payés aux dépens communs de la ville, qui se lèveraient par lettres de permission de la cour, et le premier paiement desquels fut prêté par quelques particuliers, entre lesquels furent volontairement quelques conseillers de la religion romaine. Étant la ville en cet état, Maugeron, d'autre côté, ayant failli à son entreprise de Lyon, faisait quelque amas de gens à Chambéry, pour assaillir Grenoble, qui fut cause que les habitants, pour ne se voir assez forts, envoyèrent à des Adrets, alors accouru à Lyon incontinent après la saisie de ladite ville, le suppliant de venir pourvoir à leurs affaires. Suivant donc cet avertissement, des Adrets y envoya une compagnie de gens de pied, sous la charge du capitaine Commung, puis vint lui-même en personne avec cinquante chevaux, suivi de plusieurs compagnies de gens de pied, recueillies tant du plat pays que des montagnes, et même de ceux de Pragela, sous la charge du capitaine Furmeyer; lesquelles troupes étant arrivées, il ne fut possible de garantir les images des autres temples, desquelles une partie fut brûlée depuis en plusieurs places de la ville, et en avait été fait autant dès et auparavant par tout le Dauphiné, hormis à Embrun et Briançon. Des Adrets arrivé, fit crier qu'au lieu de prêter aide ni faveur à Maugeron, usurpant le titre de lieutenant-général au pays de Dauphiné, on eût à le pourchasser et prendre, si faire se pouvait, comme séditieux et violateur des édits du roi, le tout sous peine de la vie aux contrevenants. Incontinent après, faisant le tour de la ville, il ordonna ce qui était nécessaire pour la défense d'icelle, commandant d'abattre certaines maisons bâties auprès des murailles, et quelques jardins édifiés aux vieux fossés; fit aussi plusieurs ordonnances sur la police, lesquelles furent assez mal exploitées. Ce fait, le vingt-sixième dudit mois de mai, il envoya des compagnies jusques au château de la Bussière, avec quelques pièces de campagne, lequel, étant abandonné des ennemis, fut baillé en garde au capitaine la Coche. Aussi fut envoyé au château de Mirebel, en garnison, le capitaine Loquet. De-là, étant retourné à Lyon, les ennemis s'essayèrent en vain de recouvrer le château de Mirebel; qui fut cause que tout incontinent, à savoir le deuxième de juin, il retourna dans Grenoble, là où, deux jours après, à savoir, le quatrième du mois, furent découvertes et portées en sa maison les reliques de l'église cathédrale, à savoir les images de Saint-Hugon et de Saint-Vincent, appelés patrons de ladite église, une autre de la vierge Marie, avec quelques croix et calices et la mitre épiscopale; le tout mis en inventaire, et pesé et estimé deux cent soixante marcs d'argent. Ces reliques furent aussitôt envoyées à Valence, dont il se fit grand murmure en la ville, alléguant les habitants de l'une et de l'autre religion, qu'il les fallait retenir, et en faire battre monnaie au coin du roi, pour en soudoyer la garnison. Ce qu'étant rapporté à des Adrets, il leur en fit telles remontrances, en une assemblée générale (en laquelle assistèrent François de Saint-Marcel, évêque, et plusieurs conseillers du roi en parlement, et des comptes, et grand peuple de l'une et de l'autre religion), qu'ils approuvèrent le transport de ladite argenterie. Ce fait, leur ayant des Adrets remontré que, s'ils voulaient vivre en bonne union, ils se pourraient conserver avec peu de dépense et sans garnison d'étrangers, il se fit un autre conseil général, auquel il fut arrêté que cinquante citoyens, tous solvables, seraient choisis de l'une et de l'autre religion, et pleigeraient respectueusement qu'il n'adviendrait du côté de leur parti aucune désunion, auquel avis la cour de parlement consentit de parole et non pas d'effet, ne le voulant homologuer par arrêt écrit, ni être du nombre des pleiges ; non pas, se disaient-ils, qu'ils ne trouvassent bon et nécessaire cet avis, mais de peur tant seulement de faire vaquer leurs états. Le cinquième dudit mois, ayant été rapporté qu'il y avait quelque nombre de gens de guerre en la grande Chartreuse, à trois lieues de la ville, dans les montagnes, lieu très-fort de situation, et duquel on pouvait venir à couvert jusques auprès de la ville, on y envoya des compagnies qui n'y trouvèrent grande résistance ; et fut-on d'avis de la brûler, ce qu'étant exécuté, tous retournèrent à Grenoble. Ce fait, des Adrets voyant que la ville de Grenoble, où il y avait bonne provision d'artillerie, n'était pas pour soutenir un fort siége, et qu'advenant le cas qu'elle fût prise par l'ennemi, il se pourrait prévaloir de ces pièces, dont il aurait faute ailleurs, joint que si elle était assiégée, il aurait moyen de la secourir, il fit charger et conduire à Valence deux grosses pièces de batterie, avec une vingtaine de pièces de campagne, et plusieurs mousquets et arquebuses à croc. Mais sur cela, les nouvelles qu'il entendit de la prise et saccagement de la ville d'Orange, par le sieur de Suze, accompagné des forces du Comtat et de Provence, le contraignirent de descendre au bas Dauphiné en toute diligence,

partant de Grenoble, le septième de juin, où il laissa pour commander le sieur de Brion, gentilhomme voisin de la ville, avec quatre compagnies. Nous laisserons donc pour maintenant des Adrets au bas Dauphiné, et Maugeron à Chambéry, pour venir au fait d'Orange, lequel nous reprendrons un peu de plus haut.

Orange, ville épiscopale, en titre de principauté souveraine, enclavée dans le Comtat Venaissin, ville très-ancienne, située à demi-lieue du Rhône, et à quatre lieues d'Avignon, où se voit encore le grand trophée de Marius et Catulus, consuls Romains, qu'ils dressèrent de la victoire tant célèbre contre les Cimbres ; après avoir servi de retraite à plusieurs de la religion, persécutés dans les temps du roi Henry et François deuxième, rois de France, eut finalement un ministre, l'an 1561, qui les enseignait dans les maisons privées, nonobstant la résistance du parlement d'icelle principauté, ensemble du sieur de Causans, gouverneur, et de Philippes de la Chambre, évêque, sollicités par les officiers du Pape, ne pouvant souffrir cela si près de leurs nez. Toutefois, les choses allèrent toujours en croissant, jusques à ce que l'édit de janvier étant fait en France, le prince, qui est de la maison de Nassau et résident en Flandre, leur envoya un sien écuyer, nommé Alexandre de la Tour, pour pacifier toutes choses ; comme de fait, tout y fut paisible jusques à ce qu'après le massacre de Vassy, les armes s'étant levées en Dauphiné, ceux d'Orange, qui étaient de la religion, se rendirent aussi les plus forts, voyant ce qui leur était apprêté par François Fabrice Serbellonne, parent du Pape, et envoyé au même temps en Avignon avec forces ; auxquelles, environ la fin du mois de mai, se joignirent celles du sieur de Sommerive, lieutenant de son père, au gouvernement de Provence, avec compagnie des sieurs de Suze, de Carces, Flassan, Ventebran, Sentac, Loverdière, Mondragon, Venterol et autres, dont la plupart avaient été condamnés comme séditieux par le parlement d'Aix, ainsi qu'il a été dit ailleurs. Toutes ces forces donc s'assemblèrent à Cavaillon, attendant l'opportunité de se jeter dans Orange, par intelligence qu'ils y avaient. Ceux de la religion, d'autre part, s'étant munis d'environ six cents hommes, advint que Perrin, sieur de Parpaille, président d'Orange, qui était allé à Lyon, tant pour autres raisons que pour amener des armes, fut à son retour trahi avec son bateau par le batelier qui le conduisait, et livré entre les mains des ennemis, au bourg Saint-Andiol, à deux lieues au-dessus du pont Saint-Esprit, et à cinq lieues d'Orange. De quoi étant avertis ceux d'Orange, voyant que leurs ennemis n'étaient encore sortis en campagne, envoyèrent aussitôt quasi toutes les forces qu'ils avaient de pied et de cheval audit lieu du Bourg, sous la charge du capitaine Saint-André, pour ravoir Parpaille. Mais cependant, leurs concitoyens de la religion romaine n'ayant failli d'en donner avertissement à Fabrice, il se trouva devant la ville avec toutes ses forces, le lendemain cinquième dudit mois, au point du jour, ayant cheminé toute la nuit avec deux pièces de batterie, et quelques autres de campagne; laquelle étant aussitôt sommée, ceux de dedans envoyèrent, d'un côté, un nommé la Rays audit capitaine Saint-André, pour avoir secours, et, d'autre côté, députèrent six hommes pour parlementer, lesquels ne purent obtenir autres conditions, sinon que tous les étrangers sortiraient promptement de la ville, et le reste des habitants, ayant mis toutes leurs armes au grand temple, en bailleraient la clef à la Tour, qui s'était déclaré leur ennemi capital, dès le commencement, lequel puis après y entrerait avec deux compagnies. Ces conditions entendues par ceux de dedans et de la religion, qui étaient encore plus forts que leurs concitoyens de la religion romaine, la résolution fut de mourir plutôt que de les accepter. Fabrice, d'autre côté, commença de battre du côté de Saint-Eutrope, vers le château, à l'endroit nommé Pourtoulles, duquel lieu étant repoussés, pour être grandement endommagés par ceux du château, où était le capitaine la Coste le jeune, déplaçant de là, il se logea du côté de la porte des moulins, battant si furieusement, qu'après avoir tiré huit vingts coups de canon, il fit brèche raisonnable. Cependant, ceux qui avaient été envoyés à Bourg, oyant la batterie, prirent le chemin du retour en toute diligence, s'étant joints avec plusieurs des autres églises prochaines, de sorte qu'ils pouvaient être jusques au nombre de douze cents hommes, espérant de rentrer dans la ville, durant encore les ténèbres de la nuit, pour n'être endommagés de la cavalerie de leurs ennemis; mais le jour les ayant surpris, ils furent contraints de demeurer à Serignan, à une lieue d'Orange. Cette même nuit, ceux de la religion étant en fort petit nombre pour défendre la brèche, et voyant que leurs concitoyens mêmes s'apprêtaient pour leur courir sus, quittèrent la ville en partie, emmenant leurs femmes et petits enfants avec telle misère que chacun peut penser, auxquels Dieu fit cette faveur qu'ils parvinrent jusques audit lieu de Sérignan. Les autres s'étant recommandés à Dieu, se préparaient à défendre la brèche, quand le matin sixième dudit mois, ils ouïrent le bruit de l'ennemi, entrant, tant par un treillis de fer où s'écoulent les eaux du pont Toillard qui leur avait été ouvert par leurs traîtres concitoyens, que par plusieurs autres maisons d'iceux jointes aux murailles, et par les portes mêmes qui furent incontinent brûlées. Auquel effroi plusieurs se retirèrent au château, et les autres, là où ils pouvaient avec espérance de s'y pouvoir cacher. Les ennemis entrés, n'oublièrent aucune sorte de cruauté plus que barbare et inhumaine, n'épargnant sexe ni âge, sain ni malade; car, quant aux hommes, ils en tuèrent qui étaient âgés de septante à octante ans, et même quelques paralytiques, gisans de long-temps en leurs lits; voire même entrés en l'hôpital, ils tuèrent tous les pauvres sans en excepter un seul, et n'épargnèrent non plus grand nombre de pauvres moissonneurs montagnards, descendus suivant leur coutume pour les moissons, et n'ayant rien que leurs faucilles pendues en écharpes. Quant aux filles et femmes enceintes ou non, ils en tuèrent un grand nombre, les pendants toutes grosses aux fenêtres et galeries, et plusieurs furent arquebusées avec leurs pauvres petits enfants qu'elles tenaient en leurs bras; plusieurs aussi furent violées, desquelles les unes moururent de tristesse, autres avortèrent en danger de leur vie. Plusieurs petites filles de cinq à six ans furent ravies d'entre les bras de leurs mères, et emmenées sans jamais les avoir voulu rendre depuis. Et est à remarquer que non-seulement ils tuèrent, mais aussi en tuant exercèrent toutes les cruautés à eux possibles, faisant mourir les uns à petits coups de dague et d'épée, précipitant les autres sur les pointes des halebardes et épées, en pendant plusieurs par le menton au croc des crémaillères des cheminées, et les y faisant brûler, coupant aussi les genitoires à plusieurs, et qui plus est fichant aux parties honteuses des femmes mortes des cornes de bœuf, et gros cailloux, et fourrant psaumes et autres livres de l'Ecriture sainte dans les plaies des hommes morts. Leur mot du guet était, je renie Dieu par trois fois, et les oyait-on crier à haute voix de toutes parts. Quant aux biens, il ne faut pas demander s'ils furent pillés sans y rien laisser, le reste fut répandu et perdu : étant trouvée la ville bien fournie de blé et de vin. Mais parmi telle cruauté Dieu exerça un notable jugement sur les auteurs de tout ce mal, qui avaient fait ouverture à l'ennemi, n'étant non plus épargnés hommes et femmes que les autres, bien qu'ils se fussent retirés en armes en la place, pensant y recevoir et remercier ceux qu'eux-mêmes avaient fait venir. Mais les ennemis pensant qu'ils fussent là pour faire résistance, se ruèrent dessus, et mirent tout au fil de l'épée. Ce fait, ceux qui s'étaient retirés au château, s'étant rendus après avoir eu promesse et serment de la vie sauve, ne furent pas mieux traités que ceux de la ville, y étant tués de sang-froid, cent et neuf hommes, précipités en partie du haut en bas, de sorte que les marques du sang coulant à plein ruisseau, y demeurèrent long-temps. Ce ne fut point assez à ces inhumains d'avoir exercé telles cruautés contre les personnes, mais aussi sur le soleil couchant, le feu fut mis à la sollicitation de Suse, tant au château qu'au lieu où on tenait le parlement, en l'évêché et ailleurs, dont furent brûlées environ trois cents maisons, avec plusieurs personnes qui s'étaient cachées dedans; et n'eût été que Dieu, comme montrant d'en haut, que les blasphèmes et cruautés des uns et les cris et lamentations des autres, étaient parvenus jusques à lui, éclata sur les onze heures de nuit, terribles tonnerres avec une pluie merveilleuse et extraordinaire, il ne fut resté une seule maison en la ville. Ce fut aussi un moyen que Dieu envoya pour faire évader aux champs quelques-uns de ceux qui s'étaient cachés, desquels toutefois une grande partie fut surprise et massacrée par les villages. Le lendemain pour parachever ce beau ménage, Suse, ayant pris du plus beau et meilleur butin dont il meubla sa maison, fit tant envers Fabrice, que partie même de la muraille de la ville fut démolie et rasée jusques à la terre, et furent menés prisonniers à Tarascon, le capitaine la Coste, le jeune, le sieur de la Caritat et un nommé de la Rays. Ceux qui étaient à Sérignan, entendant ces choses sans y pouvoir aucunement donner ordre, se retirèrent à Montélimart, et quant à Parpaille, après avoir longtemps demeuré prisonnier en Avignon, d'où il était, il eut finalement, par le commandement du vice-légat, la tête tranchée, le huitième d'août en suivant. Ainsi demeura la ville d'Orange en ce piteux état entre les mains de ceux de la religion romaine, sous le gouvernement dudit de la Tour, plus fidèle serviteur du siége romain, que de son maître, attendu qu'à la sollicitation d'icelui la ville fut ainsi détruite. Mais le vingt-unième de mars 1563, le sieur comte de Cursol, élu gouverneur de Dauphiné, en la place de des Adrets, y étant entré à main forte y établit ceux de la religion, y mettant pour gouverneur le sieur de Saint-Auban, sous lequel finalement, le vingt-sixième de septembre, audit an l'exercice des deux religions y fut établi de l'autorité du prince, suivant l'édit de la paix au royaume de France.

Pour revenir au sac d'Orange, l'armée de Fabrice après cette belle exécution, se partit en trois. Car, quant à lui, il se retira avec ses soldats apostoliques sanglants du sang innocent et chargés de butin en sa tanière d'Avignon. Ceux de Provence, reprirent leur chemin par Vedannes, Châteauneuf et Coumous, venant camper aux Baumettes, comme il sera dit en l'histoire de Provence. Et, quant à Suse qui faisait bien son compte, étant passé jusques à Pierre-Latte, petite ville en Dauphiné, d'aller plus outre et de piller Montélimar, étant averti des forces qu'il y trouverait, il s'alla rafraîchir à Suse, sa maison paternelle, à deux lieues d'Orange, laissant trois cents hommes de garde au château de Pierre-Latte.

Il est temps maintenant de retourner à des Adrets, lequel nous avons dit être parti de Grenoble, le septième de juin, en délibération de venger le saccagement d'Orange et de garantir le bas Dauphiné contre Suse, et le haut contre Maugeron. Etant donc arrivé à Montélimart où il trouva les forces d'Orange qui y étaient venues de Sérignan comme dit a été, et en ayant recueilli d'autres en extrême diligence, il tira droit à Pierre-Latte, ville assise en plat pays, et n'ayant montagne plus près que d'une lieue, hormis un grand et spacieux rocher dans la ville, dessus lequel est assis le château, commandant à toute la campagne, sans qu'il y ait aucun accès, sinon par un seul petit chemin et étroit; de sorte qu'il est non-seulement tenable, mais presque tenu comme inexpugnable. Ce néanmoins des Adrets, en approchant comme une foudre, eut tantôt fait brèche à la ville, avec un tel étonnement des trois cents soldats que Suse y avait laissés sous la charge du capitaine Richard de Vaurias, qu'abandonnant la brèche, ils se retirèrent au château. La ville prise, en laquelle tous ceux qui furent trouvés en armes et non autres, furent mis au fil de l'épée, des Adrets connaissant la place et l'étonnement des ennemis, tira droit au château, duquel il saisit la porte avec une telle hardiesse, que ceux de dedans étonnés et n'ayant eu loisir de se reconnaître, demandèrent soudain à parlementer; mais tandis qu'on parlait des conditions, la furie des soldats d'Orange, enflambés par le saccagement de leur patrie, fut telle, qu'ils entrèrent dedans, où ils n'épargnèrent rien, tuant les uns et précipitant les autres du haut en bas. De là, sans aucunement séjourner, des Adrets tira droit à Bourg, qui se rendit sans attendre le canon; comme fit aussi le pont Saint-Esprit, qui lui apporta les clés; auquel lieu il laissa forte garnison à cause du passage, sous la charge d'un capitaine, manchot d'un bras, nommé le Pont. Et de là, s'achemina à Boulènes, ville frontière du Comtat du côté de Dauphiné, laquelle il força et prit d'assaut, y étant dedans quelques soldats de la compagnie du capitaine Bartelasse, qui passèrent tous au fil de l'épée. Et de là était bien délibéré des Adrets, de tirer droit en Avignon. Mais les nouvelles de l'état de Grenoble, le contraignirent d'y remonter en toute diligence, s'y étant portés les affaires en son absence ainsi que s'ensuit.

Des Adrets étant sorti de Grenoble, les affaires commencèrent à s'y manier avec grand désordre, étant devenu malade le sieur de Brion, joint qu'à la situation d'un certain conseiller peu entendu et voulant toutefois tout manier, plusieurs petits conseils particuliers se faisaient au déçu du consistoire et des principaux de la religion, prévoyant le mal qu'ils ne pouvaient empêcher. Maugeron, d'autre côté, étant en Savoie, amassait gens, n'ayant faute d'intelligence dans la ville. Avertis de cela, ceux de la religion eurent recours à la cour de Parlement, remontrant les occasions qu'ils avaient de n'accorder à Maugeron, l'entrée de la ville, et les maux qu'il en adviendrait s'il y était introduit. A quoi feignant la cour de vouloir entendre, envoyèrent devers lui, à Chambéry, Laurens Rabot, conseiller du roi et le quatrième consul de la ville, pour le supplier, disaient-ils, de se déporter d'y venir pour le mal qui s'en ensuivrait, y étant aucunement les choses paisibles et en tranquillité par l'accord de ceux des deux religions, sous l'obéissance du roi; mais c'était à la vérité, pour s'accorder secrètement avec Maugeron, des moyens qu'il tiendrait pour y entrer, comme il fit bientôt après. Sur cela donc, Maugeron, filant doux à sa manière accoutumée, répondit qu'il ne pouvait faire moins que d'entrer en possession de son gouvernement; promettant que si on le voulait recevoir amiablement, il viendrait en petite compagnie, puis se retirerait si on le trouvait bon et ne permettrait jamais qu'aucun fut recherché pour le fait de la religion. Cette réponse donnée, Maugeron, sachant que des Adrets était occupé en bas comme dit a été, et voyant qu'il ne lui restait que d'entrer le plus fort à Grenoble, suivant les secrètes promesses qu'il avait de la cour de Parlement, commença de faire son amas au pont de Beauvoisin, séparant la Savoie d'avec le Dauphiné, par un pont qui y est, et pour assurer les passages, envoya certains capitaines sur les avenues qui firent beaucoup de maux au pays qui avait été jusques alors ouvert et libre pour les allants et venants. Les uns donc se saisirent de la côte Saint-André, ville de Viennois, sur le grand chemin de Vienne à Grenoble, laquelle fut pillée d'une étrange façon par le capitaine

Mistral, apostat et mauvais homme. Autres furent envoyés à Morenne, bourgade à trois lieues de Grenoble, sur le chemin de Valence, et d'autre côté sur les détroits de la descente de la rivière d'Isère, deux lieues au dessous de Grenoble, pour détrousser les bateaux descendant à Romans. Ce fait le quatorzième de juin, Maugeron, se présentant au port de la roche, et s'assurant de la plupart de ceux de dedans Grenoble, envoya dès le matin un gentilhomme avec lettres adressantes aux consuls, manants et habitants de la ville, pleines de douceur et de belles promesses, pour la lecture desquelles fut assemblé un conseil général où fut aussi lue une copie en papier et non signée de la provision de l'état de lieutenant pour le roi au gouvernement de Dauphiné, en l'absence du duc de Guise, gouverneur en chef, comme vacant par le décès de feu Gondrin ; et toutefois ces lettres étaient en date du deuxième de mai, c'est-à-dire cinq jours après la mort de Gondrin, de sorte qu'il y avait apparence de fausseté toute évidente. Mais on disputait là d'une chose déjà conclue auparavant, de sorte qu'à la pluralité des voix il fut conclu que Maugeron entrerait, que les soldats que des Adrets y avait laissés, se retireraient où bon leur semblerait, avec leur armes et bagues; promettant Maugeron, non-seulement de ne molester personne de la religion, mais aussi que l'exercice en demeurerait aux cordeliers, ainsi que la cour l'avait ordonné. Voilà ce que promit Maugeron, en vertu de quoi il entra ce même quatorzième de juin, accompagné d'environ deux cents chevaux et suivi de quatorze ou quinze cents hommes de pied. Mais bien qu'il eût été reçu avec un très-grand accueil, non-seulement de ceux de l'église romaine, mais même de ceux de la religion qui restaient (car les plus sages, tant capitaines, soldats, qu'autres s'étaient retirés aussitôt par les montagnes), soudain les soldats criant tue, tue, se mirent au pillage, leur étant permise toute espèce de force et violence ; gibets avec les échelles furent dressés par la ville; procession générale fut commandée le lendemain avec l'injonction à tous de s'y trouver sous peine de la hart; les livres de la religion furent saisis, déchirés et répandus par les rues, et brûlés, et là quelques-uns jetés du pont à bas dans l'Isère et autres tués par la ville ; plusieurs aussi mis prisonniers, entre lesquels n'est à oublier Esnard Pichon, ministre, lequel ayant été pris en un village, comme il venait de la Mure, et de là, mené en pourpoint avec mille opprobres, et présenté à Maugeron, qui lui dit plusieurs outrages, il fut réduit finalement entre les mains de l'évêque, qui usa envers lui de toute douceur. Ce fait, Maugeron, ayant fait intériner ses lettres, partit le dix-huitième du mois pour aller à la côte Saint-André, laissant pour gouverneur de la ville et du bailliage du Grivodan, le baron de Sessonnage, lequel ayant fait crier que tous étrangers sans exception, eussent à vider la ville, fit montres en armes des habitants en nombre de sept à huit cents. Vrai est qu'il fit crier aussi sous grandes peines, que les soldats ou autres eussent à rendre dans vingt-quatre heures, le pillage qu'ils avaient pris et à n'entrer plus aux maisons; mais tout le contraire était pratiqué, étant plusieurs, de jour à autre, menés prisonniers et quelques uns précipités du pont en la rivière. Davantage, n'ayant pu obtenir du capitaine la Coche, qu'il leur rendit le château de la Bussière, ils assemblèrent les communes jusques en nombre d'environ deux mille hommes, pour le forcer, mais ils n'y perdirent que leurs peines et plusieurs de leurs gens. Pendant ces beaux exploits, et que Maugeron était après à lever un emprunt de quatorze mille écus dont il avait fait les rôles, des Adrets ne dormait pas; lequel ayant entendu ces nouvelles de Grenoble, et contraint par ce moyen de laisser son entreprise du Comtat, où il espérait bientôt de châtier Fabrice, Suse et tous ceux qui avaient si inhumainement traité Orange, tourna bride vers Valence, et d'une célérité incroyable, arriva si à propos dans Romans avec tout son camp, qu'il rassura la ville contre l'entreprise de Maugeron, qui s'en approchait; et n'y ayant séjourné qu'une nuit, s'en vint droit à Saint-Marcellin, qu'il força d'une même impétuosité, ayant mis en pièces la garnison de trois cents hommes, que Maugeron y avait laissés, lequel il désirait extrêmement de rencontrer et combattre en campagne rase, bien qu'il fut beaucoup plus plus faible que lui de cavalerie. Mais il n'avait garde de le rencontrer. Car au lieu de l'attendre, il s'enfuit droit en Savoie, sans dire adieu à ceux de Grenoble, et de là, se rendit vers Tavanes en Bourgogne, dont il ne revint qu'avec le duc de Nemours. Ces nouvelles, tant de la prise de Saint-Marcellin, que de la fuite de Maugeron et de la furie de des Adrets, étant rapportées le vingt-cinquième dudit mois, à Grenoble, ce fut à qui se sauverait le premier, tant des conseillers de la cour, que de plusieurs du peuple, se sentant coupables de ce que dessus, qui se retirèrent pareillement en Savoie, maudissant Maugeron et sa lâcheté. Etant ceux-là départis, les prisonniers furent tantôt lâchés, et s'étant assemblés, ceux de la religion qui restaient en la ville, résolurent en premier lieu, d'aller au-devant de des Adrets, pour le supplier de pardonner au menu peuple et à leurs pauvres concitoyens. A quoi s'accordant des Adrets, y entra sans aucune résistance, le vingt-sixième du mois, accompagné de sept à huit cents chevaux, entre lesquels étaient les sieurs de Cipierres, fils du comte de Tandes, le sieur de Senas, le capitaine Mouvans et autres, logeant son camp qui était de cinq à six mille hommes de pied, avec si bon ordre qu'il n'y eut pillage ni saccagement fait en la ville. Il fit aussi crier, afin que la justice ne cessât, que tous conseillers de la cour et autres juges royaux ou bannerets et tous autres, eussent à se retirer dans six jours, en la ville pour y faire leurs charges, promettant oubliance de toutes les choses passées, excepté seulement les cinq personnages ci-dessus nommés et qui étaient délogés de Grenoble, dès lors qu'elle fut saisie au commencement. Mais personne d'eux ne comparut pour cela. Tôt après arriva dans Grenoble, le conseiller Ponnat, venant par les montagnes avec cinq ou six compagnies de gens de pied, et furent envoyés aux frontières, à savoir à Chaperolian, Pont-Charra, Allevard et autres lieux prochains de la frontière, sous la charge du jeune Saint-Muris, les compagnies du jeune Changy et du capitaine Charbonneau, lesquels y firent prêcher et y demeurèrent environ trois semaines. Ces choses ainsi heureusement exécutées et en si peu de jours, des Adrets, avec ses forces dès le dernier de juin, c'est-à-dire quatre jours après son arrivée, prit le chemin de Lyon et de là en Fôret, laissant Ponnat, colonel de cinq compagnies, pour commander dans la ville, et le chevalier Caffart au château de la Bussière, pour garder la frontière.

Pendant que le baron des Adrets était empêché au fait de Grenoble et

Foret ayant laissé à Mombrun, partie de ses forces pour faire tête à Suze, et poursuivre l'entreprise du Comtat tant qu'il pourrait, comme d'autre côté, Mouvans était descendu à Sisteron en Provence, pour rompre les desseins de Sommerive, Suse fit son amas premièrement au lieu de Serrian, avec quelques pièces d'artillerie et nombre de compagnies, tant des siens que de celles de Fabrice et de l'arrière ban du comtat, en délibération de se camper à Orange; auxquels s'étant présentées le cinquième de juillet quelques troupes près la rivière d'Ovèze, joignant Orange, il y eut une escarmouche, en laquelle, Suse ayant eu du meilleur, délibéra se camper au pont de Sorgue, le lendemain sixième du mois, ayant laissé dans les ruines du château d'Orange, le capitaine Hugon. Mombrun d'autre côté, le huitième dudit mois, assiégea Mornas, une des clés du Comtat, où était le capitaine la Combe, avec nombre de soldats suffisant pour défendre la place. Ce nonobstant, la ville fut forcée et pareillement le château, quoi que le rocher où il est assis soit fort haut et difficile à monter. Car le sommet d'icelui, gagné par les soldats avec une extrême difficulté, la Combe commença de parler de composition, mais il n'était plus temps; et par ainsi fut tué tout ce qui était dedans, ayant toujours les soldats de Mombrun, le sac d'Orange en la bouche et tuant les uns et précipitant les autres, les corps desquels ils envoyèrent puis après en Avignon par le Rhône, leur attachant des écriteaux par insolence militaire, qui portaient qu'on les laissât passer comme ayant payé le péage à Mornas, sans que jamais Mombrun y put donner ordre, tant étaient les soldats d'Orange acharnés à la vengeance de leur patrie. Mais un cas remarquable y advint, à un des soldats précipité comme les autres, lequel étant demeuré sauf et pendu de ses mains à mi-chemin du rocher, lui ayant été tiré en vain grand nombre d'arquebusade, fut finalement sauvé par Mombrun, au service duquel il se rangea. Cette prise de Mornas entendue, tout le peuple des lieux d'alentour, comme de Caderousse, Pyoulène, Orange, Courtaison, Bederrides et Châteauneuf, quittant leurs maisons à Mombrun, se retirèrent aux fortes places, comme Avignon, Carpentras, l'Ile Vaison et autres, lesquelles ne furent assaillies par Mombrun, étant contraint d'envoyer partie de ses forces à Sisteron. Or avait bien Mombrun délibéré de suivre le cours de sa victoire, mais deux choses l'en gardèrent, à savoir, le siège de Sisteron, ou l'amas de Suse, étant Mouvans et Cenas dans Sisteron, assiégés par Sommerive. Il envoya donc partie de ses forces, logeant le reste dans Boulène, où il se tint en personne, et à Vauréas, pour opposer à Suse, lequel parti du pont de Sorgue, avec bon nombre d'infanterie et gens de cheval, un canon et une grande couleuvrine vint droit à Boulène. Mais il y fut si bien reçu le dix-neuvième dudit mois, qu'il sonna tantôt la retraite, y ayant été tué, entre autres, le capitaine Rossieu, et blessé le capitaine Gaucher de Ventabran, en faisant une grande folie, qui était d'entreprendre d'aller écrire de sa main aux murailles de Boulène, le nom d'une dame qu'il appelait sa maîtresse, à la manière accoutumée de la folle jeunesse de France. Suse ainsi repoussé de Boulène, s'adressa à Vauréas, qui fut quittée par le capitaine André, le vingt-troisième dudit mois, s'étant sauvé de nuit avec ses gens; et fut la ville pillée par Suse, de fond en comble. Mais la possession ne lui en dura guères, ayant auparavant

Mombrun averti des Adrets, retourné de Forêt à Lyon de le venir secourir; et lui-même étant sorti de Boulène si à propos et si sagement, qu'au jour même que Suse entra dans Vauréas, Mombrun se présenta sur un coteau remparé de vignes et voisin de la ville, attendant des Adrets, lequel usant de sa célérité accoutumée et comme traitant le bonheur avec soi, arrivé qu'il fut, le vingt-cinquième dudit mois audit Mombrun, avec quelques compagnies bien armées et payées, et cent Suisses, que Soubise envoyé par le prince à Lyon, pour y commander désormais, lui avait baillés, sans donner espace à l'ennemi de le venir reconnaître, délibéra quant et quant de l'assaillir et de l'attaquer de toutes ses forces. Au sortir de Vauréas, il y a une colline sur le sommet d'une planure assez grande et capable, commandant en cavalier à la ville, en laquelle Suze avait assis son camp, ayant la ville à dos, retranchée d'un bon fossé, et ayant braqué son artillerie en fond vis à vis de la colline vers la bize. A la portée du canon était un autre petit coteau plus bas que la colline, et défendu seulement des ceps de vigne, là où des Adrets trouva Mombrun. Il y avait encore une autre chose qui fortifiait le camp de Suse, à savoir plusieurs fossés tirés tout à l'entour des terres, lesquels il fallait passer descendant du coteau pour retourner à la colline, mais toutes ces difficultés ne purent aucunement retarder l'impétuosité de des Adrets, ni la furie de ses soldats, sautant les fossés et montant à cette colline de telle raideur, qu'entre autres, l'enseigne des suisses que des Adrets avait amenés de Lyon, étouffa dans son harnais; et ne faut douter que si des Adrets eût poursuivi cette pointe il se fut perdu, d'autant que ses gens ayant perdu l'haleine eussent été aisément abattus par gens frais, et les attendant de pied coi, avec plus grandes forces; mais des Adrets y pourvut incontinent, laissant ce chemin et se hasardant de passer contre les murailles de la ville, et de monter par les flancs de la colline, criant et faisant crier victoire. Cela étonna tellement les ennemis, qu'en peu d'heures Suse, non toutefois sans avoir vaillamment combattu, quant à sa personne, fut contraint de se sauver à toute bride, sans sa bourguignotte, ayant perdu la plupart de son infanterie, toute son artillerie et quelques gentilshommes et capitaines de marque; entre lesquels se trouva le chevalier Dolon, enseigne de Glandages, et le capitaine de Seps d'Avignon, outre plusieurs gentilshommes, français et Italiens blessés. Après cette victoire, des Adrets, dès le lendemain, vingt-sixième dudit mois, ayant marché à Tulotte, distant de deux lieues de Vauréas, et nettoyé des garnisons italiennes, les lieux de Caderousse, Bedarides, Orange, Courtaison, Sefrian, Pyoulène et Châteauneuf du Pape, emporta la ville et château du pont de Sorgue, qui donna un tel effroi à la ville d'Avignon, qu'ils se préparèrent au siège comme si des Adrets fut déjà aux portes. Mais au lieu de cela il s'alla camper devant Carpentras, le premier d'août, au-dessous des arcs des fontaines à la portée du canon, espérant, comme on présuppose l'emporter par quelque intelligence; ce que ne lui ayant succédé et ses soldats étant harrassés au possible, joint que ses exécutions se faisaient si soudainement, que souventes fois les soldats se trouvaient affamés de vivres, ce qui les contraignait de se débander çà et là, il se retira à Valence, non sans perte de plusieurs de ses gens surpris par les paysans en cette retraite qui se fit de nuit, le 2 d'août. En ces entrefaites,

Sisteron était menacé d'un second siége, par Sommerive, auquel arrivaient gens de tous côtés, s'y étant acheminé Suze avec seize compagnies de gens de pied et deux de cheval. Senas et Mouvans, étaient dedans préparant tout ce qui était requis; mais prévoyant qu'ils seraient extrêmement pressés, tant par l'ennemi au-dehors, comme il sera dit en son lieu; que par faute de vivres au-dedans, cela fut cause que ramentevant à des Adrets, comme ils l'avaient suivi et secouru au voyage de Grenoble, ils le prièrent par lettres et homme exprès qu'il lui plut leur rendre la pareille en telle nécessité. Des Adrets sur cela, fit du long, ce qu'on imputait partie au mécontentement qu'il avait et qu'il ne pouvait oublier, ce que le prince avait envoyé Soubise à Lyon, en sa place, de sorte qu'il semblait vouloir faire paroir dès lors qu'on s'en repentirait, et partie aussi parce que les esprits de ces deux grands capitaines, à savoir, des Adrets et Mouvans, n'étant sans grande émulation, ne se pouvaient assez bien accorder ensemble, bien que des Adrets fut d'autre qualité que Mouvans qui n'était que simple gentilhomme, mais au reste d'un cœur haut et de grande créance envers les soldats. Ce néanmoins, des Adrets pressé par les gentilshommes de Dauphiné, joint qu'il voyait bien que celui eût été trop grand reproche d'avoir laissé perdre de si vaillants hommes, sans aucunement s'en émouvoir, commença de rassembler son camp au pont du Saint-Esprit, envoyant l'artillerie prise à Vauréas, avec les munitions nécessaires, par le sieur de Mombrun, par le chemin de Grenoble et de la Croix haute, comme étant plus aisé au charriage, promettant le venir rencontrer par le chemin des Baronnies. Ainsi donc Mombrun se partit de Valence avec cinq cents hommes de pied, le quinzième d'août, et finalement arriva à Orpierre, petite ville du Gapansois. D'autre côté, des Adrets ayant ramassé ses forces et fait montre à ses gens de pied, pour mieux les contenir sous la discipline militaire, força premièrement Saint-Laurent des Arbres, puis le fort lieu de Roquemaure, le vingt-sixième d'août, et trois jours après reprirent le château du pont de Sorgues, auquel Fabrice avait laissé quelque garnison de soldats Italiens, qui furent brûlés avec le château, et peu s'en fallut qu'ils ne prissent d'emblée, la tour du pont de Villeneuve-lez-Avignon, et le fort Saint-André y joignant. Le lendemain trentième, Fabrice ayant envoyé quelques frégates contre amont le Rhône, pour amuser des Adrets d'un côté, et cependant l'assaillir de l'autre, fit une sortie accompagné de toute la noblesse d'Avignon et de trois cents hommes de pied, choisis de toutes les compagnies. Mais il y fut lui-même surpris par la ruse de des Adrets, lequel étant allé en personne escarmoucher les frégates, avait envoyé d'autre part Mirebel, battre le chemin d'Avignon, là où se trouva Fabrice, non pas assaillant comme il voulait, mais assailli si rudement que son cheval lui servit fort bien au besoin, se sauvant à toute bride dans la ville avec sa cavalerie, mais non pas avec toute son infanterie, parce qu'une partie d'icelle demeura dans les vignes. Ce fait, des Adrets poursuivant son chemin vers la Durance, renversant tout ce qu'il trouvait devant soi, arriva à Cavaillon, le premier de septembre, courant tout le pays d'alentour, et là, averti des Adrets que quelque bon nombre de cavalerie de la ville d'Arles avec quelques compagnies d'infanterie, venait à Orgon vis-à-vis de Cavaillon et séparé par la rivière de la Durance, passa à gué la rivière, qui lors était fort basse, si à propos qu'il renversa les ennemis, et en tua une grande partie, fuyant le reste comme en une pleine déconfiture. De là, des Adrets au lieu de poursuivre son chemin, comme il avait commencé, soit qu'il ne voulut à la vérité secourir Sisteron (en quoi il fit très-mal si ainsi est), soit qu'il pensât encore y arriver à temps, fit une grande faute, prenant un autre chemin plus long par la campagne, dont advinrent deux grands maux. Car Mombrun, voyant la longueur de des Adrets, et s'essayant par tous moyens de conduire ses forces dedans Sisteron, fut surpris et défait entièrement par Suse, le deuxième septembre, à demi lieue d'Orpierre, en un lieu appelé Lagran et y fut aussi reprise par Suze, l'artillerie qu'il avait auparavant perdue à Vauréas. Et, quant à Sisteron, force fut à Mouvans après s'être défendu autant que faire se pouvait de l'abandonner, le cinquième de septembre se retirant d'une façon merveilleuse, quasi tout le peuple de la ville par les montagnes comme il sera dit en l'histoire de Provence. Des Adrets cependant ayant commencé de battre la ville d'Apt, pensant peut-être que ce siége de Sisteron se leverait à cette occasion, sitôt qu'il eût entendu la route de Mombrun, pensa de la retraite le plus vite qu'il lui fut possible, non sans quelque perte d'hommes, toutefois sur les chemins, et ne cessa qu'il ne fût arrivé au pont Saint-Esprit, ayant distribué de son infanterie à Boulène, Roquemaure, Baignols et Pierre-Latte, et de là se retira à Valence avec sa cavalerie. Ce fut un très-grand désavantage, tant pour la Provence que pour le Dauphiné, d'avoir ainsi laissé perdre cette ville de Sisteron, servant de clé à ces deux provinces. Par cela peut-on connaître mieux encore que par ce que récite Homère du courroux de son Achille, bien est dommageable le dépit d'un grand capitaine ambitieux ou jaloux de sa réputation. Mais il y a encore à considérer en ce fait quelque faute de plus grand poids, à savoir l'insolence et dissolution des soldats, lesquels, peu à peu depuis la reprise de Grenoble, s'étaient merveilleusement débordés en pilleries, cruautés, brûlements et autres excès non-tolérables même en la guerre, sans une extrême nécessité, montrant par effet qu'ils avaient oublié les deux occasions de cette guerre, à savoir, l'observation de l'édit de janvier et la conservation de l'état du royaume, contre les perturbateurs du repos public et non la ruine du peuple et du pays, ni l'établissement de la religion et abolition de l'église papale, à force d'armes, encore moins l'anéantissement de toute religion.

La première ville de Dauphiné qui se sentit de la prise de Sisteron, fut Gap, ville épiscopale, et tout le bailliage d'icelle qui est de quinze à vingt lieues d'étendue, dont nous avons à parler maintenant. Cette ville en laquelle Guillaume Farel, qui en était natif, avait dressé l'église, dès environ le colloque de Poissy (s'étant puis après retiré en son église de Neufchâtel en Suisse), fut aussi saisie au commencement de ces troubles par ceux de la religion, sans aucun autre désordre, là où ils se maintinrent paisiblement jusques à ce que le capitaine Gargas, natif de Ventavon, environ la saint Jean, surprit la ville et château de Talart, à deux lieues de Gap, là où il fut assiégé si tôt et de si près qu'il fut contraint au bout de trois semaines de rendre ville et château, y étant survenus fort à propos Mouvans et Senas, à leur retour de la prise de Grenoble, où ils avaient accompagné des Adrets.

Car sans cela les assiégeants qui étaient à grand peine 150 hommes, étaient perdus par le moyen de l'évêque d'Embrun, ayant assemblé de huit à neuf cents soldats de ses sujets, lesquels étant descendus et tout prêts de se jeter sur cette petite troupe, furent rentrés et défaits au lieu de Chorges, entre Gap et Embrun, par les deux des susdits, s'y étant rencontrés, non de propos délibéré, mais par une spéciale providence de Dieu. Ainsi donc demeura cette ville en repos jusques à la prise de Sisteron, laquelle entendue, avec la retraite de des Adrets, voyant ceux de la religion que la ville n'était aucunement tenable contre le canon, départirent de nuit environ dix heures tous en troupe tant hommes, que la plupart des femmes et enfants, au mieux qu'ils purent, et ainsi cheminèrent jusques à Corp, là où Dieu leur présenta le capitaine Furmeyer, s'étant sauvé de la défaite de Mombrun, avec quelque peu de soldats, qui leur donna courage, et les ayant conduits à Dye, donna ordre que les femmes et autres n'étant pour porter les armes, y furent reçues en la garde de Dieu, prenant avec soi ceux qui voulurent suivre, lesquels il rendit à Montélimart, où nous les laisserons pour maintenant.

Pendant ces exploits du mois d'août au Comtat et confins de Provence, Monluc, frère de Monluc, dont il a été tant parlé en l'histoire de Guyenne, conseiller du conseil privé et évêque de Valence (homme de merveilleux esprit, et qui dans les affaires de la religion, même depuis la guerre commencée s'était rendu à Orléans, et s'était tellement porté qu'il semblait être de ce parti, et ce néanmoins, d'autre côté, s'entretenait de telle sorte avec la reine-mère que plusieurs le tenaient pour être du nombre de ceux qui savaient faire leur profit de tout), étant départi d'Orléans en assez mauvaise grâce, soit que la reine s'en voulut servir en Dauphiné, soit qu'il prétendit ailleurs, descendit à Lyon, où il tint (comme il est homme fort libre en paroles) quelques propos qui semblaient condamner la cause ou la procédure de ceux de la religion. Cela étant rapporté à Vienne, à l'heure qu'il en était sorti pour tirer à Valence, il fut poursuivi par Berny, alors gouverneur commandant à Vienne, en intention de l'arrêter; ce qu'ayant découvert à temps, il passa le Rhône et se sauva dans Nonnay, le 15 d'août, là où derechef partie par soupçon, en partie aussi suivant lettres expresses, soudainement écrites à ces fins par Berny, qui avait retenu son bagage et son secrétaire, il fut arrêté montrant un grand étonnement en son visage, qui donna occasion à un certain personnage, nommé Morgues, homme contrefait en son corps, mais au reste de fort bon entendement, l'épier tellement qu'il l'aperçut cachant certains papiers en un endroit des privés du logis où il était, desquels il se saisit, et a dit depuis ledit Morgues, qui les porta à des Adrets, qu'ils contenaient choses étranges à la ruine de ceux de la religion. Cela fut cause que Berny, suivant le commandement de des Adrets, fit ce qu'il put à ce qu'il lui fut renvoyé à Vienne; de quoi s'apercevant, l'évêque écrivit à Lyon, ramentevant à Soubise, leur ancienne amitié, et le priant avec grandes excuses des susdits propos de le vouloir envoyer quérir ou de moyenner pleine délivrance. Soubise sur cela ne se pouvant persuader que l'évêque fut tel qu'on le soupçonnait, ne faillit de prier ceux de Nonnay, de le bien garder sans le mettre entre autres mains; ce qui mécontenta tellement des Adrets, déjà marri de ce que Soubise commandait à Lyon, qu'il s'en formalisa tout outre, comme gouverneur de Dauphiné, Vivarets et Languedoc, et menaça bien rudement ceux de Nonnay, leur ordonnant de ne saillir de se bien garder quoi qu'il leur fut mandé d'ailleurs, et de le délivrer à ceux qu'il leur envoyerait, si lui-même ne le venait quérir pour en faire bonne justice ; et ne faut douter que ce mécontentement n'ait été cause en partie de ce que des Adrets fit puis après; tant y à quoi qu'il en soit, que l'évêque le premier de septembre, trouva façon avec ses gens de faire un trou en la muraille de son logis, joignant les fossés par lequel ils se sauvèrent, et n'a point été su depuis plus amplement le contenu de ses papiers et mémoires. Or Sisteron, étant ainsi abandonné et des Adrets s'étant retiré, il fut aisé à Sommerive et à Suse, de ravager le pays à leur plaisir, étant entrés sans résistance dedans Gap, Vaupierre, Talard, et autres plusieurs places. Corp aussi et Muns en Trièves, villes du baillage de Grivaudan, n'ayant gens experts en guerre, furent finalement abandonnés par les uns, occupés et pillés par les autres, desquels était conducteur, le capitaine Gargas, avec Baratier et Salettes. Mais finalement, ces troupes chargées de butin se retirèrent dedans Avignon, dont puis après partirent Sommerive, Suse et Carces, le quatorzième septembre, pour aller en Provence, là où nous les laisserons pour retourner à Grenoble, où nous avons dit avoir été laissé pour gouverneur par des Adrets, dès le dernier de juin, le conseiller Ponat, homme incapable d'une telle charge, comme l'effet le montra ; car, quant à la justice, il n'y tenait aucunement la main. Cela fut cause que ceux de l'une et de l'autre religion s'étant assemblés, conclurent d'un commun accord, de faire, tant que les conseillers de la cour de parlement, qui s'étaient retirés à Chambéry et ailleurs, retournassent en la ville pour y exercer leur état, leur offrant toute sûreté et assistance, tant par lettres que par homme exprès. Mais on ne sut gagner ce point sur eux. Et, quant au fait de la guerre, tout ce qu'il entreprit fut pour secourir Gap et Sisteron. Il fit quelque amas de gens de pied et de cheval, avec lesquels le vingt-deuxième de juillet il partit, laissant son frère le capitaine Pierre Ponat, pour commander en la ville avec quatre compagnies de gens de pied. Mais il retourna le onzième du mois d'août suivant, sans avoir fait aucun exploit. Quelque temps après étant passé Mombrun par Grenoble pour aller au secours de Sisteron, ainsi qu'il a été dit ci-dessus, Ponat, feignant de le vouloir suivre, partit derechef de Grenoble avec ses forces. Mais au lieu de ce faire (ce qui eut, peut-être, garanti Mombrun de la grande perte qu'il fit puis après), il essaya d'entrer au bourg d'Oysans pour châtier les habitants de ce que se plaignant d'être surchargés de la contribution des deniers à eux imposés, ils n'avaient voulu obéir à ses mandements ; mais étant ce bourg situé entre les montagnes, et Ponat ne sachant rien de l'art de la guerre, il s'en retourna sans rien faire, et fut cela puis après cause d'un grand mal pour la ville de Grenoble et pour tout le pays, ayant reçu ceux du bourg, le secours des ennemis, qui puis après en firent leur plus sûre retraite. En ces entrefaites, le sieur de Vinay, sachant le pauvre ordre et le peu de forces qui était dans Grenoble, qui ne pouvait attendre secours, d'autre lieu, étant toutes les forces de part et d'autre tournées vers Sisteron qui se rendit au même temps, commença d'assembler quelques forces en Savoie des fugitifs de Dauphiné; ce qu'entendant Cassart, auquel avait été laissé en garde le château de la Bussière, fit tout devoir d'en avertir Ponat, lui demandant gens de renfort; lequel n'en faisant compte, il trouva façon de vendre secrètement les blés et vins de la munition du château, puis en remit les clés à Ponat; lequel ne considérant l'importance de cette place, y envoya un chanoine, nommé Bally, devenu soldat tout nouvellement, et, qui plus est, l'envoya quasi tout seul, tellement que Vinay n'eut aucune peine d'y entrer, l'ayant trouvé abandonné par le chanoine, pratiqué par un sien frère, avocat. De là donc, prenant Vinay son chemin à Gouselin et Pierre Domeine, arrivé à Gière, à une petite lieue de Grenoble, averti qu'à la porte, appelée Tresclautre, il n'y avait quasi personne, fit soudain marcher son camp, le seizième de septembre, et lui-même avec les meilleurs arquebusiers de ses troupes et quelques gens de cheval entra dans le faubourg; eût de fait et passé aisément jusques au dedans, n'eût été le courage et la diligence du capitaine la Coche avec le sieur de Saint-Mauris, lesquels ayant réveillé Ponat qui dormait, firent monter à cheval les autres capitaines; et ayant assemblé à la hâte le plus de gens qu'ils purent, sortant par cet porte de Treselautre, attaquèrent si brusquement l'escarmouche aux faubourgs, qu'en ayant tué d'iceux environ soixante, tant italiens qu'espagnols, pour la plupart, et blessé plusieurs, sans avoir perdu que trois des leurs, ils en déchassèrent l'ennemi jusques à la plaine, nommée du Raffourt; auquel lieu apercevant le gros du camp qui marchait en nombre de quinze à seize cents hommes de pied et de deux cents chevaux, ils se retirèrent tout bellement en la ville, avec quelques prisonniers, entre lesquels se trouva un espagnol, pris par le capitaine Champé, le jeune. Et sur cela, Vinay, ayant entendu faussement que Senas et Mouvans, à leur retour de Sisteron, avaient assiégé Briançon, quitta le siége pour s'y en aller, où il fit beaucoup de maux à ceux du val de Pragela, pillant et brûlant les maisons abandonnées par les habitants. En quoi la providence de Dieu se montra merveilleuse, étant chose certaine que, si Vinay ne fût délogé de devant Grenoble, Mouvans pour le moins et toute la troupe qu'il menait étaient perdus. Nonobstant cette délivrance plus miraculeuse qu'autrement, la ville de Grenoble était en merveilleux effroi, tant pour être très-mal munie de gens, que pour n'avoir autre gouverneur que Ponat, lequel, au lieu d'assurer les autres, délibérait de s'en aller, conseillant même aux ministres de ce faire, comme la ville n'étant défensable contre les forces des ennnemis, surtout étant entendues les nouvelles de la venue du duc de Nemours, avec grandes forces pour donner ordre au Lyonnais et Dauphiné. Voyant donc cela ceux de Grenoble, ils avertirent de toutes leurs difficultés le baron des Adrets, lequel appelant Ponat à soi, mit en sa place le capitaine la Coche, par la diligence et vaillance duquel Dieu besogna tellement, qu'avec bien peu de gens la ville fut conservée ainsi qu'il sera dit ci-après. Pendant ces entrefaites donc Nemours, environ le quinzième de septembre, ayant recueilli toutes les forces que Tavanes avait auprès de Lyon, avec celles qu'il avait amenées, en voyant l'avantage qu'avaient ceux de la religion romaine en Dauphiné, devant que s'arrêter à Lyon, tira droit à Vienne, en laquelle il entra par la grande faute de Berny qui avait le gouvernement; duquel il montra par effet qu'il n'était capable, pour n'avoir été nourri aux armes, bien qu'il fût gentilhomme de bon lieu; car bien qu'il fût averti par Soubise qu'il eût à se tenir sur ses gardes attendant le secours que des Adrets et lui ne faudraient nullement à lui envoyer, lui mettant aussi devant les yeux de quelle conséquence était cette place-là; ce néanmoins, il voulut sortir en campagne, là où trouvant ce qu'il n'espérait pas, il fut si effrayé et les soldats aussi, après leur capitaine, qu'abandonnant la ville, il se retira dans le château de Pipet, lequel s'il eût tenu quelque peu de jours, encore y eut il eu moyen de recouvrer sa faute, étant la place pour commander à la ville et très-forte. Mais outre l'étonnement de lui et de ses soldats, desquels, étant au nombre de deux cents, il ne se trouva que quinze de bonne volonté, il avait si mal pourvu aux choses requises à un siége, que se voyant n'avoir que bien peu d'eau en la citerne, il quitta la place aussi bien que la ville, étant par ce moyen le Dauphiné ouvert aux ennemis, tant du côté de Provence, par Sisteron, que du côté du Lyonnais, par la prise de Vienne, au grand regret de des Adrets, qui avait envoyé à Berny un vieux soldat déguisé, pour l'avertir qu'il tînt seulement trois jours. Mais le soldat trouva la place déjà quittée, et toutefois deux jours après, Dieu envoya tant de pluie, que si Berny eût attendu bien peu, il ne lui eut point fallu craindre la faute d'eau. Voilà comme il en prend de commettre les places d'importance à gens non expérimentés. Des Adrets qui avait cependant accouru en Languedoc, jusques à Lattes, bien déplaisant de ce fait, reprit le chemin de Lyon, comme Soubise l'en avait instamment requis, ayant affaire de plus grandes forces pour le renvitaillement de Lyon. Mouvans, d'autre côté, et Senas, avec environ quatre mille personnes, y comprises les femmes avec plusieurs petits enfants, ayant abandonné Sisteron, prirent le chemin des plus hautes et âpres montagnes, et se peut dire qu'à grande peine se fit-il jamais retraite plus courageusement entreprise ni plus courageusement exécutée, comme il sera dit en l'histoire de Provence. Toute cette troupe donc arriva saine et sauve à Grenoble, le vingt-septième de septembre, là où Mouvans, ayant laissé quelque petit nombre de malades pour se reposer, tira droit à Cremieu, avec toute sa suite, de laquelle se rendit à Lyon, sans être rencontré des forces de Nemours qui avait l'œil sur des Adrets, duquel le voyage ne fut pas si heureux. Car ayant laissé derrière son infanterie, pour ne l'exposer à la cavalerie de Nemours, il délibéra de passer avec quatre cents argoulets, espérant de revenir quérir ses gens avec nouvelles forces de Lyon. Mais étant à Beaurepaire, il fut chargé et mis en déroute par la cavalerie de Nemours, avec telle issue toutefois, qu'ayant rencontré Mouvans à la côte, lequel avait laissé son infanterie à Ryves, tous deux arrivèrent à Lyon, dont sortit incontinent Mouvans avec escorte, audevant de ses gens qu'il avait laissés derrière, afin de les amener sûrement comme il fit jusques à Lyon, avec un grand heur et honneur. Mais, quant à l'infanterie que des Adrets avait laissée derrière, voici quelle fut son aventure. Ceux de Gap, étant environ trois cents, que nous avons laissés à Montélimart avec Furmeyer, leur capitaine, pour ne perdre temps, étaient passés en Vivarais pour assiéger la Chapelle, où le sieur de Balazu fut tué, et de là revenus à Montélimart, puis de là à Romans où se trouvèrent environ treize enseignes, s'acheminèrent à Beaurepaire, sous la charge de Mombrun, auquel lieu ayant séjourné une nuit, ils furent le lendemain assaillis par la même cavalerie de Nemours, grosse et forte, qui avait baillé la chasse à des Adrets, là où il fut combattu tout le jour, y étant tué, du côté de Nemours, le capitaine Peirat de Lyon, et n'y avait apparence que cette infanterie pût échapper aucunement, d'autant que Nemours attendait, d'heure à autre, sept mille hommes de pied avec trois canons et une couleuvrine. Mais Dieu y pourvut d'une étrange façon, étant advenu que le maître d'hôtel de Nemours, venant de Vienne avec six chevaux, et pensant que son maître fut dedans Beaurepaire, au lieu qu'il s'était retiré à une lieue de là pour repaître en un lieu appelé Moura, étant pris de ceux dedans Beaurepaire, à l'entrée, et interrogé, déclara comme l'infanterie approchait avec lesdites pièces. Cela fut cause que Mombrun délogea tout sur l'heure, et si coiement qu'à la pointe du jour arrivés à la côte Saint-André, où ils repurent légèrement, puis ayant marché tout le jour et la nuit, suivant par une montagne et dans un bois, il se rendirent à Romans, attendant nouvelles et plus grandes forces. Des Adrets, d'autre part, ressorti de Lyon, ayant rassemblé en tout de trois à quatre mille hommes de pied et environ quatre cents chevaux, sans avertir Soubise (qui avait grand moyen de le renforcer, comme aussi il avait été arrêté entre eux qu'il serait fait), marcha jusques à Beaurepaire, auquel lieu, le vingt-neuvième d'octobre, étant derechef chargé de la cavalerie de Nemours qui était fort au quadruple de la sienne, il fut mis en déroute encore plus lourdement que la première fois; et ne faut douter que si Nemours eût bien su poursuivre sa victoire, des Adrets et tous ses gens fussent morts ou pris. Mais n'étant poursuivi de même vigueur qu'il avait été assailli, n'ayant perdu qu'environ six vingts hommes, même ayant sauvé son bagage, il gagna Borgoin, et de là se rendit à Cremieu, à cinq lieues de Lyon, où le vint rencontrer le secours de Lyon, fort et raide, à savoir de deux mille suisses, sous la charge du capitaine Ambiel, d'autant de français, sous la charge de Senas, et trois cents chevaux, conduits par Poncenat et Mouvans. Toutes ces forces donc étant jointes, des Adrets se mit entre Vienne et Lyon, pour donner moyen à Soubise de se renvitailler, comme il fit, en tirant droit à Vienne, se logeant à Ternay, à deux lieues de Vienne avec les gens de pied, envoyant sept enseignes en un autre village dit Commenay. Pendant lequel temps, la cavalerie de Lyon demeurée devant Vienne, dressa une fort belle escarmouche, en laquelle Mouvans fit une merveilleuse preuve de sa vaillance, s'étant jeté pêle-mêle avec dix ou douze gentilshommes, ébranlant si bien les ennemis que, s'il eut été suivi, il y a grand apparence que Vienne eût été reprise, tant fut grand l'étonnement. Par ce moyen furent les choses bientôt changées, étant assiégé Nemours avec toutes ses forces, lequel un peu auparavant, tenait assiégé Lyon, et avait donné deux fois la chasse à des Adrets, lequel nous laisserons maintenant en ce siége, pour retourner à la ville de Grenoble, qui fut cependant serrée de fort près, et toute prête à se rendre. Nous avons dit que par le peu d'avis de Ponnat, la ville était en un piteux état. Ce néanmoins Dieu, y pourvut, tant par le moyen du capitaine la Coche, établi au gouvernement au lieu de Ponnat, que par la venue de huit ou neuf ministres, les uns envoyés de Lyon, les autres s'étant retirés des montagnes que les ennemis avaient saisies depuis la prise de Sisteron : lesquels, et entre autres, un nommé Etienne Noel, ministre de la vallée d'Angrougne (lequel à son retour de France où il avait fait un voyage pour ses affaires, s'était trouvé enclavé dedans Grenoble), firent un tel devoir d'encourager ce pauvre peuple prêchant à toutes heures, avec prières ardentes et continuelles de jour et de nuit, qu'ils se résolurent de tenir bon jusques à la mort sous la garde de Dieu, au lieu qu'auparavant chacun était prêt à quitter la ville, sachant l'assemblée des ennemis qui tenaient la Bussière et les montagnes, et faisaient leur amas au lieu de Seysonnage, et, qui plus est, ayant reçu lettres de Mombrun, étant à Romans où il assemblait les forces qui accompagnèrent des Adrets au voyage de Lyon, comme il a été dit, par lesquelles il les exhortait à le venir trouver en quittant et démantelant la ville. A cela servit aussi merveilleusement la Coche, appelant haut et clair traîtres et couards ceux qui s'en voulaient fuir avant que d'avoir vu l'ennemi, alléguant aussi plusieurs autres raisons d'homme courageux et guerrier, de sorte que la résolution fut prise de demeurer. Quand et quand chacun commença de se remparer et de fermer les lieux dangereux, même du côté de la rivière d'Isère, avec tonneaux remplis de terre et de fumier. Deux coulisses aussi furent mises aux portes du pont et Treselautre ; et connaissant bien la Coche qu'il serait impossible de garder les rues Saint-Laurens et de la Perrière, à cause des avenues du côté de la montagne, et pour ce aussi que les habitants de ces deux rues étaient quasi tous de la religion romaine, il ne voulut plus qu'on fît la ronde de ce côté-là, de peur que l'ennemi n'y apprît le mot du guet pour après par ce moyen entrer dans la ville, et mit seulement aux portes des dites rues, à chacune six soldats pour les garder. Ils mirent aussi en une maison forte sur la montagne, appelée la tour de Rabot, huit ou dix soldats, sous la charge d'un nommé la Loge, seulement pour découvrir la venue des ennemis. Ayant donc ainsi pourvu à leurs affaires, advint la nuit précédente, le vingt-quatrième d'octobre après minuit, que le capitaine la Rochette, de la part des ennemis, avec quelques compagnies de soldats, entra par les vignes dans les maisons de quelques-uns de la religion romaine, qui leur donnèrent accès en la rue de la Parrière, de sorte qu'ayant surpris les gardes des portes ils se firent maîtres de ces deux rues, auquel bruit ayant été baissé le treillis de la porte du pont, chacun accourut en armes en son quartier, étant par ce moyen la ville assiégée de ce côté-là. Le lendemain au soir, vingt-cinquième dudit mois, autre partie des ennemis vinrent au quartier de Tréselautre, aux faubourgs Saint-Jacques, et du Breul et aux jacobins. Par ce moyen la ville fut assiégée de tous côtés, en condition fort inégale n'y ayant dedans pour le plus, qu'environ deux cents hommes de guerre, au lieu que les assiégeants étaient environ six mille hommes, d'autant que, outre les gentilshommes du pays (auxquels il fut commandé de se trouver en ce siége), toutes les communes des villages circonvoisins y arrivèrent. Outre cela, il y avait quelques compagnies, tant d'italiens que d'espagnols, qui gouvernaient quasi tout le reste, voire jusques à ce point que la plupart des capitaines et soldats portaient l'écharpe rouge pour les gratifier ; et fut souvent ouï crier, *vive Espagne*, dont les assiégés prirent informations par autorité de justice pour faire apparoir en temps et en lieu de quel côté étaient les vrais sujets du roi. Il reste maintenant de déclarer quel ordre il y avait dans la ville et quels efforts firent les assiégeants Quant à la ville, voici le bon et saint ordre établi et observé exactement par la Coche, que j'ai bien voulu décrire au long afin qu'il puisse servir à d'autres. Premièrement les prêches et prières continuaient sans intermission, tant en l'assemblée générale que dans les corps-de-garde, et par les tours où se trouvaient les ministres avec une grande diligence, exhortant les soldats jour et nuit. Quant aux vivres, certains bons personnages de la ville firent entière description des blés et vins trouvés dans les greniers et caves, lequel rôle étant mis entre les mains du gouverneur, il en empruntait par nécessité pour la nourriture de ses soldats selon la quantité et portée des maisons, baillant assurance par écrit de tout ce qu'il empruntait. Et, d'autant que tous les moulins accoutumés étaient hors la ville, il fit tant chercher des moulins d'acier qu'il en trouva sept, qu'il fit tous porter en son logis, où il faisait moudre le blé et pétrir le pain pour donner à ses soldats, lesquels n'en avaient qu'une livre par jour avec deux pots de vin, mesure du lieu qui est petite, et quelque peu de chair de certains moutons et bœufs amenés dans la ville devant le siége. Quant aux autres citoyens, ils faisaient moudre, les uns aux mortiers des apothicaires, les autres en des moutardiers de pierre, tellement que, par la grâce de Dieu, la farine ne défaillit point. Quant au fait de la guerre, chacun des citoyens hommes et femmes, s'employaient de grand courage à porter et traîner terre et pierres, pour la réparation des endroits les plus faibles. Les quartiers de la ville furent distribués aux capitaines, à leurs lieutenants et enseignes; les corps-de-garde bien garnis, et jamais abandonnés ni nuit ni jour, leur étant apportés les vivres jusques au lieu à point nommé ; la nuit se faisaient force rondes, et le gouverneur même en faisait deux toutes les nuits ; et outre cela quand les nuits étaient obscures, il faisait de quart en quart d'heure, jeter brandons de paille tout allumés dans le fossé pour découvrir si l'ennemi faisait quelque approche. Bref la vigilance de ce gouverneur était incroyable, étant au reste de petite stature et d'un corps maigre ; tellement que chacun s'ébahissait, comme il pouvait fournir à un tel labeur. Ces choses ainsi bien préparées pour découvrir à la vérité le nombre des assiégeans, la Coche voyant dès le commencement du siége, un endroit nommé le Gentil, auquel l'ennemi ne faisait comme point de bruit, il sortit environ cinquante soldats avec trois chevaux seulement, lesquels tuèrent quelques ennemis dans les maisons, et emmenèrent quelques prisonniers, desquels ayant entendu le grand nombre des ennemis, il ne voulut donc, puis qu'aucune saillie se fit, réservant le petit nombre de ses soldats pour la défense. Le baron de Seyssonnage, à cause de son degré, commandait au dehors comme lieutenant de Maugeron. Mais d'autant qu'il n'était tenu pour homme de guerre, les capitaines ne se voulaient gouverner par lui, s'estimant tous autant l'un que l'autre ; laquelle discorde empêcha l'exécution de plusieurs entreprises et fut à la vérité l'un des principaux moyens de la sauveté de la ville, étant si peu défensable en plusieurs endroits, et si mal fournie de soldats. Ce siége dura trois semaines, à savoir depuis le vingt-cinquième d'octobre jusques au seizième de novembre ; durant lequel temps les assiégeans ne faisaient leurs efforts que de nuit, donnant force alarmes, principalement du côté de la trésorerie. Ils avaient une pièce de campagne de laquelle ils battaient la porte de la tour du pont. Et voyant qu'ils n'y faisaient pas grand dommage, voulurent se servir d'un autre moyen, attachant la nuit aux treillis de ladite porte, deux grands crocs de fer tenant à deux grosses cordes qu'ils tiraient si fort avec tours et engins, que peu s'en fallut qu'ils ne tirassent le treillis à eux. Voyant cela, les assiégés allumèrent soudain une torche à bâton avec laquelle ils brûlèrent ces cordes, puis tirèrent à eux les crochets. Ils tâchèrent aussi d'approcher d'autres endroits de la ville, avec des mantelets de bois, chargés sur des charrettes, et avaient fait grandes provisions d'échelles, mais ils ne purent jamais rien exécuter à propos. Du côté de Portetroine, ils avaient commencé à faire une mine par dessous les murailles, à l'endroit de la maison d'un avocat, nommé Vervin, joignant à la muraille; ce qu'ayant été senti la nuit par le corps-de-garde, et le gouverneur en étant soudain averti, il donna ordre incontinent, pour ce que cette maison était toute joignante les murailles que le feu y fut mis, tellement que la maison fût brûlée, les mineurs déchassés et le trou de la mine comblé. Cependant les vivres commencèrent à faillir. Pour à quoi remédier de bonne heure, la Coche fit sortir de nuit quelques-uns pour demander secours à des Adrets, étant lors au siége de Vienne. Mais, comme on a su depuis, ceux qui sortaient ne tâchaient qu'à évader, et ne se souciaient pas beaucoup de faire leur message. Cela fut cause que la Coche n'ayant nulle espérance de secours, présenta par plusieurs fois aux ennemis que, s'ils voulaient combattre cent contre cent des siens, ou vingt contre vingt, ou dix contre dix, en lui donnant bons ôtages il sortirait, à la charge que s'il était vaincu il quitterait la place, comme eux aussi d'autre part, étant vaincus, lèveraient le siége. Mais les assiégeans n'y voulurent jamais entendre. Les choses donc étant réduites en ces termes, la Coche finalement, commença de parler de capituler, et furent donnés ôtages de part et d'autre, à savoir, du côté de dedans, le capitaine Champ et le sieur de Saint-Marie de Theis, et du côté de dehors, le sieur de Servin et le capitaine Métral; mais, pendant qu'on disputait de ces capitulations, Dieu pourvoyait à la délivrance de la ville par un moyen tout autre, et tel que s'ensuit. Quelques personnages de Valence et de Romans, avertis par plusieurs de la religion et enfants de Grenoble, absents de la ville, se retrouvant au camp des Adrets, devant Vienne, firent tant que Furmeyer avec les trois cents hommes de Gap, s'en vint droit à Valence et à Romans; là où ayant assemblé de trois à quatre cents autres avec environ quatre vingts chevaux, conduits par le capitaine Terrendel, provençal, auxquels se joignirent le sieur de Changy, le capitaine Baron, le sieur de Pipet et quelques autres gentilshommes de bon cœur, ils se résolurent tous ensemble de mourir ou de secourir Grenoble, quoique l'entreprise semblât comme impossible, ou pour le moins merveilleusement hasardeuse. Arrivés donc en un lieu appelé Noyare, ils trouvèrent qu'il fallait passer par un fort petit chemin étroit, ayant la grande montagne au-dessus, et la rivière d'Isère au pied. Outre cela ce chemin se trouva tranché avec une muraille de pierre sèche, et étaient les paysans au-dessus de la montagne, roulant force pierres, tellement qu'il semblait que ce passage leur fut clos entièrement. Ce néanmoins, ils délibérèrent de forcer cette tranchée de muraille, en quoi ils firent tel devoir que, sans perdre qu'un seul homme, nommé le sergent Colombis, et ayant tué huit ou dix de ceux qu'ils rencontrèrent, ils passèrent outre, s'étant retirés le reste des ennemis vers la montagne, et de là, firent tant, qu'ils arrivèrent à Sessenage, à une lieue de Grenoble, ayant devant eux la rivière du Drac qu'il fallait passer pour arriver à la ville. Ayant entendu cela les assiégeans et connu le petit nombre qui venait au secours des assiégés, un lundi matin, seizième de novembre, ils firent passer le Drac, à trois ou quatre cents chevaux avec la fleur de leur infanterie, qui fut cause de leur ruine, s'étant ainsi partis en deux. Etant donc le jour venu Furmeyer avec sa suite arrivé sur le bord de la rivière, encore qu'il vit l'autre côté bordé d'arquebusiers, et que le gué fut assez profond, il se délibéra toutefois de passer outre; quand Dieu voulut qu'il découvrit les ennemis, lesquels étant passés coiement s'étaient embûchés dans un bois, pour leur donner en queue, et par ce moyen les défaire à leur aise, se trouvant au gué enveloppés devant et derrière. Cette difficulté s'étant ainsi soudainement offerte, Furmeyer trouva aussitôt le remède, commandant à ses soldats qui ne savaient rien de cette embûche, de tourner visage, ce qu'il fit crier à haute voix de main en main, mettant toutefois ses gens en bataille, comme si ayant trouvé le passage impossible il reprenait le chemin par où il était venu. L'ennemi même croyant cela, se découvrit alors pleinement, les appelant fuyards et couards, et lors Furmeyer les ayant en tête, tourna droit à eux avec telle furie que la plupart y demeura sur la place, le reste étant du tout déconfit à la vue de leurs compagnons qui étaient delà l'eau, et avec fort peu ou point de perte des siens; lesquels d'une même impétuosité se jetant dedans le gué qu'ils passèrent, ayant l'eau jusques aux aisselles, étonnèrent tellement les arquebusiers qu'ils avaient en tête, qu'il ne fut plus question que de donner sur ceux qui tournaient le dos et fuyaient de tous côtés; ayant ouï la défaite de leurs gens de delà l'eau, bien qu'ils fussent encore six contre un, et que du côté de Saint-Laurens, ils eussent la rivière entre deux et se fussent remparés au bout du pont, se mirent à fuir et ne cessèrent qu'ils ne se fussent rendus en Savoie. Telle fut l'issue de ce siége, d'une façon plutôt miraculeuse qu'autrement.

Après ce siége levé, la Mure, Mens en Trièves et quelques autres lieux, furent abandonnés de ceux qui les avaient occupés, où rentrèrent ceux de la religion; mais, quant au château de la Bussière, on fit une grande faute, s'étant écoulés six jours devant que d'y aller, durant lequel temps les ennemis eurent loisir de se rassurer, ayant reçu environ cinquante lanciers italiens, sous la charge d'un nommé Jean-Antoine de Laqua, qui firent infinis maux par tout le pays, pillant tout le monde sans distinction de religion. Et, bien qu'au bout de six jours, à savoir le vingt-deuxième de novembre, quelques-uns sortis de Grenoble y allassent pour les reconnaître, si n'y reçurent-ils que perte et honte, y étant pris prisonniers, les capitaines Ricobeau, de Dauphiné, et Saint-Didier, provençal, outre la perte de quelques soldats qui s'étaient débandés.

Je reviens maintenant à des Adrets que nous avons laissé devant Vienne, où il fit son dernier exploit avec la perte entière de la réputation qu'il avait acquise auparavant, et, qui plus est, mis sa vie en extrême danger. La cause pour certain fut telle que s'ensuit : Soubise s'étant aperçu que des Adrets ne pouvant oublier le mécontentement qu'il avait de ce qu'il était déchu du gouvernement de Lyon, avait beaucoup relâché de son affection première et faisait tout comme par dépit, dont était advenu un grand changement d'affaires en Dauphiné, en avait averti premièrement les comtes de Cursol et de Beauvais, autrement le cardinal de Châtillon, frère de l'amiral, par un soldat expressément envoyé à Orléans, lequel, comme il a été dit en l'histoire de Lyon, au lieu d'apporter la réponse à Lyon, s'en alla droit au maréchal de Brissac, duquel autrefois il avait été soldé en Piémont, et lui mit son paquet entre les mains. En ce paquet se trouvèrent une lettre de l'amiral sondit frère le cardinal comte de Beauvais, par laquelle il mandait à Soubise, quant à des Adrets, ce qui s'en suit : « Quant à ce que me mandez du baron des Adrets, chacun le connaît pour tel qu'il est, mais puisqu'il a si bien servi jusques ici en cette cause il est force d'endurer un peu de ses insolences, car il y aurait danger en lieu d'insolent de le faire devenir insensé ; pourquoi je suis d'avis que vous mettiez peine de l'entretenir et d'en endurer le plus que faire se pourra. » Brissac ayant vu cela ne faillit d'envoyer en poste un gentilhomme de Dauphiné nommé Saint-Sernin, premièrement vers Nemours, lui ouvrant ce moyen pour pratiquer des Adrets, puis après vers des Adrets même, auquel il écrivit lettres portant ces mots : « Vous verrez par la lettre que M. l'amiral écrit à son frère le cardinal, en quel compte ils vous tiennent, et comme vous employez bien vos peines et les services que vous faites à ceux à qui vous les faites, pourquoi je vous prie

d'y penser, et vous souvenir que les plus courtes folies sont les meilleures. Vous savez que je vous ai toujours aimé, je désire votre heur, votre bien et votre grandeur. De suivre le chemin que vous tenez il ne vous en peut rien advenir qu'une confiscation de corps et de biens, mais si voulez venir au secours du roi, et vous joindre à M. de Nemours, je vous assure de vous faire donner l'ordre, et cinquante hommes d'armes et cent mille francs de récompense. Et si vous ne vous y voulez fier, et que vous vouliez aller demeurer hors le royaume, je vous assure de vous faire tenir dans Strasbourg ou autre ville d'Allemagne telle que vous la voudrez choisir, cent mille écus comptant. »

Saint-Sernin, avec cette dépêche, arriva à Vienne où des Adrets était sans rien faire, d'autant que Nemours se contenait avec les siens dans la ville, ne voulant rien hazarder, et s'attendant bien que le camp ennemi peu à peu s'écoulerait par faute de vivres. Ayant donc Nemours reçu cette lettre, il ne faillit d'envoyer à des Adrets deux gentilshommes, l'un nommé Gast qu'il tenait prisonnier, et un des siens nommé la Duche, pour l'avertir qu'il désirait fort de parlementer avec lui pour trouver moyen de pacifier toutes choses. Ce qui faisait ouverture à Nemours, outre ce que dessus, de rechercher des Adrets, était une lettre que des Adrets lui avait écrite le premier, en un style fort doux et mou, en quoi il lui rendait compte de ses déportements, depuis les commencements de cette guerre jusques à ce temps, sous couleur de lui demander deux prisonniers italiens, laquelle lettre pouvait donner opinion qu'il avait déjà quelque envie de regagner la bonne grâce de ceux qu'il avait offensés, et pourtant en ai-je bien voulu insérer la teneur pour la conséquence du fait.

« Monseigneur, ces jours passés, près de Beaurepaire furent pris deux soldats italiens qui étaient à mon service, l'un appelé Fassin, et l'autre Bastian Das; lesquels je vous supplie commander être mis en liberté, et, en semblable chose et toute autre qu'il vous plaira me commander, expérimenterez le service et prompte obéissance que de bon cœur désire vous faire. Au reste, monseigneur, pour ce que j'ai été taxé entre mes ennemis d'avoir exercé cruauté, permettant indifféremment tuer les hommes de sang-froid; j'ai bien voulu ajouter à ce petit mot d'écrit la déclaration de tout ce qui en est, vous en laissant, monseigneur, le jugement, et à tout autre prince et seigneur qui, sans affection privée, voudra ouïr mes raisons, lesquelles je vous supplie très-humblement d'entendre. Or, est-il ainsi que me trouvant inopinément au tumulte excité à Valence deux jours auparavant mon arrivée, par une partie de la noblesse et du peuple de Dauphiné, contre le feu sieur de la Motte-Gondrin, je fis tous efforts d'empêcher que violence ne lui fût faite. Mais la fureur du peuple était tellement embrâsée qu'elle surmonta ma résistance, et ne pus empêcher qu'il ne fût tué. Et, voyant que l'émotion et tumulte du peuple s'augmentait à l'encontre de lui pour la haine qu'on lui portait, ne pouvant croire qu'il fût mort, je fus contraint de le leur montrer pour éviter plus grand mal, et sauver la vie au reste de ses gens, lesquels avec grand travail et hazard j'empêchai d'être aucunement offensés. Puis ayant pris les armes tant par l'élection de la plus grande partie de la noblesse et du peuple de ce pays, qu'aussi par le commandement de monseigneur le prince de Condé et autres seigneurs du conseil privé, pour défendre et maintenir les édits du roi notre sire contre les desseins et entreprises des ennemis de la religion, dont nous faisons profession, lesquels desseins et entreprises nous avons connus pour la plupart des personnes qui les menaient, et par l'instruction des mémoires et autres lettres qui sont tombées entre nos mains, je me suis tellement porté en ma charge, et avec si bon ordre, par la grâce de Dieu, qu'il n'y a homme en tout le pays de Dauphiné qui ait été de par moi offensé en sa personne ni en ses biens. Et commençant par les plus contraires à notredite religion, ai porté tel honneur et tel respect à M. de Tournon, comme sa qualité le mérite, le laissant en toute liberté, vivre selon sa religion sans toucher à sa maison, et quand il lui a plu en partir, ne lui a été donné aucun empêchement. De telle façon ai usé semblablement envers mesdames de Suze, Maugeron et de Vinay, leur envoyant sauvegarde telles qu'elles me la demandèrent pour la protection et conservation de leurs biens, leur présentant à toutes en l'absence de leurs maris tout service et plaisir. Outre plus, je n'ai jamais pressé ni contraint gentilhomme à prendre les armes pour suivre notre parti, ne les voulant forcer en leurs volontés ni en leurs consciences. Je n'ai jamais permis imposition de tailles ni tributs, comme puis quelques jours j'ai vu qu'on a fait. J'ai guerroyé toujours sur la terre du pape, pour exempter mieux le pays des ruines et dissipations que la guerre apporte après soi. Moi étant empêché à Lyon, l'armée du sieur de Sommerive et Fabrice, accompagnés des sieurs de Cental, de Suze et de Carces, prit la ville d'Orange, là où, bien qu'il n'y eut gens de guerre, ils firent toutefois le plus hideux et exécrable spectacle que jamais ait été vu entre les barbares. Car, indifféremment, sans regarder à l'âge ni sexe, ni ceux-mêmes de leur religion romaine, tout fut mis au tranchant de l'épée ; et n'étant encore rassasiés du sang des innocents, ils mirent le feu en la ville. Or, ayant entendu cette horrible et lamentable tragédie, mes entrailles furent tellement émues qu'en deux jours j'assemblai à Montélimart trois ou quatre mille hommes avec une bonne troupe de gentilhommes, et me délibérai avec ce peu de les aller combattre pour venger tant de sang iniquement épandu, sachant bien que Dieu, qui conduit et donne les victoires, châtirait cette cruelle armée qui était trois fois plus grande que la mienne. Eux ayant quitté la campagne, je m'acheminai par le pays du pape, où je pris deux villes d'assaut, auxquelles je ne pus retenir les mains, à mon regret, des soldats qu'ils ne prissent leur revanche sur quatre ou cinq cents hommes qui furent trouvés à Pierre-Latte et à Boulène, qui avaient encore leurs vêtements, épées et armes ensanglantés du sang d'une partie des pères, frères et cousins de plusieurs de mes soldats ; et ne se trouvera point que, dans les villes que j'ai prises d'assaut, il y ait eu homme ou femme ne portant armes, qui ait été offensé, voire en la plus grande fureur même au pays du pape. Et plut à Dieu que ceux qui ont pris les armes à l'encontre de nous fussent aussi gracieux et benins comme de notre part nous nous sommes toujours montrés. Et, pour répondre, monseigneur, à plusieurs de nos adversaires qui disent qu'ils ne portent point les armes pour la religion romaine, et que c'est contre les rebelles dont ils nous accusent, jusques à dire que monseigneur le prince, sous titre de la religion, se veut faire roi, et moi usurper en ce pays quelque titre autre que celui que mon roi m'ordonnera ; pour répondre au premier point, bien que les actions de mondit seigneur le purgent assez de telles calomnies, jusques à ce qu'il a pensé être accablé par ses adversaires, ayant amené toute sorte de nation étrange contre lui et la religion dont il s'est rendu protecteur, avant qu'il se soit voulu aider d'autre nation que de la nôtre, pour ne mettre en proie ce royaume ; je vous proteste, monseigneur que, quand il attenterait chose qui ne fût juste et sainte, même contre l'état de son roi, duquel il est parent, sujet et serviteur (ce que je m'assure qu'il n'a jamais fait ni fera) je lui ferais en ma petitesse autant mortel ennemi comme je lui suis très-humble serviteur. Et pour répondre, monseigneur, au second point qui me touche, il y a tant de gentilshommes, tant de capitaines et de bons soldats de cette province et autres qui me tiennent en cette juste guerre pour chef, lesquels s'ils connaissaient que j'entreprisse quelque chose de sinistre, je ne les tiendrais ni homme du monde pour gens de bien s'ils ne m'étaient autant ennemis comme ils me sont bons amis et frères. Je vous déclare donc, monseigneur, pour me purger de toutes calomnies, bien que, aux patentes que je baille, je me dise gouverneur de cette province, que c'est durant ces troubles pour conduire et tenir le pays en repos comme j'avais toujours fait contre ceux qui avec belles promesses aux princes ont tâché d'amener la guerre en cedit pays. Quand donc ceux de cet état pourront jouir du repos de leurs conssiences, et de l'assurance de leurs personnes et biens, je ne veux autre titre que celui que le roi avec son conseil légitime me donnera. Et en toute autre chose, monseigneur, je suis prêt de vous suivre, et vous faire service d'aussi bon cœur que je prie le créateur, monseigneur, en très-bonne prospérité vous donner longue vie.

Du camp de Saint-Saphorin, le 15 novembre 1562. »

Or, pour retourner à la Duche, on ne sait s'il dit à des Adrets quelque mot en l'oreille. Mais ce qu'on a pu savoir de ce fait à la vérité, est que des Adrets communiqua cette demande de Nemours aux principaux de son armée, à savoir aux sieurs de Senas, Poncenat, Blacons, du Sauzel, Mouvans, Mirabel, du Peigne, Cugy et Bataille; lesquels, ainsi que des Adrets a depuis déclaré durant sa détention, ne trouvèrent mauvais qu'il ouït parler Nemours, pour aviser puis après ce qui serait de faire. Nonobstant cet avis des capitaines, des Adrets envoya à Lyon, vers Soubise, pour entendre de lui s'il le trouverait bon ou non, lequel lui fit réponse qu'il trouverait cela très-mauvais en un autre tel qu'il fût, mais qu'il le tenait si homme de bien qu'il s'en remettait du tout à ce que lui-même trouverait être le meilleur. Et, de fait, Soubise ne se trompait point en cela, car des Adrets, devant qu'avoir reçu cette réponse, avait déjà conclu le tout, reçu et envoyé les otages. Étant donc envoyés otages d'une part et d'autre, à savoir, de la part de Nemours, le comte de Montravel et Mandelot, et du côté de des Adrets, Poncenat et Blacons, ils s'embouchèrent à demi-lieue près de Vienne, seul à seul, devisant à part. Les gentilshommes qui les avaient accompagnés de l'un et de l'autre parti n'étaient sans parler les uns aux autres; entre lesquels n'est à omettre une parole prononcée haut et clair par un gentilhomme de la compagnie nommé Merey, autrement Poltrot, lequel, ainsi que ces gentilshommes devisaient des misères de cette guerre, et particulièrement de la mort du roi de Navarre, décédé quelques jours auparavant ce temps, prononça ces mots : « Cela ne mettra pas fin à la guerre, mais il faut avoir le chien au grand collier; et, interrogé par quelqu'un de qui il entendait parler, c'est, dit-il, du grand Guisard; et sur cela, levant le bras droit, dit tout haut : Voilà, voilà le bras qui fera le coup; » lesquels propos il avait accoutumé de dire publiquement entre ses compagnons plus de trois mois auparavant, et ainsi en advint à la fin comme il a été dit en l'histoire d'Orléans. Tant y a que cela montre évidemment que ce qu'on a imposé qu'il avait été depuis suborné par l'amiral et autres pour tuer le duc de Guise, est faussement controuvé, et qu'au contraire Merey avait long-temps auparavant qu'il partît de Lyon pour venir à Orléans, résolu et délibéré de faire ce qu'il fit. Pour revenir à cet abouchement de Nemours avec des Adrets, pour ce qu'il fit entre eux deux tous seuls, et n'est apparu (que j'aie pu savoir) aucun tiers qui en ait fait rapport, il n'y a moyen d'en savoir autre chose que ce que des Adrets lui-même en a répondu en justice, et ce qui en put être recueilli tant par conjectures probables que par ce qui s'en est ensuivi. Voici donc ce qu'en a dit des Adrets, à savoir que le premier propos avec Nemours fut touchant les cruautés desquelles des Adrets était chargé dont il se serait purgé, remontrant la bonne guerre qu'il avait toujours faite jusques aux cruautés exécrables commises à Orange et ailleurs. Secondement, que les moyens que Nemours lui avait proposés pour pacifier toutes choses étaient qu'il fût reçu au gouvernement du Dauphiné, suivant les lettres patentes du roi qu'il montrerait, qu'on laissât les armes, que les ministres s'en allassent hors du pays, et qu'au surplus les susdits vécussent en liberté de leurs consciences : auxquels points lui, des Adrets, aurait répondu que le peuple ferait grande difficulté de se mettre entre ses mains à cause de la grande amitié qui était entre lui et le duc de Guise, et que jamais le peuple ne s'accorderait ni à chasser leurs ministres ni à poser les armes pour être à la merci de leurs ennemis. Tiercement, que Nemours lui avait remontré le peu de cas qu'on faisait de ses services, lui ayant fait voir pour preuve de cela une lettre écrite de l'amiral au cardinal, comte de Beauvais, sur lesquels propos lui, des Adrets, au roi dit qu'il rapporterait le tout tant aux gentilhommes capitaines qu'aux états de Dauphiné pour lui en faire réponse, mais qu'il serait besoin d'avoir une trêve pour quelques jours pour en traiter. Voilà le dire de des Adrets qui peut être contredit par les conjectures suivantes. Quant au premier point il s'en était déjà purgé suffisamment par la lettre ci-dessus transcrite, laquelle il ne devait taire en ses réponses faites en justice. Quant au troisième point, il est trop certain que des Adrets avait déjà ouï parler de ces lettres auparavant, et ne devait pas taire aussi celles que Brissac lui avait écrites par même moyen, lesquelles il appert par ce qui s'en est ensuivi l'avoir extrêmement ému et induit à prendre en main la défense de Nemours contre lequel il avait auparavant pris les armes,

n'étant aucunement à présumer qu'un si étrange et si soudain changement peut être survenu si soudainement en son cœur, sans l'occasion desdites lettres. Et, quant à la conclusion, elle semble montrer évidemment qu'il enclinait déjà à la demande de Nemours, faisant offre de la rapporter aux états , devant que d'avoir communiqué à ceux par l'avis desquels l'abouchement avait été conclu seulement pour ouïr ce que dirait Nemours et non pour passer outre. Cet abouchement ainsi achevé, duquel des Adrets rapporta à ses capitaines ce que bon lui sembla, il fut question de regarder ce que deviendrait ce camp ; sur quoi d'autant que l'armée ne faisait plus rien devant Vienne qu'affamer Lyon, et que les soldats, à faute d'argent et de vivres, se débandaient à toutes heures, et même se perdaient étant massacrés sur les passages, joint qu'on disait que Suze sorti d'Avignon avec grandes forces, avait repris la ville de Vauréas et plusieurs autres, faisant son compte de fourager le Dauphiné à son aise, étant des Adrets devant Vienne avec toutes les forces ; ils furent d'avis qu'on moyennerait quelques trêve durant laquelle l'armée se pût retirer sans danger. Cette délibération ainsi prise, des Adrets alla incontinent pour en communiquer avec Soubise, lui demandant même s'il voulait être compris à la trêve, ce qu'il refusa entièrement. Mais des Adrets, sous ce prétexte, parlementa à Vienne pour la seconde fois avec Nemours seul à seul dont il rapporta deux points : le premier, que Nemours lequel lui, des Adrets, aurait mis en espérance d'être reçu pour gouverneur s'il voulait faire profession de la religion, lui avait répondu, que chacun savait qu'il avait toujours favorisé la religion, et qu'il le montrerait par effet ; le second, que la trêve était accordée avec tout commerce pour douze jours, à savoir depuis le 25 de novembre jusques au sixième de décembre inclusivement. Or, il y a plusieurs conjectures contre des Adrets, en cet endroit, confirmées par ce qui s'en est ensuivi, à savoir qu'en la forme et teneur desdites trêves, Nemours est qualifié de titre de lieutenant-général en Dauphiné, ce que des Adrets ne devait avouer légèrement et qu'avec l'avis des gentilshommes et capitaines, voire des états de Dauphiné. Il est aussi vraisemblable que Nemours, n'étant aucunement pressé et voyant le camp de des Adrets débandé et avoir faute de vivres, n'eût jamais acordé une telle trêve s'il ne se fût assuré de quelque promesse dudit des Adrets, à savoir de se rendre paisible gouverneur du Dauphiné sans coup frapper par le moyen d'icelui. Encore est-il moins à présumer qu'il eut été parlé de comprendre Soubise en cette trêve, si Nemours n'eût prétendu, par ce moyen de n'être contraint d'éloigner le Dauphiné comme il fut parce que Soubise n'en voulut être. Quoique il en soit, le jour suivant, des Adrets ayant licencié tous ces gens, se mit par eau, tirant droit à Vienne où de rechef il parlementa tout à loisir avec Nemours ; de quoi étant depuis interrogé, il a répondu qu'il y allait voirement, mais que c'était pour conduire, sous l'assurance de la trêve, son artillerie avec les poudres, boulets et autres munitions qu'il avait prises à Lyon pour faire la guerre au Comtat. Et de fait, il envoya les compagnies de Provence et du Comtat au bas pays du Dauphiné, où il alla avec deux pièces d'artillerie, et recouvra lesdites petites villes en peu de jours et sans grande résistance. Mais deux choses derechef, voir trois, le rendirent suspect en cet endroit. Car, outre ce qu'il ne trouva quasi aucune résistence en ces villes, qui a fait penser que c'était un jeu fait à poste, il dégarnit par ce moyen le Dauphiné d'autant de forces. Davantage il n'a point nié que Suze l'ayant requis de parlementer avec lui, il ne soit accordé, bien que cela ne soit venu à effet, de peur (comme quelques-uns ont estimé) que cela ne gâtât ce qu'il prétendait faire aux états. Les états donc de Dauphiné assemblés à Montélimart, le sixième de décembre, où se trouva aussi entre autres le sieur de Clausonne pour le Languedoc, des Adrets usa de toutes les remontrances qu'il put pour faire accorder le pays à recevoir Nemours pour gouverneur, remontrant que c'était le profit de toute la province, et nommément des églises de la religion qui ne pouvaient plus longuement subsister contre si grandes forces, avec une infinité de propos pour faire perdre cœur à chacun, comme de peu de moyen d'hommes, d'argent, de munitions ; ce qui fut trouvé merveilleusement suspect et mauvais, d'autant qu'auparavant il avait toujours accoutumé de dire qu'avec deux mille soldats il voulait soutenir toute la force des adversaires. Tous ces propos ont été depuis avoués par des Adrets en son procès, disant qu'il en parlait en sa conscience, considérant les forces des ennemis, et se fondant surtout sur les conditions des articles qu'il fit lire par le sieur Rémy, conseiller de Grenoble, ayant bonne part en tout ce traité, ensemble les lettres-patentes du roi, par lesquelles Nemours était ordonné gouverneur de Dauphiné, lesquels articles dressés par ledit conseiller Rémy, par le commandement de des

Adrets, étaient grandement favorables à ceux de la religion, n'y étant cependant oublié qu'en l'absence de Nemours, des Adrets gouvernerait. Mais des Adrets cependant se rendait du tout excusable par une telle procédure, par plusieurs raisons Car, premièrement, puisqu'il se disait avoir pris les armes sous l'autorité du prince, comme il était vrai, et suivant l'association faite à Orléans, il ne lui était loisible d'entreprendre ni de mettre en avant un tel fait sans en avoir communiqué au prince et du bon vouloir d'icelui. En second lieu, séparant cette province de toutes les autres, outre ce qu'il affaiblissait d'autant le parti du prince, et montrait le chemin de dissipation aux autres provinces, il exposait le Dauphiné en proie aux ennemis qui eût été aussi abandonné de tous ses associés. Tiercement, il n'était en la puissance de Nemours d'accorder ce qui lui était demandé, sinon qu'il eût voulu notoirement s'attribuer l'autorité royale, de sorte que Nemours eût toujours eu suffisante excuse de n'en rien tenir s'il lui eut plu; et de penser que le roi eût voulu accorder tels articles, c'était bâtir en l'air. Davantage il ne pouvait ignorer l'intention des ennemis n'être autre que celle que Maugeron avait montré à Grenoble, joint que le duc de Guise avait assez montré à Amboise le peu de conscience qu'il eût fait de désavouer tout ce que Nemours eût promis. Ces causes et plusieurs autres, comme des Adrets était en l'hôtellerie du Croissant, à Montélimart, où demeurait Changy et quelques autres gentilshommes, devant lesquels il faisait lire particulièrement ces articles, de s'y opposer directement, et de protester qu'ils ne les avoueraient jamais, mais que plutôt ils voulaient mourir en la juste défense qu'ils avaient soutenu jusques alors contre Nemours et tous autres. Ce que voyant, des Adrets voulut déchirer les articles et les jeter au feu; mais il en fut gardé par les assistants, et fut commandé audit Rémy d'y changer quelque peu de chose. Mais étant derechef lues en l'assemblée des états, Clausonne mit en avant un point qui arrêta tout court cette délibération, remontrant que les lettres en vertu desquelles Nemours demandait d'être reçu pour gouverneur, portaient expressément qu'il était envoyé pour punir les séditieux et rebelles; tellement que si, suivant lesdits articles et en vertu desdites lettres, on recevait Nemours pour gouverneur, on avouait aussi qu'on était séditieux et rebelle; où bien il se fallait joindre à lui pour courir sus à ceux de la religion portant les armes. La résolution donc des états fut, n'y pouvant même contredire des Adrets, qu'il fallait répondre à Nemours que devant que le recevoir pour gouverneur il fallait qu'il obtînt autres lettres fondées sur autres qualités, et octroyées par légitime conseil du roi, où fut monseigneur le prince de Condé comme tenant le lieu du roi de Navarre son frère décédé.

Au même temps, des Adrets ayant entendu comme d'un autre côté le seigneur comte de Cursol, accompagné du cardinal comte de Beauvais, frère de l'amiral, gouvernaient en Languedoc, délibéra, en tout événement, de les aller trouver; et de fait, poursuivit son chemin jusques au pont Saint-Esprit, là où étant il reçut, comme il dit en ses réponses, certain avertissement, que les capitaines Bouillargues et Spondillan avaient voulu surprendre cette place, au nom de Crussol. Ce nonobstant, il vint jusques à Bagnols, là, où derechef étant averti qu'on machinait contre lui, il s'en revint au pont Saint-Esprit, auquel lieu l'étant venu trouver la Duche, de par le sieur de Nemours, pour savoir la résolution des états, il la lui fit entendre, et lui en bailla copie sans lui en donner autre espérance. Ainsi en a répondu des Adrets. Mais il y a une grande conjecture au contraire, à savoir, qu'ayant été tenus par lui les états, expressément pour ce fait, selon la promesse qu'il en avait faite à Nemours, il n'est pas à présumer qu'il se fût tant oublié que de différer d'en faire entendre la résolution, jusques à ce que Nemours la lui envoyât demander par gentilhomme exprès, encore moins, qu'au lieu d'envoyer la réponse, il eût voulu se faire chercher en Languedoc, qui eût été autant que se moquer pleinement de Nemours. Incontinent après, des Adrets étant de retour à Valence, eut derechef nouvelles de Nemours, par le même la Duche, pour l'avertir que son maître avait eu nouvelles lettres de provision du roi, et que le sieur de Saint-Auban, avec soixante ou quatre-vingts chevaux, avaient été défaits et pris à Tarare, avec grand nombre de dépêches qu'on lui ferait voir, entre lesquelles il y avait des commissions fort amples, tant pour ledit Saint-Auban, pour commander désormais en Dauphiné, qu'à plusieurs gentilshommes. Et, de fait, il est bien vrai que le prince, averti des déportements d'icelui, par les propos mêmes qu'en avait tenus le maréchal de Brissac, avait expédié Saint-Auban en Dauphiné, pour y gouverner, priant des Adrets de le venir trouver. Cet avertissement irrita tellement des Adrets, qu'il se délibéra plus que jamais de poursuivre ce qu'il avait commencé à la faveur de Nemours, sous lequel il faisait son compte de demeurer au degré auquel il était, et se garantir comme ceux qui reconnaissaient si mal ses services. Pour cet effet donc, il fit derechef assembler à Valence la plupart des gentilshommes et conseil politique, et quelques consuls de plusieurs villes, auxquels il tâcha derechef de persuader, par tous moyens, qu'il fallait entendre à la paix avec Nemours, faisant cependant la vrai cause qui le menait à cela, à savoir, le doute qu'il avait qu'on ne le saisît, et son mécontentement de ce qu'on le voulait dépouiller du gouvernement de Dauphiné qui lui restait, sous couleur de le vouloir employer ailleurs. En quoi il n'est aucunement excusable, d'autant qu'encore qu'on lui eut fait quelque tort en son particulier, si ne devait-il pour cela traîner une chose tant désavantageuse à tous ceux de la religion, et dont ne se pouvait ensuivre que la destruction certaine de la province, et peut-être sa ruine propre. Ce que, toutefois, il est à présupposer ne lui être lors venu en pensée, étant surpris et aveuglé de sa passion. La résolution de cette assemblée, fut qu'il pourrait accorder la trêve pour quatre mois, si on la pouvait obtenir, sinon qu'il pouvait traiter de la paix, mais sans en rien conclure en sorte quelconque, que par l'avis et consentement de tous les gentilshommes et du peuple du pays, tenant le parti de la religion, et en légitime assemblée. Cette résolution faite, et dès un peu auparavant, des Adrets commença, comme il dit en ses réponses, à se préparer à la guerre. Mais, d'autre part, il a essayé de renouer cette pacification, choses si contraires, qu'il serait bien mal aisé de les accorder ensemble. Premièrement donc, il fit sortir de Valence deux grosses pièces de batterie, pour tirer à Romans, disant qu'il aurait entreprise sur la côte

Saint-André, ou, comme les autres disaient, sur le château de la Bussière, près de Grenoble. Il cassa aussi une compagnie de gens de pied, qui était à Changy, gouverneur de Valence, réduisit la compagnie du jeune Changy de deux cents hommes à cent, celles des capitaines Charbonneau et Chamel, de cent hommes, à cinquante. Puis, venu à Romans, envoya la compagnie du capitaine Portes, à Saint-Marcelin, et celle du capitaine Guay, à Tulins, délivra un des secrétaires de Guise, nommé Marseille, qu'il tenait prisonnier de long-temps, et qui était de très-grande importance ; il l'envoya à Nemours avec le capitaine Boiloigne, sur lesquels faits, étant puis après interrogé, il rendit de grandes raisons, alléguant, nommément, qu'il rendit ledit secrétaire Marseille pour, selon la promesse de Nemours, retirer Monjoux, beau-frère de Blacons, et prisonnier de long-temps en Auvergne, comme il a été dit en l'histoire de Lyonnais, dont, toutefois, il ne se fit rien ; et sur ce, néanmoins, restitué Marseille, dont il faudrait conclure, ou que cela a été controuvé par des Adrets, ou que Nemours n'aurait point tenu promesse. Mais il en faut toujours revenir à ce point que, s'il voulait redresser la guerre, il ne devait faire tels actes qu'il ne pouvait douter être suspects, qu'avec bon conseil ; et sachant l'intention du prince qui l'appelait, il en devait prendre conseil des états du pays par lequel il avait été élu, et jouer à jeu découvert, comme il est à présumer qu'il eût fait, s'il n'eût eu autre intention que de servir au public, et de poursuivre comme il avait très-bien fait auparavant, jusques à ce que son particulier fut entamé. Étant donc venu de Valence à Romans, il assembla les gentishommes et le consistoire qui y étaient, auxquels il fit de rechef lire, par le conseiller Remy, les articles ci-dessus mentionnés, touchant cette pacification commencée, entre lesquels il y en avait un qui parlait du consentement du prince, lequel, étant lu à la compagnie, des Adrets dit qu'il le fallait rayer, nonobstant l'avis de l'assemblée, étant, à la vérité, ce point, le nœud où il se fallait arrêter. Des Adrets, depuis interrogé sur ce point, a mis en avant, pour excuse, que c'était d'autant que le prince était lors prisonnier ; auquel, à cette occasion, on pouvait faire faire ce qu'on eût voulu. Mais cette excuse peut être à bon droit rétorquée contre lui ; car s'il craignait cela, il devait donc conseiller quelque autre expédient remède, au lieu de faire rayer l'article simplement et nûment. Quoi qu'il en soit, des Adrets, s'aidant de la résolution prise à Valence, par laquelle il était dit qu'il pourrait aller moyenner une trêve de quatre mois, ou traiter d'une paix, sauf, toutefois, de rien conclure en sorte quelconque, il alla droit à Vienne, nonobstant les remontrances qui lui furent faites à Tournon ; auquel lieu de Vienne, Nemours (qui, cependant, s'était tenu en Lyonnais, et qu'on estime n'avoir attendu que le temps auquel des Adrets le manderait pour acheminer ce qu'ils prétendaient) s'étant retrouvé comme à point nommé, ils parlementèrent derechef seul à seul, de sorte qu'on ne peut rien savoir de cet abouchement, sinon par ce qu'en a rapporté des Adrets, et par ce qui s'en est ensuivi, choses qui s'accordèrent assez mal ensemble. Étant donc depuis enquis des Adrets, prisonnier sur ce fait, a répondu que les trêves lui ayant été refusées tout court, et les susdits articles, qui étaient en nombre de quinze, ayant été débattus entre eux deux, Nemours, finalement, les accorda à peu près ; avec lequel accord, des Adrets s'en retournant, trouva en chemin, à Moras, des lettres qu'on lui envoyait de Romans, par lesquelles, connaissant qu'à son retour il ne trouverait les choses disposées comme il prétendait, et comme il est tout apparent qu'il les avait préparées, dépêcha quand et quand le capitaine Boulogne vers Nemours, le priant de lui envoyer et faire venir jusques à Serre, à trois lieues de Romans, trois compagnies de gens de pied, des soldats de Piémont, sous la charge des capitaines Muet, Gordes et Deffaurs ; ce qui fut fait aussitôt. Puis, étant accouru à Romans en toute diligence, et y ayant trouvé certains hommes de cheval, de la compagnie de Mouvans, qui y voulaient entrer, (lequel, à la vérité, y était envoyé de Soubise, pour y faire ce qu'il y fît puis après, suivant l'avertissement à lui envoyé par les gentilshommes qu'il avait priés, dès le siége de Vienne, d'épier les actions et déportements de des Adrets), il y pourvût comme il pût, refusant l'entrée aux soldats, hommes de cheval, avec telle colère, qu'il dégaîna même l'épée contre eux. Cela fait, il fit assembler le conseil, auquel il proposa les susdits articles accordés, qui furent trouvés bons, au moins à ce qu'il dit en ses réponses. Prenant donc cela, des Adrets, à son avantage, et faisant son compte, comme on a présumé, qu'on ne le pouvait plus empêcher d'introduire Nemours à Romans, il se disposa de faire le semblable à Valence, tout train y envoyant les capitaines Baron, Portes et Tillieu, chacun avec vingt-cinq arquebusiers, pour se saisir des portes ; et envoya, quand et quand, un nommé le Boisson, maréchal-des-logis, vers Mandelot, à Serre, lui mandant qu'il fît approcher les trois dessusdites compagnies à une lieue de Romans, et de jour. Toutes ces choses, telles que dessus, ont été avouées par des Adrets dans ses réponses, et même que devant que partir de Vienne, il avait accordé que quatre compagnies dudit Piémont entreraient en Dauphiné, se fondant sur deux excuses, l'une, sur ce que ceux de Romans auraient trouvé bons les articles accordés par Nemours, l'autre, sur les avertissements qui lui étaient faits, qu'on avait conjuré de le prendre mort ou vif ; ajoutant qu'il n'avait mandé auditses trois compagnies de s'approcher plus près que d'une lieue de Romans, et qu'elles étaient composées la plupart de soldats qu'il savait être gens de biens et de la religion, pour les avoir eu sous sa charge en Piémont. Mais d'autres n'ont voulu recevoir ses excuses pour valables ; car ils disent, qu'avant toutes choses, il avait excédé la résolution des états, en accordant l'entrée desdites compagnies étrangères, contre le contenu des articles, portant expressément qu'elles seraient choisies, non à l'appetit de des Adrets, mais de ceux qui seraient agréables à ceux de la religion, et que l'autre faute plus grande encore, était en ce qu'il entreprenait de les y faire entrer à l'insçu même de ceux de Romans, auxquels, posé le cas qu'ils eussent consenti à faire venir ces compagnies, des Adrets ne devait obéir, mais plutôt remontrer qu'il fallait attendre préalablement la résolution des états du pays. Quoi qu'il en soit, Dieu ne permit qu'un si grand mal advînt, d'autant que les gentilshommes, capitaines et autres, ayant entendu que l'ennemi était si prochain, s'opposèrent vivement à des Adrets, et Mombrun et Mouvans, avec leurs forces, entrèrent tout à point dans la ville, joint que le peuple se jeta sur les murailles, et se mit en bonne défense.

Adonc, des Adrets, voyant ces choses, s'excusa, disant qu'il était bien vrai que, suivant ce qu'on avait accordé avec Nemours, ces trois compagnies s'étaient approchées, mais que c'était beaucoup plus près qu'il ne pensait, et à heure indue, (car le Boisson, maréchal, était retourné et entré en la ville, la nuit, après la porte fermée, avec deux soldats que Mandelot lui avait baillés), et en plus grand nombre beaucoup qu'il n'avait promis. Sur cela donc, il fut résolu qu'il leur serait mandé qu'ils se retirassent jusqu'à ce que les états du pays assemblés, eussent approuvé les articles accordés. Mais le lendemain, dixième de janvier, par l'avis de la noblesse, des Adrets fut arrêté prisonnier, lequel, de prime face, fit contenance de mettre la main sur sa dague, comme se voulant tuer ou quelque autre; mais en étant empêché par Mouvans et autres, l'assurant qu'il ne serait procédé avec lui qu'avec bonne et droite justice, il s'accorda d'aller avec Mouvans et sa troupe à Valence, où il demeura quelques jours sans être aucunement restreint. De là, par le commandement de Cursol (auquel la protection du pays de Dauphiné, sous l'obéissance du roi, fut commise par les états du pays, tenus en ladite ville de Valence, comme aussi auparavant, le pays de Languedoc l'avait choisi), il vint à Nîmes avec le capitaine Bouillargues, puis fut mené à Montpellier, toujours avec ses armes, et de là, ramené à Nîmes et resserré au château comme prisonnier, étant là interrogé, premièrement par le sénéchal de Valentinois, et depuis, par quatre conseillers du siége présidial de Nîmes, comme commissaires, sur ce députés. Il les récusa, alléguant ne pouvoir être jugé qu'au pays de Dauphiné, selon les priviléges dudit pays. Et, finalement, après plusieurs interrogatoires et réponses ci-dessus mentionnées, la paix étant survenue, il fut relâché et renvoyé en sa maison, sans absolution ni condamnation. Tels ont été les déportements du seigneur baron des Adrets, en cette guerre, les derniers bien différents d'avec les premiers, étant certain, que si Dieu lui eut fait la grâce de se surmonter soi-même, comme il avait plusieurs fois surmonté ses ennemis, l'honneur de la guerre lui fût demeuré. Mais le plus grand mal fut que, depuis ce temps là, allant de mal en pis, il quitta la religion, menant même ses enfants à la messe; le plus grand desquels ayant été durant les troubles, nourri en Allemagne, chez le seigneur électeur Palatin, se rendit, tôt après, l'un des plus vicieux jeunes hommes qui fût en France, comme aussi Dieu ne l'a pas laissé longuement vivre. Les deux autres étaient jumeaux, et avaient été nés à Genève, durant les troubles, de l'un desquels, maître Jean Calvin, avait été parrain. Étant tombé si bas, il passa encore plus avant depuis, ayant porté les armes contre ceux de la religion, tant au pays de Dauphiné qu'en France, étant colonel d'un régiment de gens de pied; en quoi, toutefois, il ne gagna autre chose que dommage et honte, avec telle perte de sa réputation, qu'il n'a onques depuis été employé, demeurant en sa maison, spectateur des misères d'autrui, dans lesquelles, toutefois, il doit bien avoir sa part, si quelque reste de confiance lui est demeuré.

Nemours, après la prise de des Adrets, se voyant déchu entièrement de son espérance, quant au Dauphiné, tourna la tête contre Lyon, avec toutes ses forces, espérant de l'avoir par escalade, en quoi il se trouva déçu, comme il a été dit amplement en l'histoire du Lyonnais. Mais, quant au Dauphiné, voici ce qui advint depuis. Quant au bas pays, les choses demeurèrent quasi toujours en même état, par le sage gouvernement de Cursol, lequel, y ayant jeté quelque peu de forces, recouvra Sérignan et Orange, où il remit les pauvres déchassés, ainsi qu'il a été dit ci-dessus, là, où toutefois il perdit un sien frère qui y fut tué; mais, quant au haut pays des montagnes, à savoir à Grenoble et à l'entour, la guerre s'y continua à bon escient, ayant été surprise, pillée et démantelée par les capitaines Laborel, la Cazette, et quelques autres de la religion romaine, la ville de la Mure, du baillage de Grisvaudan, en laquelle furent pris quelques prisonniers, et nommément le sieur de Pipet, auquel il se peut dire que l'avarice d'un capitaine italien sauva la vie, par le moyen de deux cents écus et de trois chevaux. Ceux de Grenoble cependant étaient gouvernés par ce sage et vaillant capitaine la Coche, lequel, le septième de janvier, surprit la tour de Lemps, le baron de Seyssonnage et ses deux enfants, auquel baron, nonobstant qu'il eût bien mérité très-rude traitement, pour les extorsions par lui commises en la ville et dehors, comme il a été dit, il lui fit gracieux recueil, sauf qu'il le tint en sûre garde, jusqu'à ce qu'il fut envoyé à Valence. Étant Grenoble ainsi bien gardée contre les ennemis de dehors, Maugeron, usant de ses tours accoutumés, faillit d'y entrer par ceux-là même de dedans. Le principal instrument de cette trahison fut la veuve du feu sieur Davanson, laquelle, ayant trouvé façon de faire venir vers elle, (qui était épargnée de côté et d'autre, et qui faisait semblant de ne se mêler de rien) un sien cousin, qui était dedans Grenoble, nommé le capitaine Genton, enseigne du capitaine Bardonnanche, et ayant chargé de la porte de Treselaustre, lui persuada d'aller parler à Maugeron, qui n'était pas loin; par les offres duquel étant gagné d'autant plus facilement, qu'il était irrité de ce qu'on l'avait repris de quelques dissolutions, et de ce que la Coche l'avait seulement fait enseigne de Bardonnanche, auquel il avait baillé en chef la compagnie vacante par la révolte d'un capitaine, nommé le jeune Champé, il lui promit de lui donner entrée par la porte de Treselaustre. Étant donc de retour en la ville, il pratiqua un nommé Caillat, sergent de la compagnie du capitaine la Coche, de sorte que le cas étant tout prêt, Maugeron, avec son camp recueilli de tous ceux qui étaient au haut pays, arrivant vers lui à la file, vint jusques à Gière, distant une petite lieue de Grenoble. Mais Dieu voulut que la Coche, comme très-vigilant capitaine, ne s'apercevant que Genton ne le venait plus voir si souvent qu'auparavant, et ayant ouï quelque vent, qu'étant sorti par aller parler à sa cousine, il avait passé plus outre, commença de remuer les gardes la nuit, et à redoubler les rondes. Caillat, complice de la trahison, voyant cela et considérant que l'exécution en était rendue fort difficile et hasardeuse, s'en découvrit au capitaine Bussière, enseigne de la même compagnie dont Caillat était sergent, qui lui persuada de révéler le tout lui-même au gouverneur, lequel ne faillit pas de lui promettre la vie, pourvu qu'il feignît d'exécuter l'entreprise, et qu'il mandât à Maugeron de venir la nuit suivante, ce qu'il fit; mais Maugeron ne s'y voulant fier, pour ce que Genton ne lui en mandait rien, au lieu d'approcher se recula, conjecturant par là ce qui en était, dont bien lui en prit, ayant la Coche si bien pourvu à toutes affaires, et si coyement que, s'il fut arrivé, il eût trouvé un banquet d'autre potage que de riz. Cependant aussi la Coche ne faillit de se saisir de Genton et de plusieurs autres suspects, dont l'issue fut telle que Genton, ayant confessé le tout sans être mis à la question, fut arquebusé, reconnaissant sa faute avec grande repentance. Un autre complice, nommé Marescales, soldat, ayant reconnu des lettres qu'il portait à Laboret, gouverneur de Gapançais, pour avoir de lui quelque nombre de bons soldats, qui devaient entrer dans la ville comme cherchant solde, et pareillement un Gascon, laquais de ladite dame d'Avenson, ayant avoué qu'il était venu faire plusieurs messages, furent pendus et étranglés par les mains d'un pauvre jardinier, qui avait prêté sa grange aux complices, lequel s'offrit à faire cet office pour sauver sa vie, s'en étant fui, auparavant, l'exécuteur de la haute justice. Cette exécution ayant été entendue par Maugeron, encore ne laissa-t-il de tenter autre moyen, écrivant lettres fort gracieuses aux habitants de Grenoble, auxquels ramentevant le bon traitement qu'ils avaient reçu du feu sieur de Maugeron, son père, gouverneur de Dauphiné, en son vivant, l'exemple duquel il promettait ensuivre, les priait en somme, comme leur patriote, de rendre la ville au roi, sous son gouvernement, dont il avait bonnes lettres, afin qu'il ne fut contraint d'y entrer par force, et de l'exposer en proie ; mais il ne fut longuement sans réponse, lui mandant, ceux de Grenoble, le peu d'occasion qu'ils avaient d'espérer de lui ce qu'ils avaient connu en feu son père, vu que les plaies saignaient encore des horribles cruautés qu'il avait exercées contre eux un peu auparavant, et contre ses promesses. Et, quant à leur ville, qu'elle était au roi et non à autre quelconque ; auquel ils la garderaient jusques à la dernière goutte de leur sang contre les perturbateurs du repos public. Maugeron, fort dépité de cette réponse, ayant assemblé toutes ses forces dans les montagnes, et notamment à la Mure, où étaient Labourel et la Cazette, envoya à la ville de Muns, tenue par ceux de la religion, trois gentilshommes, à savoir, les sieurs de Varce, Verdeier et de Lorme, comme pour otages, pour capituler avec eux, de la reddition de la ville ; et cependant, arrivé au pont de Cugnet, sur la rivière du Drac, gardé seulement par six soldats de la religion, d'autant qu'on se fiait sur lesdits otages, il le força, et par ce moyen entra au pays de Trièves ; et de première abordée, tuant, sans aucune discrétion, tous ceux qu'il rencontra, brûla le village les Rives. Par cela, se peu juger en quel état se trouvaient les trois gentishommes qu'il avait envoyés pour otages de sa foi, auxquels, toutefois, comme étant gens d'honneur et innocents de la déloyauté de Maugeron, ne fut fait aucun mal, mais pour les garantir de la fureur du peuple, si justement irrité, furent renvoyés de nuit en sûreté, les priant seulement de considérer contre qui ils faisaient la guerre, et à qui ils faisaient service.

Le 16 de février, le sieur du Jayet, de la religion romaine, fut pris en sa maison, et amené prisonnier à Grenoble, pour racheter quelques prisonniers, détenus à la Bussière ; et deux jours après, fut la ville envitaillée d'environ sept cents sextiers de blé, avec quelques poudres, le tout envoyé de Valence par bateaux, moyennant la diligence de Galeys, alors premier consul de Grenoble. Mais ce même jour, environ vingt chevaux et soixante soldats, attirés par quelques-uns de la garnison de la Bussière, venus jusques aux portes de Grenoble, furent chargés et défaits par une embûche de six vingts chevaux et cinq cents hommes de pied, de sorte qu'il y en eut plusieurs morts, et d'autres prisonniers, qui furent depuis recouvrés par échange.

Le vingtième dudit mois de février, ceux de la religion qui tenaient la ville de Mens en Trièves, sachant que Maugeron et Suze venaient vers eux avec artillerie, abandonnèrent la ville, dont s'ensuivit le ravage de tout le pays, ayant les ennemis, après s'être jetés dans la ville, saccagé tous les villages circonvoisins, tuant les uns, rançonnant les autres, avec violement de femmes et de filles, et autres énormes cruautés, jusques à brûler les villages comme le Perse, le Villar, Saint-Pancrace, Serre, Berthon et les Rives, avec les faubourgs de Mens.

Le vingt-deuxième du même mois, quelques capitaines, sortis hors de Grenoble, avec un ministre, nommé Marin, gentilhomme, ne se donnant garde des montagnes, furent pris prisonniers et menés à la Bussière, d'entre lesquels le capitaine Boquet et le ministre furent un soir menés à la rivière, où ils furent de sang-froid assommés et jetés en l'eau.

En ces entrefaites, la Coche ne dormait pas, pourvoyant à ce qui était requis pour le siège prochain, faisant mettre le feu à quelques maisons de dehors, prochaines des murailles, et nommément dans les jacobins, et en la maison des héritiers du feu Davanson, se souvenant du mal qu'ils en avaient reçu en l'autre siége. Il fit aussi faire des tranchées par dedans la ville, dans les endroits les plus faibles, qui étaient la place des cordeliers, et tout le long du couvent, jusques au près de la porte de Tresselautre, avec telle diligence, qu'ils enlevèrent le rempart presque à la hauteur des murailles. Cela fut cause que le dernier jour du mois, les ennemis ayant assiégé la ville, en nombre d'environ huit mille hommes, que de pied que de cheval, avec deux grosses pièces de batterie, dont le boulet de fonte pesait environ cinquante livres, et trois belles pièces de campagne, ne dressèrent leur batterie de ce côté-là, bien que les murailles y fussent plus faibles qu'ailleurs, mais auprès des jacobins, contre la muraille prochaine à la porte Troyne, à l'endroit de la maison d'un nommé Vervin, ayant été avertis par un maçon, nommé Jean Leyrault, que pour élargir une petite cave de ladite maison, on avait rétréci le pied de la muraille de cinq ou six pieds. Au dedans de la ville, il y avait avec la Coche neuf capitaines, et quelques gentishommes de la religion, avec six cents bons soldats, outre les citoyens, tous résolus de se bien défendre, jusques aux femmes de toutes qualités portant la terre alègrement, avec chant de psaumes, et continuation de prières partout. La batterie commençale lundi, premier jour de mars, et dura trois jours et trois nuits; mais outre ce que derrière l'endroit où ils battaient, les assiégés eurent tantôt fait un rempart de terre et de fagots fort épais, et à la hauteur presque de la muraille, il fallait écheler la brèche pour y parvenir. Nonobstant cette difficulté, pour n'être flanquée la muraille, les ennemis plantèrent les échelles, et par trois fois se présentèrent comme pour venir à l'assaut. Mais ils furent encore plus vivement repoussés, avec grande perte de leurs hommes, et ne furent tués au dedans que le sieur de Saint-Mauris, qui fut une grande perte, et cinq soldats

D'autre côté, Cursol étant à Valence, averti de bonne heure de ce siége, fit toute diligence de venir au secours, avec belles grandes forces de pied et de cheval, et approchait déjà de Saint-Quentin, à quatre lieues près de la ville; quand l'ennemi, le 4 de mars, ayant fait passer leur artillerie outre l'Isère, qui pour lors était fort basse, délogèrent, tirant vers Lyon, étant appelés par Nemours, qui voulant bien surprendre Lyon, par l'intelligence qu'il pensait avoir dedans, comme il a été dit en l'histoire du Lyonnais; joint que les nouvelles de la mort du duc de Guise, leur firent beaucoup rabattre de leurs menaces et entreprises. Le siége donc levé, Cursol entre dans Grenoble, le ledemain, cinquième dudit mois, avec ses plus apparents capitaines, où il fut reçu à grande joie; le lendemain, après avoir visité la ville et donné ordre à ce qui était nécessaire pour la fortification d'icelle, partit pour s'en retourner en bas.

Le dix-neuvième dudit mars, tenant encore, les ennemis, le château de Vizile, à deux lieues de Grenoble, dont ils faisaient plusieurs courses, le capitaine Saint-Ange, frère du sieur Versé, y fut envoyé, qui fit si bien, qu'au bout de deux jours, le capitaine du château, nommé le caporal Batiste, Italien de nation, qui y avait été laissé pour le capitaine Maugarny, ayant composé à bagues sauves pour soi et deux autres Italiens seulement, laissa le reste à la merci de l'épée.

Après la délivrance de Grenoble, le vaillant capitaine Furmeyer, et ceux de Gap, qu'il avait toujours heureusement conduits, délibérés de s'approcher de leur ville, et de tenter tous moyens d'y rentrer, s'y acheminèrent, et parvenus au lieu de Champfor, Furmeyer envoya devant la Bussière, son frère, avec deux autres noms connus, dont l'un était nommé Guyot de Veyne, et l'autre, Davil de la Roche, soldats du tout résolus, qui y firent si bien, que se rendant à la porte de Romette, petite ville close, à deux lieues de Gap, et feignant d'être envoyés de Gap par le capitaine Chauçan, lors y commandant, pour les avertir que ceux de la religion étaient à Champfor, qu'ils fissent bonne garde, et que s'ils avaient faute de gens on leur en enverrait, s'approchèrent si près du corps-de-garde, qu'ils se saisirent des armes étant en ladite porte, dont ils tuèrent quelques-uns, et étonnèrent tellement les autres, qu'ayant pris la fuite, ils laissèrent l'entrée à ceux qui les suivaient de près, s'étant sauvé le capitaine, nommé Mongin, avec six autres dans le clocher, où ils furent pris le lendemain, et fut le capitaine pendu pour les méchancetés dont les habitants mêmes se plaignaient contre lui, ayant été ses compagnons précipités du haut en bas. Tant y a cependant que Furmeyer envoyant toujours son infanterie devant soi à la file, qui avait à passer une colline, pour se jeter dedans Romette, fut en un terrible danger; car ayant ceux de Gap entendu le son des cloches de Romette, que le capitaine Mongin branlait à toute force pour avoir secours, ceux de Gap ne faillirent de sortir incontinent, en grand nombre de gens de pied et de cheval, marchant en bataille. Mais apercevant Furmeyer, lui quinzième, faisant avancer la queue de son infanterie, fut bien si hardi que de se mettre entre deux, et se recommandant à Dieu, de faire tête à toute cette troupe, qui s'ébranla tellement, par un singulier miracle de Dieu, que se mettant à vau-de-route, ayant été commencée la fuite par un Piémontais, nommé le capitaine André, Furmeyer et ceux qui l'accompagnaient n'eurent autre peine que de frapper dessus, et de tuer jusques aux portes de Gap. Et, pour ce que cette défaite est merveilleusement étrange et remarquable, j'ai bien voulu ici coter les noms des capitaines et vaillants soldats qui y firent si bon et grand devoir, à savoir : le capitaine Saint-Germain, le capitaine Champolieu et ses deux frères, les d'Yguières, les deux Chapans, Guyot de Veyne, David de la Roche, Jean Boutoux de Corp, Claude du Vallog, et deux appelés les Parisiens de Gap; ainsi demeurèrent ces deux compagnies à Romette, tenant Gap en sujétion, jusques à ce qu'ils y rentrèrent par l'édit de pacification.

En ces entrefaites, fut découverte à Valence et à Romans une trahison, dont plusieurs furent mis prisonniers, entre lesquels, un nommé Achille Chion, secrétaire de l'évêque de Valence, et se feignant être de la religion, fut pendu et étranglé, comme auteur de la trahison; et, d'autre part, les soldats de la religion romaine, étant dedans Mens, émurent une sédition contre leur capitaine, nommé Bernard, qu'ils tuèrent et pillèrent, lui ayant trouvé quinze cents écus, qu'ils disaient qu'il avait pillés sans leur en faire part.

Peu après fut fait l'édit de pacification; mais il était bien mal-aisé qu'une telle mer, et si émue, s'appaisât incontinent, non plus en Dauphiné qu'ailleurs; ayant aussi montré, l'expérience que ce n'était point sans cause que ceux de la religion ne se voulaient aisément fier en papier et son de trompette, bien que tôt après, ledit sieur de Boucart, qui avait toujours tenu le parti de la religion, leur fût envoyé par la reine (comme aussi aux Lyonnais) pour les assurer de l'observation de l'édit. Maugeron donc attendit jusques au mois de mai, fit publier à Mens en Trièves l'édit de pacification, et, par même moyen, fit démanteler la ville, voyant qu'il ne pouvait entretenir tant de garnisons, sans fouler le pays, comme il disait.

Le vingt-troisième de juillet, le baron de Bressieu, envoyé par le maréchal de Villeville, auquel la charge avait été commise pour l'exécution de l'édit, tant aux Lyonnais qu'au pays plus bas, entra dans Grenoble, où il fit publier l'édit solennellement, avec tous signes de réjouissance de part et d'autre; étant enjoint à tous de poser les armes, et aux étrangers de sortir de la ville dans vingt-quatre heures, sous peine de la hart, étant ceux de la religion accommodés par provisions pour les six mois prochains, des temples de Sainte-Claire et de la Magdeleine, et quittant les autres entièrement; à quoi ils obéirent promptement.

Le 2 d'août, ceux de la cour de parlement, étant rentrés, firent derechef publier et enregistrer l'édit en audience, et allant par la ville, caressèrent infiniment ceux de la religion, leur promettant beaucoup plus qu'ils ne leur tinrent depuis.

Le onzième d'août, monsieur le prince de la Roche-sur-Yon, prince vraiment débonnaire, bien qu'il fît profession de la religion, fut reçu pour gouverneur en chef de Dauphiné; et, le 3 octobre, le maréchal de Villeville, à son retour de Provence, ayant passé avec neuf compagnies de gendarmerie par Valence et Romans, Montélimart, le Crest, Saint-Marcelin et autres lieux pour y faire exécuter l'édit, arriva aussi à Grenoble, où il parla benignement à ceux de la religion, leur allongeant le terme de sortir des susdits deux temples, jusques à ce qu'on leur eût assigné lieu certain, suivant l'édit, et finalement, y étant de retour au mois de décembre, y fit tenir les états. Puis ayant déchargé le pays des garnisons et gens de guerre, moyennant vingt mille francs pour leur solde, s'en alla, laissant pour lieutenant général du roi, en Dauphiné, en l'absence du sieur prince de la Roche-sur-Yon, ledit sieur de Maugeron, accompagné d'une garde de cinquante arquebusiers, tant de cheval que de pied, aux dépens du pays.

LIVRE TREIZIÈME

CONTENANT LES CHOSES ADVENUES DANS LE RESSORT ET PARLEMENT DE PROVENCE.

1562

Nous avons dit ci-dessus, en l'histoire de Provence que, par le moyen et bonne diligence des sieurs comtes de Tande, gouverneur en chef du pays et du comte de Cursol, commissaire à ce député par le roi, la Provence avait été réduite en paisible état, ayant été Flassans et tous ses adhérens réprimés, tant par la voie de justice que par les armes, joint que bonnes garnisons se trouvèrent établies dans les lieux et places nécessaires pour l'entretenement de cette tranquillité, sous l'obéissance du roi, avec l'observation de l'édit de janvier, sur le fait de la religion. Mais aussitôt que ce repos commença d'être troublé à la cour par le massacre de Vassy, et par ce qui s'en ensuivit, le mal qui semblait être appaisé fut tantôt remis sus en Provence comme ailleurs, et ce par un moyen fort étrange et tel que s'ensuit. Le comte de Tande, seigneur de fort doux naturel et non ennemi de ceux de la religion, qu'il voyait notoirement être opprimés par violence, avait un fils de son premier mariage, portant le titre de sieur de Sommerive, et de son second mariage, une fille mariée au sieur de Cardet de la maison de Saluces, et un fils encore bien jeune gentilhomme, nommé le sieur de Cipières. De ces trois, les deux derniers favorisaient au parti de la religion et se rendaient plus sujets et aimables au dit sieur comte de Tande; de quoi prenant occasion le sieur de Carces, homme de très-malin et très-pernicieux esprit s'il y en a au monde (ce qui a été finalement l'occasion de la ruine entière de cette maison), fit tant que Sommerive, oubliant ce qu'il devait à sa patrie, à son père et aux siens, se fit chef du parti contraire. Cela donc étant ainsi comploté, ceux de Guise ne faisant non plus de difficulté d'armer le fils contre le père que de toute autre chose, ne faillirent de lui écrire et à tous ceux qui l'avaient embarqué qu'ils se tinssent prêts pour exécuter ce qui leur serait commandé. Cela ne fut plutôt entendu par eux, que Flassans et toute cette troupe de condamnés avec tous ceux qui espéraient en mieux valoir en ayant été avertis, autres lettres arrivèrent à Tande, par lesquelles il lui était commandé de casser les garnisons, auparavant établies comme dit a été; ce qu'il fit, ordonnant toutefois cent chevaux à Mouvans pour empêcher qu'aucun trouble survint au pays. Cela exécuté sur la fin du mois d'avril

1562, voici venir autres lettres, tant patentes que particulières, par lesquelles Sommerive était ordonné gouverneur et lieutenant-général pour le roi, en l'absence de son père, Flassans et ses compagnons restitués et remis en leur entier, avec commission de lever gens de pied et de cheval, en vertu de ces lettres au lieu des garnisons casées auparavant. Sommerive mit ceux qu'il lui plut dans les villes d'Aix, Marseille et autres villes de toute la basse Provence, de sorte que tout le pays fut incontinent en armes contre ceux de la religion, se trouvant surpris et enveloppés de toutes parts, de l'entrée du mois de mai. De là en avant s'ensuivirent incontinent, infinis et incroyables désordres, n'y ayant espèce de cruauté plus que barbare et inhumaine qui n'y ait été exécutée comme ci-après sera déduit par le menu. Etant donc les pauvres gens réduits à cette extrémité, s'épandirent par le pays en la plus grande misère qu'il est possible de penser, se retirant au mieux qu'ils pouvaient à la côte de de Gabrières, Mérindol, Cadenet, Sisteron, Ries et autres pays de Provence de la Durance. Tande voyant cela à son grand regret, vint à Manosque, faisant prendre les armes, tant aux fugitifs qu'à ceux du pays, et les pourvoyant de bons et vaillans chefs, entre lesquels il fit Cardet, son gendre, colonel de l'infanterie. Cipierre, son autre fils, colonel de la cavalerie, fit de sorte que toutes les villes de ce côté-là, demeurèrent sous son gouvernement et obéissance, fors la ville de Pertuys, assise au bord de la Durance, qui favorisait à Sommerive pour lui donner passage au pays de delà. Cela fut cause qu'elle fut assiégée dix-huit jours durant, pendant lesquels Tande, voyant qu'en toute cette côte-là, n'y avait ville ni village de grande résistance, se tenant à Manosque, à cinq lieues de Pertuys, fit retirer à Sisteron tous ceux qu'il pouvait. Cela fait et les assiégeans étant prêts d'assaillir Pertuys par une mine qu'ils avaient achevée, pour n'avoir autre moyen de battre la ville par faute d'artillerie, Tande se persuadant que jamais son fils n'aurait le cœur de le poursuivre de plus près, et voulant épargner le sang, fit lever le siége; en quoi il se trouva grandement déçu. Car Sommerive ayant recueilli ses forces, vint passer la Durance au pont d'Orgon, le vingtième de mai, non sans grande difficulté toutefois, et n'eût été que Fabrice, gouverneur d'Avignon pour le pape, le vint favoriser à Cavaillon, à grand peine eut il passé. Tande, d'autre côté, sur cela fit acheminer son camp vers Manosque, où fut mis le capitaine Coloux, avec cent soldats et bonnes munitions de vivres; et vers Sisteron, pour être une des clés de Provence et ville assez forte de situation, étant envoyés Cipierre et Mouvans par Mérindol vers des Adrets en Dauphiné pour avoir secours. Sommerive, d'autre côté, planta son camp près de Cavaillon, duquel lieu se firent quelques sorties sur ceux de Mérindol, à l'avantage maintenant des uns, maintenant des autres, et de là, à la requête de Fabrice et de Suse, entreprit sur la ville d'Orange, qui fut misérablement saccagée comme il a été dit en l'histoire de Dauphiné. Ce fait, il s'en vint à Manosque qui lui fut quittée fort mal à propos par Coloux, auquel lieu, ayant recueilli toutes les forces qu'il put et cotisé les fougages (que sont hommes que chacune des communes doit fournir aux nécessités de la guerre), à trois hommes pour un, fit montre de cinquante enseignes de gens de pied, et de quelque nombre de cavalerie. Tande cependant ne doutant plus que Sommerive, son fils, ne délibérât d'assaillir Sisteron, la faisait fortifier et mettre en défense ; et finalement y ayant laissé onze compagnies, avec les femmes et enfants des pauvres fugitifs, qu'il essaya d'accommoder le mieux qu'il put, sous la conduite du sieur de Beaujeu, son neveu, gentilhomme de Bourgogne, ancien et vaillant guerrier, se retira le dernier de juin, en une petite ville de huit ou dix lieues, tirant vers Barcelone et autres terres du duc de Savoie ; laquelle seule vallée lui restait au pays de Provence pour accommoder Sisteron des vivres qu'il en pouvait tirer, afin aussi qu'elle servît de retraite en cas de nécessité ; et qu'il pût par ce moyen recueillir le secours qu'il attendait. Ces choses ainsi apprêtées de part et d'autre, Sommerive arrivé à trois lieues de Sisteron, en un village appelé Lux, assis sur une montagne, entre laquelle est la rivière de la Durance et le grand chemin, force lui fut de s'arrêter. Mais la lâcheté d'un nommé Châteauneuf, surnommé Nez de velours, auquel la garde en avait été commise, lui donna passage ; tellement que le quatrième de juillet il se campa au village de Castel-Arnoux, au bord de la Durance, où il fut jusques au dixième du mois, délibérant des moyens plus aisés d'assiéger Sisteron ; ce qui lui était mal aisé pour la situation de la ville côtoyée de deux rivières, à savoir, de la Durance, du côté du levant et de celle du Buech, du côté de la Trimontane, et située contre un petit côteau clos des murailles, d'icelle entre deux grandes montagnes, l'une appelée la Bauline, passant entre icelles la Durance, contre les murailles de la ville, auquel côteau ensemble la courtine des murailles qui le circuissent, on peut le battre de plusieurs et divers endroits, et même d'une plate campagne, sur la rivière de la Durance, de la longueur d'une demi-lieue, depuis les murailles de la ville, tirant vers ledit Castel-Arnoux et la basse Provence. Mais cette batterie par courtine ne put empêcher la défense, au contraire qu'en braquant l'artillerie sur deux autres petits côteaux, hors des murailles, lesquels côteaux, sont contre la montagne du Moulart, appelés, l'un Saint-Jean et l'autre Saint-Brançon, desquels l'on peut battre et faire brèche à fleur de terre aux dites murailles, et ainsi battre une partie de la courtine des murailles, contre lesquelles on peut faire batterie de ladite plate campagne ; tellement que pour bien assiéger Sisteron, il faut avoir ces deux côteaux, et pour y venir passer entre les murailles et la montagne du Moulart. Au delà de la Durance, il y a un petit bourg, clos contre la montagne de la Baume, appelé semblablement le bourg de la Baume, duquel on va par un pont de pierre, lequel bourg était gardé par ceux de ladite ville ; et encore une vieille et ruineuse tour au faîte de cette montagne de la Baume, commandant à toute la ville, à laquelle néanmoins on ne put venir que du côté de ladite campagne, sans circuir ladite montagne de la Baume, qui est de grande étendue, et le circuit de laquelle est par pays et chemins si difficiles qu'on n'y saurait passer artillerie. Sommerive donc, après toutes délibétions, résolut de conduire tout son camp du long de la rivière, et de camper pour le premier coup à la campagne, espérant que ceux de la ville n'attendraient point le canon ; en intention toutefois s'il en advenait autrement, de passer outre la Durance pour gagner le bourg de la Baume. Ce qui lui faisait espérer d'avoir la ville par composition, était que les défenses d'icelle n'étaient que de petites et simples tours sans aucuns bastions, et n'avaient par dedans les assiégés qu'un petit carreau au haut du clocher du grand temple, qui leur servait de plateforme ; joint que, pour toutes pièces, ils n'avaient que dix ou douze petits mousquets. Et si était bien averti Sommerive que les vivres ne leur pouvaient pas beaucoup durer, ayant été la ville, surchargée du grand nombre de fugitifs avec leurs femmes et enfants, sans avoir eu loisir ni moyen de se renvitailler pour long-temps. Mais le bon courage des habitants et le peu ou point d'espérances qu'avaient les fugitifs, de recevoir aucun bon traitement de leurs ennemis, si cruels et inhumains, avec l'assurance que Tande leur avait donnée, de ne partir jamais d'auprès d'eux, et de les aider de sa personne, de ses biens, nom, autorité et faveur jusques à toute extrémité, les firent résoudre de se défendre, moyennant l'aide de Dieu et la bonne diligence de Beaujeu, leur gouverneur jusques à la dernière goutte de leur sang. En cela aussi les assura grandement la venue du capitaine Furmeyer, gentilhomme de Dauphiné, avec trois cents bons hommes et bien délibérés. Suivant donc cette résolution, Sommerive, le septième dudit mois, envoya pour reconnaître toutes choses, le capitaine Bouque-Nègre, vieil et vaillant soldat, mais au reste, aussi méchant et détestable en toute sa vie comme sa naissance le portait, étant né en paillardise, d'un prêtre et d'une nonnain. Celui-ci après avoir fait son exploit, se rafraîchissant en un petit village, appelé Châteauneuf, fut pris prisonnier avec deux soldats, Corses et un sien valet, la femme duquel il entretenait, et peu après convaincu d'infinis meurtres et violemens, fut pendu et étranglé en la place publique, par les propres mains de son dit valet, mourant tout ainsi qu'il avait vécu. Le dixième dudit mois, Sommerive partant de Castel-Arnoux, vint sans résistance à demi-lieue près de la ville, où il trouva les chemins rompus, et deux compagnies de la ville en garde pour empêcher le passage de l'artillerie. Mais cela fut tantôt forcé, se retirant l'une de ces compagnies composée de gens de Cabrières et Mérindol, lesquels réduits à jeter pierres avec leurs frondes, gagnèrent le haut de quelques côteaux : l'autre gagna le grand chemin tirant à la ville, laquelle ils mirent en grand danger, étant poursuivis des ennemis, qui fussent entrés pêle mêle, n'eût été que le Gros, qui les suivait, fut employé sur le champ à préparer les chemins pour passer l'artillerie, de peur d'en perdre l'occasion. Cependant ceux qui avaient gagné les côteaux, rentrèrent d'un autre côté dans la ville, par la porte de Dauphiné, ayant fait un circuit de deux lieues. Par ainsi, Sommerive ayant fait réparer les chemins en peu de temps, se vint planter sur le midi, jusques aux ruines du temple des cordeliers, un peu plus loin de la ville, que la portée d'une arquebuse. En ce même endroit furent braquées deux couleuvrines et deux moyennes ; et en un chemin contre la montagne du Moulart, qui découvrait le dedans de la ville, deux autres moyennes avec un corps-de-garde au plus haut de la montagne. Beaujeu, d'autre côté, par le dedans, ayant fait ranger un chacun en son quartier, ayant commandé que sans cesse on fît prières publiques à Dieu, logea deux mousquets sur le carreau du temple, contre lequel, d'autre part, se dressa la première batterie, depuis les deux heures après-midi jusques à la nuit, de sorte que le carreau fut finalement abattu. Le lendemain, onzième dudit mois, une autre batterie étant dressée contre un pan d'une vieille muraille pourrie et nullement flanquée du côté de la Durance, près d'une porte, appelée porte Sauve, après quelques volées de canon, il fit sommer la ville, offrant aux assiégés de leur permettre la retraite hors de Provence, avec vies et bagues sauves. La réponse de Beaujeu, fut que l'ayant reçue en garde pour le roi, du sieur comte de Tande, son père, gouverneur du pays, il la garderait jusques à la mort; et que ce n'était pas la façon de sommer les villes après les avoir battues un jour. La batterie donc continua sans intervalle, jusques à faire brèche d'environ cent pas. Mais si la furie des assaillans était grande, la constance était incroyable de ceux de dedans à remparer et se présenter à tous dangers, jusques aux femmes et petits enfants; et se pouvait là remarquer une merveilleuse différence entre les uns et les autres. Car ceux de dedans n'avaient que psaumes et cantiques en leur bouche, apportant, traînant et charriant tout ce qui était requis; et ceux de dehors au contraire, criant du dessus de la montagne du Moulart, dont ils voyaient toute la ville, leur disaient mille ordures et vilénies, demandant aux uns des fugitifs où étaient leurs femmes qu'ils avaient violées, et montrant aux autres leurs pauvres femmes qu'ils avaient traînées avec eux en leur camp, et conviant les habitans de leur apprêter leurs lits et leurs couches. Car de fait, ils se tenaient tant assurés de souper dans la ville, qu'ayant serré tout leur bagage, sans avoir autrement reconnu la brèche, ils vinrent la tête baissée jusques à trois assauts, l'un après l'autre. Mais ils furent soutenus avec tel courage et si bon ordre que les assaillants n'y gagnèrent que des coups, en quoi se montrèrent merveilleusement courageuses les femmes, rafraîchissant les unes de pain et de vin à toutes heures les combattant, et retirant les blessés avec extrême diligence et sans aucune crainte; les autres faisant des balles qu'elles fournissaient à ceux qui tiraient, les autres avec les enfants et autres personnes inhabiles aux armes, étant arrangées par les rues, et combattant avec prières les mains tendues au ciel, comme aussi Beaujeu, Fermeyer, Melleiay et autres capitaines, firent un merveilleux devoir. Mais il voulut avenir un grand inconvénient, à une des portes de la ville, y ayant été semé un bruit que la brèche était forcée, ce qui faillit être cause à ceux qui gardaient cette porte de l'ouvrir pour se sauver. Mais il y fut pourvu par le capitaine Talon, sergent-major; lequel ainsi qu'il allait de lieu en lieu pour échanger le soldat où la nécessité le requérait, fit aussitôt courir un bruit tout au contraire, à savoir que Carces, et Flassans, étaient morts à l'assaut; ce qui rassura les plus effrayés. Ces assauts durèrent depuis les trois heures après-midi, jusques à la nuit close, durant laquelle, ceux de dedans travaillèrent tellement à réparer la brèche, qu'elle se trouva le lendemain en bonne défense. Sommerive voyant cela, le lendemain douzième dudit mois, essaya de faire par ruse ce qu'il n'avait pu obtenir de force, faisant semblant de se lever pour aller au-devant du secours que leur amenaient Sorèze, fils du sieur de Senas, et Mouvans, espérant que ceux de dedans seraient plus négligents à garder la brèche, ou mêmes sortiraient pour favoriser ce secours. Mais pour cela rien ne remua dans la ville; et ne faut douter que si Sommerive, au lieu de chercher cette ruse eut poursuivi de battre et d'assaillir, il eut beaucoup plus gagné, d'autant qu'au dernier des trois assauts du jour précédent il n'était demeuré qu'environ vingt livres de poudre dans la ville ; ce qui fut toutefois tellement conduit par Beaujeu, que ni les soldats ni les capitaines n'en surent jamais rien. Les jours suivans tout ce que fit Sommerive fut de faire semblant d'assaillir la brèche et de tirer à coup perdu dans la ville, dont il abattit plusieurs maisons, mais à grand'peine blessa-t-il une seule personne. Voyant donc cela et entendant que Sorèze et Mouvans venaient au secours de la ville avec deux mille bons hommes, il fit passer la moitié de son camp du côté de Dauphiné, et au-delà de la rivière de Buech, pour les empêcher, où il se tint jusques au dix-huitième dudit mois, qu'il quitta la place à Sorèze, qui eut par ce moyen la campagne et le chemin libre du côté de Dauphiné, ne demeurant la ville par ce moyen assiégée que d'un côté. Ce même jour, environ dix heures de nuit, trois cents hommes sortis de la ville ayant failli d'enclouer l'artillerie, donnèrent sur le corps-de-garde qui était au haut de la montagne du Moulart, lequel ils rompirent. Le lendemain au matin se firent quelques escarmouches jusques à huit heures, et lors chacun se retira. Le vingt-deux, Sorèze s'étant venu camper de l'autre côté de la Durance, près du bourg de la Baume, Sommerive changeant son artillerie, tâcha d'abattre le pont par lequel on allait de la ville audit bourg de la Baume, afin de lui ôter le passage. Mais ce fut en vain ; et lors lui fut offerte la bataille, laquelle il refusa, usant de part et d'autre de telle animosité, qu'il n'en réchappait pas un de ceux qui étaient faits prisonniers. Finalement le vingt-huitième dudit mois, en la nuit, Sommerive voyant qu'il ne gagnerait plus rien en ce lieu, et craignant que des Adrets, après la victoire de Vauréas, s'en vint droit à lui, leva son camp le plus coiement qu'il put ; et passant la Durance au village de Voulongne, se saisit d'une petite place et maison d'un prieur, appelé l'Escalle, là où laissant garnison, il se campa en une rase et plate campagne, située entre le prieuré et le village des Mées, à trois lieues de Sisteron, entournée d'une montagne d'un côté et de l'autre part, tant de la Durance que d'une autre petite rivière entrant en icelle. Et, quant au côté par où il était entré et qui était tout ouvert, il y fit trois grandes et profondes tranchées, étant ainsi dans ce grand et spacieux enclos, garni de plusieurs bons fruits et autres rafraîchissements, comme dans une grande forteresse, avec la commodité du grand chemin, par lequel on descend en la basse Provence, dont il était renvitaillé. D'autre côté, toutes les forces qui étaient dans la ville avec le secours qui leur était venu, sortis sous la conduite de Cardet, gendre de Tande, vinrent droit à ce prieuré ; duquel lieu ayant la garnison, et par ce moyen fait ouverture jusques aux tranchées de Sommerive, ils y dressèrent leur camp, auquel étaient Sorèze, Beaujeu, Senas, Mouvans, Du Bar, Malejay et autres gentilshommes et anciens guerriers provençaux, ayant vingt-neuf enseignes d'infanterie et quatre cornettes de cavalerie, qu'ils espéraient bientôt devoir être renforcées ; comme de fait le dernier du mois, Ponnat envoyé par des Adrets, y arriva avec neuf enseignes de gens de pied du Dauphiné, et quelque cavalerie, de toutes lesquelles forces, était chef général, ledit sieur de Cardet. Là se firent plusieurs escarmouches soir et matin, dans les tranchées du camp de Sommerive pour l'attirer à la bataille, jusques à ce que le deuxième d'août, Mouvans accompagné de quelque infanterie, s'en alla de plein saut donner au corps-de-garde des tranchées, là où étant reconnu et aussi soudain enveloppé, il fut chargé entre autres par la Verdière, l'un des plus vaillans et meilleurs capitaine qu'eut Sommerive, voulant bien l'avoir attrappé. Mais il advint tout le contraire; car Mouvans l'ayant joint, lui donna le coup mortel à une des jointures de son harnais, et se jeta de telle raideur hors de la presse qu'il en échappa, ayant toutefois reçu une arquebusade au-dessous du gras d'une jambe, dont il a toujours cloché depuis. L'intention de ces deux camps était bien diverse; car l'un ne demandait que la bataille, l'autre voulait sans se hasarder, attendre que la faim contraignît son ennemi de se débander. Et de fait, bien que Tande, venu de sa vallée à Sisteron, recueillit tout ce qu'il pouvait de vivres pour fournir la ville et le camp de son gendre, si est-ce que les soldats sentaient déjà la faim, et commençaient à se débander. Voyant donc cela Cardet, le quatrième dudit mois ayant rangé tout son camp, tira droit contre l'ennemi, espérant le forcer à la bataille. Beaujeu donc, conduisant les coureurs et enfans perdus, donna de telle furie dans les tranchées qu'ils passèrent outre, avec tel étonnement de l'ennemi, que plusieurs jetant leur bagage dans la rivière, tournèrent le dos. Mais pour ce qu'étant entrés plus avant ils eussent eu à combattre l'avant-garde, qui les eut aisément défaits, étant la bataille de Cardet qui les suivait demeurée fort loin, ils furent rappelés, n'ayant aussi été fait cet effort, que pour attirer l'ennemi du tout hors de ces tranchées; mais ils n'en voulurent jamais sortir, et par ce moyen fallut que Cardet se retirât sans avoir fait autre chose, se plaignant grandement les soldats, de ce qu'ayant gagné les tranchées on n'avait passé plus outre. Le lendemain, cinquième d'août, Ponnat, gouverneur de Grenoble, qui était venu avec secours auparavant à Sisteron, se débanda le premier, montrant le chemin aux autres, quoi qu'on lui put remontrer. Ce que Tande voyant et que la faim menaçait son camp, ne pouvant Sommerive, son fils, être attiré au combat, fit lever le camp, duquel il remit une partie à Sisteron, sous le gouvernement de Senas, envoyant le reste à des Adrets qui promettait de le venir voir bientôt avec bonnes forces, ce que toutefois il ne fit. Sommerive sur cela délibérant de retourner au siége de Sisteron, fit telle diligence d'assembler gens, tant de nouveaux fougages de Provence, que de tous les autres lieux (s'étant Suse joint avec lui, et grandes forces lui étant envoyées du Comtat) que le vingt-septième dudit mois il se trouva dans le fort accompagné de cent et deux enseignes d'infanterie, et bon nombre de cornettes de cavalerie; avec lesquelles forces il rassiégea Sisteron le même jour, et soudain fit une grande tranchée, jusques aux deux côteaux de Saint-Jean et de Saint-Brançon, pour y pouvoir passer son artillerie et son camp à couvert, étant le chemin tel que nécessairement il fallait qu'il passât à la portée de l'arquebuse, près des murailles de la ville; là où se firent plusieurs belles et grosses escarmouches, demeurant toujours ceux de la ville, maîtres desdits côteaux, jusques à ce qu'ayant ouï nouvelles, que Mombrun les venait secourir avec artillerie par le Dauphiné, il les quittèrent pour se saisir du pont de la rivière du Buech, sur lequel il fallait que Mombrun passât. Cela fut cause que Sommerive, après avoir assis quelques moyennes en ces côteaux, et commencé une autre tranchée pour venir à l'autre de laquelle nous avons parlé, employa toutes ses forces pour gagner ce pont, qui ne fut pas moins courageusement et opiniâtrément défendu. Mais finalement, les défendans voyant que Mombrun ne venait point, et que cependant ils consumaient beaucoup de leurs munitions, et perdaient de leurs hommes qui leur faisaient bon besoin pour la défense de leurs murailles, quittèrent le pont, et par ce moyen fut la ville assiégée de trois côtés. Peu après (mais trop tard), Mombrun, étant arrivé à Orpiette, Sommerive qui tenait lors le chemin de Dauphiné bien à propos, envoya Suse contre lui avec le plus beau de son camp, par lequel étant surpris et défait Mombrun, le deuxième de septembre en un lieu appelé Lagrand, comme il a été dit en l'histoire de Dauphiné, il fit le lendemain troisième dudit mois, braquer sur les deux coteaux ses deux grandes couleuvrines et un grand canon qu'il avait reçu de renfort de Marseille, pour battre à fleur de terre la courtine du bas de la ville; y ajoutant la batterie de deux moyennes, braquées aux ruines du temple des cordeliers. Et, afin que la ville fut enclose de toutes parts, le sieur de Mirebel avec quelques enseignes, se campa delà la Durance, de sorte que les assiégés n'avaient aucun chemin de retraite, qu'un seul fort raboteux et mal aisé qui est à l'autre issue du bourg de la Baume, et qui va à des hautes montagnes toutes désertes, par un chemin si étroit que deux hommes de cheval n'y eussent su passer de de front; joint qu'il était exposé à la vue du camp assis dans les ruines des cordeliers, n'en étant éloigné que de la largeur de la Durance qui se passait à gué en plusieurs endroits, à raison de quoi Sommerive n'avait mis personne pour le garder, tenant au reste les assiégés enclos comme dans une prison. Par ainsi le quatrième dudit mois, ayant été commencée la batterie, il y eut brèche sur les dix heures, d'environ cent quarante pas, sans qu'il y eut flanc ni bastion pour la défendre. En outre les deux moyennes, battant du côté des cordeliers, voyaient tout à découvert le chemin par lequel il fallait que ceux de dedans vinssent à la brèche. Ce nonobstant, et bien que la plupart de ceux de dedans tâchant à remparer la brèche, fussent emportés et volassent par pièces en l'air, hommes et femmes, passant les vifs par dessus les morts, ils firent un étrange devoir d'apporter terre, coutres de lits, fascines et tout ce qui pouvait servir. Au même instant étant donné l'assaut par trente trois enseignes d'infanterie et une cornette de cavalerie venant après eux, il y fut combattu reprenant haleine par cinq fois, et jusques à sept heures après-midi, avec une telle furie que la poudre étant faillie aux uns et aux autres, ils vinrent jusques aux épées, aux pierres et aux mains. Mais tant y a que les assaillans finalement furent contraints se retirer. Le soir venu et Sommerive, depuis l'assaut quitté, ayant commencé une autre batterie, Senas, Mouvans (qui ne pouvait encore marcher à cause de sa blessure et qui s'était ce nonobstant fait porter à la brèche où il avait bien servi pour encourager les soldats), ensemble les autres capitaines, se trouvèrent en une merveilleuse perplexité, voyant d'un côté la perte de leurs gens avec le défaut de munitions, sans aucune espérance de secours; et d'autre part, considérant les grandes forces et l'opiniâtreté de leurs ennemis. Mais ce qui les étonnait encore plus, était la commisération qu'ils avaient de ce pauvre peuple, qu'ils ne pouvaient ni garantir par forces humaines, ni retirer à sauveté, étant la retraite par ce seul petit chemin, duquel nous avons parlé, plutôt impossible que difficile. Ce néanmoins, après avoir invoqué Dieu avec telle ardeur que chacun put penser, ils conclurent de prendre cette route-là, quoi qu'il en dut advenir. Mais à grande peine avait été prise cette résolution en chambre close, qu'un malheureux homme qui s'y était trouvé, et qui avait été jusques alors en fort bonne réputation, se coulant par la brèche, se rendit à l'ennemi, lui déclarant cette résolution ; laquelle entendue, Sommerive se résolut, d'autre coté, d'en empêcher l'exécution qui lui était très-aisée, mettant seulement vingt-cinq ou trente chevaux avec quelque infanterie, en ce détroit. Ce qu'étant exécuté, tous ces pauvres gens infailliblement étaient perdus, mais Dieu y pourvut aussi miraculeusement qu'il sauva jadis David contre son fils Absalon, rompant le conseil d'Achitophel. Car étant l'opinion que dessus déjà comme conclue au conseil de Sommerive, le sieur de Cental (non qu'il eut en pensée de sauver ces pauvres gens, mais Dieu le faisant ainsi parler), alléguant qu'il ne fallait aisément ajouter foi à ce personnage, que cette retraite était incroyable, et que c'était une ruse de ceux de dedans pour émouvoir les soldats à courir à ce chemin, pour cependant faire une sortie sur leur camp et donner sur leur artillerie, se fit croire tellement, qu'il fut arrêté que nul ne bougerait du camp cette nuit-là, encore que quelques-uns fissent mine de se retirer par là ; mais qu'au point du jour il serait tout à temps de regarder ce qui serait de faire. Cependant dedans la ville étant déclarée la retraite, bien que tant les soldats que le peuple fussent merveilleusement harassés du travail si grand du jour précédent, chacun s'apprêta de sortir.

Cela ne se pouvait faire, sans grande confusion, chacun troussant ce qu'il pensait le plus aisé à porter ; les uns qui avaient le moyen, chargeant sur ânes, mulets et chevaux, les petits enfants, les blessés, les malades, les vieilles gens ne pouvant marcher ; les autres, tant pères que mères, portant leurs enfants sur leur col, entre leurs bras et aux mamelles, avec grands pleurs et lamentations, et se faisait tout cela à la vue de l'ennemi qui les pouvait découvrir du camp de Mirebel et de la ruine des cordeliers, pour la lumière qui était aux fenêtres des maisons par toute la ville. Ce néanmoins, environ les onze heures de nuit, toute cette troupe commença de sortir par une fausse porte de la ville, pour aller au pont, et de là, à une petite porte du bourg, par laquelle on sortait au chemin ; et marchant ainsi à la file, poursuivirent leur chemin toute la nuit, d'entre le quatrième et cinquième dudit mois, sans que pas un du camp de l'ennemi remuât non plus que si ce pauvre peuple eût eu sauf conduit, jusques au point du jour que Sommerive fit passer la rivière à quelque cavalerie et infanterie qui donna sur la queue, où se trouvèrent quelques pauvres femmes qui étaient demeurées derrière, dont les unes furent tuées, les autres emmenées prisonnières ; et ne fut la poursuite plus grande, tant à cause de la difficulté du chemin, que pour la friandise du butin, dont ces poursuivans ne voulaient perdre leur part, estimant bien que leurs compagnons cependant entreraient dans la ville. Ainsi le firent-ils aussi sur les dix heures du matin et non plutôt, craignant encore Sommerive, qu'il y eut quelque ruse, et ne se pouvant persuader l'entreprise d'une retraite si étrange. Chacun peut penser quel fut le désordre en cette pauvre ville, là, où toutefois ils trouvèrent fort peu de gens à tuer au prix de ceux qui étaient sortis, et fort peu de biens à piller. Si est-ce qu'ils y tuèrent de trois à quatre cents, que femmes, qu'enfants, sans aucun respect ni d'âge ni de religion. Cela fait, Sommerive n'y séjourna guère, y laissant pour gouverneur, le sieur de Montagut, avec un régiment de sept compagnies. Je reviens maintenant à ces pauvres gens, lesquels par chemins détournés reprenant leur haleine comme ils pouvaient, ayant cheminé le reste de la nuit et le jour suivant, cinquième dudit mois, se retrouvèrent à quatre heures après-midi, à sept grandes lieues de Sisteron, en un petit village appelé Barles; auquel lieu, les uns ayant attendu les autres jusques à la nuit, et notamment les blessés et malades, avec quelques pauvres femmes, dont les unes même avaient accouché en chemin, se rassemblèrent environ quatre mille personnes, entre lesquels n'y pouvait avoir plus de mille hommes de résistance. De là, ayant été mis les arquebusiers en tête et en queue, et le reste cheminant au milieu, il tirèrent au village de Salonnet, où ils reposèrent quelques heures de la nuit. Le lendemain matin sixième, ils prirent le chemin de Gap où ils pensaient se retirer, et qui n'est qu'à huit lieues de Sisteron, par le droit chemin, au lieu qu'il leur en fallait faire quatorze par les détroits qu'ils avaient pris. Mais étant arrivés au village du Baye pour passer la Durance, ils trouvèrent une embuscade de leurs ennemis qui avait gagné deux montagnes, entre lesquelles ils étaient nécessairement contraints de passer en poursuivant ce chemin, auquel une jeune damoiselle accoucha d'effroi sur le gravier. Cela fut cause que reculant en arrière, et non toutefois par le chemin qu'ils avaient fait, d'autant que tous les villageois s'y étaient mis en armes, ils prirent le chemin d'un lieu, appelé le pas du Lozet, qui est une grosse roche fendue, par laquelle il faut passer comme par une porte, en une vallée, appelée Terre-Neuve, par laquelle on va de Provence en Piémont, appartenant le pays, au duc Savoie. Craignant donc les arquebusiers, que ce passage ne leur fut fermé, ils s'en allèrent le saisir; ce que ceux du village de Lozet, entendant, voulurent s'émouvoir à à bon escient; mais Senas et Mouvant, arrivés, accordèrent avec eux, que seulement les femmes et petits enfants y entreraient, pour y être jusques à la réponse de leur prince, laquelle serait attendue par eux au-deçà du passage. Ce néanmoins, les femmes et enfants y étant entrés, et voyant ceux du village qu'on ne prenait rien sans bien payer, joint que la force n'était de leur côté, ils accordèrent que le reste y entrerait aussi, de sorte que tous y passèrent la nuit. Le jour venu, septième dudit mois, étant arrêté de prendre le chemin de Grenoble, toute cette troupe délogea, ayant sur le dos une très-grosse pluie qui dura jusques au midi. Ce nonobstant, avec un infini travail, ils vinrent coucher au village de Saint-Paulo. Le lendemain huitième du mois, comme ils tiraient en Dauphiné, avertis d'une grosse embûche, que l'évêque d'Embrun leur avait apprêtée, et contraints de prendre le chemin de Pragela, par un pays fort désert, ils arrivèrent au village de la Chanau, qu'ils trouvèrent tout vide d'habitants et de meubles, de sorte que force fut à toute leur troupe d'y passer la nuit, avec des choux pommés. Le lendemain neuvième, ayant passé le col de la Guel (montagne des plus fâcheuses et raides), ils vinrent jusques au village de Molières, où ils ne trouvèrent rien qu'une embûche que leur avait dressée la Cazette, gouverneur de Briançon, du Dauphiné. Ils furent donc contraints de marcher jusques au village de Bioias, où ils couchèrent avec quelque commodité de pain et de laitage. Le douzième, ayant passé le col de l'Argentière, ils logèrent à une lieue près de Pragela, au village de Sauze, auquel lieu, pour la commodité des vivres, ils séjournèrent quatre jours, et rangèrent leur infanterie sous huit enseignes. Le quinzième, arrivés à Pragela, où ils furent très-bien reçus et accommodés de vivres huit jours durant par ceux du lieu, faisant de longue main profession de la religion, de là, voyant les capitaines que la pauvreté du pays ne pouvait porter qu'ils y pussent laisser les femmes et enfants, où y séjourner plus longuement, étant guidés par trois cents hommes, tant du lieu, que de la vallée d'Angrongne, d'où ils recouvrèrent aussi quelques poudres, ils revinrent coucher au village de Sauze, le vingt et unième du mois, en intention de se rendre à Grenoble ou à Valence, le lendemain vingt et deuxième, au pied de la montagne, au village de Sezanne. Les capitaines se doutant bien que la Cazette leur apprêtait quelque chose, firent battre aux champs, environ la minuit, et mirent tout en tel ordre, que toute la troupe ayant passé la montagne se trouva devant la diane auprès des murailles de Briançon, tirant pour passer la Durance, vers un pont qui est à un quart de lieue de là; mais leur étant dressée une escarmouche, force leur fut en la soutenant de faire tourner visage à la troupe, pour tirer à un autre pont à un quart de lieue de là; lequel s'étant trouvé rompu, ces pauvres gens demeurèrent tous étonnés et éperdus, jusques à ce que Senas et Mouvans, se mettant en bataille entre leurs ennemis et leurs gens qui les attendaient à ce pont rompu, y étant finalement arrivés, et les ennemis retirés, firent si bien qu'ayant fait passer à gué et mis en bataille leur cavalerie, delà l'eau, ils dressèrent quelques planches avec quelques perches qu'ils trouvèrent en une prairie, si heureusement que cette troupe passa sans aucun dommage; en moins de trois heures, à la vue de ceux de Briançon qui faisaient bien quelque mine de les empêcher, mais ne les osèrent jamais assaillir. Ils vinrent donc jusques au village de Fressinières, en très-hautes montagnes et du tout stériles, à trois lieues de Briançon, dont les habitants sont aussi de longue main de la religion; duquel lieu étant partis à minuit, ils arrivèrent environ midi, vingt et troisième dudit mois, à un pauvre village, appelé Orfière, où ils ne trouvèrent habitant, ni pain, ni vin, mais seulement quelques moutons, que les paysans se retirant de vitesse aux montagnes n'avaient pu emmener, dont ils dînèrent sans pain, n'ayant repu depuis le village de Sesanne, et ayant combattu en chemin. De là, ce même jour descendus au village de Saint-Bonnet, à trois lieues de la ville de Gap, se trouvèrent par ce moyen, n'être qu'à onze lieues de Sisteron, et qu'à trois lieues de leur ennemi qui s'était saisi de la ville de Gap. Il y avait encore outre cela un autre très-grand danger bien prochain d'eux, et dont ils ne savaient rien. Car Vinay qui avait assiégé Grenoble en ce même temps, ayant été faussement averti que Senas et Mouvans, avaient assiégé Briançon, ayant aussitôt quitté Grenoble; était venu à Corp avec huit enseignes, distant que deux lieues de Saint-Bonnet. Senas cependant et Mouvans, pensant que Grenoble fut toujours assiégé, et ayant pris résolution de marcher jusques à deux lieues près de Grenoble, d'où ils espéraient de faire prendre le chemin de Valence aux femmes et enfants, et conduire le reste au secours de Grenoble, tirèrent de grand matin le 24 dudit mois, droit à Corp, comme par un chemin bien assuré, et sans aucun ordre, jusques à un quart de lieue du village, en un chemin étroit contre une montagne, au pied de laquelle passe une petite rivière. En ce lieu, deux gentilshommes de la troupe, à savoir, le sieur de Saint-Martin, gendre de Senas, et le sieur d'Espinasse, s'étant un peu avancés devant la file qui les suivait, se jouant l'un avec l'autre et ne pensant à rien moins qu'à ce qu'ils rencontrèrent, trouvèrent un villageois que Vinay y avait mis en sentinelle, lequel ne les connaissant point et même pensant qu'ils fussent de ce quartier-là, leur dit ce qu'ils trouveraient à Corp où on leur ferait bonne chère. Cela étant incontinent rapporté à Senas et Mouvans, ils firent mettre à part les femmes et enfants avec quelques arquebusiers, leur faisant passer la rivière; et quant au reste il commença de marcher vers Corp en bataille. Mais arrivés au lieu où la sentinelle avait été trouvée, et laquelle était échappée aux susdits gentilshommes, trouvèrent que Vinay averti, tandis qu'ils rangeaient leurs gens, avait saisi le passage et fait monter quelques soldats au haut de la montagne pour rouler des pierres sur eux. Cela les contraignit de tourner visage et de passer sur le même pont outre lequel était leur troupe, et ainsi tous ensemble à la vue de leur ennemi se campèrent vis-à-vis de Corp, attendant quelque secours de ceux du pays de Trièves, tenu par ceux de la religion et qui n'étaient qu'à deux lieues de là. Mais ayant en vain attendu quelque peu de temps, et voyant le besoin qu'ils avaient de repaître, ils firent marcher les femmes et enfants devant, se tenant en bataille sur la queue; et ainsi arrivés en la ville de Trièves, ils reçurent tout bon traitement, tout le jour suivant; et de là sans empêchement, le 27 dudit mois, se rendirent sains et saufs à Grenoble, louant Dieu en psaumes et cantiques, de la singulière assistance qu'ils avaient expérimentée en ce voyage en tant de sorte, et ne sachant rien de ce que Dieu faisait ailleurs, à savoir, à Saint-Gilles, auquel lieu ce jour même furent défaits et quasi tous tués leurs ennemis, ainsi qu'il est dit en l'histoire de Languedoc. Cette troupe donc arrivée à Grenoble, fut logée à demi-lieue de la ville, en un village, appelé Giéry, là où ayant séjourné trois jours, et laissé à Grenoble quelque peu de leurs gens malades et du tout harassés, prirent le chemin de Lyon, là où tous ces pauvres gens étaient conviés par ceux de l'Eglise, leur ayant envoyé au-devant d'eux, un ministre, nommé Buffi, jusques à la ville de la Mure. Soubise avait aussi écrit à Senas et Mouvans, pour le venir trouver avec leurs gens de guerre dont il avait bien à faire. Ils partirent donc de Giery, le premier jour d'octobre, et logèrent à Moyrant. Le lendemain deuxième, comme leur manda des Adrets, ils vinrent à Virieu, qui est à trois lieues du grand chemin, auquel lieu des Adrets, les étant venu trouver, les guida toute la nuit jusques au chemin de Cremieu, pour éviter les embûches de Nemours, où ils arrivèrent le lendemain matin, et de là par bateaux qui leur furent envoyés de Lyon y entrèrent finalement sans aucun empêchement, le quatrième dudit mois, où ils furent très-bien reçus et soulagés, jusques au mois de mai suivant que la paix étant faite, ces pauvres familles se retirèrent en leurs maisons, où derechef ils eurent de terribles alarmes, devant que d'y pouvoir subsister. Telle fut l'issue de cette retraite des plus belles et plus heureusement conduites qui ait été jamais faite, laquelle pour cette cause j'ai bien voulu remarquer de jour à autre pour la postérité, après m'en être bien et diligemment informé.

Depuis la prise de Sisteron et la défaite de Saint-Gilles, Sommerive étant avec le reste de ses adhérens pleinement jouissant de toute la Provence, sans résistence aucune, il ne fut question que de lâcher la bride à toutes pilleries et toutes espèces de cruautés les plus débordées et désespérées comme je crois, qui aient jamais été exercées ni ouïes entre les hommes, dont j'ai bien voulu ici faire un extrait par le menu, et à la vérité comme les choses sont advenues de lieu en lieu, dont il appert par bonnes informations pour la plupart. Car encore que telles choses soient horribles à réciter, si est-il besoin que la postérité en soit avertie pour apprendre à fuir l'ire de Dieu, de laquelle la vive image est empreinte en cette misérable guerre, afin aussi que chacun puisse mieux juger de quel esprit ont été menés les auteurs de ces misères et calamités, et quelles gens ils ont mis en besogne sous couleur de la défense de leur religion.

CEUX QUI ONT ÉTÉ TIRÉS DES PRISONS, PENDUS, PRÉCIPITÉS ET MASSACRÉS.

A Aix.

Jean Salomon, conseiller en la cour de parlement, tiré des prisons et massacré dans la ville.

François Remand, concierge des prisons de la cour de parlement, tiré des prisons et pendu par les pieds au Pin.

Bertrand Fregier, tiré des prisons et pendu par la gorge après lui avoir percé le menton, lui vivant.

François Penot, clerc des finances, tiré des prisons et pendu au Pin par les mains, après lui avoir arraché les yeux, lui vivant.

Antoine Richelmy, gentilhomme, tiré des prisons et pendu au Pin avec un trompette allant devant lui.

Jean Raisson, procureur au siège d'Aix, tiré des prisons et tué à la boucherie d'Aix, mis son corps en pièces et jetées.

Alexis Gautier, dit Fromaget, tiré des prisons et pendu au Pin.

Bernabé Nogue, marchand, tiré des prisons et pendu au Pin par les pieds.

Marin Penchinat, chaussetier, tiré des prisons et pendu au Pin.

Doullyoulles.

Folquet Marin, pris en la maison de son père, mené dans les prisons d'Oullyoulles, et de là jeté par les fenêtres en la rue, massacré à coups de pierres, et son corps traîné et baillé aux chiens.

Baulx.

Pierre Majet, tiré des prisons de Baulx, et tué à coups d'épée en la place du lieu, puis jeté.

Brignolles.

Nicolas Bois de Besse, mis prisonnier par Jean Clavier, juge, et fait tuer par Balthasar Fouco.

Jacques Berton, âgé de soixante-cinq ans; Jean Boyer et André Belletons, tirés des prisons et tués du consentement de Jean Clavier, juge.

Hières.

Jean Antoine, fut arrêté prisonnier à Saint-Maximin, et tiré des prisons par Bouquenègre et tué.

Arles.

Un nommé Frère Pierre, tiré des prisons d'Arles, et tué par Jean-Raymond Usachas, Jacques Blanc, Pierre Senequier et Louis le menuisier.

Pignans.

Jean Martel, tiré des prisons de Pignans et lapidé.

Bormes.

Pierre Harghuloux, tiré des prisons de Bormes et tué.

Marseille.

Honoré Pastoret et Georges Oluvari, tirés des prisons de Marseille par le capitaine du guet à la poursuite des consuls, puis pendus à un arbre étant devant lesdites prisons, et le lendemain traînés par la ville et brûlés au vu et au su desdits consuls.

Pierrerue.

Aubergé dit le Court, tiré des prisons dudit lieu et précipité du haut du château en bas.

Peyrolle.

Un nommé Augustin tiré des prisons du lieu de Peyrolle près Castellane et tué.

Luc.

Balthasar Brun, tiré des prisons et jeté par les fenêtres en bas.

Saint-Paul.

Bertrand Sausse, du lieu de Ginaservis, tiré des prisons de Saint-Paul et tué.

Pertuis.

Vincent de Canes, Etienne Bonnefille et Jean Bonaud dit le Clavelier, hommes anciens, tirés des prisons de Pertuis, et précipités des murailles en bas à la vue de Flassans.

Sallon-de-Craux.

Raymond Allard, de Sallon-de-Craux, tiré des prisons de Lambesc et tué.

Valensonne.

Pierre Magnali, homme de qualité, tiré des prisons de Vallensolle, tué à coups d'épée et de dague, et puis lui faisant passer des chevaux sur le ventre.

Toulon.

Henry de la Mer, prêtre tiré des prisons, traîné par toute la ville, navré, tué à coups d'épées et puis brûlé.

Lauriol.

Antoine Barthélemi, tiré des prisons de Lauriol et pendu aux murailles de la ville avec une grosse chaîne de fer.

Segonier.

André Chand, tiré des prisons de Segonier, puis pendu.

Besse.

Nicolas Bois, prisonnier à Besse et meurtri de nuit.

BRULÉS.

A Roquebrussané.

Jean Messier, à Roquebrussané, meurtri fort cruellement et puis son corps brûlé.

Hières.

Antoine Hugonis, avocat au siége dudit Hières, pris, et, étant à genoux devant Bouquenègre, duquel avons parlé en l'histoire de Sisteron, lui offrit une vigne qu'il avait pour sa rançon pour ce qu'il n'avait point d'argent comptant ; ledit Bouquenègre le tua de sa main d'un coup de hallebarde, puis le fit traîner et brûler.

Bormes.

Michel Cauluet, à Bormes, tiré des prisons par les consuls du lieu, tué, puis brûlé au milieu de la place.

Marseille.

Antoine Vassé, avec un sien neveu, tué entre les bras de sa femme, par Jean Sabatier, puis traîné et brûlé hors la ville au lieu appelé Porte-Gale; Joseph Guerin, blessé par Charles Sonen et Blaise Nicoutier, puis traîné à demi-mort par la ville, puis brûlé par le consentement des consuls par les enfants.

Fréjus.

Jean-Pons Rodulphi, homme de lettres, traîné, puis brûlé à la place publique de Fréjus.

Luc.

Goubaut Guyon, jeté de la maison seigneuriale du Luc en bas, puis meurtri à coups d'épée, traîné et brûlé en la présence des consuls; Jacques Abeille, notaire, percé par le corps d'un bâton ferré, tout vif, et ainsi porté par la ville, puis brûlé.

Doullyoulles.

Honoré Rostain, menuisier, tué à coups d'épée, puis traîné à la place et brûlé à demi-mort, et le reste du corps au chiens.

Pertuis.

Benoît Marsal, pris malade au lit, mené par la ville et traîné à la queue d'une ânesse, puis brûlé.

Apt.

Jean Barrier, homme caduc et ancien, fut brûlé.

Gignac.

Jean Barrier, homme caduc tué et brûlé.

Toulon.

Jean Lordon, médecin, pris en sa maison, jeté par les degrés, traîné par la ville, battu et frappé à coups de pierres et bâtons, puis brûlé. François Volant, mené hors la ville, traîné, tué et brûlé. François du Mas, traîné et lapidé vif et brûlé par les enfants, ayant contraint son propre fils, le 15 de mai 1562, à ce faire. Henry de la Mer, prêtre, tiré des prisons, traîné par la ville, blessé d'un coup de pistole, fut achevé de tuer à coups d'épée et de dague, puis brûlé.

La Roque-Danthorron.

Guigou Blanc, âgé de quatre-vingts ans, aveugle et impotent, brûlé vif.

Antoine Sabille, aussi vieux et impotent, allant sur des potences, fut pris et brûlé tout vif.

Antoine Mercier, de la Roque, près Brignolles, pris, traîné, puis brûlé vif la corde au col.

Arles.

Raymond Collembaud, travaillant, tiré hors sa maison et brûlé vif par Jean du Destrech.

Florimond Serre, forcé dans sa grange, tiré et brûlé par ledit Destrech, Robert Chavary, Jacques Espiard et le comte de Tande, étant en Arles.

LAPIDÉS.

A Barjoul.

Guillaume Mureur,
Etienne Derbes, lapidés.

Poignans.

Jean Martel, tiré des prisons, et quatre jours après lapidé hors la ville par les enfants.

Congolin.

Pierre Castillon, attaché à un olivier et tué à coups de pierres.

Forcalquier.

Jean Ganot, ayant été malade au lit deux ans, pris, livré aux enfants et lapidé de pierres en la place publique.

La Cagne.

Baptiste Gardenne, au lieu appelé La Cagne, étant malade en son lit, pris, traîné et battu à coups de pierres dont il mourut.

TUÉS ET TRAINÉS.

A Barjoux.

Pierre du Pont, massacré d'un coup de pistole, pris, traîné hors la ville et pendu,

Saint-Quanat.

Le fils de Jean Mérindol, tué gardant son bétail, puis traîné à la queue d'un cheval.

Antibes.

Guigou Abrilh, tué en sa maison, puis traîné et jeté aux chiens.

L'Isle-de-Martègue.

Trophème Gautier dit Curateau, tué et traîné.

Jean Ferti, homme ancien et de qualité, tué en plein jour, traîné et finalement jeté en la mer.

Grimant.

Miche Colle, âgé de quatre-vingts ans, tué et traîné hors la ville avec une corde. Boniface, écuyer, tué audit Grimant, traîné hors la ville.

Forcalquier.

Denys de Ralhane, prêtre, homme vieux et caduc, pour s'être adonné à la religion réformée, fut pris, traîné et tué au mois de juillet.

Jean le Ganot, malade d'une maladie incurable, il y avait deux ans, pris et livré aux enfants qui le lapidèrent.

Fréjus.

Melchion Buisson, massacré et traîné dans la rivière d'Argent, les cloches sonnant.

Gaspard Fentrier, massacré et traîné comme ledit Buisson.

Saint-Remy.

Jean de Villette, fut assailli dans la maison de son père par le peuple, conduit par Hugues Frenel, viguier, et, en sa présence, massacré et traîné avec une corde au col hors la ville, jeté dans un fossé aux chiens.

Saint-Martin-de-Castillon.

Denis Berthelin, à Saint-Martin, tué à coups de dague, puis, d'une corde, traîné et jeté aux chiens, et le laissèrent sur un fumier.

TUÉS ET PRÉCIPITÉS.

A Aix.

Jean Giraud, avocat en parlement, frappé d'un coup d'arquebuse, sur le toit de sa maison et précipité en bas, puis jeté aux bêtes hors la ville, à la venue de Mantin.

Quinson.

Un exécuteur de la haute justice du prevôt Bellon, fut tué, pendu par les pieds, puis précipité dans la rivière de Verdon.

Honoré Fourque, du lieu de Saint-Laurens, à faute de payer rançon, fut lié pieds et mains et précipité vif du pont en bas dans la rivière de Verdon. Jacques Guérin, prêtre de Poignans, passant par Quinson, fut pris et lié pieds et mains et précipité vif du pont dans la rivière.

Baux.

Pierre Maret, tiré des prisons par par le peuple, mis en chemise et attaché les mains au dos à la place de Baux, tué à coups d'épées, le traînèrent par la ville, puis fut précipité des murailles en bas,

Un nommé Beauregard, mené à la galerie du château de Baux, et précipité des fenêtres en bas, mort.

Abesse.

Etienne Olivier, étant malade en son lit, fut pris par Honoré Alène de Soliers, et jeté des fenêtres en bas en plein jour, et massacré à coups de pierres.

Ières.

Jean Aignier, assailli dans sa maison, fut blessé, pris et jeté d'une fenêtre en bas, puis pendu par un pied aux murailles de la ville.

Tourrètes.

Jacques Peiret, précipité d'une fenêtre en bas.

Sisteron.

Isnard Aguillon, âgé de quatre-vingts ans et aveugle, pris et jeté du pont de Sisteron en bas.

Dignes.

Un médecin de Sisteron, étant à Dignes, fut pris et précipité du pont en bas, après avoir reçu plusieurs coups d'épée par Jean Hermite.

Forcalquier.

Jean Carpentoux, pris et jeté de la plus haute tour du château en bas et reçu sur les pointes de piques et halebardes.

Pierrerue dépendant dudit Forcalquier.

Auberge dit Louvernet, cordonnier, précipité vif de la plus haute tour du château en bas.

Luts.

Guillaume Chamins, de Pierrerue et Jean Fontaine, pris et jetés du haut du château en bas, tout vifs.

Castellane.

Jaquet Arlot, homme vieux et impotent, et grièvement malade en son lit, pris et jeté des fenêtres de sa maison en bas, et l'assommèrent de ses potences dont ils se soutenait.

Ferrier Giraut fut aussi précipité et tué de même.

Apt.

Vingt-trois hommes furent précipités du pont d'Apt en la rivière.

Martin Blanchet, pris et jeté du pont en bas en la rivière.

Manosque.

Quatre hommes de la suite du comte de Tande, gouverneur de Provence, précipités d'une tour du château en bas.

Pierre Sambonin, jeté des murailles de la ville en bas, où il fut foulé des pieds des chevaux jusques à la mort.

Gaspard Aigosi, de la religion romaine, fut aussi précipité des murailles de la ville en bas.

Annibal Arquier, de la ville de Lambesc, trouvé malade à Manosque, pris encore vif, lui coupèrent son membre, lui mirent en sa bouche, et, l'ayant traîné par la ville, le jetèrent des murailles en bas.

Saint-Martin-de-Castillon.

Balthasar Bassot, âgé de vingt-cinq ans, mené sur un haut rocher appelé Roquegnan, près dudit Saint-Martin, et précipité en bas.

MORTS D'ÉPOUVANTEMENT.

A Aix.

Jean Roque, avocat du roi au siège d'Ières, étant à Aix, et voulant sortir de la ville après avoir été longuement malade, fut tant battu par les gardes des portes, qu'il en mourut après, et fut enterré d'un sien beau-père, nommé la Sardi.

Pierre Moton.

Baptiste Gardène.

Paul Cabasso, syndic à Sellans, étant assailli en sa maison.

Antiboul.

Amiel de Grâce, après avoir été outrageusement tourmenté et tiré rançon d'icelui, mourut bientôt après.

Un fils de Bernard Bandon, dé-dépouillé pour être tué, mourut à la Mothe d'Aigne.

Acuets.

François Fournier, ayant par force résigné son bénéfice au lieu qu'il n'en voulait non plus pour autrui, que pour soi-même, mourut.

FENDUS ET DÉMEMBRÉS VIFS.

A Senas.

Le sieur de Senas, l'un des principaux capitaines de ceux de la religion, s'étant retiré avec le comte de Tande, gouverneur du pays, ceux du lieu, ses sujets, envoyèrent quérir Flassans pour piller son château; lequel, y arrivant avec Mondragon, Ventraban et autres y étant entré sans résistance, tua tout ce qui y était, à savoir, quatorze hommes gens de bien et paisibles, qui y avaient été laissés, une femme et une fille, après les avoir violées.

Antoine Alard, fermier dudit sieur de Senas, fut pendu à une croisée des fenêtres, où il fut arquebusé et tiré à coups de pistoles, le faisant languir cruellement.

Ils prirent aussi un homme de Mérindol qui y fut trouvé, qu'ils attachèrent à une grille dudit château et lui fendirent le ventre tout vif comme à un mouton, disant qu'ils voulaient manger le cœur d'un huguenot tout vif.

Thoard.

Antoine Julien de Thoard, fendu tout vif, et lui tirèrent les boyaux hors du corps en lui disant : crie ton Dieu qu'il te sauve.

Le Cadet Saint-Stayes, après avoir été rançonné fut pendu par les pieds, puis démembré membre après l'autre. Jacques Abeille, transpercé d'un bâton ferré par le corps, ainsi porté long-temps, fut jeté dans un buisson et encore vif brûlé.

Saint-Quentin.

Deux frères de Roland Luc, de Saint-Quentin, l'un démembré tout vif, l'autre saigné comme un mouton et puis découpé de ses membres.

Manosque.

Annibal, archer de Lambesc, démembré tout vif.

La Mothe d'Aigne.

Un fils de Bernard Baudon, les yeux lui furent arrachés tout vif.

Guillaume Nicolas, âgé de cent ans ou environ, fut saigné tout vif avec un couteau au gosier, jusques à ce qu'il eût rendu l'esprit.

Signe.

Honoré Labon, âgé de septante ans, tué après lui avoir coupé les lèvres, le nez et oreilles, et attaché contre la porte de sa maison.

ENTERRÉS TOUS VIFS.

Dignes.

Pierre Roche, serviteur du lieutenant de Dignes, trouvé à sa métairie, fut enterré tout vif, ayant lui-même été contraint faire sa fosse, et essayé si elle serait assez grande ; et ce, par Barthélemi Chausse-Gros et ses complices.

Forcalquier.

Louis Dandot, âgé de quatre-vingts ans, pris à une lieue près, le meurtrirent environ mille pas près la ville, l'enfouirent encore vif en la terre, ayant les bras rompus.

DÉSENTERRÉS ET JETÉS AUX CHIENS.

Manosque.

Valérian de Fauris, ayant été meurtri et enseveli, fut désenterré et donné aux chiens.

Saint-Martin-de-Castillon.

Un jeune enfant, fils d'un libraire, âgé de quinze ans, ayant déjà demeuré trois jours en terre, fut désenterré et jeté aux chiens.

MORTS DE FAIM.

A Cabrières.

Nicolas Franchesquin.
Un frère de Claude Pelat.
Antoine Jourdin.

NOYÉS.

Fréjus.

Melchion Boisson et Gaspard Feutrier, jetés dans la rivière d'Argents et noyés.

Manosque.

Un nommé Bayonnet, noyé dans la Durance.

Quinson.

Un exécuteur de la haute justice du prévôt des maréchaux, pris et noyé dans la rivière de Verdon.

Honoré Foulque, mis à rançon, et ne la pouvant si tôt payer, fut attaché par les mains, et jeté dans la rivière.

Jacques Guérin, prêtre de Pignans, passant par Quinson, lui ayant attaché les pieds et mains, fut jeté dans la rivière.

Greaux.

Antoine Serenier, pris, tué, pendu et jeté dans la rivière de Verdon.

Tarascon.

Antoine-Guérin, poursuivi à coups d'épées, pris et noyé au Rhône.

Un pauve serrurier jeté dans le puits de sa maison et noyé.

TUÉS, PENDUS ET ARQUEBUSÉS.

Aix.

Pierre Marroc, avocat en parlement, pris dans le temple de la Magdelaine, et mené au pin et la massacré.

Mathurin de la Roque, pelletier, ayant été tout un jour exposé en moquerie à la porte Saint-Jean, fut tué, et sa tête coupée et baillée pour s'en jouer.

Joseph Batuti Bazochien, arquebusé au pin.

Jean Boche, cellier, pendu au pin.

Damian Mellet, menuisier, pris en sa maison et massacré au pin.

Philippe de la Benière, sellier, pris en sa maison et massacré au pin.

Georges Blanc, solliciteur, tué hors la ville près du jardin du roi.

Georges Monnier, mené tout nu, et tué au pin.

Un pédagogue des enfants du sieur de Tébon, tué au pin.

Berthélemi Bolongue, chaussetier, dit Courte-Oreille.

Durand, le cordonnier.

Jean de Marcelin.

Jacques Jaqui, libraire.

Jean de Marie.

Le rentier de l'archimaire Auberti, tué à sa métairie.

Gaspard Boupar, sieur de Peres, tué au terroir de Minet par des soldats.

François Mouton, chirurgien, tué et mis dans un four à chaux.

Michel Maroqs et André Maroqs, frères, tués hors la ville d'Aix.

Un appelé le Farinier, tué hors la ville.

Le rentier de madame Guérine, à Aix.

Un cordonnier se tenant à la boutique de Grefrier, pris en sa maison et tué au pin.

François Serre, tué.

Jacques Léon, tué.

Etienne Rozier, sorti de prison et étant en sa maison, et se voulant sauver, fut assailli par le peuple et tué en la rue à coups de pierres, puis pendu par les pieds aux murailles de la ville.

Pierre Allègre, de Marseille, massacré par les gardes des portes d'Aix.

Un fils de Pierre Raynaud, avocat en parlement, étant allé à une sienne métairie par le commandement de son père, fut tué par des soldats.

Barjoux.

Jean Rotain, bien qu'il fût de la religion romaine et malade en sa maison, fut pris à l'instigation de Marsel Athenoux, son ennemi, battu et ceux de sa famille, rançonné, puis mis dans un bateau feignant le mener au sieur de Carce, puis, arrivé au terroir Sainte-Catherine, juridiction du sieur de Pontènes, là pendu à un arbre.

Un nommé Favariac, pendu.

Barthélemi Peyrolier, de Varagues, tué à Barjoux, son cheval pris, et dépouillé tout nu; les meurtriers jetèrent au sort ses vêtements au vu et su des officiers.

Antoine Dersses, massacré inhumainement à coups de dague.

Saint-Mitre.

Louis Sabatier et un sien frère, tué le jour Saint-Jean.

Geoffroy Averic, laboureur, âgé de soixante ans, tué.

François Monnyer, pris, lié à un arbre et arquebusé.

Baux.

Pierre Peyre, pris, mené au vergier de Grille, tué, puis jeté dans un fossé et jeté aux chiens.

Deux enfants de feu Sébastien Olivier, tués et jetés aux chiens.

Un nommé Brancaix, serviteur de Jean Peyre, tué d'un coup d'épée au travers du ventre dont les boyaux lui sortirent.

Saint-Quanat.

Jean, âgé de quatre-vingts ans, fut rançonné, puis pendu à un chêne.

Claude Pinchinat, tué d'un coup d'arquebuse, allant à la chasse.

Pierre, le menuisier, fut tué gardant le blé.

Pierre, secrétaire du sieur d'Agulhes, tué.

Senas.

Bernard Ris, cruellement meurtri en pleine rue et de jour.

Un marchand piémontais, passant par Senas; lui coupèrent la gorge en chemin, et lui emmenèrent son cheval et tout ce qu'il avait.

Spire Durand, tué à Senas.

Un frère de Jean, le couturier, du lieu d'Aignières, tué à coups de dague à Senas.

Jean Pichon, d'Alençon, et Jean Cavalhon, d'Aignières, tués au terroir de Senas.

Parpalon, procureur juridictionnel du sieur de Senas, tué.

Fayence.

Un prêtre, et le menèrent à la bastide de Tripoli, et le tuèrent à coups de dague.

Un pauvre maréchal, sortant de vêpres, tué à coups de dague.

Antoine Testamier dit Court, tué.

Sainte-Anastasie.

Le sieur de Torris, tué à coups d'épée.

Martin Olivier, tué en avril.

Louis Martin, tué.

Melchion Olivary, après l'avoir volé de quelque argent, fut tué à coups d'arquebuse et d'épée.

Barthélemy Martin, tué à coups d'épée et bâtons ferrés.

Antoine Montin, tué par la compagnie de Baudimont, puis pendu par les pieds.

Nicolas Martin, se pensant absenter du pays, fut pris et tué par Baudimont.

Besse.

Pons Geoffroy, notaire, tué par la compagnie de Baudimont.

Paulet de Geoffroy, moissonnant ses blés, pris et rançonné de dix écus, fut tué à coups d'épée.

Antoine Gleys, travaillant à ses terres, fut tué.

Gaspard Portal, pris, blessé, rançonné de quarante écus, puis tué.

Jacques Arvanes, tué d'un coup d'arquebuse.

Bernabé Adré, tué à coups d'épée.

Huguet Geoffroy, tué hors la ville.

Jean Rigord, tué par des soldats allant à Brignolle.

Nicolas Bois, constitué prisonnier par le juge de Brignolle, et tué la nuit.

Jacques Geoffroy, pris par certains meurtriers en plein jour, et mené par iceux à la mort, après avoir en vain demandé justice au lieutenant du baille qui s'en moqua, fut attaché et arquebusé contre un poirier; et qui plus est, n'étant encore mort, d'un certain malheureux nommé Baptiste Regnaud, lui ayant traversé le corps d'un coup de dague, le bailla à un fils dudit Geoffroy, et lui tenant le bras, le força d'en bailler un coup à son propre père, au vu et su de tout le peuple.

Antiboul.

Honoré Guérin, prêtre du lieu de Saint-Paul, s'en allant du lieu de Biel au lieu de Valaury, fut tué.

Ières.

Un serviteur de Jean Rigaud, pris dans la maison de son maître, et tué à la rue.

Un marchand de Lyon étant au logis de la Couronne, fut tué.

Nicolas Martin, apothicaire de Toulon, fut mis à rançon de vingt écus, et d'autant qu'il ne payait sitôt sa rançon comme il désirait, fut mené en plein jour hors la ville, et tué par un prêtre de la compagnie du sieur de Gyen.

Jean Amelot, dit de Paris, volé par les chemins, et tué.

Un marchand de Nîmes, pris en la maison de Elione Valsière, sa tante, livré au peuple et mis hors la ville, et tellement battu qu'il fut laissé pour mort; mais ayant langui toute la nuit, et demandant secours le lendemain aux assistants, le firent achever de tuer avec une hache par Pierre Émery, transporté d'entendement.

Pierre Brassauri, bien qu'il fût de la religion romaine fut tué proditoirement.

Gaspard Simier, viguier, dudit Ières, pris et meurtri en la place publique, en plein jour.

Un marchand de Gênes, trouvé mort au terroir d'Ières, au quartier dit l'Estagnan.

Un étranger inconnu, trouvé mort à la Pierre-Plantade. Les officiers emprisonnèrent deux des meurtriers, mais huit jours après furent élargis.

Jean Antoine constitué prisonnier et depuis tué par Bouque-Nègre.

Sébastien Gombert, procureur au siège d'Ières, venant de la ville d'Aix, fut tué.

Cuers.

Pierre Fournier, chanoine de Toulon et prieur du lieu de Cuers, pris par Baudimont, et fait tuer par ses gens, puis on obtint son bénéfice pour Annibal son fils.

Esprit Chabert, jeune homme tué hors le lieu de Cuers.

Poignans.

Bernabé Férand, notaire, pris au lieu de Carnoles, et mené, à Poignans, prisonnier en la maison de Jean Channat dit le Roux; là, où ayant mandé quérir les consuls les priant prendre son bien et lui sauver la vie, lui firent réponse, qu'il ne voulait prier les saints et voulait prier les hommes, et lui ayant dénié sa requête, fut mené hors la ville et tué.

Fériol Borme, dit Pignans, malade en son lit, fut tué.

La Valette.

Jean Grasse, pauvre homme travaillant à sa vigne, fut assailli, et tué.

Ambagne.

Barthelemy Ricard, tué.

Soliers.

François Musnier, chirurgien, ayant été menacé par les meurtriers, se retirant, fut tué hors la ville.

Un pauvre tisserand, pris à une métairie, mené en la ville y fut tué.

Bormes.

Pons Herguilhoux, pris prisonnier, mis à rançon, mais, à faute de la payer, mené hors la ville et tué.

A Pierre-Fu.

Joseph Bérang, tué allant à Ières.

Gonfaron.

Cristol Huart, âgé de soixante ans, trouvé dans un bois, pris et mené à Gonfaron et tué par les gens de Baudimont.

Henri, le cordonnier, trouvé caché au bois, amené et tué hors la ville.

Montauroux.

Michel, prêtre, prisonnier, mené hors la ville, attaché à un arbre, et arquebusé.

Pierre Leget, mis prisonnier, et arquebusé comme le précédent.

Paulet Leget, rançonné et puis tué.

Honoré Tardieu, rançonné et puis tué.

Jean Theas, tué.

Arles.

Jean de Balarin, sieur de la ville, tué et meurtri par Jean du Destrech, dit Tanelon, Vincens Primat et Claude Janores. Un boucher duquel on n'a pu savoir le nom, meurtri près du jeu de paume par Jean Bègue, dit l'Armade.

Jean Tuffier, prisonnier, tué et assommé à coups de pierres.

En juin 1562, Jean de Quiqueran, dit Ventrebran, accompagné de dix ou douze brigands, saccagèrent vingt ou vingt-cinq maisons de ceux de la religion, et furent tués ceux qui s'ensuivent.

Louis Bonson, docteur dudit Arles, tué dans sa maison par Trophème Duzane, Jacques Espiard, Jean Bègue, dit l'Armade.

Janon Pradon, charpentier, tué dans sa maison par Jacques Epiard, Jacques Mathelin et Jean du Destrech, dit le Taurelon.

Georges La Faye, praticien, tué dans sa maison par lesdits Espiart, Mathelin et de Destrech.

Louis Prunet, chaussetier, meurtri par lesdits Espiart, Mathelin et Destrech.

Noël Peyre, aussi chaussetier, meurtri dans sa maison par les susdits.

François Barralis, ménager, meurtri dans sa grange.

Le cabrier de Mangueil, meurtri aux champs, vers le Mât-Tibert, où assista un nommé Nicolas le Court, couratier.

Michel Baille, de Pierre-Brun, meurtri dans sa grange par Jean-Jean. Et Barthélemy Agard.

Louis Pauton, praticien, meutri par Jean du Destrech dit le Taurelon, André Serrier et Jean Challot.

Jacques Dumet, apothicaire, meurtri sur le pont de Trau, par Jacques Vidau, Jean Vregon dit l'Armade, Jacques Blanc dit Chafaire, Amiel de Mallesartre.

Jean Gautier, pendu aux fenêtres de Jean Brunet, notaire, par Étienne Ycard, Vincens Primat, Jacques Mathelon, Jean Durbaut et Honoré Nicolas.

Frère Pierre, pris aux prisons du roi où il était détenu par autorité de justice et meurtri par Jean-Jean, Raymond Vachal dit de Cabrières, Jacques Blanc, Pierre Senequier et Louis le Mesurier.

Un nommé maître Barthélemy le cordonnier, meurtri hors la porte de la Cavalerie, par Vincens Primat et Jean-Jean.

Antoine Aimar, pêcheur, meurtri par Guillaume Brunel, viguier et Laurens, son fils.

Bastide de Castellane, serviteur meurtri dans le grand temple par Jean de Quiqueran dit Ventebran, Honoré de Quiqueran dit le Sacristain, son frère, Robert de Quiqueran dit de Beaujeu, Gaucher de Quiqueran dit de Mejanes, Trophème Duzane, Antoine de Besaudin, Jean-Jean, Raymond Vacchier et beaucoup d'autres.

Trophème, travailleur, meurtri dans sa maison, par Jean du Destrech dit le Taurelon.

L'Ile de Martègue.

Jacques Gardon, soldat pour le roi à la tour de Bouc, en ladite île, tué.

Tourrètes.

Esprit Segond, du lieu de Fayence, tué au château de Tourretes.

Michel Gueybier de Fréjus, tué audit château.

Jacques Peyrest, étant poursuivi dans sa maison, sauta d'une fenêtre en bas et se creva, dont il mourut. Le vicaire du lieu lui dénia sépulture.

Bergemon.

Barthélemy Sauvaire, tué en la place de Bergemon, en plein jour.

Clavier.

Antoine Courtes et Étienne Anger, son beau-frère, tués à coups d'arquebuse, hors la ville.

Melchion Cortes, tué aussi à coups d'arquebuse, gardant ses brebis.

Sellans.

Melchior Langier, tué à coups d'arquebuse.

Thoard.

Entre toutes les cruautés qu'on peut remarquer, faut ici noter Éléon de Barras, se disant capitaine, lequel, ayant pillé la bastide et métairie de Jean Rocobrun et l'ayant rançonné de trois cents florins, prit prisonnier aussi Honoré Dauphin, qu'il mena avec une tenaille de fer par le nez jusques à ce qu'il lui eût payé autres trois cents florins de rançon. Ce fait menant liés et garotés.

Pierre Feraut et Pierre Malet, et arrivés en un lieu appelé Anatans, perça les deux bras dudit Mallet, avec une dague, puis passa une corde par dedans, le déchiquetèrent à coups de hallebarde et d'épée, et de là menèrent Pierre Ferraut au lieu de Champtorsier, où ils l'arquebusèrent, et, après sa mort, lui donnèrent vingt coups de dague.

Le même Éléon de Barras, ayant pillé la veille de Noël toutes les maisons de ceux de la religion réformée de Thoard où il n'y avait que des femmes, fit tant, toutefois, qu'il prit prisonniers Angelin du Plan qu'il tua à coups de dague, lui disant : Crie ton Dieu qu'il te sauve. Il prit aussi Charles Thomas et Louis Formel, qu'il mena prisonniers à Digne, où ayant été détenus quatre mois enfin ils furent condamnés en galères par le lieutenant du lieu, dont ils se portèrent pour appelants, et feignant les mener à Aix, furent tués et massacrés près de la ville.

Pierre Maurison, chargé de femme et d'enfants, après l'avoir rançonné de huit écus faisant semblant de le mener à Digne, le massacrèrent sur les chemins.

Il rançonna aussi les consuls dudit lieu de Thoard, de soixante écus, disant tout haut : Je suis tout et puis faire ce qu'il me plaira comme lieutenant du roi.

Benoît du Plan, pauvre homme chargé de femme et enfants, fut attaché par le même de Barras et ses complices contre un arbre, et arquebusé et blessé de plusieurs coups d'épées et de dagues, et, étant encore vif, lui coupèrent son membre et lui mirent dans sa bouche, lui disant : Mange cela, bourreau.

Sisteron.

Antoine Nicolai, notaire.
Antoine de Curia.
Jean de l'Ayde, pendus et étranglés.

Ribies.

Sauvaire Chais, tué.

Saint-Maximin.

Jean-Antoine Coche, âgé de quarante-cinq ans, fut pris au logis de la Croix-Blanche, hors la ville, mené dans la ville, rançonné de douze écus, puis remené hors la ville et tué en plein jour, sachant les juges viguier et consuls.

Jacques Fouquète, apothicaire, étant pris en une métairie d'un sien frère, lui firent ouvrir la bouche, disant qu'ils voulaient voir combien il avait d'âge, lui tirèrent un coup de pistole dans la bouche, et l'achevèrent de tuer à coups d'épées.

Velaux.

Claude Moton, âgé de quatre-vingts ans, et cheminant avec des potences, fut tué à coups de coutelas par un nommé Pigorre Dagulhes.

Antoine Richard, demeurant au lieu appelé le Grand-Tom, arquebusé de nuit.

Grimand.

Jacques de Mitrite, dudit Grimand, âgé de trente ans, meurtri au terroir de La Garde, joignant Grimand.

Jean Moreti, âgé de cinquante ans, pauvre travailleur, chargé de deux filles à marier, tué à coups de dague.

Jean-Antoine Cordier, procureur juridictionnel du sieur de Sault, pris en sa maison, mené hors la ville, arquebusé et tué par Antoine Chantando, Jacques Quirier dit Lansquenet, Pierre Clément et Honoré Goutier.

Barthélemi Feraporte de Cogolins, âgé de soixante ans, pris en la maison d'un sien frère, mené hors le lieu de Grimand, et tué à coups d'épées et de dagues.

Marseille.

Jean de Vegat fut tué le premier jour de mai 1562, près des portes de la ville, en la présence de l'un des consuls nommé Pierre Leblanc, et de Flassans qui y aida à le tuer, puis dépouillé et laissé nu.

Antoine Vasse, pris et meurtri entre les bras de sa femme, par Jean Sabatier et autres meurtriers, puis le baillèrent aux enfants qui le traînèrent et brûlèrent hors la ville, près la porte Galle.

Un neveu dudit Vasse fut semblablement tué et brûlé hors la ville.

Joseph Guérin, âgé de vingt ans, blessé et meurtri en la maison de Chomet, apothicaire, par Charles Soucin, Blaise Montier et autres, puis livré aux enfans, demi-mort, qui le traînèrent en la présence des consuls, hors ladite porte Galle, et brûlé par le commandement d'iceux.

Les consuls de Marseille, ayant fait commandement à ceux de la religon de sortir de la ville, appostèrent certains meurtriers sur les chemins pour tuer ceux qui en sortiraient; comme il en advint à Honorat-Bollet, près de Pènes, et Pierre Alègre, près de Gardane, par lesdits meurtriers apostés.

Louis Jombert, prêtre, étant de la religion romaine et prieur de Saint-Laurens à Marseille, à la poursuite des consuls; pris en son lit, par Jean Sabatier, Annel Sabatier, son frère et autres meurtriers, lui ayant fait prendre ses meilleurs habits et son argent sous couleur de lui sauver la vie, et l'ayant mené hors la ville et pris ses habits et argent, le tuèrent en la présence d'un des consuls monté à cheval.

Barthélemi Descalis, de la religion romaine, ayant été fort blessé et se faisant penser à la Bastide des Guettons, lui fut coupée la gorge entre les mains de sa mère, par Charles Soucin, Antoine Flassart.

Nicolas Masse, aussi étant de la religion romaine, fut tué en plein jour dans la ville, au su des juges et consuls, qui n'en firent aucune justice.

Jean Rostain, aussi de la religion romaine, fut tué à sa Bastide.

Quelques soldats du fort de la Garde, accusés d'avoir voulu livrer ledit fort à ceux de la religion, furent tellement gehennés qu'ils en moururent.

Pierre Guilloti, d'Arles, marié audit Marseille, frappé à mort de deux pistoles, par Jean Nègre et Jean Héraut.

Elias Rebuffat, assommé et meurtri hors la ville.

Paul de Cipierres, marchand, malade en sa maison, pris par les consuls, et, feignant le vouloir mener prisonnier à la tour Saint-Jean, fut tué auprès d'icelle tour.

Edon Tresselin, de la religion romaine, après avoir été volé de neuf cents ou mille écus, fut pendu et étranglé de nuit par Jean Sabatier, un sien frère et leur complices.

Cadenet.

Pierre Plause, de Cadenet, tué.

Guillaume Comet, âgé de septante ans, tué.

Pourcieux.

Boniface Marmaillan, tué dans un bois.

Aiguilles.

Honorat-Bonnet, dit Béringuet, meurtri par Balthazard Tasset.

Guillaume Romain, meurtri par Jean Bonfilhon, d'Aix, et autres, ses complices.

Lausson.

Jean de Loro.

Gaspard Guisur.

Jean et André Laurens, et un dit Guigou, tous tués en un même jour, au su des officiers de la justice, et, étant gouverneur du lieu, le sieur de Trés, premier président d'Aix.

Digne et lieux circonvoisins.

Antoine Guichard, de Digne, tué à la Granedeblerie, par Louis Achard, dit Chercherus.

Un homme de Mérindol, tué par Anselme Cantil.

Un autre homme dudit Mérindol, âgé de quatre-vingts ans, ayant avec soi sa femme et plusieurs petits enfants, pris par Olivier Bonardon, et conduit dans la maison de Réné Aroard, teinturier, et, par moquerie, lui disaient qu'il entrât en la maison d'un de ses frères, et qu'il ferait sacrifice, en laquelle maison il fut tué cruellement.

Louis Fornel, dit Bedin, et Charles Thomas, furent pris environ Noël, au lieu de Tohard, par le capitaine Hélion de Mirabel, et conduits dans les prisons de Digne, où quelques temps après furent condamnés par Jean Joncard, commis audit siège, aux galères, dont ils appellèrent à la cour, et les conduisant à Aix, étant aux îles de Bléons, avec le greffier et geôlier portant le procès, furent assaillis par Vincens d'Isabello Tiratène, Charcheries et autres, leurs complices, et tués cruellement.

Bernard Goy, tué à Colmart, par Barthélemi Laurens, soldat du capitaine Pras, d'une arquebusade.

Antoine Cholan-Baille de Lambrusche, tué par des gens de Saint-André, au mois de septembre.

Sauvaire Donadieu, tué cruellement à Courbons, le cinquième juillet.

Jean Cassan fut tué par plusieurs garnements de Courbons, après leur avoir donné à souper, feignant le mener à l'ébat.

Un fermier et rentier du sieur de Mauluans, fut pendu par un prêtre, à la poursuite du vicaire de Toramènes.

Isnard Marchal, sergent royal, étant allé à Barienne, pour exécuter un mandement du sieur de Sommerive, fut tué entre Barenne et Chandon, lui tranchèrent la tête, puis la roulèrent par moquerie comme on ferait d'une boule.

Forcalquier.

Marquet-Massé, couturier, âgé de soixante ans et boiteux, pris en sa maison et meurtri.

Robert, le menuisier, tué dans la ville et en plein jour.

Antoine Plume, âgé de quarante ans, sourd, l'ayant pris en sa maison et le menant vers le temple Sainte-Marie, en plein jour, fut tué.

Étienne Beaufils, du Roux, tué en plein jour.

Denis de Relhane, prêtre vieux et caduc et ne pouvant cheminer, fut pris, traîné par toute la ville, et puis massacré à la place du Bon, à coups d'épée.

Auban Bellonnet, pris, tué et tranché la tête, laquelle ils faisaient rouler comme une boule.

Pons Monrard, procureur, pris et tué au terroir de Congues, distant de Forcalquier de deux lieues.

Augustin Uselat, du lieu Dongle, pris et tué.

Pierre Landuc, du lieu de Sederon, tué.

Suffren Vial de la Roche de Giron, tué proditoirement.

Martin Doidier, aussi meurtri.

Pierre Seurier, tué.

Bertrand dit Botine, menuisier, meurtri.

Ravoiron, après avoir été longtemps prisonnier, fut tué et jeté.

Antoine Serenier de Greaux, à trois lieues de Forcalquier, fut pris, tué, pendu et jeté dans la rivière de Verdon.

Jean Verdet, Dongle, distant demi-lieue dudit Forcalquier, auquel, après l'avoir tué, lui coupèrent les génitoires.

Michel, palfrenier et serviteur du sieur de Pierre-Rue, trouvé endormi aux pieds des chevaux de son maître, fut tué et meurtri au mois de juillet.

Jean Périaud, sergent ordinaire de Fontiane, distant d'une lieue de Forcalquier, fut tué proditoirement.

Antoine Alhaud, du lieu de Lux, distant une lieue dudit Forcalquier au terroir de Peyrms, tué.

Laurens Jouve, dudit lieu de Lux, fut tué au mois de septembre, hors la ville.

Un appelé Puget, en ce même temps, fut tué audit lieu de Lux.

Un homme de Girand Peys, distant deux lieues dudit Forcalquier, pris et pendu.

Mathieu Laidet, prêtre du lieu de Vachières, distant de deux lieues de Forcalquier, au mois de mai fut tué.

Un nommé Santeli, dudit Vachières, fut tué.

Etienne Argon, de Sereste, tué.

François Pernisset, greffier ordinaire dudit Sereste, tué et meurtri.

Gaspard Brunet, dudit Sereste, tué en plein jour.

George, juge dudit Sereste, tué aussi proditoirement en plein jour.

André Chaut de Sigoyer, fut pris prisonnier, et incontinent pendu au mois d'octobre.

Trois autres hommes meurtris audit Sereste, dont n'avons pu savoir les noms.

Autres plusieurs personnes, trouvées tuées et meurtries par les chemins, dont n'avons eu connaissance.

François de Menolhon, bailli du

lieu de Vachières, et Elias de Menolhon, son fils, ont été tués hors ledit lieu.

Un mercier dudit Vachières, tué.

Un porteur de lettres, mandé par la dame de Vachières, tué audit lieu.

Grasse.

Philippe Roquemaure et Monet de Rossignol, tirés hors la ville, allant à Grollières.

Un nommé Utrollis, du lieu de Saint-Paul, tué près dudit Grasse.

Guillaume Jean, tué dans ladite ville de Grasse.

Vence.

Guillaume Ensière dit Pillose, tué.

Castellane et lieux circonvoisins.

Valentin Roubin, mercier, dudit Castellane, et un sien compagnon, partis du lieu de Tortone pour aller à Digne, furent suivis par ceux qui avaient bu avec eux, et, par eux, tués au chemin public.

Augustin, pris et mis prisonnier à Peyrolles, près de Castellane, puis élargi et aguetté par les chemins et tué.

Jacques Laure, âgé de plus de soixante ans, pris par le prieur de Feugaret, et pendu à un arbre.

N. Pourchat, prêtre du lieu de Blioux, pris, rançonné, mené à Barrèmes, et, là, massacré.

Martin Simon, du lieu de Saint-André, pris à la maison du sieur de Torrières, audit lieu, et là, massacré.

Antoine Chaillan, bailli du lieu de Lambouche, pris prisonnier en sa maison, et depuis mené hors la ville et massacré.

Fréjus

Antoine Rodulphi, massacré.

Pierre Roslet, besognant aux champs, fut tué par les gardes de la porte de la ville.

Honoré Rainandi, notaire, pris et rançonné, puis, tué hors la ville.

Jean Callas, pris et blessé à coups de dague, promené ensanglanté, puis achevé de tuer hors la ville.

Pierre Gavagnoli, aussi massacré.

Etienne Pieyre, consul du lieu de Saint-Rasel, massacré audit Fréjus.

Melchion Motet, grenetier dudit Fréjus, tué par les chemins.

Luc.

Le père de Jacques Brun, tué.

Amphossi, travaillant en sa possession, tué.

Moreti de Grimand, tué au milieu de la place.

Jean Bertrand, cordonnier, fut tué par le commandement de Caille, lors consul.

François Garcin, pris prisonnier en sa maison, entre les bras de sa belle-mère et de sa femme, puis mené à Louis Bras, capitaine de la ville, lui demandant qu'ils en feraient, et ayant répondu à ceux qui le menaient, qu'ils en fissent ce qu'ils savaient, lors le menèrent hors la ville et le tuèrent à coups d'arquebuse, puis, lui ayant coupé la tête, la traînèrent par les chemins par l'espace d'un mois, dont sa mère en a perdu l'entendement de tristesse.

Mees.

Salvaire Barles, tué par des garnements, après avoir fait bonne chère avec lui.

Michel Meysonnier, étant en sa bastide, fut pris et mené devant le lieutenant du juge du lieu, qui fit réponse, qu'ils exécutassent l'édit du roi (c'est à dire le tuer) qui fut cause qu'ils l'attachèrent de cordes, et, mené hors la ville, le massacrèrent inhumainement.

Bertrand Sausse, de Gmaserins, travaillant au lieu de Vinon, pris prisonnier par plusieurs de la Verdière qui le menèrent à Saint-Pol, et, là, fut meurtri inhumainement.

Pertuis.

Le fils d'Étienne, le jardinier.
Le serviteur d'Étiene Fouquet.
Boyer, serviteur de Louis Court, furent tués tous dans la ville.

Apt et sa vallée.

Furent tués à diverses fois, quarante hommes.

Paris, âgé de soixante-dix ans.
Martin Barrier, âgé de quatre-vingts ans.
Barthélemy Serre, âgé de soixante-dix ans.
Sébastian Chanin, de Castelnave, au terroir d'Apt, tués et massacrés.

Quatre hommes tués au lieu de Saint-Quintin.

Ont été tués au lieu de Mus plus de cinquante hommes.

Les père et oncle de Barthélemy Buech, meurtris à coups d'épées et arquebusés, puis depouillés, traînés et leur chair découpée.

Le mari de Honorade Gatine, tué à coups de dagues et d'arquebuses.

Guillaume Girad, âgé de quatre-vingts ans, tué à coups d'épées.

Deux frères et un neveu d'Esprit Girard, traînés, étranglés avec une une corde au col, et découpés.

Saint-Rémy.

Raymond Raupalhe, procureur du roi à Saint-Rémy, bien qu'il fût de la religion romaine, fut tué en s'en allant à sa métairie, navré de dix-huit coups de bâtons ferrés et de hallebardes.

Jean Cotton, chirurgien, meurtri dans la ville et partie de son corps brûlée, partie jetée au lieu de la voirie.

Sallon-de-Craux.

Raymond Alard, pris à la ville de Lambesc et fait prisonnier, dont il fut enlevé par certains garnements dudit Sallon, mené hors la ville et massacré.

Saint-Chamas.

Pierre Rebul, pris dans sa maison et tué à coups de dagues.

Lourmarin.

Antoine Melle,
Bertrand Louye, allant moissonner leurs blés, et rencontrés par le chevalier d'Aussons et ses complices, furent tués au lieu de Collongne.

Jean Martel, tué.
Jacques Aguitte, tué par les susdits au lieu de Jonquier.
Simon Carbonnier.
Monnet-Tasquier, tués en leurs maisons.
Hugues Cavalier.
Claude Cavalier.
Collet Cavalier.
Simon Cavalier.
Gingo Bertin.
Raymond Bertin.
Guigo Laron.
Jean de Saint-Marc.
Simon Guirouch.

Peyron Agniton.
Antoine Carbonnier.
Mathieu Agniton.
Jamme Viton.
Huguet Andrinet.
Philippe Hugo.
Jamme Jamme.
Constans Perrin.
André Sallen.
Louis Sale.
Étienne Carbonnier.
Jacques Nesin.
Jean Bonnot.
Pierre Bartomieu.
Guillaume Borgo.
Jean Tasquier et son fils.
Bremond de la Roque.
Guillaume Perrotet.
Pierre Court.
Lou Gomon.
Grassian Sore.

Antoine Gros, tous tués sans s'être mis en défense, par les compagnies des capitaines Pignoli et de Luquin Joffret.

Plus, audit Lourmarin, quelques temps après, furent tués par la compagnie de Marquet de Mérindol, à savoir :

Guillaume Codoyre.
Antoine Paris.
Antoine Berthelemy.
Étienne Serre.
Simon Richard.
Antoine Toux.

Claude Andrinet et George Andrinet, son frère.

Guillaume Roy, tué près de Lourmarin.

Un berger de Faci-Rey fut tué au champ et tout son bétail emmené.

Huguet Gonoux, tué; ses enfants, depuis, morts de faim.
Claude Gardiol.
Paguot Rodet, l'aîné.
Rodet Rosier et Pierre Rosier, son frère, meurtris par le capitaine Cuges et sa troupe, et mirent le feu à la maison du susdit Guillaume Roy.

Vallensolle.

Claude Béraud, serrurier, tué à l'entrée de la ville.
Michel Gay.
Jean Materon dit Borriquet, âgé de seize ans, s'en étant fuis en des vignes pour sauver leurs vies, furent cherchés avec des chiens, et les trouvant priant furent tués à coups d'arquebuses.
Honoré Alizon, tué.
Honoré Berton, tué entre les mains de son père, et après lui coupèrent son membre, et lui mirent dans la bouche.
Esprit Ymbert, apothicaire, tué en sa maison.

Puymoisson.

Un pauvre manouvrier, nommé Jaufreton, tué.

Manosque.

Pierre de Montferrat, tué en une sienne métairie.
Un marchand étranger, trouvé mort près de la ville et couvert de paille.
Jacques Magnan et Olivier Magnan, étant chez une de leur parente, après leur être fait commandement de sortir, sont tués hors la ville.
Jean Ferrand, notaire, pris en sa maison, malade en son lit avec sa

femme, mis hors la ville et tué, présents les juges et consuls.

Roustang, carme, tué près Manosque.

André Abel, bien qu'il fût de la religion réformée, saccagé à Beaumont, de quoi se plaignant à Sommérive de ce saccagement, fut mené hors la ville et tué.

Bernard de la Caze étant venu voir sa femme, fut tué dans la ville.

Saint-Martin-de-Castilhon.

Le fils de Guillaume Renand, pris à Saint-Martin et mené au lieu de Grandbois : lequel après avoir été rançonné de cinquante écus, fut pendu et étranglé à un arbre.

Honoré Abeli, pris et arquebusé au lieu de Castelet par le curé et prêtres du lieu, puis pendirent son corps à un arbre.

Jean Crêt, tué à coups d'épées et dagues.

Etienne Thome, tué à Saint-Martin-de-Castilhon.

Le Val-d'Aignes et Cabrières.

François Anthoard, bien qu'il fût privé de son entendement, fut tué à Cabrières.

Claude Anthoard, impotent d'une jambe, tué, délaissa une femme et deux filles, depuis mortes de faim.

Pierre Goyrard, âgé de soixante-dix ans tué.

Jean Anthoard, vieil et caduque, massacré.

Antoine Crespin, âgé de quatre-vingt-dix ans, aveugle et impotent, tué.

Guillaume Armand, âgé de quatre-vingts ans, tué dans une sienne vigne.

Jacques Roux, âgé de soixante ans, tué.

Un fils de Bernard Baudon eut les yeux crevés.

Esprit Fabre, tué à la Motte.

Marquet Teysserand, massacré.

Jean Roux, tué.

Hugues Bonnet, étant malade en son lit, tué.

François Roux, tué.

Jean Pascal, tué.

Guillaume Nicolas, âgé de cent ans ou environ, pris à la Motte par un brigand, lui coupa la gorge tout ainsi comme à un pourceau, jusques qu'il rendit l'âme.

Osias Jouvent, homme vieux allant à la Tour-d'Aignes, conduisant deux ânes, fut pris et tué d'une arquebusade.

Guillaume Govrin, pris par le chemin, tué, puis dépouillé tout nu et abandonné aux bêtes.

Le père de Guillaume Baille, rencontré à la montagne de Leberon par des brigands, fut tué.

Brignolle.

Arband Daulps, dit le Nez-d'Argent, tué au logis de la Fleur-de-Lys, levant une compagnie de gens de pied, pour les comtes de Tande et Crussol avec huit soldats aussi tués sans les autres qui furent blessés et dévalisés par la compagnie de Flassans.

Guillaume Clavier, fils du procureur du roi à Brignolle, tué et jetté aux chiens.

Jean Rigord, fut pris en sa maison, mené aux champs, et tué à coups d'arquebuses et épées.

Honoré Laurier, dit Gasson, tué au terroir de Brignolle.

Louis Bellon, fils du prevôt des maréchaux, impotent des jambes, fut pris en sa maison et tué en pleine rue dans la ville.

Louis Vallic, maçon, tué.

Berthélemy Phelix, maréchal, de Cogolin, tué hors la ville.

Claude Maynier, tué en sa maison.

Raynaud de Castelan, tué en sa vigne par son vigneron.

Un beau-frère de Antoine Merciers, pris à Beaujaussier, et après l'avoir rançonné de quatre écus, fut tué d'une arquebusade.

Honoré Chabert fut tué au lieu de la Roque.

Thollon.

Nicolas Olimarii fut tué dans la ville, à coups d'épées et de dagues, le 11 de mai 1562.

Pierre Pons, de Thollon, tué à coups de dague.

Le prothenotaire Séguier, prêtre, le jour Sainte-Croix ayant chanté sa messe, fut pris dans sa maison et tué à coups d'épées et de dagues.

Quinson et lieux circonvoisins.

Un fourbisseur de Marseille, allant à Ries, fut tué aux vignes de Quinson.

Mathieu Rabel et Berthélemy Terrasson, du lieu de Saint-Laurens près Quinson, furent tués sur le chemin, à Spinouse.

Jonques.

Étienne Loison et Nicolas Loison, frères, tués dans la ville, et l'un des meurtriers sauta sur le ventre dudit Nicolas, mort, et le foula tellement avec les pieds, qu'il remplit ses souliers de sang.

La Roque-Dautheron.

Mathelin Girard, procureur juridictionnel du lieu, âgé de soixante-dix ans, pris en sa maison, dans son lit, mené hors la ville et là massacré inhumainement.

Jacques Alye, pauvre innocent, fut tué au terroir dudit lieu.

Elias Savollan, tué au terroir de Roques.

Jacques Blanc, tué travaillant en sa possession.

Signe.

Honoré Lobon, âgé de septante à quatre-vingts ans, pris à la maison de Mathieu Colhot, lié et garroté fut mené hors la ville, et là cruellement massacré, et, non contents, lui coupèrent le nez, les lèvres et oreilles, et les attachèrent à la porte de sa maison.

Jacques Bernard, cordonnier, tué à coups de dague et bâton ferré.

Thaurin et Honoré Baussiers, frères, de la religion romaine, tués par autres de leurs compagnons pour le partage de quelque butin sur ceux de la religion réformée.

Tarascon.

Antoine Guerin dit Béringuier de Tarascon, étant en garde à la porte, le 3 de juin 1562, fut assailli sur les dix heures du matin, frappé d'une arquebusade et de plusieurs coups d'épée; et, dévalisé de ses armes, en collet et tête nue se voulant sauver, fut pris, et après lui avoir ôté son argent fut noyé.

Peu de jours après fut massacré un pauvre savonnier, de nuit, en sa maison, et jeté dans un puits, lui ayant pu auparavant trouvé des livres de la religion qui furent brûlés en la place.

Environ ce même temps, furent tués deux hommes près la ville de Tarascon.

Le lendemain de la Toussaint, Arnaud Factal, pauvre serrurier, chargé de femme et de sept ou huit enfants, fut tué allant à ses nécessités.

Alorgnes.

Jean de Draguignan.
Le fils de Honoré Sicolle.
Honoré Sicolle, notaire.
Un nommé l'Argentier.
Auban Chiousse.
Bertrand Bonnetier.
Antoine André dit Cadet.
Alery Mories.
Jean-Vincent, fils d'Alery.
François Tabonel, notaire.
François Sonailler, et un enfant du Lac.

RÔLE DES FEMMES, FILLES ET ENFANTS TUÉS ET MASSACRÉS COMME S'ENSUIT :

TUÉS.

A Aix.

Jeanne Amnane, femme ancienne, fut tuée hors la ville d'Aix, se voulant sauver.

Deux femmes de Mérindol, tuées hors la ville, s'en allant à Mérindol.

La femme du rentier Alberti, tuée avec son mari à la métairie dudit Alberti.

Nones.

La femme, de Antoine Blanc, à Nones, fut menée en une vignée, au lieu de la Cabane-Vieille, avec un observantin d'Avignon, nommé frère Antoine, pour la faire confesser, ce que refusant de faire, la dépouillèrent toute nue, lui rompirent une jambe en trois endroits, et battirent outrageusement un sien fils âgé de deux ans et demi et ses filles, qu'ils eussent tuées sans la résistance de quelques personnages ; et y eut un nommé Jean Tarre qui offrit aux meurtriers quelque argent pour lui sauver la vie ; mais lui firent réponse qu'ils en avaient eu davantage pour la tuer, ce qu'ils exécutèrent en la présence des consuls et officiers dudit lieu et n'y contredisant.

Tourves.

Jannette Marque, âgée de soixante-dix ans, fut tuée à coups de dague.

La Roque-Brussème.

Une femme nommé la Barbière, âgée d'environ cinquante-cinq ans, fut tuée.

Besse.

Magdelaine Minchau, femme de Pierre Geoffroy, prise en sa maison et menée en la maison de Melesion Monton, et, après l'avoir fort battue, la menèrent au village de Carvolles où ils la tuèrent à coups d'arquebuses.

Catherine, veuve de feu Jean Ande, prise, et, après l'avoir rançonnée de quelque argent, la tuèrent en plein jour à Carnelles.

La mère de Charles Gleye, de Besse, ayant entendu que son fils était prisonnier au château de Besse, vendit un jardin pour le racheter, et y portant l'argent fut volée et après meurtrie.

Arles.

Françoise de Sainte-Marthe, femme de Jean, de la ville, cordonnier, tuée et meurtrie.

Sisteron.

Trois à quatre cents femmes et enfants, qui s'étaient retirés à Sisteron de divers endroits de Provence, pour la sûreté de leurs vies, après que ceux de la religion eurent abandonné la ville, furent tués.

Digne.

Une femme vieille, âgée de soixante ans, chambrière de Alphonse Mense, tuée de là le pont au chemin allant à Chanterier, par Raymond Taissant.

Forcalquier.

Marthe de Chabot, du lieu de Vachières, terroir de Forcalquier, tuée audit Vachières.

Saint-Auban.

Huit femmes s'enfuyant du château de Demandols, tuées au lieu de Saint-Auban.

Fréjus.

La mère de Jean et Antoine Rodulphi, femme ancienne et caduque, fut massacrée en sa maison, ayant vu tuer ses deux enfants.

Pertuis.

La femme de Jean le clavelier, tuée à coups de dague et arquebusades.

La femme d'Antoine Martin, tuée dans la ville à coups de dagues par le peuple.

Vinon.

Six femmes et deux filles de la vallée de Leberon, s'étant sauvées de Sisteron et retirées à l'hôpital de Vinon, furent assaillies par des meurtriers tant dudit Vinon que des environs, et les six femmes inhumainement massacrées à coups d'épées et de hallebardes : ce que voyant, Salvaire Poetevin, marchand de Ries, pour lors habitant audit Vinon, présenta de l'argent auxdits meurtriers pour racheter les deux filles, ce qu'ils ne voulurent faire, disant qu'ils en voulaient faire à leur plaisir ; et de fait les emmenèrent par force.

Apt et son ressort.

Au lieu de Gordes, ressort d'Apt, furent tuées :
La femme de Guillaume Martin.
La femme de Michel Martin.
La femme de Thomas Michelon.
Louise Vialle.
Guillemette, femme d'Antoine Armand.
Gonete Boursete.
Jeanne Peironne, femme de Claude Pierre.
A la Coste, Jacomme Chauve.
Marie Alhaude.

Joquas.

Au lieu de Joquas furent tuées :
Marguerite Gaudine.
Antonenette Gaudine.

Espérite Gardiole.
La femme de Rigaud Besson.

Au lieu de Ginac :
Marguerite Roberte.
Une nièce de Robert Mello, âgée de quatorze ans.
Antonenette Barrière, âgée de soixante-dix ans.
Marthe Barrière, âgée de soixante-dix ans.
Jeanne Coque, âgée de soixante ans.
Egine Girarde, des Touasses, âgée de soixante ans.
Jeanne Girarde, âgée de quatre-vingts ans : tuées et massacrées.

Au lieu de Saint-Quentin :
Dix femmes, les cinq tuées à coups d'épées, et les autres cinq attachées à des arbres, et arquebusées.
Béatrix Roussière.
La femme de Pierre Fayet.
Marguerite Paneyralle.
La femme de Guillaume Girard : tuées à coups de dagues et pistolets.

Muns.

La femme de Jacques Court.
Gonette Serre.
Jacomme Roquesure, tuées et massacrées.

A Sallon-de-Craux.

Antoinette Fabresse, veuve de Gaspard Fabre, âgée de quatre-vingts ans, tuée, et sa tête roulée par la ville.

A Saint-Chamas.

Catherine, de Chilèbre, femme de André Aigo, menée hors la ville ayant un petit enfant entre ses bras, lui tranchèrent la tête et l'enterrèrent dans des pierres de la maison où on voulait prêcher.

A Lourmarin et ressort d'icelui.

Magdelaine Guicharde.
Spérite Bouruse et Magdelaine de Laze : tuées au lieu de la Roque-Despuels, par le chevalier d'Ossois.
Catherine Martine.
Huguette Combe.
Françoise Guironne.
Michelle Melle.
Anne Reyne.
Louise Chavillonne.
Jeanne Séguine.
La femme de Jean Martin.
La femme d'un appelé Romans : tuées par les compagnies de Pignoli et Luquet-Geoffret.
Andrienne Vitronne, tuée par Marquet Moto.
Marguerite Bertine, tuée par Barthélemy Revel, prêtre.
Marguerite Carbonnière, tuée par Luquet-Geoffret.
Vingt-cinq pauvres femmes venant de Sisteron, après la défaite, et icelles tuées à Cucuron avec plusieurs de leurs petits enfants, entre lesquels fut tué un encore vif allaitant sa mère morte.
Mathieu Serrusse et Marthe Castague, tuées.
Plus, furent prises sept femmes et menées au lieu d'Aussois et illec furent tuées.

Manosque.

Une femme nommée la Chapelière, tuée.
La femme de Pierre Ymber, couturier, étant enceinte, fut tuée, et

après, ces méchants montèrent avec les pieds sur son ventre pour lui faire sortir l'enfant de son corps.

Cabrières, d'Aignes et à la Motte.

Jeanne Jordanne.
Catherine et Marie Bretes.
Marie Féliciane.
Marguerite Melle.
Foursine Andonne.
Alix Monstière de la Motte d'Aignes.

La mère d'Andrimette Guède, courant pour sauver sa fille, fut tuée.

Catherine Benneche, tuée, laissant sept pauvres filles.

La femme d'Antoine Alaisse, étant enceinte, fut tant battue qu'elle avorta, dont elle mourut avec un sien petit enfant.

La femme de Jean Brunet, tuée à coups de dague en présence de son mari.

Marie Camuse, âgée de soixante ans, tuée près de Grabois.

Antoinette Raymonenque, tuée au lieu d'Aups.

La femme de Honoré Sicolle à Lorques.

PLUSIEURS FEMMES ET FILLES VIOLÉES ET PARTIE TUÉES.

Tant à Valonne, Senas, Saint-Maxemin, à Thoramène-la-Haute, à Saint-Auban, à Castellane, au Luc, à Vinon, à Joquas, à Cornillon, à Lourmarin, à Saint-Martin-de-Castillon, à Touries, que autres divers endroits, et lesquels je n'ai voulu ici nommer pour leur honneur.

TRAINÉES ET TUÉES

Catherine, femme de Marcellin-Roux, à Vellaux, prise et traînée à la queue d'un cheval dans le bois, où elle mourut.

Saint-Quentin.

La mère de Barthélemi Buecg, traînée par le lieu de Saint-Quentin, puis mise en pièces.

La mère de André Guirard, tuée, dépouillée et traînée la corde au col, avec un bâton dedans sa nature.

La femme de Polirte Fayet, tuée, puis traînée.

Marguerite Olivière, aussi tuée et traînée.

La mère d'Esprit Girard, étranglée avec une corde au col, encore qu'elle fût aveugle.

La femme de Pierre Saboin, traînée demi-morte par la ville de Manosque.

Louise Anthouarde, fille de Bonnet Anthouard, traînée par le lieu de Cabrières-d'Aignes.

Catherine Arbaude, femme d'Antoine Crespin, âgée de soixante ans, traînée par ledit lieu de Cabrières.

Magdelaine Berdonne et Catherine, traînées.

Andrinette Gade, âgée de quinze ans, résistant à ceux qui la voulaient violer, fut traînée et tuée, puis jetée aux chiens.

BRULÉES VIVES.

Bastienne Gueiresse, ayant été traînée, fut brûlée à Forcalquier.

La femme de Jacques Apasot, brûlée toute vive à la Coste.

La mère.

La mère d'Étienne Luc, âgée de quatre vingts ans, et une sienne fille, traînées, et l'enfant se remuant encore dans le ventre, fut mise en croix sur sa mère, et toutes deux brûlées à Saint-Quentin.

Catherine Monière et Catherine Roques, toutes deux brûlées vives à la Roque-Dentheron.

PENDUES.

Machnane de Margaritis, de la ville d'Aix, pendue par les pieds à l'arbre du Pin par certaines femmes du lieu, lui ayant planté en sa nature un bâton avec un penonceau.

Une appelée Brancasse, du lieu de Cadenet, pendue à Bollone.

La mère de Cristol Fayet, pendue à un chêne, puis découpée à coups d'épée au lieu de Saint-Quentin.

Une nommée Marie Coye, battue jusques à effusion de sang, puis pendue à un arbre à Tournes.

NOYÉES.

Une jeune fille du lieu de Cadenet.

Huguone Grenolière avec un sien petit enfant âgé de cinq à six ans, à Mus.

PERCÉES AVEC BATONS FERRÉS PAR LA NATURE EN HAUT.

La femme de Monet Olivier, cordonnier, après avoir été violée par des meurtriers, lui mirent un bâton ferré dans sa nature passant jusques à la tête, au lieu de Maurasque.

Marie Borridonne, femme de Bernard Baudon, un prêtre lui coupa trois doigts de la main gauche, perça son bras droit avec un bâton ferré, et puis l'acheva de tuer à la Motte-d'Aignes.

Honorable Menude, âgée de soixante ans, menée par la ville de Brignolles, toute nue, battue à coups de soulier, la percèrent d'un bâton ferré depuis sa nature jusques à la tête, et puis lui sautèrent sur le ventre jusques à lui faire sortir les entrailles haut et bas.

A Dauphine Jourdane, âgée de cinquante-cinq ans, lui arrachèrent le nez et les yeux, toute vive, puis la tuèrent à Cabrières.

COURONNÉES D'ÉPINES.

La femme d'André Renaud, menée par le lieu de Saint-Martin-de-Castillon, dépouillée toute nue, et résistant à ceux qui la voulaient violer, la fouettèrent outrageusement, puis navrée de coups d'épées, couronnée d'épines, puis jetée dans une rivière, et finalement tuée à coups d'arquebuse.

Jeannette Calvine, du lieu de la Celle, âgée de quatre-vingts ans, menée en la ville de Brignolles, avec une couronne d'épines plantée sur sa tête, fouettée jusques en grande effusion de sang, puis lapidée, et encore vive brûlée.

MORTES D'ÉPOUVANTEMENT.

Catherine Ramasse, résistant virilement à la force des paillards fut fort battue et tourmentée, dont elle mourut trois jours après à Cabrière.

Une femme vieille, laissée pour morte aux champs, près de la Motte-d'Aigne, où elle demeura un jour sans se reconnaître. Enfin, étant revenue à soi, se traîna jusqu'à la Tour-d'Aigne, où elle mourut bientôt après.

Catherine Canderonne, vieille femme d'Hières, prise, tondue, mise en chemise, attachée contre un lit et tant battue qu'elle en mourut.

La femme de Valentin Caille et la femme de Honoré Caille, effrayées de ce qu'on avait saccagé leurs maisons et menacé de les tuer, moururent à Bergevon.

La mère de François Guersin, effrayée d'avoir vu tuer son fils et sa tête rouler par l'espace d'un mois, mourut au Luc.

Une autre femme, nommée Vieille, du lieu de Saint-Chamas, âgée de septante ans, étant menacée, s'en alla se cacher dans un bois où elle fut prise et menée à Saint-Chamas, et par le chemin, à tout propos, la faisant mettre à genoux, lui mettant l'épée sur le col, en fut tellement épouvantée, qu'elle en est devenue ladresse.

A la Motte, la femme d'Antoine Alaice, étant enceinte, fut dépouillée et tellement battue qu'elle en mourut.

Jeannette Ramasse reçut un coup de bâton ferré dans la tête si avant que le meurtrier, pour l'arracher, mit le pied sur la tête dont elle mourut.

La femme de Bernard Romain, fort battue et tourmentée, mourut à Cabrières.

PRÉCIPITÉES DU HAUT EN BAS.

La femme de Jacques Martin dit de Rellane, âgée de quatre-vingts ans, prise en sa maison, mise en chemise et jetée des murailles de Pertuis en bas.

FENDUE ET DÉMEMBRÉE VIVE.

Une nommée Sielle, femme de Bertrand Tasquiert, d'Apt, étant enceinte fut fendue toute vive, et deux enfants arrachés de son ventre, vifs, traînés et après donnés à manger aux pourceaux.

DÉSENTERRÉE.

Catherine Amelle, d'Antibe, ayant été quelque temps en sépulture, fut désenterrée, et exposée aux chiens.

MORTES DE FAIM ET DE FROID.

A Cabrières.

La femme de Claude Antoard.
La femme de Tancy Bandon.
La femme de Jean Barthalon.
Marguerite Pellade, femme de Pierre Francisquin.

Une fille de Raymond Bernard.

Une sœur de Claude Pellat, et Jeanne Vincence, sont mortes de faim à Cabrières.

Jeanne Brête, dépouillée toute nue en temps d'hiver, endura telle froidure que les doigts des pieds lui tombèrent, et enfin mourut.

Au lieu de la Motte, sont morts de faim environ cent et dix personnes, tant femmes que petits enfants.

ENFANTS TUÉS.

Un petit enfant de Giraud Gros, et un neveu d'Alzias Serre, tués à Gorde.

Jean Rousseau, petit enfant, tué à la Coste.

Deux petits enfants d'Antoinette Gaudine, à Jonquas.

Christol Martin.

Jean Barries, âgé de huit ans.

Polite Croisson.

Jean Olier, simple d'entendement.

Annet Paris, jeune enfant de neuf à dix ans, tué à Gignac.

Un enfant d'Antoine Pascal.

Un enfant de Philippe Boyne, tué à Mus.

Un fils de Jacques Barthomieu.

Un fils d'Antoine Crosis.

Un neveu de Bertrand Bouin.

Un petit enfant de Vellaux, âgé de sept à huit ans.

Un fils de François Serre, tué à Lourmarin.

Environ vingt-cinq petits enfants portés par leur mère et autres parentes, venant de Sisteron, furent avec leur mère tués à Cucuron.

ENFANTS MORTS D'ÉPOUVANTEMENT.

Le fils de Honoré Caille, âgé de quatorze ans, épouvanté de voir saccager la maison, père et mère, et qu'on le menaçait de tuer, mourut à Bargemon.

Un petit enfant mourut à Thoard au saccagement fait par Ehon de Barras.

Un fils de Bernard Bandon, dépouillé en chemise pour être tué, mourut d'épouvantement.

ENFANTS MORTS DE FAIM.

Cabrières.

Deux enfants de Claude Anthoard.
Quatre enfants de Honoré Anthoard.
Trois enfants de Jeanne Brette.
Six enfants de Catherine Ramasse.
Trois enfants d'Antoine Paschal.
Cinq enfants de Thassi Bandon.
Six enfants de Jean Bartalon.
Un François Jourdan.

Ayant le sieur de Mandols, de la religion, épousé la fille du baron de Borme, et se retrouvant avec son dit beau-père et sa femme, au château de Moant sur la fin du mois de mai, mil cinq cent soixante deux, le sieur de Briansonnet, se disant lieutenant du gouverneur, en ce quartier-là, sous prétexte que quelques-uns de la religion s'étaient retirés d'Hières et de Bormes, audit château pour sauver leurs vies, gens au reste paisibles et notables, assiégea le château, et quelques jours après y étant entré avec certaines conditions, au lieu de tenir promesse, fit mettre prisonniers en la plus basse cave tous les hommes qu'il y trouva, à savoir, environ trente; entre lesquels étaient deux ministres, à savoir, un nommé Mison et l'autre Vitalis, où ils souffrirent les misères qu'il est possible de penser. Et, quant auxdits seigneurs de Bormes et de Mandols, les envoya prisonniers en sa maison à Grasse, distant environ d'une lieue. Ce fait, il se délibéra d'assaillir le château du sieur de Mandols, père du prisonnier, lequel étant averti de cette entreprise, et pensant éviter le siége en envoyant dehors tous ses serviteurs et autres gens de défense, d'autant que Briansonnet prenait cette couverture pour lui faire du mal, les envoya tous vers le pays de Savoie, par un sien frère; lequel passant près le village de Saint-Auban, à trois lieues de Mandols, fut cruellement massacré, lui dix-huitième, entre lesquels était un ministre, nommé George Corneli, par les paysans et autres voisins dudit Saint-Auban, au vu et à l'instigation du seigneur et dame du lieu, lesquels avec leurs enfants eurent le plaisir de ce cruel spectacle qu'ils regardèrent de leur château. Ce nonobstant, les gens de Briansonnet, conduits par un nommé Augustin Raupe, s'étant joints avec une autre troupe de meurtriers envoyés par l'évêque de Senes, nommé Clausse, ne laissèrent de venir à de Mandols, n'ayant à combattre qu'un bon homme ancien, avec des femmes et des petits enfants. Or est ce château situé en un lieu fort haut et de grande découverte; de sorte que ces meurtriers ayant été aperçus de loin, ce bon gentilhomme espérant que, pour le moins, ces brigands ayant trouvé son château ouvert, et l'ayant pillé s'en iraient, et que lors il y pourrait retourner, sortit dehors aussitôt tout à pied par les montagnes et rochers à une lieue de là, au lieu de Vergons, ayant pour toute compagnie sa femme, avec une de leurs filles de 10 à 12 ans, la femme de son dit frère, avec un sien enfant de six mois, la femme d'un Michel Bourgarel, du lieu de la Garde avec deux siens petits enfants, l'un de trois, l'autre de cinq ans, une jeune fille de chambre de sa femme, une chambrière et deux jeunes laquais. Les brigands cependant arrivés au château ne s'étant contentés de l'avoir saccagé, y mirent le feu, et pareillement aux écuries, granges et moulins, coupèrent les arbres et les vignes, et y firent tout autre dégât; puis ayant ouï nouvelles du fait de Saint-Auban, y accoururent en diligence pour avoir part au butin, et notamment aux chevaux. Cependant ce pauvre sieur se tenait en un bois audit lieu de Vergons, lui étant administrés vivres par un nommé Guillem-Paul-Baille de Vergons, étant de la religion romaine, mais ancien ami dudit sieur, lequel toutefois il n'avait osé retirer en sa maison. Ce pauvre traitement dura jusques à ce que quelques-uns des habitants de Mandols et sujets dudit sieur, feignant de lui vouloir rendre le devoir de bons sujets, et ayant trouvé le susdit Michel Bourgarel, le prièrent de s'enquérir où était leur seigneur et de l'avertir de se trouver de nuit en un lieu de son territoire, nommé Charoupet, où ils le viendrait quérir pour le ramener secrètement aux ruines de sa maison. Ce rapport entendu par ce pauvre sieur, il ne faillit de se rendre avec toute la suite que dessus et ledit Bour-garel, au lieu assigné; là où arrivés de nuit et lassés du chemin, ils s'endormirent sur un pré auprès d'une petite fontaine, jusques à ce qu'à l'aube du jour, la troupe des dessusdits avec toutes sortes, les ayant réveillé d'un coup d'arquebusade, ainsi que le pauvre sieur les appelait par leur noms, et les remerciait du soin qu'ils avaient eu de lui comme il croyait, ils se ruèrent sur lui et sans aucun respect à sexe ni âge, tuèrent tout excepté, toutefois Bourgarel, lequel ayant empoigné ses deux enfants et couru environ trois cents pas, fut contraint pour se sauver de vitesse (comme il fit), de les jeter en un buisson, où ils demeurèrent cachés sans crier ni pleurer jusques environ dix heures du matin, que leur père n'oyant plus de bruit, les vint reprendre où il les avait laissés; et de là passant au lieu de cruel massacre, trouva sa femme tuée et les corps desdits sieur et dame ensemble de leur fille et des autres morts tout nus sur la terre. Outre ces trois, Dieu sauva encore plus miraculeusement la belle sœur dudit sieur de Mandols, le mari de laquelle avait été tué à Saint-Auban, comme dit a été; laquelle ayant saisi son petit enfant de six mois, ainsi comme on tuait tout, se jeta sur icelui en un buisson, là, où ayant reçu plusieurs coups, elle fut laissée pour morte, étant toute couverte de pierres, sous lesquelles elle demeura, ne s'étant amusés les meurtriers à la dépouiller d'autant qu'il était déjà grand jour, et ne s'étant aussi aperçus du petit enfant qui s'était toujours tenu coi et sans jeter aucun cri sous sa mère; auxquels par ce moyen la vie demeura sauve. Et, quant au jeune sieur de Mandols, prisonnier à Grasse, après avoir changé plusieurs fois de prison, et souffert une infinité de misères, il évada finalement, se sauvant hors du pays du roi. Sa femme aussi et une sienne sœur, finalement sorties de prison, furent reçues à sauveté à l'Espel en terre neuve en la maison d'un vrai homme de bien, nommé Bernardin Richelme, jusques à ce que, en vertu de l'édit de pacification, ils revinrent en leur maison bien désolée.

Telles furent les désolations parmi tout le pays de Provence, jusques à ce que l'édit de la paix y fut envoyé, nonobstant lequel, ne pouvant ces meurtriers se rassasier de tuer et de piller, avec le support de ceux du parlement, (qui, au lieu de faire justice et d'obéir au roi, favorisaient ouvertement aux plus cruels et inhumains), les cruautés furent encore continuées quelque temps, ainsi qu'il sera dit à la suite de l'histoire.

Par ce que dessus on peut voir, s'il fut jamais une telle furie de ce peuple, non seulement durant la guerre, mais aussi depuis. Ce que toutefois ne doit point être tant imputé au peuple, qu'à certain nombre de personnes émouvant tout le reste ; ainsi que les vents causent les tempêtes partout où ils soufflent. Tels ont été entre autres, Flassans, Mentin, Carces, et surtout certains malheureux et abominables hommes du parlement d'Aix, comme nommément, Bagaris, Chesne, Sainte-Marguerite et autres, maniant tellement le reste, que non assouvis de telles plus que barbares et non jamais ouïes cruautés commises durant la guerre contre tant de pauvres gens innocents, sans aucun respect de qualité, âge et sexe, au lieu d'obtempérer à l'édit de la paix, ils firent tant que cette caverne de brigands, abusant du nom de parlement, osa conclure que ceux de la religion réformée n'auraient aucun exercice ; que ceux qui, durant les troubles, avaient été leurs chefs,

ou ayant tenu office royal, se seraient absentés, c'est-à-dire n'auraient tendu la gorge à leurs dagues, ne seraient reçus au pays, et que les armes demeureraient sus bout, pour l'entretenement desquelles furent levés grands deniers sur le peuple. Bref, d'autant qu'en l'édit étaient exceptés du bénéfice de grâce les voleurs et brigands, ceux qui avaient exercé ce que jamais brigand n'osa faire, osèrent déclarer qu'il serait sursis à la punition de tous ces délits, encore qu'ils fussent tels, qu'il n'est pas même possible d'en ouïr parler, que les cheveux n'en dressent à la tête. Et pourtant, ce n'est pas merveilles si d'une telle impunité, autorisée du parlement, arriva la cruauté de ces meurtriers, pour commettre les cas ci-dessus spécifiés, autant qu'on a pu découvrir, et non pas tout ce qui s'en est fait. Le roi donc, averti aucunement de la rebellion et félonie de ceux qui auparavant s'appelaient très-obéissants sujets, ordonna premièrement le sieur maréchal de Vieilleville pour y faire publier l'édit ; puis aussi le sieur de Biron, avec deux conseillers commissaires, choisis du grand conseil, à savoir Bauquemar et Magdeleine, qui trouvèrent de terribles désordres, voire jusques à ce point, qu'étant en Arles, où ils avaient fait exécuter trois de ces brigands en effigie, la potence en fut arrachée ; et dedans Apt, le jour que l'édit de la paix fut publié, les brigands allèrent chantant et dansant par toute la ville, disant que pour cela ils ne se garderaient pas de faire à la manière accoutumée ; comme de fait, on ne laissa de tuer et massacrer là et ailleurs, ainsi qu'il sera dit ci-après, aux contraventions de l'édit. Ce néanmoins, les susdits commissaires firent ce qu'ils purent. Mais l'expérience montra que jusques à ce que la fontaine fut étoupée, les ruisseaux ne cesseraient de couler. Et pourtant, le roi dûment averti, suspendit ladite cour, envoyant à Aix certain nombre d'autres conseillers, avec le sieur de Morsant, président de Paris, auxquels cette louange est due, que vraiment ils firent ce que gens de bien devaient faire autant qu'il leur fut possible, ayant fait quelques notables exécutions des meurtriers qui purent être appréhendés; entre lesquels n'est à oublier un nommé Firmin Scarel dit Roux, un de ceux qui avaient meurtri le sieur de Madols. Ce qui a tant servi, que depuis, quoi que les armes aient été souvent reprises, cette province s'est portée tout autrement qu'auparavant. Mais la qualité des uns, le crédit des autres, et la multitude des coupables, et quand tout sera bien dit, le défaut de justice, qui est aujourd'hui bannie à-peu-près de toute la terre, empêchèrent ces gens de bien de faire tout ce qu'ils voulaient et devaient; voire finalement à la sollicitation de Carces, qui méritait d'être appréhendé et puni des premiers, le roi écrivit les lettres qui s'ensuivent:

« Monsieur de Carces, j'ai entendu ce que m'avez mandé par le contrôleur, présent porteur, des contraventions qui se font en mes édits, et contre ma volonté, en Provence; dont en même instant j'écris à mon cousin, le comte de Tande, et à ma cour de parlement, afin d'en savoir la vérité, et d'y pourvoir tellement que ma volonté soit suivie, et le pays demeure en paix et en repos. Car vous savez bien combien, dernièrement que je partis d'Arles, je travaillai pour accommoder toutes choses en tel état que chacun eût de quoi se contenter en vivant en l'obéissance de mes édits; tellement que je ne puis trouver que très-mauvais que, en cela, on contrevienne à ma volonté. Or, il y a un autre point dont vous m'écrivez, qui est le grand nombre d'hommes qui a été exécuté, et s'exécute tous les jours, qui met tout le pays en désespoir, et vous fait craindre que les hommes désespérés, prenant les armes, fassent une folie. Quant à cela, je vous dirai ce que j'en ai répondu à votre homme, qui est, qu'autant que, de partir dudit Arles, ayant vu l'énormité et malheurté des crimes exécrables commis durant les troubles par je ne sais combien de brigands et voleurs qui n'avaient eu, comme il est aisé à voir, autre religion devant les yeux, que l'envie de tuer, piller et se venger; je commandai qu'on en fît exécuter quatorze ou quinze, dont les noms furent lus en conseil; lesquels ayant été exécutés, le procureur Poliquol m'en vint rendre raison, et comme il y en avait encore plusieurs prévenus de plusieurs autres crimes infâmes et malheureux advenus en ce même temps, auquel je commandai que, s'il s'en trouvait encore quatre ou cinq de ces exécrables, on les fît châtier; mais, qu'après cela, on fermât la main sans passer plus avant, ni à les rechercher, ni à les travailler, les laissant vivre à leurs maisons en paix, pourvu qu'ils se comportassent de façon qu'ils ne donnassent occasion de rechercher de nouveau ce qu'ils m'ont mandé avoir suivi. Mais que tant s'en fallait que cela ait profité, qu'ayant entendu cet arrêt, ils commençaient à lever les têtes et à braver comme de coutume. Voilà comme vous êtes de différents avis. Or, tant y a que je ne veux point qu'on les recherche plus avant, mais qu'ils retournent en leurs biens, dont main levée leur soit faite. Mais de leur bailler le pardon et absolution qu'ils demandent, c'est chose que je ne puis faire, pour ce qu'elle est de trop grande conséquence par toutes les autres provinces de mon royaume. Mais on verra comme ils se gouverneront, et selon cela, peut-être qu'ils obtiendront avec le temps ce qu'ils demandent, quand ils feront connaître qu'ils en sont dignes. Toutefois, s'ils étaient si fous, comme vous m'écrivez et ce porteur m'a dit, de faire cette folie de prendre les armes, assurez-vous et les en assurez, que je laisserai toutes choses pour tourner la tête au pays, de par de-là où j'irai si bien accompagné, qu'ils se peuvent tenir certains que j'en ferai une si cruelle et rigoureuse punition, qu'il n'y demeurera rien. Car j'ai trop enduré jusques ici, pour vouloir raccoutumer mes sujets à cette désobéissance, étant résolu que les premiers qui commenceront, serviront d'exemple à toute la postérité. Mais s'ils sont sages, ils ont de quoi se contenter et de vivre doucement en repos. Car il ne leur sera fait plus mauvais traitement que je fais à toutes les autres provinces de mon royaume, et à mes autres sujets, où je ne vois point qu'ils tiennent ce langage si étrange et éloigné de raison. Je sais que vous avez le moyen avec eux, et qu'ils vous croient. Conseillez-leur, je vous prie, comme je m'assure que vous ferez, d'être plus avisés et plus obéissants, et vous ferez beaucoup pour eux, qui se trouveront bien de vous croire, et je donnerai ordre aussi, qu'ils n'auront occasion de se désespérer, ainsi que j'ai dit à ce porteur, pour vous le faire entendre ; et sur ce, je prierai Dieu, monsieur de Carces, vous avoir en sa sainte et digne garde. Du Mont-de-Marsan, ce seize de mai mil cinq cent soixante-cinq. *Signé*, Charles, et au-dessus, à monsieur de Carces, chevalier de mon Ordre. »

Voilà toute la justice qui fut faite de ces désordres, ayant été la cour de parlement rétablie avec quelque léger changement.

Quant au Comtat Venaissin, le maréchal de Vieilleville, député par le roi, avec les officiers du Pape, appointa les affaires comme s'ensuit :

Que les terres du Pape et places du Comtat, occupées par ceux dudit Comtat et autres qui suivent la religion, seront rendues et mises en l'obéissance du Pape, et tous non sujets d'icelui, qui sont de ladite religion, se retireront dudit Comtat et autres ses terres.

Que ceux de la religion qui sont dudit Comtat, demeureront dans les villes et terres dudit Comtat, qu'ils tiennent de présent, sans qu'ils puissent résider ni fréquenter dans les autres lieux dudit Comtat, excepté que, pour le regard des terres de deçà la rivière d'Aignos, habiteront seulement ceux qui sont desdites terres et qui les habitaient auparavant les troubles, et non autres, sans congé et permission par écrit des officiers du Pape, jusques à ce que par icelui autrement en ait été ordonné.

Que les sieurs Vicelegat et Fabrice, ensemble les officiers et conseils des lieux où ils habiteront, prendront en protection et sauve garde lesdits de la religion, promettant à monsieur de Vieilleville, maréchal de France, qu'il ne leur sera fait aucune injure de fait ni de parole.

Que lesdits de la religion ne feront aucun exercice d'icelle dans les terres du Pape, ni semblablement useront d'aucuns propos, persuasions et dogmatisation, sans toutefois qu'ils soient contraints en leur conscience, ni recherchés du passé pour ladite religion, ni pour l'avenir.

Que tous prisonniers de guerre seront rendus, tant d'une part que d'autre, sans payer rançon, ce qui s'entend de ceux qui ont été pris en guerre.

Que les gouverneurs qui seront mis dans lesdites places avec les garnisons qu'il sera avisé par les officiers du Pape, seront gentilshommes qualifiés et approuvés par ledit sieur maréchal, qui donneront ordre de tenir chacun en bonne paix.

Que tous habitants des lieux où résideront ceux de ladite religion, de quelque religion qu'ils soient, poseront les armes et les remettront en la garde de tels personnages qu'il sera avisé par les gouverneurs et officiers du Pape, sans y comprendre ceux de ladite garnison, le tout jusques à ce que le Pape en ait la-dessus déclaré son bon vouloir, lequel, ledit sieur Vicelegat et Fabriers promettent leur faire entendre pour tout le mois de novembre prochain. Et, au cas que le Pape ne voulût consentir que iceux de la religion demeurassent en sesdits pays et terres, leur sera permis un terme honnête, qui leur sera donné pour se retirer où bon leur semblera.

Et, pareillement, leur sera permise en ce cas la vendition ou jouissance de leurs biens, et leur sera donné abolition des crimes, selon le bon plaisir du Pape, suivant ce qui fut arrêté entre la majesté du roi et monsieur le cardinal de Ferrare, légat en France.

Que tous ceux de ladite religion qui seront d'Avignon, Château-neuf de Pape et de Bederrides, jouiront sans résidence du contenu dans les présents articles comme ceux dudit Comtat.

En tout ce que dessus ne sont compris larrons, meurtriers et voleurs, ni autres choses commises hors le fait de la guerre, desquels crimes la connaissance sera à ceux qu'il appartiendra.

LIVRE QUATORZIÈME.

CONTENANT LES CHOSES ADVENUES DANS LE PIÉMONT ET PARLEMENT DE TURIN.

1562

Entre les églises réformées de France, je n'ai voulu oublier celle de Turin, siége du parlement, et ville capitale du pays de Piémont, alors tenue par le roi, auquel lieu, l'an 1557, au mois d'octobre, Alexandre Guyotin, envoyé des églises circonvoisines, à la sollicitation d'un bien petit nombre de ceux de dedans la ville, y dressa le ministère et la discipline ecclésiastique avec tel avancement, qu'en peu de temps le nombre accrut grandement, s'y étant adjoint plusieurs, tant de la ville que du pays d'alentour. Cela n'advint toutefois sans échapper infinis dangers, ayant été tôt après décelée cette compagnie, par trois soldats qui s'y étaient introduits sous prétexte de la religion, lesquels, peu de jours après ne faillirent d'en avertir le sieur de Brissac, lors gouverneur de Piémont, auquel même ils déclarèrent le nombre et la qualité des personnes ; mais Dieu voulut que ordre y fut observé de-là en avant, que jamais ils ne purent être découverts ni surpris, de sorte que les délateurs, au lieu d'être récompensés comme ils espéraient, furent, comme calomniateurs, dégradés des armes, et cassés entièrement, à la poursuite de quelques-uns qu'ils avaient nommés et qui attouchaient audit sieur gouverneur. Cependant, advint qu'un ministre de l'église du Tailleret, au val d'Angroigne, fut pris et amené aux prisons de Turin, où lui fut tenue telle rigueur que, sans point de faute, il y fût mort de mal faim, n'eût été la charité et assistance d'un armurier, nommé Argencourt, lequel, nonobstant tous empêchements, ne lui faillit jamais, le nourrissant et l'allant visiter quand il pouvait ; ce qui le rend digne de grande louange, ayant bien eu ce cœur, lorsque le prisonnier, par arrêt de la cour, ayant été dégradé par l'évêque, était remené en prison, de lui dire tout haut qu'il eût bon courage, et que Dieu, qui avait commencé son œuvre en lui, la parachevrait à son honneur et gloire. Ce même jour, étant la compagnie assemblée pour ouïr la prédication, après les prières redoublées pour le pauvre prisonnier, lequel on savait devoir être condamné le lendemain à être brûlé tout vif, Argencourt ayant dit seulement à l'assemblée que Dieu lui avait mis au cœur un moyen d'aider grandement au prisonnier, s'en allant à l'exécuteur, fit tant qu'il lui promit de faire le malade le lendemain ; et de fait, ainsi en advint. Ce qu'étant rapporté à la cour par leur huissier, ils prononcèrent bien l'arrêt au prisonnier, mais furent contraints de délayer l'exécution par l'espace de deux jours, durant lesquels Argencourt usa de telles persuasions envers cet exécuteur, qui était jeune homme, n'ayant femme ni enfants, que lui ayant remontré l'iniquité du jugement donné contre ce prisonnier, et qu'il était bien pour gagner sa vie à quelque autre métier, moyennant aussi une pièce d'argent qu'il lui donna, il s'en alla, sans jamais avoir été vu depuis à Turin ni au pays qu'on ait su. Cela étant venu à la connaissance de la cour, il fut commandé au prevôt des maréchaux de trouver promptement un exécuteur; à la réquisition duquel, s'étant mis en chemin celui de Grenoble, advint que sur le mont de Genèvre, étant rencontré par certains soldats, retournant de Piémont en France, qui eurent envie des bonnes manches de maille qu'il portait, fut tué et dévalisé par eux sur-le-champ. Il fut donc question d'envoyer jusques à Chambéry, mais l'exécuteur ayant entendu ce qui était advenu à l'autre, n'en voulut jamais déloger. On s'avisa de s'adresser au colonel des reistres, étant pour lors en Piémont, le priant de prêter son exécuteur. Mais ceux de la religion réformée l'ayant averti que c'était pour brûler un ministre de la religion, la réponse fut qu'on ne le prêterait point pour cela, mais bien pour toute autre exécution. Advint donc que quatre brigands furent condamnés et livrés audit exécuteur, lequel devait puis après porter leurs charognes au lieu du délit; étant dit toutefois que l'un des quatre ayant assisté à cette exécution de ses complices, aurait la vie sauve, pourvu qu'il fît désormais l'office d'exécuteur, espérant le parlement de lui faire faire son premier essai en la personne dudit ministre condamné. Cette exécution donc étant faite, et les trois corps étant chargés avec ce quatrième brigand et deux archers de prevôt, l'exécuteur ayant été pratiqué dans la ville, moyennant quelque argent, fit si bien avec ce quatrième, dont il faisait déjà son valet, qu'étant les archers à la taverne, il se sauva; de sorte que le parlement demeura tout confus, et le ministre toujours prisonnier. Cependant voici venir la paix par laquelle le pays, hormis certaines villes, devait être rendu au duc de Savoie; ce qui apporta un grand mécontentement et remuement à Turin, sur laquelle nouvelle, Birague, président, fut tellement sollicité de délivrer ce pauvre prisonnier, qu'il voyait lui-même avoir été préservé tant de fois de la mort miraculeusement, qu'il enjoignit au geolier de lui laisser la porte de la prison ouverte, et lui dit en l'oreille qu'il se sauvât. A quoi ne faillit le prisonnier, se retirant au pays d'Angoumois, d'où il était. Or, nonobstant cette reddition du pays, Alexandre et son assemblée suivaient toujours leur train coiement et avec grand fruit; jusques à ce qu'un malheureux hérétique Milanais, nommé Jean-Paul Alciat, autrement de la Motte, s'étant sauvé de Genève, où il avait failli d'être attrapé et châtié, aussi bien que ce blasphémateur Servet, son maître, passant par Turin, y sema son hérésie pleine de blasphème contre la Sainte-Trinité de personnes en une seule essence divine, lequel blasphème étant trop tôt reçu par quelques esprits volages, fut aussitôt réfuté amplement par Alexandre. De quoi étant irrités quelques-uns, qui, pour cette occasion, s'étaient retirés de l'assemblée, ne donnant aucun lieu à la vérité, firent en sorte, qu'à la dépourvue, le sieur d'Aussum, accompagné des syndics et sergents avec quelques soldats, étant entré au logis d'Alexandre, le saisit; mais il advint que l'ayant mis à la porte entre les mains des sergents et syndics, et étant remonté avec le reste de la compagnie pour visiter la maison, il trouva au grenier d'icelle les livres du ministre, et sur ce, cria aux syndics qu'ils montassent; l'un desquels, monté au lieu et voyant ces livres, s'écria fort haut (de joie comme il est à présumer) à ceux d'en bas, qu'ils montassent, dont il advint que ceux qui étaient à la porte, tenant le ministre, et pensant que là haut on faisait quelque effort aux syndics, y accoururent, aussi donnant par ce moyen ouverture au prisonnier, qui ne faillit de se sauver, et ayant rencontré, par la providence de Dieu, quelques-uns de son troupeau, se fit mener en une hôtellerie hors la ville, feignant de venir de dehors, où il se mit à souper avec les autres, à cause qu'il était déjà tard. Et, bien que bientôt après d'Aussum en personne avec ses soldats, (soit qu'alors, à cause du changement, il eût accoutumé de visiter les hôtellerie, soit qu'il eût découvert quelque chose de ce qui était advenu) vînt au logis même où était ledit Alexandre Guyotin, à table comme les autres, faisant bonne contenance, il ne fut jamais reconnu; et le lendemain s'en vint à Moncalier, non pour se reposer, mais pour y redresser ce qui avait ainsi été dissipé à Turin, de sorte qu'en peu de temps il y eût compagnie de ceux de la religion réformée, dressée à Carignan, Pancalier, Poyrin, Villefranche, Villeneuve d'Ast et Castillon; lesquelles, toutefois, ont été dissipées par les persécutions ensuivies par l'évêque dudit lieu de Turin, et ainsi demeura la surcéance de l'exercice jusques à l'édit de janvier, auquel temps, Alexandre étant redemandé par ses brebis, commença de les recueillir avec grande apparence d'un grand accroissement. Mais les troubles survenant, et le sieur Bourdillon, gouverneur; suivant les lettres à lui envoyées au nom du roi, commanda au ministre de sortir; auquel, néanmoins, il bailla lettres-patentes de sa prud'hommie, et qu'il ne le faisait sortir pour autre cause que pour obéir au commandement du roi, après lui avoir rendu pareil témoignage de bouche devant tout son conseil.

LIVRE QUINZIÈME.

CONTENANT LES CHOSES ADVENUES DANS LE RESSORT ET PARLEMENT DE BOURGOGNE.

1562

Quant au parlement de Dijon, nous avons vu comme le maire de la ville, assisté d'un chanoine, se disant syndic du clergé, avait obtenu que le parlement, au lieu de faire publier l'édit de janvier, envoyerait deux conseillers au roi, pour faire tant que la province de Bourgogne ne fût comprise en l'édit. Cela lui étant octroyé, et ayant sous main fait entendre à la cour, qu'en la ville de Dijon et autres du duché de Bourgogne, il n'y avait point de gens de la religion ni forme d'assemblée, bien qu'en une seule ville de Dijon, il y eût plus de deux mille personnes requérant la publication de l'édit, il fut mandé par lettres du dernier de mars, au sieur de Tavanes, lieutenant pour le roi, en l'absence du duc d'Aumale, gouverneur, de ne permettre les prêches à Dijon, ni aux villes des frontières; et par ainsi, fut l'édit de janvier frustratoire pour la ville de Dijon. Ce néanmoins, huit jours après, à savoir le 8 d'avril, ceux de la religion obtinrent, nonobstant les troubles déjà bien avancés, lettres contraires et autres encore, du douzième dudit mois, adressées à la cour et à Tavanes, pour procéder à la publication et exécution de l'édit, sous peine de s'en prendre à eux. Mais tout cela ne servit de rien, d'autant que les conseillers de la religion romaine étaient en plus grand nombre, et que les gens du roi ne prenaient leurs conclusions, qu'après plusieurs injonctions, alléguant qu'on les voulait forcer, quand on menait des notaires pour avoir acte de leur refus, joint qu'ils avaient leurs délégués en cour, desquels ils se disaient attendre la réponse. Cependant les troubles s'allumaient de plus en plus; ce qui donna moyen au maire d'exécuter ce que de long-temps il avait projeté. Pour y parvenir donc, et attirer Tavanes du tout de son côté, il fit tant, qu'il lui persuada que ceux de la religion avaient résolu de le tuer, chose du tout controuvée et qui n'avait apparence quelconque. Tavanes, toutefois, homme très-subtil; et surtout adonné à faire son profit, soit qu'il crût ce rapport, soit qu'il ne voulût perdre cette occasion de s'enrichir des biens de ceux de la religion, et quand et quand pour gratifier ceux de Guise, qu'il voyait avoir le dessus en cour, commença dès-lors à faire du pis qu'il pouvait, sauf qu'il aimait mieux les biens que le sang. Premièrement donc, il mit les forces de toutes les places entre les mains de ceux de la religion romaine, en dépossédant deux de la religion, jusques à ce que le roi (disait-il) en eût ordonné; fit crier à son de trompe, que tous ceux de la religion eussent à porter leurs armes en la Maison-de-Ville, desquelles fit faire une diligente recherche par les maisons; fit défense de s'assembler pour faire prières ni prêches, et de chanter psaumes en public ni en privé; fit perquisition pour se saisir des ministres, jusques à faire crier qu'on eût à les relever, disant qu'il les voulait faire conduire en sûreté hors du royaume; mit douze prisonniers d'apparence au château, qui y ont été plus de six mois, sans être ouïs ni interrogés, et même en est mort deux en prison, sans jamais avoir été ouïs.

Et, pour ce que les auteurs de ces captures virent que cela était sujet à répréhension, ils trouvèrent depuis une telle couverture, disant qu'ils les avaient mis prisonniers seulement pour les garantir de la fureur du peuple. Il fit aussi entrer en la ville, en armes, le comte de Monrevel avec sa compagnie, et autres gens de guerre, auxquels il donna un signal par deux coups de canon, tirés du château; fit faire un petit boulevart en un carrefour de la ville, où il mit le capitaine Mirebel et sa compagnie; fit venir un jour en sa maison les serviteurs de tous métiers, qu'il livra entre les mains des gens de guerre, pour les chasser hors la ville. Sur cela, advint un cas fort notable, car ayant Tavanes mandé une bonne partie de ceux de la religion de se trouver devant son logis, (à quoi ils obéirent) et sur cela, ayant fait plusieurs aigres remontrances, jusques à user souvent de ce mot de pendre, un cellier, nommé Hugues Grillière, en s'approchant, lui dit tout haut ces mots, monsieur, je vous supplie de commencer par moi. Laquelle parole émut tellement Tavanes, qu'il fut contraint de larmoyer devant tous.

Ce néanmoins, contre sa conscience, il leur fit commandement de sortir hors la ville, et de fait, en fit mener hors la ville, plusieurs par le comte de Monrevel. Il fit aussi armer, à son de trompe, ceux de la religion romaine, sans aucune distinction de qualité ni de mœurs, leur baillant les armes mêmes dont il avait entièrement dépouillé ceux de la religion; tint la ville fermée, ne laissant qu'une porte ouverte; mit corps-de-garde par les places, et un guet continuel, dont advinrent mille voleries et autres excès, avec toute impunité. Qui plus est, étant contraint Tavanes d'aller à Chalons, qui fut quitté par Mombrun, il laissa la garde de la ville aux maires et échevins, avec permission de chasser tous ceux qui leur seraient suspects; suivant laquelle permission, infinis outrages et cruautés étranges se commirent, étant chassés grand nombre d'hommes, femmes et enfants, voire jusques aux malades et impotents, dont plusieurs furent réduits à extrême mendicité, et fut dit à plusieurs filles de maison, se lamentant et disant ne savoir où elles devaient aller, que le bordeau ne leur pouvait faillir. Le septième juillet, furent faits des cris à son de trompe, étrangement cruels et barbares, et montrant évidemment de quel esprit étaient menés ceux qui en étaient les auteurs; à savoir, que tous les paysans eussent à prendre les armes, et courir sus aux rebelles, entendant par ce mot ceux de la religion, qu'on n'eût à recevoir loger, aider de boire ni de manger les expulsés des villes, que ceux qui avaient pris les armes, ou favorisé ces rebelles d'aide, de conseil, étaient condamnés comme criminels de lèse-majesté, qu'on eût à tuer et massacrer tous ceux qui s'assembleraient pour prier ailleurs qu'aux temples de ceux de l'église romaine. Chacun peut présupposer quelle désolation pouvait advenir en autorisant une licence si débordée, mais Dieu y pourvut, n'ayant jamais pu le commun peuple de Bourgogne être attiré à toutes leurs cruautés, auxquelles on les voulait inciter. Tant y a toutefois que plusieurs pilleries et saccagements en advinrent, tant dans les villes qu'aux champs, et quelques meurtres aussi, n'étant même épargnés gens de qualité, comme conseillers en parlement, maîtres des comptes, trésoriers généraux et autres gens d'honneur et de savoir, qui furent contraints de céder à la fureur de gens pour la plupart ignorants et de vile condition, auxquels toutes choses étaient permises, quelque mal renommés qu'ils fussent. Par ce moyen, se trouvera avoir été chassés de Dijon près de deux mille personnes pour la religion, chose suffisante, pour le moins, pour redarguer le maire et ses partiaux d'une par trop grande imprudence, ayant donné à entendre à la cour, dès le mois de mars, qu'à Dijon il n'y avait personne de la religion. On envoya aussi, environ ce temps, quatre cents hommes du bourg d'Issutile, qui y firent quelque ravage; autres aussi à Mirebel, dont quelques prisonniers furent amenés, et depuis exécutés à mort; et d'autres à Commarin, à Autun, Beaune et Châlons, d'où on amena grand nombre de prisonniers. Parmi ces tempêtes, c'est une chose incroyable, comme Tavanes et le sieur de Villefrancon pêchèrent en eau trouble à l'occasion de la guerre, faite dans les quartiers de Châlons et de Mâcon; pour les frais de laquelle ils n'épargnèrent personne, premièrement, par certaines cotisations bien grandes, imposées sur les évêques, abbés, chapitres, prieurs et autres bénéficiers notables de la Bourgogne, qui furent les premiers dégraissés, puis par emprunts particuliers sur les suspects de la religion, desquels il y en eut de cotisés à mille et deux mille écus, les autres à cinq ou six cents. Outre cela, il y eut d'autres emprunts sur les plus aisés des villes, sans distinction de religion, autres sur les villes, et non sur les aisés, et le fort portant le faible. Davantage il n'y a eu baillage en Bourgogne, qui n'ait été cotisé à grande quantité de blés, vins et chairs, partie desquels ont payé leur taxes en espèce, les autres en argent. Les villages même furent taxés particulièrement à la fourniture des chevaux d'artillerie et de pionniers, la plupart desquels fournirent deniers, et si fallut outre tout cela que plusieurs villes et villages aient porté vivres au camp, de sorte qu'en dix ans, le roi n'a levé tant de deniers sur le pays de Bourgogne qu'il en a été pris pour cette guerre, se plaignant toutefois plusieurs soldats de n'avoir été payés, et plusieurs villages ayant, nonobstant tout cela, été gâtés et détruits. Vrai est que, parmi tels désordres, Tavanes et Villefrancon acquirent cet honneur, au lieu des meurtres commis ailleurs, d'avoir plutôt vidé les bourses que coupé les gorges.

Comme ces gouverneurs savaient bien faire leur profit particulier, la cour de parlement, d'autre côté, se laissa tellement mener aux passions de certains particuliers, que se laissant dépouiller de son autorité et de celle du roi, elle se rendit vraiment esclave du magistrat inférieur, et se montra plutôt partie que juge. Car jamais ceux de la religion ne présentèrent requête pour avoir raison des torts et outrages à eux faits, qu'elle ne fut retenue, refusée ou appointée tout au contraire de leur réquisition. D'autre côté, jamais ceux de la religion romaine n'en présentèrent qui ne fut reçue, appointée et accompagnée des faveurs des gens du roi, et de plusieurs des conseillers. Jamais aussi ne vinrent lettres de provisions du roi pour ceux de la religion, qui n'aient été rejetées, altérées ou interprétées tout au rebours de vérité, et jamais n'en vint une contre ceux de la religion, qui ne fut reçue et publiée avec précipitation et applaudissement. La commission pour informer des séditions toutes manifestes, procurées par le maire et certains échevins, ne fut donc exécutée. Les horribles violences et outrages faits, tant à Dijon qu'ailleurs, à divers jours ne furent réprimés par la cour en sorte quelconque. La pétulance de Pistoris, prêcheur, avec injures par lui proférées contre le roi, les princes et magistrats, a même été notoirement favorisée. L'entreprise du maire sur l'expulsion, non-seulement des bourgeois de la ville, mais aussi de certains conseillers de la cour et autres gens de qualité, n'ayant jamais été admis a montrer leur innocence, fut dissimulée, outre plusieurs arrêts du tout étranges, et nullement soutenables, et le procès criminel fait aux officiers des bailliages pour avoir fait publier l'édit de janvier (c'est-à-dire pour avoir obéi au roi, duquel ils avaient lettres patentes pour cet effet). Nicolas, le copiste, et quatre autres par ordonnance du bailli, sans avoir égard à l'appel, contre toute formilité de justice furent même exécutés à mort, et une femme fouettée pour avoir fait seulement les prières. Bref il y a eu plus de trente-huit personnes condamnées à mort en figure, et plus de cent soixante mis prisonniers, une fille de seize ans, décapitée pour la religion seulement; tous lesquels ont été condamnés comme séditieux, bien qu'il n'y eût eu aucun port-d'armes. Tel fut donc le déportement de la principale ville de Bourgogne, devant et durant ces troubles, et longtemps encore après le premier édit de pacification.

A Auxonne, ville forte et limitrophe du duché de Bourgogne, avec un fort château et mortes paies ordinaires, y avait un assez bon nombre de ceux de la religion, et même de gens de qualité, comme entre autres, un nommé Jean Girard, avocat et homme de bonnes lettres et de gentil esprit, et quelques autres; lesquels attendant la jouissance de l'édit de janvier, furent bien ébahis quand le huitième jour d'avril 1653, au lieu de l'édit fut publiée une lettre du cachet du roi, en laquelle il était seulement porté que les consciences ne seraient point recherchées. Peu après le sieur de Torpes, capitaine de la ville, ne pouvant dissimuler ce qu'il prétendait de faire, se fit pendre plusieurs petites images lesquelles étaient incrits ces mots, *memento mori*, qu'il envoya par toutes les maisons de la ville suspectes de la religion, et qu'il distribuait par moquerie à tous ceux qu'il rencontrait, leur disant et faisant dire qu'il fallait que bientôt ils allassent à la messe, ou qu'ils mourussent. Cela toutefois ne les ébranla point, ainsi ils continuaient en leur manière accoutumée, de s'assembler pour prier Dieu, et ouïr lire quelques passages de l'écriture. Ce qu'entendant, Tavanes ne faillit d'envoyer mandement secret, aux maires et échevins de la ville, pour chasser ou emprisonner ceux de la religion. Premièrement donc, la dame de Merville, femme du sieur de Merville, capitaine du château, grande ennemie de la religion, s'y étant transportée avec lettres expresses de son mari, adressantes au sieur du Temple, auparavant son lieutenant audit château, lui fit par ce moyen quitter la place; avec lequel aussi délogèrent tous les soldats qui ne voulurent aller à la messe, qu'elle fit dire dès lors au château, d'où elle avait été déjà bannie. D'autre côté, Torpes et le maire de la ville, le sixième de mai, ayant en premier lieu fait sortir de la ville, sans autre connaissance de cause, six jeunes hommes de la religion, qu'ils savaient être des plus affectionnés, assignèrent à heure de midi, en la maison du roi, cinquante ou soixante des plus apparens de la religion qui restaient, auxquels étant comparus, de Torpes remontra le vouloir du roi, être que tous ceux de la religion qui ne voudraient aller à la messe fussent mis hors de la ville. A quoi étant répondu au nom et par l'avis de tous par ledit Girard, qu'ils requérait qu'on leur fit apparoir de cette nouvelle volonté du roi, attendu qu'il contait du contraire par l'édit de janvier, et même par les lettres du cachet, que lui-même auquel il parlait avoir fait publier, il n'y avait pas un mois; il ne lui fut répondu autre chose, sinon qu'il eût à répondre pour son particulier s'il voulait aller à la messe ou non. Cela donna occasion audit Girard, de faire une confession ouverte et ample de tous les points de la religion, avec grand silence de tous, jusques à ce qu'il arriva sur le point de la conférence de la messe; mais alors Torpes entrant en colère jusques à mettre la main sur son épée, lui ferma la bouche, commandant sur l'heure à ces mortes paies qui assistaient là tous armés, qu'ils le chassassent hors la ville, et ce par la porte du Comté, afin qu'il ne repassât par sa maison. Ce qui fut aussitôt exécuté, et se retira Girard, en une sienne grange près la ville, où il ne put guère séjourner, étant assailli par huit ou dix belistres qui faillirent à le tuer. Cependant de Torpes, remit au lendemain les autres assiégés, auquel jour il mit dehors environ vingt hommes, retenant les femmes avec ceux qui par infirmité s'accordèrent de retourner à la messe. Et quand et quand manda lettres par les villages circonvoisins portant défenses recevoir les déchassés, de sorte que tous ces pauvres hommes (surtout après que par ordonnance de Tavanes, d'environ le quinzième de juin, les armes furent mises entre les mains du peuple), furent contraints de se retirer partout où ils purent. Et tôt après, un nommé de la Planche, lequel pour quelque affaire s'était retiré de France en Bourgogne, étant suspect de la religion, et passant par le village de Flameaux, à une lieue d'Auxonne, fut cruellement massacré, traîné et jeté dans un étang. Environ ce temps, aussi la cour de parlement sans avoir égard que les absents avaient été déchassés par commandement exprès, ne laissèrent pour cela de les faire ajourner et procéder contre eux par défauts. Et fut prise grande quantité de blé en la maison, tant dudit Girard, que d'un nommé Jean Reguard, greffier des élus, et plusieurs pierres d'icelles, démolies et appliquées à la fortification de la ville, avec l'entier pillage de la librairie dudit Girard, par un chanoine de Beaune, son beau-frère, qui en brûla la plupart, avec les papiers et compositions d'icelui. Et d'abondant plusieurs impositions furent levées sur ceux de la religion expressément, encore que la commission de Tavanes portât qu'elles fussent imposées sur les uns et sur les autres, et ainsi fut gouvernée la ville d'Auxonne, non-seulement jusques à l'édit de la paix, mais aussi long-temps depuis, étant l'entrée refusée aux déchassés.

Nous avons dit ci-dessus, au cinquième livre, que ceux de l'église d'Autun, nonobstant toutes les pratiques de leurs adversaires, jointes aux nouvelles du massacre de Vassy, s'étaient résolus pour se fortifier contre ces tempêtes, de célébrer la cène le jour de l'Ascension. Cela étant rapporté à l'évêque et clergé, ils se délibérèrent entièrement de l'empêcher, quoiqu'il en dût advenir, voire de ne laisser passer cette occasion, vu que la guerre était déjà ouverte en plusieurs lieux, d'exterminer entièrement ceux de la religion, les trouvant ainsi tous ensemble. Suivant cette délibération, plusieurs gentilshommes, parents, alliés ou amis, furent conviés par eux de se trouver au jour assigné dans Autun, en équipage de guerre, et furent aussi levées quelques enseignes de gens de pied, composées de bouchers, serviteurs de prêtres, et les plus dissolus, tant de la ville que d'alentour; et quelques fauconneaux, avec arquebuses à croc, tirées de la maison de l'évêque, pour être le matin suivant charriées contre la grange où la cène se devait faire. Ceux de la religion, d'autre côté, se confiant en leur juste défense si on les assaillait, attendu qu'ils étaient fondés sur un édit solennel du roi, firent aussi porter secrètement toutes sortes d'armes, tant en la grange que dans les maisons prochaines qui étaient de la religion, et furent dès le matin, posés par eux bons corps-de-garde, à toutes les avenues de la grange. Cela fait et l'heure de l'assemblée s'approchant, ceux de la religion se trouvèrent au lieu en grand nombre et plus que de coutume, et fut toute l'action célébrée du commencement jusques à la fin, sans aucun trouble ni empêchement, avec une affection merveilleuse. Qui plus est, chacun s'en retourna paisiblement en sa maison, ayant été tellement épouvantés d'eux-mêmes leurs adversaires, que personne d'iceux ne bougea, et même la plus grande part de leurs gens de cheval, dès le matin retourna chez soi. Vrai est qu'après dîner, lorsque la grange était vide d'hommes et d'armes, quelques troupes des adversaires y allèrent et brisèrent les sièges et la chaire du ministre, en intention comme il fut su depuis d'y mettre le feu, mais la proximité de quelques maisons et notamment de l'abbaye des nonnains de Saint-Jean, les en empêcha. Ces choses ainsi courageusement commencées furent poursuivies de même, tellement qu'encore que, par les tempêtes de la guerre déjà bien échauffée, les autres églises de Bourgogne fussent rompues, ceux d'Autun, continuèrent en leur exercice jusques au vingt-quatrième du mois de juin; auquel jour étant avertis à minuit comme Villefrancon avait fait partir de Châlons, qui est à dix lieues d'Autun, certaines compagnies de gens d'ordonnance et autres gens de pied pour venir à Autun, avec exprès commandement de lui envoyer les ministres et le sieur de Bretaigne, prisonniers, ou bien leurs têtes, les dessusnommés se retirèrent si à point que ces troupes arrivées à soleil levant, n'y trouvèrent que le nid. L'église donc fut rompue, ayant été d'avis les anciens que les ministres se retirassent en Suisse, comme ils firent. Alors ceux qui étaient restés en la ville, furent traités d'une étrange façon, étant injuriés, battus, traînés à la messe; les autres menés en prison si on les oyait seulement chanter un verset d'un psaume; joint que plusieurs enfants étaient rebaptisés, et ceux qui naissaient nouvellement arrachés aux pères et mères pour les porter aux prêtres. Plusieurs aussi furent contraints d'épouser derechef, les malades importunés et pressés en toutes sortes par les prêtres, quelques-uns déterrés et jetés à la voirie pour ne s'être voulus confesser. Ainsi advint-il, entre autres, à un honnête citoyen, nommé Nicolas l'Orfèvre, et à un artisan menuisier, nommé Philebert, demeurant aux faubourgs Saint-Blaise; lequel étant trouvé besognant secrètement en sa chambre un jour de fête, pour nourrir sa famille qui était bien pauvre, ainsi qu'on le traitait en prison, fut tué sur l'heure par un sergent, d'un coup d'hallebarde. Un autre, nommé la Trompette, trouvé à l'écart, eût un bras coupé et fut laissé pour mort. Grand nombre d'hommes et de femmes, fut aussi réduit aux prisons, qui refusaient d'aller à la messe, et de signer les articles de Sorbonne, dont les uns après longue prison se laissèrent aller par infirmité, les autres se rachetèrent par argent, autres plus constant et nommément plusieurs femmes notables, soutinrent la prison jusques à la fin de la guerre. Plusieurs aussi s'écartèrent, les uns se retirant hors du royaume, et les autres allant à la guerre, et ainsi furent tous dissipés jusques à l'édit.

Nous avons dit que la grange en laquelle ceux de la religion avaient fait la cène le jour de Pâques, avait été brûlée. Ce nonobstant, on ne laissa de continuer l'exercice de la religion dès le lendemain en un jardin prochain, et le jour d'après en l'aire de la grange brûlée; et depuis encore, tant au jardin de Jacques Bouchin, qu'au maix de Robert le Blanc, dans les faubourgs Saint-Martin; et en ce même temps, un chanoine de Beaune, nommé Jean Mulot, homme docte et de grande prud'hommie, fit ouverte profession de la religion, et peu après fut reçu au ministère. Incontinent après, comme la guerre s'allumait au cœur de France, le sieur de Ventoux, capitaine de la ville, commença de fermer quelques portes, et de faire garder les autres; et la compagnie du duc d'Aumale étant arrivée en la ville, les armes furent ôtées à ceux de la religion, lesquels nonobstant tous ces empêchemens, et bien qu'à cause des portes fermées, ils fussent contraints de faire un long tour pour aller au prêche, continuèrent toutefois à leur manière accoutumée; même la marquise de Rothelin, passant par Beaune, retournant de Neufchâtel en Suisse, comté appartenant au duc de Longueville, son fils, assista en l'assemblée avec toute sa suite. Mais voyant finalement le danger évident où ils se mettaient en sortant dehors, vu que la gendarmerie s'épanchait de tous côtés par le pays, ils commencèrent de prêcher en la halle de la ville, le quatrième de mai. Cela fit hâter ceux de la religion romaine, d'exécuter ce qu'ils avaient entrepris; s'étant le jour suivant Ventoux, saisi de l'artillerie d'icelle ville, qu'il mena au château; ce qui donna à penser à ceux de la religion, et regarder à leurs affaires, étant de leur part assez forts dans la ville pour se maintenir; mais afin qu'iceux ne s'aperçussent de ce qu'on avait entrepris de leur faire le lendemain, envoyèrent ce jour même prier ceux de la religion de s'assembler en leur consistoire et d'y choisir quatre personnes pour traiter avec les officiers du roi et de la ville, des moyens de se bien lier et unir ensemble pour la conservation d'icelle. Suivant cela, s'étant ceux de la religion pour cet effet assemblés en la maison d'un bourgeois, nommé Arthus du Bourgdieu, le six dudit mois, tous leurs adversaires capables de porter armes, se trouvèrent en armes à tocsin sonnant sur les trois heures d'après-midi, avec Ventoux devant la maison de ville, y ayant aussi été introduits par le château, tous les vignerons des faubourgs, avec plusieurs des villages circonvoisins, et furent aussi amenées quatre pièces d'artillerie en la place, braquées contre quatre rues. Ceux de la religion voyant cela se retirèrent en leurs maisons sans faire autre bruit et là apparut la providence de Dieu, qui contint tellement les cœurs de cette multitude armée, que sans faire autre chose, ils ne bougèrent de là le reste du jour et de la nuit suivante jusques à dix heures du lendemain septième du mois. Ce matin donc six des anciens du consistoire, furent appelés en la maison de Philippes Bataille, où se trouvèrent aussi Antoine de la Tour, tenant le lieu de Bailly; lors absent, les avocats et procureurs du roi, le maire et quelques échevins. Là, ceux de la religion ayant remontré comme il n'était jamais advenu trouble de leur part, bien qu'on leur en eut donné assez d'occasion, mettant même le feu en leur grange, avec plusieurs autres molsetes, qui les avaient contraints, outre l'évident péril des gens de guerre courant le pays, de s'assembler et prêcher paisiblement dans la halle, finalement il fut résolu d'un commun accord que ceux de la religion se départant de la halle, jouiraient de leur grange comme auparavant de ces troubles, et que les uns et les autres demeurant en la liberté de leurs consciences et de leur religion, garderaient la ville au roi unanimement. Cela rapporté à Ventoux, qui était toujours en la place avec les armes, il voulut premièrement que la maison d'un nommé Pierre Champdoiseau, fut visitée, d'autant qu'on lui avait dit qu'il y avait céans quelques compagnies de ceux de la religion en armes; ce qu'étant trouvé faux, encore voulut-il avoir otages qui lui furent baillés et conduits à l'instant au château, à savoir Pierre Massol, fils de Jean Massol, et Robert Bochin, fils de Jean Bochin, antique maire de la ville, du consentement de leurs pères; et par ainsi finalement, chacun se retira au grand regret de ceux à qui les mains démangeaient, comme aussi y en eut quelques-uns battus et outragés, mais tout cela ne fut qu'un délai du complot dressé contr'eux. Car le lendemain suivant l'accord étant la porte Bretonnière ouverte à ceux de la religion pour aller à leur grange, ils la trouvèrent fermée à leur retour; de sorte qu'il fallut qu'avec grand crainte et danger ils entrassent un à un par le guichet, et ne furent pas plus tôt rentrés, remarqués et comptés que la porte fut murée; comme aussi toutes les autres furent fermées, hors une, gardée par ceux de la religion romaine, avec expresses défenses à ceux de la religion de porter armes, ni d'approcher les portes ni la muraille de la ville, ni d'en sortir étant dedans, ni d'y entrer étant dehors, ni de s'assembler au dedans. Par ce moyen, dès lors, qui fut le huitième dudit mois, l'exercice de la religion cessa. Le douzième dudit mois, les trois ministres, à savoir, Sébastian Tyran, Michel Lignol et Jean Milot, furent menés prisonniers au château, où ils furent nourris par ceux de la religion, leur envoyant des vivres de jour à autre, jusques à ce que les menaces du peuple les contraignirent de s'en déporter. Puis après, à divers jours, tous ceux de la religion assemblés à voix de cri, à la grande place, furent envoyés dehors les uns après les autres, à tour de rôle, sans leur donner loisir de retourner en leurs maisons, de sorte qu'il n'en resta qu'environ trente ou quarante des plus riches et apparens, et n'en sortit pas moins que de sept à huit cents, y comprenant les femmes et enfants. Au même temps, Ventoux leva des soldats, qui furent logés dans les maisons des absents, où ils firent beau ménage, étant traités ceux qui étaient demeurés au dedans avec infinis outrages, et tellement détestés qu'ils n'osaient pas sortir jusqu'en la rue, dont ils se trouvèrent en de terribles nécessités, n'osant même leurs parens leur montrer aucun signe d'amitié. Les enfants aussi étaient ravis pour être rebaptisés, les impositions intolérables levées sur ceux de la religion présents ou absents et exigées avec telle rigueur, que les meubles étant pris et vendus sur-le-champ, si cela ne suffisait, on se prenait au corps pour faire prisonniers ceux qui l'étaient déjà, attendu que toute la ville leur était pour prison, et n'avait-on égard à aucune qualité, tellement que la femme du lieutenant Massol et celle de Jean Massol, son frère, deux des bonnes maisons de Bourgogne, cotisées à deux écus, furent réduites à cette nécessité, qu'elles couchèrent sur la paille à faute de lits.

Le dimanche vingt-unième de juin, se faisant une procession passant par devant la maison d'Arthus de Bourgdieu, près le temple de Saint-Pierre, un certain prêtre nommé Moingert s'écria hautement qu'il y avait assemblée céans, et qu'on y prêchait; sur quoi s'émouvant le peuple, bien que le sieur de Poully, lieutenant de Ventoux, eut lui-même visité la maison et rapporté qu'il n'en était rien, ce néanmoins, la furie fut telle que la maison fut forcée et entièrement pillée, s'étant ceux qui étaient céans à grande peine sauvés par dessus les maisons. De là, cette sédition s'épancha par toutes les rues jusques à la maison du lieutenant Massol et de son frère, qui n'en eussent pas eu moins si la femme de Ventoux étant survenue, n'eût apaisé le peuple, lequel fit plus pour une femme que pour les hommes, aussi ne s'en étaient-ils pas donné grande peine. Les mois suivants, à savoir juillet et août, la cour de parlement de Dijon, suivant les erres du parlement de Paris, fit plusieurs procès criminels et arrêts à l'encontre de ceux de la religion, et notamment ordonnèrent que chacun ferait profession de la foi de l'église romaine; ce qui augmenta les misères de plusieurs, étant aussi les nouvelles arrivées, que ceux de Lyon avaient jeté une armée aux champs, tirant vers la Bourgogne, au très-grand dommage de la ville de Beaune, et notamment de ceux de la religion, desquels les maisons et jardinages ne furent épargnés, sous ombre de fortifier la ville dedans et dehors. Tôt après ayant été Mâcon repris par surprise, étant prochaines les vendanges, ceux de Beaune, craignant que la plupart des bourgeois sortant de la ville pour y vaquer à cause du grand vignoble qui y est, ceux de la religion qui étaient de reste en la ville, encore qu'ils fussent si petit nombre, ne remuassent quelque chose, furent tous mis en prison fermée, excepté un seul qui resta pour quelque considération; et furent en ce même temps solennellement reçus, jurés et signés les articles de Sorbonne, en la chambre du conseil, suivant l'arrêt de parlement de Dijon, par tous les juges, avocats, procureurs, notaires, sergens et autres officiers, dont fut toutefois exempt pour son absence le lieutenant Massol. Cinq ou six de la religion y étant appelés se montrèrent lâches. Mais Hugues Ythier, greffier de la ville, Nicole Belin, avocat, Jacques Regnier, praticien et notaire royal, et quelques autres ne fléchirent aucunement, et les refusèrent tout à plat. Les vendanges finies, les prisonniers furent relâchés et remis en leurs maisons ; mais à grande peine y étaient-ils rentrés quand au commencement d'octobre, certains huissiers de la cour de parlement arrivèrent pour en prendre au corps quelques-uns, et en ajourner personnellement les autres. Plusieurs d'entre eux furent appréhendés, à savoir, Jacques Margueron, sieur du Champ, et Claude Doriol, médecin ; les autres se cachèrent, et furent du nombre des ajournés, desquels plusieurs allèrent à Dijon se présenter, dont bien ne leur advint ; car encore que l'accusation dressée contre eux fut frivole, (à savoir qu'ils s'étaient assemblés dix ou douze ensemble en un repas), toutefois ils eurent beaucoup de peine et firent de grands frais, outre ce que quelques-uns y furent prisonniers plus de six mois, les autres furent plus sages prenant autre chemin au sortir de la ville. Bref il ne demeura à Beaune pour cette heure-là que deux hommes faisant ouverte profession de la religion, à savoir, Barthelémy Navetier et Nicole Belin, avocat, lequel se retira, puis après, au château de Molinet, et quelques femmes honnêtes. Ceux qui étaient dehors eurent divers rencontres, les uns étant parvenus sans aucun dommage à Lyon et à Genève, les autres ayant été contraints de se sauver en certaines places en chemin, et les autres tombés en dangereuses mains, comme Robert le Blanc, grainetier, l'un de ceux qui ne comparut point à Dijon, lequel se tenant sur les limites du pays de Bresse, fut arrêté et rançonné de grosses sommes pour sa délivrance. Le lieutenant Massol, d'autre côté, ayant pris le chemin de la cour, ainsi comme il descendait du cheval à Paris, fut constitué prisonnier avec son serviteur, et mené au prévôt de Paris, devant lequel ayant été chargé d'avoir assisté à Jacques Bretaigne, qui avait parlé bien hautement aux états pour les tiers états, fut conduit en la tour carrée du palais, où il demeura longuement. Environ le quinzième de novembre, l'armée des Allemands conduite par le sieur d'Andelot, passa par les confins de Bourgogne et Champagne, ce qui donna grande frayeur à ceux de Beaune, tellement qu'en toute diligence ils commencèrent un boulevart à la porte de Bourgneuf, auquel furent employées toutes les pierres des murailles des granges et jardins de Jean Bouchin et Pierre Fillot, arrachées jusques au fondement. Sur la fin du mois de décembre, par sentence de l'official de Beaune, le corps d'un honnête marchand, nommé Jacques la Corne, mort en la religion et enterré huit mois auparavant au cimetière de Saint-Pierre, fut déterré et jeté en la voirie, ce que plusieurs même de la religion romaine réprouvèrent. Au même temps le pays fut plein d'homicides et voleries et même à la porte du Bourgneuf, fut tué par les gardes et autres, un sergent royal, serviteur domestique de Philippe Bataille, conseiller au grand conseil, en haine de la religion, comme aussi grièvement blessé aux faubourgs pour même cause, un messager de la ville de Dijon et autres ; et continuèrent ces désordres jusques à l'édit de la paix du dix-neuvième de mars mil cinq cents soixante trois, et plus outre encore, n'ayant icelui été publié à Dijon qu'à la fin du mois de juin, et le premier jour de juillet comme il sera dit en la suite de ces histoires.

Étant arrivé à Châlons et à Mâcon, l'édit de janvier, ceux de la religion en ces deux villes sortirent en public et notamment ceux de Mâcon, du gré et consentement, tant des officiers du roi, que des syndics et échevins et de la plus grande part des manans et habitans de la ville ayant pris à ferme du roi les halles pour y prêcher; et se passait ainsi le tout en grande tranquillité, quand les nouvelles du massacre de Vassy et de ce qui s'en était ensuivi à la cour étant arrivées, chacun commença à se tenir sur ses gardes. Tôt après ayant été saisie la ville de Lyon, le premier de mai mil cinq cents soixante deux, ceux de Mâcon en firent autant le troisième du même mois, et ceux de Châlons consécutivement, le tout de telle façon qu'il n'y eut point de sang répandu; déclarant ceux de la religion que leur intention n'était aucunement de se rebeller contre le roi ni contre l'état du royaume, mais au contraire de garder leurs villes avec leurs concitoyens sous l'obéissance du roi et du prince de Condé, comme ayant pris les armes défensives contre ceux qui se seraient saisis de la personne du roi et de la reine sa mère, et qui auraient violé notoirement l'édit de janvier. Trois jours après étant rapporté à Mâcon, comme les images avaient été abattues à Lyon, on ne put empêcher que le semblable ne se fît à Mâcon, ayant les ministres et anciens perdu leur temps d'y contredire; joint que ceux qui voyaient qu'on en était venu jusques aux armes n'étaient pas marris que quelques-uns de la religion romaine prissent cette occasion de s'absenter, auxquels toutefois n'était fait tort ni violence en leurs personnes ni en leurs biens. Qui plus est la plus grande part d'iceux, montrant, ou par feintise, ou à bon escient que leur religion ne leur était si précieuse que leur demeure, furent même d'avis qu'on n'épargnât ni les images ni les autels; de sorte que de leur consentement même pour la plupart, tout le service de l'église romaine cessa pour lors. Ceux de Lyon entendant ces choses, et considérant de quelle importance leur étaient ces villes, lesquelles ils voyaient avoir affaire à Tavanes, rusé capitaine, et auquel ne deffaudraient les forces, prièrent le sieur de Mombrun, naguère venu de Dauphiné avec cinq cents arquebusiers de se rendre à Châlons pour le garder, ce qu'il fit. Mais y étant arrivé et tôt après investi par Tavanes, toutefois bien peu accompagné, et qui était plutôt venu pour reconnaître ce qui était dedans la place, qu'en espérance d'y entrer, advint qu'une saillie de cent ou six vingts soldats, un brave et vaillant gentilhomme, appelé le capitaine des Granges de Dauphiné, avec trois autres y étant tués, Mombrun sur le soir le dernier jour de mai, abandonna la ville, s'embarquant avec ses troupes et la laissant en désolation, d'autant plus grande que ce partement fut du tout à la dépourvue. Les raisons qu'il a depuis alléguées de ce département ont été qu'il n'avait pas trouvé la ville de Châlons tenable de soi-même, ni munie d'hommes ni de courages tels qu'il était requis. Mais tout cela ne semble avoir été suffisant pour le faire déloger en telle diligence, laissant une ville d'une telle importance avec l'artillerie et grandes munitions de guerre qui y étaient, et principalement avec tant de pauvres familles qui n'eurent loisir ni moyen de pourvoir à leurs affaires. Et pourtant ceux qui en jugent le mieux attendu qu'on ne saurait imputer à Mombrun ni déloyauté ni faute de cœur, s'étant toujours auparavant et depuis montré homme de foi entière et de très-grand cœur, attribuent cela à certaines nouvelles qu'il reçut des affaires de son pays de Dauphiné, qui le rappelaient, et en partie aussi à ce que de son naturel il était sujet à son sens, comme il n'y a personne en qui il n'y ait quelque chose à redire. Mais tant y a qu'il se peut dire à la vérité que ce mauvais conseil trop subitement pris et trop tôt exécuté, fut une des plus grandes fautes et des plus importantes qui soient advenues en toute cette guerre, étant vraisemblable que les affaires de tout le pays d'enbas, depuis Châlons et de plus haut encore, se fussent bien portés autrement si le lyonnais eût été flanqué de ces deux boulevarts. Châlons donc ainsi délaissé demeura en piteux état, d'autant que Tavanes ne défaillant à si belle occasion, pour la crainte qu'il avait que ceux de Lyon n'y donnassent ordre, n'oublia de les serrer de près; et d'autre part, les habitants, qui autrement eussent moyen de se sauver avec leurs femmes, enfants et meubles par la rivière jusques à Mâcon, furent contraints de se sauver comme ils purent, plusieurs étant prévenus et saccagés, plusieurs aussi tués par les chemins, et le tout en somme étant réduit en très-misérable état.

La venue de Mombrun à Mâcon étonna aussi bien fort les habitants, de sorte que plusieurs étaient d'avis de quitter aussi la ville de Mâcon; ce qu'ayant entendu Tavanes, espérant d'en avoir encore meilleur marché que de Châlons, leur envoya un gentilhomme pour leur assurer qu'il ne prétendait de leur faire aucune nuisance ni à les empêcher aucunement en l'observation de l'édit de janvier; mais seulement de faire un magasin en leur ville, et d'y prendre quelques bateaux et cordages nécessaires pour le siège de Lyon, auquel il disait qu'il se préparait. Ces lettres reçues, six des plus notables de la ville, furent envoyés vers lui avec promesse de suspension d'armes durant tout leur voyage, pour entendre plus amplement sa volonté.

Mais à grande peine étaient partis ces députés, quand on vit les ennemis aux portes, lesquels toutefois furent contraints se retirer avec quelque perte de leurs gens. Ce nonobstant, l'effroi se trouva tel en la ville, que les députés étant de retour, et ayant rapporté que Tavanes avait entièrement résolu d'entrer en la ville, leur promettant toutefois tout gracieux traitement, il fut conclu en l'assemblée des plus notables par un commun accord de tous (hormis deux ou trois qui ne furent ouïs ni reçus quelques raisons peremptoires qu'ils pussent alléguer), qu'on lui ouvrirait les portes, et on sortait déjà de la maison de la ville pour les aller ouvrir, quand le peuple, non-seulement s'y opposa, criant tout hautement qu'il n'en irait pas ainsi, mais qui plus est se saisit des clés des portes et les mit entre les mains d'un bon personnage pour les bien garder. Tavanes averti de ces choses, envoya depuis plusieurs lettres, auxquelles il fut tellement répondu, qu'il lui fut aisé de s'apercevoir qu'on le connaissait trop pour se laisser circonvenir par ses belles paroles. Cela fut cause qu'avec tant de forces qu'il put assembler, et quelques grosses pièces, il se présenta devant Mâcon, le 3 de juin, espérant que sa venue les épouvanterait. Mais ceux de Lyon y ayant envoyé le capitaine Moreau, accompagné du capitaine Vertis et d'un du conseil de Lyon, ils furent tellement rassurés que ne s'en étant émus aucunement, Tavanes attendant plus grandes forces retira son camp à Saint-Jean-de-Priche, à une lieue de Mâcon. Pendant ce 1.er siége, ceux de Mâcon voyant une bonne partie de l'armée de Tavanes, être composée de Bourguignons du comté, portant ouvertement l'écharpe rouge, se servirent de cette occasion, envoyant à la cour le sieur de Pise, pour informer le roi, des causes pour lesquelles ils se tenaient forts en leurs ville (non pour se soustraire aucunement de son obéissance, mais pour la lui garder durant cette guerre avec toute fidélité), ensemble de raisons qui les gardaient d'ouvrir les portes à Tavanes accompagné d'étrangers, et leur étant suspect pour plusieurs grandes causes. Les remontrances entendues, bien que ceux de Guise eussent attitré le sieur de Brosses, pour intimider ledit de Pise, le roi et la reine mandèrent à Tavanes qu'il eut à se départir de devant Mâcon avec ses forces, se contentant de mettre un gentilhomme dedans la ville pour y commander sous son autorité. Mais soit que Tavanes eut reçu un autre commandement secret soit, qu'il fut plus obéissant à ceux de Guise, qu'au roi, il se prépara à un autre siége, tachant de se saisir des portes au-dessous de la ville ; à quoi il faillit, étant très-rudement repoussé. Ce néanmoins, le bruit de ce second siége intimida tellement plusieurs de l'une et de l'autre religion, que les uns sortirent, les autres envoyèrent dehors plusieurs de leurs meubles. Entre ces meubles furent découverts plusieurs tonneaux pleins de chappes, reliques et joyaux des cordeliers qu'on disait avoir été chargés par quelques-uns des plus respectés du consistoire ; ce qui pensa causer une grande sédition. Mais à l'aide des gens de bien, le tout s'appaisa, et furent seulement serrés quelques-uns qui en étaient soupçonnés. Cependant ceux de Lyon y envoyèrent un gentilhomme, nommé le capitaine Entrages, pour y commander, lequel y étant entré à grande difficulté se mit en tout devoir de la bien défendre. Tavanes aussi ne dormait pas, mais nonobstant les saillies de ceux de dedans, ayant brûlé tous les moulins du côté de Bresse, fit faire ses tranchées du côté de Saint-Etienne. Le 2, jour de juillet et le lendemain, ayant fait passer une partie de côté de la Bresse, accompagnée de quatre à cinq cents chevaux, gagna les faubourgs Saint-Laurent. Ce soir même arriva de Lyon le capitaine Saint-Louis, avec cent arquebusiers des compagnies ordinaires de Lyon et quelques pièces de campagne. Lesquels étant rangés en leurs quartiers, l'ennemi donna quelques alarmes parachevant ses tranchées ; et posa son artillerie, à savoir, deux coulevrines bâtardes du côté de la Bresse et quatre doubles canons battant la tour de Charrolles avec quelques autres pièces moyennes. Les pièces donnèrent de telle furie le lendemain quatrième dudit mois, qu'en moins de deux heures toutes les défenses furent par terre. Ce jour même environ midi, étant surpris en descendant par le rauclin hors de Saint-Pierre, le laquais d'un gentilhomme, nommé le sieur de Mussy, ayant dans sa pochette un petit taffetas rouge dans lequel y avait un anneau d'or, confessa à l'instant d'être envoyé à un gentilhomme de la suite de Tavanes, avec parole et créance de faire prendre la ville. Sur quoi étant pris et convaincu Mussy, fut pendu et étranglé, et la tête mise à la vue du camp de Tavanes, duquel il était domestique et qui l'avait fourré là dedans pour s'en servir au besoin. Entrages sommé peu après de se rendre, fit réponse que s'il tenait Tavanes, il lui en ferait autant qu'à Mussy ; qui fut cause que la batterie recommença, en laquelle fut tué d'un coup de moyenne, le capitaine la Flaiche, enseigne d'Entrages, personnage fort regretté. La brèche faite chacun sans exception, se mit à la remparer, où il se fit un grand meurtre, jusques à ce qu'on eut loisir de prendre des toiles et grandes tentes, étant le peuple en vue sans cela depuis le pied jusques à la tête; de sorte que plusieurs y furent tués, les autres y perdirent les bras et autres membres de leur corps, selon que le canon donnait, nonobstant laquelle furie, hommes femmes et enfants, firent un merveilleux devoir. Il fut tiré de quinze à seize cents coups de canon, contre la tour de Charrolles, laquelle commençant à s'ébranler, les ennemis usèrent d'horribles blasphèmes et menaces, avec plusieurs paroles extrêmement sales et impudiques, lesquelles au lieu d'intimider ceux de dedans, encouragèrent tellement jusques aux femmes et aux filles de la ville, qu'elles se préparaient de se trouver elles-mêmes à la brèche, chantant psaumes à haute voix. Et furent, d'autre part, redoublées les prières à Dieu, tant plus ardentes, par tous les carrefours et corps-de-garde, et de douze soldats ennemis qui se présentèrent pour reconnaître la brèche, les six y demeurèrent. A onze heures du soir, trente soldats sortis de la ville en intention d'enclouer l'artillerie de l'ennemi, marchèrent si dextrement que deux des sentinelles furent tués par eux, et le camp tellement ému, que si Tavanes ne fut comparu en personne, son artillerie eût été abandonnée. Le lendemain cinquième dudit mois, ayant continué la batterie, advint qu'à l'heure de midi la tour de Charroles tomba, qui rendit la brèche beaucoup plus grande et plus aisée, et firent contenance les ennemis de venir à l'assaut; mais voyant la résolution de ceux de dedans, ils ne bougèrent, et dès lors la batterie cessée, Tavanes délibéra d'essayer autre moyen, faisant mine de retourner en Bourgogne, voire même à si grande hâte qu'il délaissa quelques caques de poudre, le tout pour amorcer ceux de dedans, espérant qu'ils ne faudraient de sortir incontinent après eux, qui avaient logé leur infanterie au bois du Parc, à demie lieue de Mâcon, et caché leur cavalerie sur les ailes; mais Entrages prévoyant cela, et considérant le peu de gens de guerre qu'il avait, ne permit à aucun des siens de sortir. Tavanes alors se voyant déçu, et laissant garnison à Tournus-Clugny, Lourdon, Pierre-Cloux et autres lieux circonvoisins, remonta droit à Châlons avec son armée, là où tôt après, le vint trouver Maugeron avec toutes les forces qu'il avait pu tirer de Dauphiné, dont il avait aussi été déchassé par le baron des Adrets, délibérant ensemble des moyens de ravoir Mâcon. Cependant le plat pays était misérablement traité, au moins quant à ceux de la religion, qui pouvaient être rencontrés et où il y avait à prendre par ceux qui avaient été laissés dans les places circonvoisines. Entre les autres, un nommé la Villère, vint un jour donner jusques sur ceux qui travaillaient aux gazons pour remparer la brèche, et tua un bon personnage, nommé l'Escarselier, qui fut grandement regretté. S'il y avait des pillards par dehors du côté des ennemis, il y en avait bien aussi au-dedans de la ville, s'étant plusieurs des soldats et quelques autres encore, adonnés à piller et butiner, voire même jusques à sortir dehors et fourrager indifféremment, au grand scandale, non-seulement des gens de bien de la religion, mais aussi de plusieurs qui commençaient d'y prendre goût. Ces désordres étant vivement remontrés par les ministres, on se saisit de deux sergens de bande; mais à faute de preuves ils furent relâchés avec grandes menaces, tant à eux, qu'aux soldats, s'ils ne se contenaient autrement. L'enquête des joyaux des cordeliers qui avaient été trouvés et retenus à la porte devant le siége, étant remise sus un ancien du consistoire qui se trouva les avoir pris et chargés sans autorité, en fut déposé, bien qu'il vérifiât que les cordeliers mêmes l'avaient prié de ce faire et de les vendre, afin que les deniers qui en proviendraient fussent par eux employés à l'étude de théologie. Or avait-on dès le temps que la ville fut saisie mis à part les reliques, tant d'or, que d'argent et les autres ornements de l'église Saint-Vincent de Mâcon, avec résolution prise en l'assemblée de ville, de n'y toucher qu'en l'extrême nécessité. Ce néanmoins, deux principaux échevins à l'inçu des autres et des plus notables de la ville, les firent charger de nuit sur des bateaux, en intention de les mener et vendre à Lyon. Sur quoi étant faite une grande crierie, et à bon droit contre les deux échevins qu'on chargeait même d'avoir assigné sur cela le paiement de leurs dettes particulières, ce nonobstant, l'un d'iceux nommé Brunel, ne laissa de se mettre en chemin avec quelques arquebusiers. Mais comme cela était très-mal entrepris en toute sorte, aussi ne peut-il venir à bien. Car à grand peine avaient-ils fait deux où trois lieues, qu'ils furent découverts par le sieur de Saint-Point, lequel avec plusieurs gentilshommes de Dauphiné et bonne troupe de gens de pied, ayant passé la rivière au-dessus de Belleville, et les ayant investis, en prit les uns et tua les autres, se faisant maître des bateaux et de tout ce qui était dedans, estimé de trente à quarante mille francs; et bien qu'ils se disent bons catholiques, si ne laissèrent-ils point d'empoigner aussi bien les calices, que s'ils eussent eu les doigts sacrés, et mêmes, mirent en quatre quartiers une image d'or massif appelé la belle Notre-Dame, à la vue de l'échevin, lequel et autres prisonniers furent

menés à Châlons, entre les mains de Tavanes. Là dessus, vint à la ville un jeune garçon de quinze à seize ans, disant être parti de la maison du sieur de l'Ecluse, ennemi de la religion, où il se disait avoir été envoyé par les capitaines Laquot et Villet, pour l'avertir qu'il y avait des moyens pour prendre Mâcon, ce qu'il s'offrait de leur maintenir en présence, avec beaucoup d'autres choses. Ayant été sur cela ces capitaines saisis et confrontés il le leur maintint; mais tôt après il commença de varier, et finalement confessa franchement qu'à tort et sans cause il les avait accusés, sans que jamais on put tirer de lui qui en avait été l'instigateur. Tant y a que ces deux capitaines furent absous et lâchés, et fut l'accusateur quelque jeune qu'il fut, pendu et étranglé, sans en pouvoir tirer autre confession; auquel tint compagnie ce même jour un très-méchant homme, nommé Laboron, exécuté de même pour plusieurs maux par lui commis. Or étaient ces deux capitaines, enfans de la ville, ayant compagnie de gens de pied, et s'étaient employés vaillamment et sans reproche, qui fut cause que leurs soldats s'émurent, usant de grandes menaces s'ils n'étaient payés sur-le-champ. Cela épouvanta plusieurs des habitants; mais cette première rumeur étant appaisée par les remontrances que les sieurs de la ville leur firent, Entrages leur joua un tour de vieil rotier, ayant commandé à toutes ses troupes de comparoir en armes pour faire montres générales hors la ville, en un lieu appelé le pré Blanchet, et après avoir fait sortir les premières, les deux compagnies des sieurs Luquot et Villet, leur ferma très-bien la porte, de sorte que les soldats contraints de prendre parti descendirent à Belleville; en quoi se montra l'admirable providence de Dieu, y étant arrivés aussi à propos, que si on les y eût envoyés exprès dont nous avons à parler maintenant.

Cette seule ville du pays de Baviollois, avait un peu auparavant reçu la religion par le moyen premièrement du sieur de Chabottes, dit de la Roche, gentilhomme et exerçant le ministère, à la poursuite duquel, pour ce qu'il n'appartenait à cette église là, y fut envoyé un nommé Léonard Flavard, lequel suivant l'édit de janvier, y prêcha le 15 de mars et y célébra la cène le jour de Pâques 29 du même mois, non toutefois en telle liberté que l'édit le portait. Le 25 d'avril suivant, ceux de Mâcon y envoyèrent un nommé Jean de Leiry, qui commença dès le lendemain à prêcher ouvertement en une grange près le port, au grand regret des prêtres et moines usant de grandes menaces. Mais pour cela on ne laissa de poursuivre, et les nouvelles étant arrivées de la réduction de Lyon, ceux qui menaçaient changeant de langage prièrent qu'on les laissât sortir. Cela leur fut aisément accordé, de sorte qu'ils partirent avec tout ce qu'ils purent et voulurent emporter de blés, vins, meubles et autres hardes, sans être empêchés de fait ni de paroles. Par ainsi demeura la ville, paisible entre les mains de ceux de la religion, lesquels ne purent être empêchés par aucune remontrance des ministres qu'ils ne démolissent incontinent (à savoir le 4 de mai), toutes les images et autels, bien qu'ils fussent en fort petit nombre. Le lendemain 5 dudit mois, qui était jour de marché, les paysans ayant vu ce ménage, se croyèrent mutiner avec quelques-uns de la ville. Mais la contenance de ceux de la religion, qui toutefois n'étaient les plus forts de nombre, étonna tellement leurs adversaires, qu'ils s'écoulèrent, et fut la cène administrée le jour de Pentecôte, qui donna courage à plusieurs lieux circonvoisins de Villefranche.

En ce temps, le sieur de Saint-Auban, avec nombre de compagnies de gens de pied qu'il menait de Languedoc au prince, à Orléans, ayant pris son chemin par Villefranche, y trouva telle résistance, qu'il fut contraint de s'y arrêter, y ayant perdu quelques soldats, et d'autant aussi que toutes les communes étaient en armes pour lui couper le passage, lesquels il désirait châtier pour donner exemple aux autres. Cela fut cause que le baron des Adrets lui envoya Blacons avec forces de pied et de cheval et artillerie, sous la conduite des capitaines Moreau, Baron et Vertis. Lequel Moreau ayant chargé une troupe de cinq à six cents paysans, armés de toutes sortes d'armes, qui tâchaient de se jeter dans Villefranche, les défit entièrement, et les poursuivit plus de trois quarts de lieues. Ce que voyant ceux de la ville, et que l'artillerie était à leurs portes, se rendirent le lendemain, promettant d'obéir à celui qui commanderait de la part du prince dans la ville de Lyon, et, par ce moyen, échappèrent le sac, ne leur ayant fait aucun outrage en leurs personnes ni en leurs biens, hormis que toutes leurs armes leur furent ôtées, et furent quelques jours nourris leurs soldats à leurs dépens. Par ainsi, Saint-Auban continua son chemin vers Orléans, et les images étant abattues, on commença d'y prêcher le vingt-troisième de mai; comme aussi deux jours après, à Beaujeu, où les images furent pareillement abattues par le capitaine Montauban, que le baron des Adrets y envoya de Lyon. Le même se fit dans les villages d'alentour, et notamment à Drassey, où fit prêcher le gentilhomme du lieu en présence du curé et deux autres prétres. Mais cela ne dura guères; car la semaine même, le gentilhomme se retira du côté des adversaires. Ainsi demeura Belleville sans être pressée de trop près, jusques au vingt-neuvième de juillet, auquel ils furent assaillis comme s'ensuit. Tavanes s'étant retiré à Chalons, comme nous avons dit, et ne voulant perdre temps, et convié par les paysans circonvoisins de Belleville, qui l'assuraient de la pouvoir aisément porter, y envoya Saint-Point et de Pierre Blou, avec six ou sept cents soldats et deux cents chevaux, lesquels, s'étant joints aux paysans des villages d'alentour, à quatre heures du matin investirent la ville, pensant bien y entrer sans difficulté. Mais Dieu voulut que le jour de devant, les deux compagnies mutinées que nous avons dit avoir été subtilement déchassées de Mâcon, par Entrages, étaient arrivées le soir précédent, les uns ne sachant rien des autres, comme aussi ceux de la ville n'avaient rien entendu de ce qui leur était préparé. Étant donc les assaillans approchés de la muraille, et comme Dieu le voulut, ayant été découverts par un qui s'était levé bien matin, ils furent reçus si rudement par ceux qu'il n'y pensaient pas trouver, que force leur fut de quitter tout avec honte et dommage, mettant le feu en quelques monceaux de blés qui étaient à l'entour de la ville, à la manière du pays, et emmenant le bétail de quelques métairies; mais une bonne partie d'entre eux, avertis qu'un nommé Louis Guillerme, homme riche de biens, ancien du consistoire, et, pour cette cause, grandement haï des adversaires, la maison duquel était une vrai maison de charité à l'endroit des pauvres, était pour lors chez soi, sur le port de la Saône, à un petit quart de lieue de la ville, ne faillirent de s'y ruer avec telle furie, qu'ils n'y laissèrent rien, y ayant pillé jusques à la valeur de dix ou douze mille francs, comme on disait, avec grandes extorsions faites à sa pauvre femme, prochaine d'accoucher. Quant à lui, s'étant retiré en une certaine cachette avec un autre de ses amis, où il fut trahi et découvert par le maçon même qui avait fait ladite cachette, et qui était parmi ces pillards, il eut la tête fendue d'une hache, de part en part, et fut son corps jeté en la rivière, dont toutefois il fut tiré puis après, porté et enterré à Belleville. Et quant à son compagnon, ayant été attaché à la queue d'un cheval, traîné par les haies et ruisseaux, et finalement laissé pour mort, il se traîna toutefois finalement en la ville et y recouvra santé.

Je reviens maintenant à Mâcon, là où étant rapporté, le dernier de juillet, ce qui était advenu à Belleville, et qu'environ six vingts chevaux étaient logés à Varennes, bien près de Mâcon, le capitaine Verty, avec six vingts arquebusiers d'élite, y fut envoyé par Entrages, lesquels furent si bien conduits, qu'ayant enfoncé le corps-de-garde, ils y tuèrent grand nombre de ceux qu'ils y trouvèrent, mettant les autres à vau-de-route, qui leur échappèrent, d'autant qu'ils n'étaient accompagnés de cavalerie; et emmenèrent à Mâcon vingt-cinq chevaux et quatre gentilshommes prisonniers, que Tavanes tâcha fort de ravoir, mais Entrages ne lui fit autre réponse, sinon qu'ils les rendraient en rendant, et ferait pareil traitement à ces prisonniers que Vavanes ferait à ceux de la religion. Dès lors, aussi à même occasion, fut arrêté que tous les biens des ecclésiastiques seraient saisis sous l'autorité du roi, pour s'en servir à cette guerre, puis que le pareil était fait à ceux de la religion, en toute la Bourgogne, par Tavanes. Ceux de Mâcon, donc encouragés en partie par ce succès, et aussi parce que les Lyonnais, ayant pratiqué nombre de Suisses, comme il sera dit en son lieu, se mettaient aux champs, délibérèrent de leur côté de se tenir plus dans l'enclos de leurs murailles; et, en premier lieu, de nettoyer leur voisinage de certains brigandeaux, se retirant au château de Pierre Cloux, leur voisin, et ennemi capital de la religion, résolus de l'appréhender en sa personne, s'ils pouvaient, pour en faire justice, et de ruiner entièrement sa maison. Pour cet effet, Entrages avec trois cents arquebusiers, cent argoulets et deux pièces de campagne, ayant assiégé le château, étonna tellement ceux de dedans, que le capitaine Mourosat, avec vingt-cinq soldats, se rendit à discrétion, lesquels, étant reconnus pour vrais brigands, furent réduits aux prisons de Mâcon, au lieu d'être pendus sur-le-champ comme ils méritaient, de laquelle faute, puis après survint un grand malheur quand la ville fut surprise, comme ci-après il sera dit. La plupart des meubles qui se trouvèrent dedans fut reconnue et rendue à ceux auxquels ils avaient été ravis; puis fut mis le feu aux quatre coins du château, pour le réduire en cendre, étant un chacun bien marri que le maître ne s'était rencontré dedans.

En ce même temps, le sieur de Soubise, arrivé à Lyon pour y commander, comme il est dit en l'histoire du Lyonnais, ne voulant laisser oisifs les Suisses qui avaient été levés auparavant sa venue, leur persuada d'aller à Mâcon, et par delà si besoin était, sous la conduite du sieur de Poncenat, colonel de la cavalerie de Lyon, homme de bien, mais meilleur gendarme que capitaine. Poncenat donc, avec toute ses troupes, tant des Suisses (desquels était colonel le sieur Nicolas de Diesbach, de Berne) que des compagnies françaises de pied et de cheval, arriva dans Mâcon, le trentième de juillet, où il fut très-bien reçu. Mais tôt après, voyant ceux de la ville le petit ordre qu'il tenait en son camp et en ses affaires, joint que dès lors il tâchait de dégarnir la ville pour agrandir ses troupes, il y eut quelques paroles de mécontentement entre eux; ce qui ne passa plus outre toutefois, et fut prié Poncenat d'aller au château de Saint-Point, voisin de la ville, pour en faire autant qu'Entrages avait fait à Pierre Cloux, ce qu'il promit; et de fait, toutes choses furent prêtes à s'acheminer, mais tout soudain il changea d'avis, sans qu'on sût pourquoi, dont grand malheur advint puis après. Le lendemain, qui fut le deuxième d'août, il monta à Tournus, duquel lieu il demanda deux compagnies de la garnison de Mâcon qui lui furent envoyées au grand regret des habitants, prévoyant le mal qui leur en pourrait advenir; de sorte que plusieurs des bourgeois allèrent aussi en ce camp, disant tout haut qu'ils aimaient mieux encore y mourir qu'avoir la gorge coupée en leurs maisons, attendu que Poncenat avait même mandé la compagnie d'Entrages, qui la lui mena lui-même, laissant, par ce moyen, la ville du tout dépourvue, soit que Dieu, justement irrité, voulût ainsi punir les insolences commises en la ville, soit que l'ambition ou l'espoir de participer au butin qu'il semblait que cette armée devait gagner, l'eût aveuglé. Ceux de la religion voyant ce gouvernement, et que leurs adversaires de la religion romaine demeuraient les plus forts au dedans de la ville, avertirent aussitôt Poncenat que si on ne pourvoyait autrement à leurs affaires, ils aimaient mieux abandonner la ville que d'être un jour massacrés au dedans. A quoi il leur répondit qu'ils n'avaient que craindre, d'autant que lui et son armée était entre eux et leurs ennemis, qu'il espérait de bientôt défaire entièrement, ou repousser beauboup plus loin. Il assiégea donc Tournus, le huitième d'août, où était la plus grande part des forces de Tavanes et Maugeron, partie dedans la ville et partie au dehors, de-là la rivière. Là fut-il combattu, de part et d'autre, cinq heures durant, et, finalement, fut mis le feu aux portes, là où du côté des assaillans fut tué le capitaine Luquot, fort regretté d'un chacun, et du côté des assiégés fut aussi tué le capitaine Beaurepaire, non moins regretté par les troupes de Maugeron. Au même instant, ceux de de-là l'eau tiraient sans cesse sur les bateaux remontant de Mâcon pour envitailler le camp; ce que voyant, les Suisses braquèrent sur eux quatre pièces de campagne, de si droit fil, qu'on vit voler en l'air quelques drapeaux et enseignes, de sorte qu'ils se retirèrent plus loin. Durant ces escarmouches, se leva un orage si grand, avec une pluie si fort impétueuse que chacun, de part et d'autre, fut contraint de se retirer en son quartier; mais ceux de dedans se trouvèrent tellement étonnés que, nonobstant l'injure du temps, ils se résolurent d'abandonner la ville, se retirant par terre avec ceux qui étaient de-là l'eau, par les ténèbres de la nuit, et tracassant çà et là, de sorte qu'au point du jour, ils se trouvèrent à demie lieue près du lieu d'où ils étaient partis, pensant avoir fait plus de 6 lieues. Ceux de la ville, déjà épouvantés, entendant comme ceux de-là délogeaient, se jetèrent dans les bateaux pour traverser la rivière, avec telle et si grande précipitation, que deux grands bateaux s'enfoncèrent avec les gens et les meubles qui étaient dedans, qui furent tous perdus. Ce tumulte et naufrage advint environ minuit; ce qu'entendant Poncenat, il ne laissa perdre cette occasion, mais avec tout son camp, ayant bien fait reconnaître la ville, y entra environ une heure après minuit, et, qui plus est, donna tel ordre à tout, qu'il n'y eut aucun ravage, hormis que les images et autels furent tantôt abattus, et furent mises deux compagnies de Suisses dans l'abbaye pour la garder d'être brûlée. Tavanes, étonné de ce succès, fut en quelque délibération de reprendre le chemin de Dijon; mais trois choses l'en gardèrent, l'une fut qu'il vit que partant de Châlons, personne n'y voulait demeurer, l'autre, qu'il eut nouvelles du secours des Italiens qui lui venait, la troisième, qu'étant averti que les Suisses pour la plupart ne voulaient s'éloigner de Lyon, ni faire effort en Bourgogne, disant n'avoir été envoyés par leurs supérieurs que pour garder Lyon, il conçut espérance de les amener à quelque volonté de s'en retourner. Suivant donc cette résolution, il se mit à fortifier Châlons de plus en plus, regardant aussi aux moyens de gagner les Suisses, et de se préparer un chemin à recevoir ce secours d'Italiens et d'exécuter cependant ce qu'il pourrait sur Mâcon, qu'il savait être destitué de gouverneur et de gens de guerre, par les avertissements de ceux de la religion romaine, qui étaient dedans, et qui tramaient ce que tôt après ils exécutèrent.

Suivant donc cette résolution, il dépêcha un hérault au nom du roi, leur remontrant deux points, à savoir l'ancienne alliance de la couronne de France avec eux, et qu'ils avaient été circonvenus, en leur donnant à entendre que le prince de Condé et ceux de sa faction étaient en armes pour le service du roi ; s'offrant de leur faire apercevoir notoirement du contraire. Par lesquelles deux raisons il les priait ou de s'en retourner en leur pays, ou de se joindre avec lui pour le service du roi, leur faisant offre de tout bon et gracieux traitement. Il fut répondu à ces lettres, par Diesbach, que ses seigneurs et supérieurs étaient bien informés de tout le mérite de cette cause, qui ne l'avaient envoyé avec ces troupes contre le service du roi, mais, tout au rebours, contre les infracteurs des édits du roi, pour le service duquel ils étaient descendus. Cependant Mandozze, Espagnol et maître-d'hôtel ancien du roi, envoyé en Suisse, faisait de grandes plaintes à Berne, jusques à demander aux seigneurs s'ils voulaient quitter l'alliance du roi ou non, de sorte que, tant au camp de Poncenat qu'en Suisse même, on était en suspends si les Suisses retourneraient ou non, ce qui empêcha tout l'effet de cette armée. Poncenat donc, se voyant en ces détroits, qui le gardaient d'entreprendre le siége de Châlons, et ne voulant perdre temps, délibéra de se saisir des petites villes et châteaux circonvoisins ; suivant laquelle résolution, il envoya trois cents hommes contre Louhans, mais ils n'y purent rien faire, Tavanes y ayant pourvu. Il envoya une autre grande troupe à Clugny, espérant, par même moyen, rompre les Italiens qui approchaient pour se joindre à Tavanes, ce qu'il ne put faire. Mais quant à Clugny, la ville fut prise sans résistance, dont les moines étaient partis auparavant, non toutefois sans y laisser quelques pièces d'argenterie et quelques chappes saisies par les premiers venus, contre l'espérance de Poncenat, qui avait bien fait son compte d'en tirer bonne somme d'argent pour soudoyer son armée. La librairie, où il restait encore grand nombre d'anciens livres écrits à la main, fut du tout détruite, et les livres, partie rompus, partie emportés en pièces, de sorte que tout ce trésor-là fut perdu par l'insolence et ignorance des gens de guerre, disant que c'était tous livres de la messe. Le château de Lourdon, forte place appartenant à l'Abbé, fut bien sommé, mais ne fut rendu. Vetry fut envoyé pour prendre le château de Senesay, ce qu'il fit très-dextrement. Mais d'autre côté, Tavanes sachant en quel branle étaient les Suisses, et voyant le reste de l'armée de Poncenat écarté, et Mâcon destitué de gens de guerre, ne faillit à cette occasion, après avoir entendu la pratique menée par quelques-uns de dedans la ville avec Saint-Point, et fit sortir de Châlons de huit à neuf cents hommes et quatre cornettes de gens de cheval, qui tirèrent droit à Lourdon. Poncenat, averti de cette sortie, envoya Verty et Entrages pour les reconnaître, mais ils ne le purent découvrir, et ne rapportèrent autre chose, sinon qu'ils avaient entendu que ces compagnies allaient à Clugny sans enseigne ni tambourin ; à quoi voulant pourvoir, il ne put rien obtenir du colonel des Suisses, ne s'accordant avec lui. Plusieurs jugeaient ce qui était de cette entreprise de Tavanes. Mais on ne tenait compte des avertissements qu'on en donnait, répondant toujours Poncenat, que Tavanes ni autre n'entreprendrait jamais rien sur Mâcon, tandis que lui et son armée seraient entre deux. Ce nonobstant, ceux de Tournus prièrent un échevin de Mâcon, nommé François Alloing, y étant lors arrivé, de faire extrême diligence pour y descendre par eau, et avertir les habitants que soudain ils fissent couvrir la muraille de gens, dresser corps-de-garde, et surtout, que le lendemain les portes ne s'ouvrissent, quand même on demanderait à y faire entrer des charettes chargées d'or ou d'argent; et baillèrent audit échevin des lettres portant le même avertissement exprès. Cet échevin, partant le dix-neuvième d'août, à heure de minuit, arriva tôt après à Mâcon, là où, au lieu de faire son devoir, il se contenta seulement de faire une ronde à deux heures après minuit, avec un autre échevin, sans lui rendre les lettres; puis, s'étant retiré en sa maison, compta les deniers qu'il avait reçus de Tournus pour les munitions, et, finalement, s'en alla coucher pour ne guères dormir. Au même instant, les ennemis partis de Lourdon, passèrent à un quart de lieue de Clugny, où l'alarme fut donnée bien chaude, et ne tint à quelques-uns qu'on ne donnât avertissement à Mâcon, mais on ne voulut souffrir que personne sortît. Étant donc venue l'heure du malheur de cette pauvre ville, les gardes ne furent plus tôt levées à la diane, que ceux qui avaient fait la menée, vinrent dire au commis à garder la clef de la porte de la Barre, qu'il y avait au devent d'icelle plusieurs charettes chargées de blé et de paille pour mettre au magasin de la munition de la ville. Le portier qui avait été aussi pratiqué sur cela, ouvrit les portes, à l'ouverture desquelles, le premier bouvier ayant passé la première et deuxième porte, et suivi des autres charrettes, ne faillit de verser sous la troisième, faisant tomber les roues de sa charette, de sorte qu'on n'eût pu avancer ni reculer; sous la faveur duquel empêchement, s'étant soudain glissés environ vingt, tant soldats que capitaines attitrés, qui avaient longtemps demeuré couchés sur le ventre, au derrière des murailles des jardins dans les vignes plus prochaines de la porte de la Barre, coupèrent la gorge à quelques gardes de la porte, de l'une et de l'autre religion, et s'étant, par ce moyen, saisis des portes, tirèrent pour signal cinq ou six arquebusades à leurs troupes, tant de cheval que de pied cachées en un petit bosquet, appelé Merqueys, à un quart de lieue de la ville, appartenant à l'avocat du roi, qui y arrivèrent tantôt. La guette du clocher ayant découvert cela, sonna bien le tocsin, mais c'était trop tard, étant déjà les portes surprises et gagnées. Le corps-de-garde qui était à la cour du prevôt, se renforça de quelques-uns de la religion, qui firent un merveilleux devoir de repousser les ennemis hors la porte, mais pour n'avoir trouvé l'artillerie chargée, ils se trouvèrent si forts, qu'après avoir soutenu trois quarts d'heure et plus, le corps-de-garde fut contraint de reculer. Par ce moyen, l'ennemi gagna la grande rue de la Barre, et lors fut entendu un des citoyens qui avait pratiqué cette trahison, nommé François du Perron, procureur (et si grand larron, qu'étant un pauvre belître quand il arriva en la ville, en peu de temps il s'était fait riche de plus de trente mille francs) crier qu'on tuât celui qui avait les clefs des portes, de crainte, disait-il, qu'il ne me découvre. Ce fut exécuté incontinent par ceux auxquels il montra la maison où le portier s'était retiré. De là, s'approchant de la cour du prevôt, ils tuèrent tout ce qu'ils y rencontrèrent, et, par ce moyen, en moins de deux heures, tuant tous ceux qu'ils rencontraient dans les rues, se firent maîtres de la ville, en laquelle ayant mis plusieurs corps-de-garde, ils entrèrent puis après aux maisons, avec commandement de mettre à mort tous ceux de la religion, desquels pour sauver leur vie, les uns se jetaient par dessus les murailles, où plusieurs se rompirent les jambes, et quelques-uns se tuèrent, d'autres se jetèrent en la rivière, autres de leurs maisons en bas, bien que quelques-uns se missent en défense en leurs maisons ; entre lesquels se trouva une fille si courageuse, qu'à grands coups de grosses pierres qu'elle jeta des fenêtres, elle tua quelques-uns des ennemis. L'occasion du plus grand carnage vint de ces brigandeaux qui avaient été amenés prisonniers à Mâcon, du château de Pierre Cloux ; lesquels sortant de prison pleins de rage, et les armes au poing, n'épargnèrent personne, et criant à gorge ouverte : le seigneur Dieu des huguenots vous conserve, le grand diable vous bénit, le seigneur fasse reluire sa face sur vous qui faites le mort. Quand ils en avaient abattu quelqu'un demi mort sur le pavé, mettaient aux uns leurs épées au travers du corps, aux autres coupaient le cou, aux autres les bras et les jambes. Les ribaudes et paillardes des prêtres, qui avaient été chassées auparavant, étant alors rentrées, servaient à ces bourreaux d'enseigner les maisons de ceux de la religion, et surtout de ceux qui avaient poursuivi leur déchassement, ayant ceux de la religion romaine sans cela de bonne heure remarqué leurs portes de craie blanche, qui était le signal qui leur avait été donné pour les préserver. Si on n'épargnait les personnes, encore moins étaient épargnés les biens meubles, qui furent tous pillés et volés. Quelques-uns ayant mieux de quoi, étaient rançonnés et traités d'une terrible façon. Mais surtout on en voulait aux ministres ; l'un desquels, à savoir Pasquier, fut très-cruellement traité, les uns lui arrachant la barbe, les autres lui piquant les fesses de coups de poignard, avec coups de poing et de pied ; étant auquel état, et mené par toute la ville, pour le venir voir jeter du haut du pont en bas en la rivière, un gentilhomme l'ôta aux soldats et le mit en une profonde prison, les fers aux pieds, en espérant d'en avoir quelque grande rançon ; comme aussi ils regrettaient fort le contrôleur du domaine en Mâconnais, nommé Huguaut, et un Vincent, pelletier, qu'ils avaient tués, non pas qu'il leur portassent amitié, mais pour ce qu'ils en eussent tiré grosse rançon. Cette piteuse nouvelle rapportée ce même jour au camp de Poncenat, par quelques-uns qui avaient sauté les murailles, il survint un grand débat entre Poncenat, le colonel et Entrages, gouverneur de Mâcon, jusques à se vouloir entretuer, rejetant l'un sur l'autre la faute qui avait été commise, d'avoir ainsi destitué la ville ou de ne l'avoir secourue. Mais étant remontré à l'un et à l'autre qu'au lieu de se quereller et entretuer il fallait accourir à Mâcon, qui se pouvait aisément reprendre, devant que l'ennemi eût mis ordre à ses affaires, cette querelle cessée, l'armée commença de marcher de grand courage vers Mâcon. Mais la pluie survint avec telle impétuosité, que les Suisses furent contraints de demeurer à une lieue près la ville ; ce qui advint fort mal à propos. Car le point du jour venu, les courages se trouvèrent merveilleusement changés, de sorte qu'Entrages, ayant dressé les échelles, ne fut suivi ni des uns ni des autres, osant même quelques-uns répondre à ceux qui les conviaient, qu'ils ne se voulaient faire tuer à l'appétit d'Entrages, homme passionné de la perte de sa femme. Les Suisses, d'autre part, criaient qu'on passât outre contre Lyon, sinon qu'ils forceraient l'avant-garde ; et quelques remontrances qu'on leur fît, que les ennemis qui étaient dedans n'avaient moyen encore de garder la ville, et même qu'ils tenaient la porte du pont ouverte pour se sauver du côté de la Bresse, bien aussi que ces pauvres gens de Mâcon, qui avaient sauté les murailles, les suppliant à genoux, les larmes à l'œil, qu'ils voulussent seulement se tenir campés devant la ville, à cent pas hors la portée du canon; persistèrent en leur résolution, les uns alléguant qu'ils avaient faute de vivres, les autres se persuadant que Tavanes les poursuivait avec une armée; mais la principale excuse était qu'ils se disaient être venus seulement pour garder Lyon. Ce qu'entendant, Poncenat leur requit pour le moins quelque temps pour recouvrer des bœufs par les villages, pour emmener et charger l'artillerie sur des bateaux, usant de toute diligence pour en trouver, à cause qu'il ne put jamais obtenir d'eux aucun délai que de trois heures au plus. Encore abrégèrent-ils le temps, et partirent, tant eux que les Français qui les suivirent, sans en avertir Poncenat qui était allé en personne au port, pour charger l'artillerie sur des bateaux, tellement que, sans l'un de ses gens qui l'alla quérir à course de cheval, il était pris et perdu aussi bien que se perdit toute l'artillerie avec tout le reste des munitions et toutes les échelles, ne s'étant avisés de brûler les échelles, et jeter le reste à l'eau, tant était chacun épouvanté, bien qu'il n'y en eût aucune occasion. Le lendemain, vingtième du mois, les Suisses allèrent ce jour-là loger à la maison blanche, auquel lieu, un de Lyon, nommé Galand, s'aventura de mettre le feu en ce qui était resté des poudres qui étaient sur un charriot; de quoi averti, Poncenat y accourut pour y donner ordre et le faire pendre, mais il trouva qu'il était à demi mort, d'autant que le feu en avait fait la justice. Étant donc ainsi tous arrivés à Belleville, il ne tint à Poncenat que les Suisses ne logèrent tous ensemble avec eux. Mais ils en firent difficulté; et sur ces entrefaites, Maugeron, qui avait été dépêché par Tavanes, dès le lendemain de la prise de Mâcon, avec bonnes troupes de chevaux, ayant entendu comme l'armée de Poncenat avait tiré à Belleville, donna jusques au lieu, où chacun était tellement empêché à chercher de quoi repaître, que personne ne s'aperçut de sa venue, hormis quelques goujats, qui de bonheur se trouvèrent sur la muraille. Ayant donc ceux-ci donné l'alarme, Poncenat comparut à la porte, et fit sortir vingt chevaux qui lui restaient en ce lieu, sous la conduite du Capitaine Pluviau, lequel fit si bien, qu'à l'abordée, il frappa à mort le capitaine Hercules, lieutenant de Maugeron, et conducteur de ces coureurs, qui se mirent tous en route incontinent. La nuit venue, les Suisses pensant que Poncenat se fût perdu à cette escarmouche, et craignant de tomber en faute de vivres, se donnèrent une telle alarme, que toute nuit ils délogèrent, tirant à Villefranche en grand désordre, à quoi toutefois Poncenat remédia comme il put par sa présence. Par ainsi, les Suisses s'arrêtèrent à Villefranche, où nous les laisserons pour revenir à Belleville, là où Poncenat, bien que les soldats français, considérant la faiblesse du lieu, refusassent entièrement de demeurer, s'arrêta toutefois pour épier les occasions de bien faire, espérant aussi qu'il avait moyen de la fortifier. Mais le capitaine Moreau, qui avait lors la superintendance des fortifications de la ville de Lyon, étant envoyé, résolut qu'il n'y avait ordre de la tenir ni de la fortifier en peu de temps, qui fut cause que Poncenat conclut, si Tavanes en approchait trop près, de se retirer à Lyon, comme il fit aussi quand il fut temps. Il est vrai que cependant il s'offrit une bonne occasion d'aller au devant des forces qui venaient de Forêt pour se joindre à Tavanes. Mais quelques offres qu'il fît aux Suisses étant à Villefranche, ils ne voulurent jamais y entendre, persévérant toujours à se vouloir retirer à Lyon, selon leur capitulation, comme il sera dit en l'histoire du Lyonnais.

Je retourne maintenant à la pauvre ville de Mâcon, en laquelle les prisonniers furent traités d'une étrange façon. Entre les autres, un bon personnage, nommé Farrezier, bon marchand et honorable, par le témoignage même de ceux de l'église Romaine, jeté du pont en bas, comme il était revenu sur l'eau, criant Jesus-Christ, ayez pitié de moi, fut poursuivi dans un bateau par certains soldats qui l'assommèrent, lui criant d'autre côté, autant de fois qu'il invoquait Jésus-Christ, crie, crie ton Jesus-Christ qu'il te conserve. Cinq ou six autres pauvres hommes de la religion furent semblablement noyés. Et sur ces entrefaites, arriva Tavanes à Mâcon, le vingt-et-unième d'août, pour la bienvenue duquel, s'étant ces bourreaux saisis de l'autre ministre, nommé Bonnet, natif de Mâcon, de l'une des anciennes maisons de la ville, homme de grande érudition, de vie irrépréhensible, qui avait servi ailleurs au ministère plus de vingt ans, bien donc qu'il eût été déjà rançonné par trois fois, ils le promenèrent avec mille moqueries, nazardes et coups de poing par tous les carrefours, criant que qui voudrait venir ouïr prêcher ce dévot et saint personnage eût à se trouver au lieu et place de l'écorcherie, là, où avant été mené, buffeté et moqué deux heures durant, il les pria seulement de leur permettre de prier Dieu avant que mourir; sur quoi, après qu'ils lui eurent coupé la moitié du nez et l'une des oreilles, lui disant: prie maintenant tant que tu voudras, et puis nous t'enverrons à tous les diables, il se mit à genoux, levant les yeux au ciel, et priant d'une telle constance, que même plusieurs des bourreaux s'en allèrent gémissant. Puis adressant sa parole à celui qui lui avait coupé le nez mon ami, dit-il, me voilà à cette heure à souffrir ce qu'il te plaira. Mais je te prie et tes compagnons de penser de plus près à vos actions envers cette pauvre ville; car il y a un Dieu devant lequel il vous en faudra rendre compte. Disant cette parole, l'abondance du sang qui lui sortait du nez l'empêcha de parler plus outre; et comme un capitaine, passant par là, eût crié aux soldats, disant, laissez ce misérable, de par le diable, l'un d'eux le prenant par la main, le mena au bord de la rivière de Saône, au-dessous de l'écorcherie, et là, feignant le vouloir laver et lui ôter le sang qu'il avait sur le visage, le mit sur un petit bateau, où il ne fut plutôt, qu'on le renversa dans la rivière, dans laquelle se débattant et criant à Dieu miséricorde, ces bourreaux l'achevèrent à coups de pierres, le tout à la vue de plusieurs de la religion, prisonniers en un certain logis, qui n'eurent jamais le cœur d'offrir rançon pour lui, qui était toutefois le moyen de lui sauver la vie. Ce personnage mort, on courut aux autres, dont les uns furent rançonnés à toute extrémité, les autres jetés en la rivière. Ce néanmoins, l'avarice de Tavanes sauva la vie à neuf prisonniers des plus remarqués, et contre lesquels on criait le plus; à savoir, Pasquier, ministre, Thouillon Esleu, diger et avocat, Olivier Dagonneau, receveur du roi, Chaynard,

Vincent Prisque, Thibaut Corlier, Bernard Chevenis et Jean Jaubert, bourgeois de Mâcon, lesquels il fit conduire premièrement dans les prisons de Lourdon, très-vilaines, et de-là dans les prisons de Dijon, où ils furent sept mois entiers avec si rude traitement que souvent ils souhaitèrent la mort. Les maisons de la ville de ceux de la religion étant ainsi pillées et si bien nettoyées qu'il semblait qu'on n'y eut rien laissé, madame de Tavanes y sut bien découvrir les cachettes si subtilement, qu'elle eut pour sa part du pillage environ cent quatre-vingts bahus de meubles tous pleins, outre le fil, pièces de toiles, et toutes sortes de linge, comme linceuls, nappes et serviettes, dont Mâcon avait la réputation d'être bien meublée, entre les villes de France. Quant aux rançons, bagues, vaisselle et autres joyaux, on n'en a pas bien su la valeur. Mais tant y a que ceux qui avaient le maniement de tels affaires, disaient à leurs amis que Tavanes y avait acquis de quoi acheter content dix mille livres de rente. Encore ne fut-ce pas assez de piller la ville, mais on vint jusques aux granges et métairies, où on ne laissa blés, vins, bétail, foin ni paille, même il y en eut de brûlées. L'exercice de l'église romaine y fut aussi rétabli incontinent, et les prêtres et moines redressés en leur premier état, et le bordeau tout ensemble. Pour comble de tous malheurs, Saint-Point (homme du tout sanguinaire et plus que cruel, lequel, sa propre mère a déclaré en jugement, pour décharger sa conscience, être fils d'un prêtre qu'elle-même nommait) fut laissé par Tavanes gouverneur de la ville, lequel, pour son passe-temps, après avoir festoyé les dames, avait accoutumé de demander si la farce, qui depuis fut nommée la farce de Saint-Point, était prête à jouer. C'était comme un mot du guet par lequel ses gens avaient accoutumé de tirer de la prison un ou deux prisonniers, et quelquefois davantage, qu'ils menaient sur le pont de la Saône, là où comparaissant avec les dames, après leur avoir fait quelques belles et plaisantes questions, il les faisait précipiter et noyer en la rivière. Ce lui était aussi une chose accoutumée de faire donner de fausses alarmes, et de faire, sous ce prétexte, noyer ou arquebuser quelque prisonnier, ou quelque autre qu'il pouvait attraper de ceux de la religion, leur mettant à sus d'avoir voulu trahir la ville. Ces choses ainsi exécutées, Tavanes, renforcé de quatre mille Italiens, se campa au-dessous des bois de Tours, à deux lieus de Mâcon, et de là, quelques jours après, ayant pris Belleville et Villefranche abandonnée, vint jusques à Anse, à trois lieues de Lyon, où il séjourna jusques au quinzième de septembre, se retirant en Bourgogne, après avoir remis toute l'armée entre les mains du duc de Nemours, comme il sera dit plus à plein en l'histoire du Lyonnais.

Durant ce temps, c'est à savoir les mois de septembre, octobre, novembre et décembre, Saint-Point continua ces pillages et cruautés accoutumées, auxquels peu s'en fallut que fin ne fût mise par le sieur de Soubise, gouverneur de Lyon, lequel, ayant une bien secrète intelligence en la ville de Mâcon, y envoya Poncenàt, le cinquième de janvier 1523, pour y donner une escalade. Mais y étant arrivé seulement une heure trop tard, il fut découvert et repoussé, et y fut tué un capitaine de la religion, nommé de l'Espine.

Au mois de mars suivant, l'édit de pacification fut fait, nonobstant lequel, Tavanes extrêmement marri de perdre sa proie, tarda fort longuement à lâcher les neuf prisonniers de Mâcon, qu'il tenait à Dijon ; mais Saint-Point ne mit guères depuis la paix, à être puni de Dieu selon ses mérites, étant advenu que, retournant de sa maison près de la ville, où il avait porté environ vingt mille écus de pillage, fut rencontré par Achon, avec lequel il avait querelle, qui lui tira un coup de pistolet, dont il tomba mort par terre ; et, par ainsi, fut tué le tueur, et le lendemain enterré à Mâcon, avec grands pleurs de ceux de l'église romaine.

LIVRE SEIZIÈME

CONTENANT LES CHOSES ADVENUES DANS LE RESSORT DE METZ ET PAYS MESSIN.

1562

La ville de Metz est bien située en Lorraine, mais n'appartient au duc, mais est l'une des quatre principales villes de l'empire, avec titres d'évêché, en laquelle Dieu commença son œuvre par un étranger, et d'une façon admirable, à savoir par un nommé Jean le Clerc, de Meaux en Brie, lequel, n'étant homme de lettres, mais cardeur de son métier, et toutefois excellemment versé en la lecture de la parole de Dieu, telle que lors on la pouvait avoir en langue française, après avoir été fustigé et flétri à Meaux, pour avoir osé attacher publiquement un écrit sous un placard de pardons, où il maintenait que le Pape était l'antechrist, arrivé à Metz, l'an 1523, commença de parler de l'Évangile entre quelques menues gens qui y prirent goût, de sorte qu'il fut tantôt tenu pour suspect, au moyen de quelques prêtres dont cette ville-là est fort peuplée. Or, advint que cet homme, sans en avoir rien communiqué à autre qu'à Dieu, sortit hors de la ville, sur le soir, sachant que le lendemain se devait faire une solennelle procession, en une chapelle, nommée Notre-Dame aux champs, hors la porte Thibaut, trouva façon d'y entrer, et, la nuit, ayant abattu les images ne laissa, dès le point du jour, de rentrer dans la ville. Ce qu'ayant été incontinent découvert, et lui saisi, tant s'en fallut qu'il reniât le fait, qu'au-contraire il commença de prêcher Jésus-Christ à haute voix; ce qui fut cause que son procès lui étant fait sommairement, il endura une mort très-cruelle, lui ayant été premièrement coupé le poing dextre, puis le nez arraché avec des tenailles, les deux bras tenaillés et les deux mamelles arrachées; parmi lesquels tourments, il prononça avec une constance admirable, comme en chantant, ces versets du pseaume 115 : «leurs idoles sont d'or et d'argent, etc.», et mourut ainsi dans le feu, priant Dieu jusques au dernier soupir. Ce fut un acte vraiment extraordinaire, et qu'il ne faudrait imiter légèrement, mais la fin montra de quel esprit cet homme avait été mené, comme aussi sa mort en réveilla plusieurs. A celui-ci succéda l'année suivante, à savoir l'an mil cinq cent vingt-quatre, un homme de grandes lettres et docteur en théologie, et de l'ordre des Augustins, nommé Jean Castelan, de Tournai; lequel sema la doctrine de l'Évangile, premièrement à Bar-le-Duc, puis à Châlons en Champagne, puis à Vic, petite ville appartenant à l'évêque de Metz, et, finalement, à Metz, au grand regret des prêtres et des moines, et toutefois avec telle faveur du peuple qu'ils n'osèrent jamais le saisir en la ville. Mais finalement, ayant été épié dehors, il fut empoigné par les gens de l'évêque, à savoir de Jean, cardinal de Lorraine, et mené premièrement à Gorze, puis au château de Nomeny, et finalement à Vic. Ce qu'étant rapporté à la ville, fut cause que quelques-uns, sujets du cardinal, furent aussi retenus prisonniers; mais finalement ils furent relâchés, et Castelan, après avoir été solennellement dégradé, fut brûlé vif audit lieu de Vic, le douzième de janvier, audit an, mil cinq cent vingt-quatre. Or, était-il advenu qu'après l'avoir dégradé, on l'avait vêtu et brûlé en habit de vigneron. Ce que les vignerons de Metz, qui ne sont en petit nombre, ayant entendu, s'émurent de telle sorte avec plusieurs du populaire, que la maison du gouverneur de Gorze fut démolie, comme ayant été cause de tout, dont plusieurs furent puis après appréhendés et châtiés. Et bien que entre ceux-là ne se trouvât pas un qui ne fût de la religion romaine, on ne laissa toutefois d'imposer le tout à ceux de la religion réformée. Cela fut cause que plusieurs se refroidirent. Ce néanmoins, il y en eut d'autres qui continuèrent toujours secrètement, jusques en l'année mil cinq cent quarante et un; en laquelle deux jacobins, l'un nommé Pierre Brasli, et l'autre Watrain du Bois, commencèrent à prêcher clairement et hautement l'Évangile; ce qui donna tel courage à un bon nombre de citoyens, qu'ayant entendu au même temps les articles conclus et passés cette même année en la diète impériale à Ratisbonne, ils présentèrent requête aux maîtres échevins et treize de la ville, en laquelle, après avoir remontré l'obéissance qu'ils voulaient porter au magistrat, ils le suppliaient instamment leur accorder libre exercice de la religion, suivant la résolution de la diète; ce que toutefois ne leur fut accordé. Mais l'an mil cinq cent quarante-deux suivant, ayant été créé maître échevin le seigneur Gaspard de Heu, seigneur de Buy, homme de haute et ancienne maison, qui avait connaissance de la vérité, ceux de la religion firent venir de Neufchâtel en Suisse le grand et notable personnage Guillaume Farel, lequel, ayant commencé de prêcher au cimetière des jacobins, ébranla tellement la ville, que ceux de la religion romaine délibérèrent de faire tous leurs efforts au contraire. Et de fait, la plus grande part des magistrats étant bandée contre leur maître échevin, le danger d'une grosse sédition était éminent, pour laquelle éviter, Farel se retira à Montigny, prochain village, non sans avoir prédit par esprit prophétique ce que la ville a depuis expérimenté, usant de ces mots, qui furent dès lors bien remarqués; et qu'il a encore depuis réitérés en quelque sien écrit: vous ne voulez point recevoir Jésus-Christ, mais je vous dis qu'il viendra une nation qui vous déjetera de votre autorité, et ne serez maîtres ni de vos maisons, ni de vos biens. Étant donc Farel à Montigny, il se remit à prêcher; ce que voyant, ceux de la ville fermèrent leurs portes à ceux de la ville qui y étaient allés, usant de telle rigueur, que plusieurs mères ayant laissé leurs enfants alaitans, furent laissées dehors, et ne cessèrent les adversaires, jusques à ce que Farel fut contraint se retirer à Gorze, là, où plusieurs de la ville, nonobstant la difficulté du chemin, le venaient ouïr en grande allégresse. Cela émut ceux de la religion romaine à prendre un très-mauvais conseil; car étant un jour de Pâques, ceux de la religion, assemblés en grand nombre pour la célébration de la Cène, il survint une compagnie de cavalerie, accompagnée d'un nombre de gens de pied, Français, lesquels, ainsi comme enragés, tuèrent d'abordée un homme ancien, nommé Adam le Drapier, et de-là se jetèrent au travers de ces pauvres gens, courant çà et là comme pauvres brebis égarées, plusieurs desquels n'ayant pu passer la Mozelle, pour avoir été fait défense aux bateliers de ne passer personne, s'y noyèrent pauvrement tant hommes que femmes, étant contraints à grands coups de pierres d'entrer au fil de l'eau; comme au-contraire il y en eut qui passèrent outre miraculeusement. Il y eut aussi plusieurs femmes prises, violées et emmenées. Mais quoi qu'il en soit, le dessein de ces bourreaux ne leur succéda comme ils prétendaient, s'étant la plupart retirée en l'abbaye de Goze, qui puis après fut assiégée, et finalement rendue par composition. Et, bien que Farel fût très-soigneusement recherché, si est-ce qu'il échappa de leurs mains, ayant été mis dans une charrette parmi les ladres. Le conducteur de ce tant inique et cruel acte, fut Claude de Lorraine, duc de Guise, père de celui lequel a été depuis tué au camp devant Orléans. Après cela, les magistrats bannirent hors de la ville et du pays Messin les principaux qui avaient encouragé les autres, et pour ruiner ce que Farel avait bâti, firent venir l'apostat Caroli, duquel nous toucherons en peu de paroles la vie et la fin. Ce malheureux, étant docteur de Sorbonne, ayant été des premiers avec ce grand et célèbre personnage Jacques Fabri, surnommé Stapulensis, fut persécuté comme hérétique par les autres docteurs, et après avoir beaucoup trotté çà et là, finalement vint à Genève, environ l'an mil cinq cent trente-cinq, où commencèrent alors de prêcher et former l'Église, Farel et Viret; desquels comme aussi puis après de Jean Calvin, ayant été découvert, non-seulement comme nageant entre deux eaux, mais aussi comme gourmand et paillard qu'il était, il se retira de Genève, tirant à Neufchâtel, où il tâcha en vain d'entrer au ministère. De là, venant à Montbéliard, et trottant ainsi de lieu en autre, il dressa d'horribles calomnies contre Jean Calvin, Farel et Viret, qu'il accusait maintenant comme Arriens, maintenant comme Sabelliens; sur lesquelles accusations ayant été ouï et condamné en plein synode, à Lausanne, il retourna finalement à la religion romaine, et ayant fait ce qu'il avait pu, en espérance de regagner quelque crédit et d'être pourvu de quelque gras bénéfice, prit le chemin de Rome, où, poursuivi de la vérole qui le rongeait, et surpris d'un horrible jugement de Dieu, il mourut pauvre et misérable en un hôpital.

Pour revenir à notre histoire, la providence de Dieu montra que ceux avec lesquels les hommes avaient pensé chasser la religion, étaient ordonnés de Dieu pour l'introduire; car ayant été reçus très-humainement par les seigneurs de Strasbourg, et assistés du comte Guillaume de Fustemberg, ils y firent de telles poursuites envers les princes et villes de l'empire, tenant la confession d'Ausbourg, qu'en une journée assignée au lieu de Strasbourg mil cinq cent quarante-trois, où les ambassadeurs d'une part et d'autre se trouvèrent, il fut conclu et arrêté, avec le consentement même des magistrats de Metz, que les déchassés rentreraient en leurs maisons et biens, et que certain temple leur serait assigné pour l'exercice de leur religion ; ce qui fut puis après exécuté, leur étant assigné le temple de Saint-Nicolas, en Neufbourg, en ladite ville ; mais ce bien ne leur dura guère, ayant leurs adversaires obtenu un ambassadeur et mandement exprès de l'empereur Charles cinquième, pour faire cesser les ministres et empêcher le cours de ce qui était commencé, à quoi il fut promptement obéi.

Ainsi demeurèrent ces pauvres brebis sans conducteur, se consolant le mieux qu'elles pouvaient. Mais l'an 1552, et dixième d'avril, fut accompli ce que Farel leur avait prophétisé dix ans auparavant. Car Anne de Montmorency, connétable et conducteur de l'armée du roi Henry deuxième, se disant alors protecteur de l'empire, flatta tellement les principaux de la ville, en feignant ne demander que passage et vivres, qu'il y entra, et en mit en possession le roi son maître, avec grand serment toutefois et promesses solennelles de ne rien faire ou innover au préjudice des priviléges, droits et libertés de la ville ni des habitants d'icelle, ni de tout le pays Messin. Mais ayant les Français le pied à l'étrier, ils ont appris le cheval à trotter à leur mode, comme il se voit encore aujourd'hui. De fait, l'année suivante étant la ville assiégée par l'empereur Charles cinquième, le duc de Guise, François de Lorraine, fils du susdit Claude de Lorraine, y étant lieutenant-général pour le roi, et continuant l'inimitié mortelle de son père contre la religion, fit même fouiller toutes les maisons des citoyens et bourgeois, et, à la persuasion d'un nommé frère Léonard, gardien des pieds-déchaux, son confesseur, fit brûler tous les livres de la Sainte-Écriture qu'ils purent trouver, en la place du palais ; mais, dès la saisie de la ville, plusieurs se retirèrent à Strasbourg, voire même plusieurs qui étaient de la religion romaine, et des plus opiniâtres en icelle lesquels furent puis après gagnés à la religion ; et par ce moyen, après le camp de l'empereur Charles levé, étant retournés à Metz, afin de pourvoir à leurs affaires, ceux de la religion se trouvèrent en plus grand nombre beaucoup que devant leur sortie, et s'encouragèrent tellement les uns les autres que, nonobstant les grandes désolations advenues en ce changement, ils délibérèrent de n'en bouger, et d'y attendre la grâce de Dieu en patience.

Nous avons parlé de frère Léonard, gardien des pieds-déchaux, grand persécuteur de ceux de la religion, sur lequel Dieu exerça un terrible jugement, étant gouverneur de Metz le sieur de Vielleville, homme équitable et de raison, qui depuis est mort maréchal de France, et étant lors président pour la justice N. de l'Aubépine, homme sage et connaissant de longtemps la vérité. Ce frère, confesseur de François, duc de Guise, s'étant trouvé à la mort du duc Claude, père d'icelui, avait (à ce qu'on dit) entendu en confession un merveilleux cas, à savoir, comme le dit François et Charles le cardinal, son frère, ayant pensé empoisonner le connétable en un dîner, il était advenu que le père avait lui-même avalé poison, en une huître en écaille, par mégarde, ce qu'il leur pardonna devant sa mort du su de ce confesseur, étant mort peu après ledit duc Claude, ayant le feu aux jambes, avec un merveilleux tourment. Voilà pourquoi ce moine fut depuis grandement chéri par le susdit duc François, qui l'accommoda même en son couvent d'un moulin à vent, nommé du

Saulcy en Suplice, dont il se tenait bien fier : disant souventes fois à ses moines, qu'ils auraient un jour pour leur passe-temps d'y voir accoûtrer ces hérétiques luthériens de Metz. Mais il en advint bien autrement ; car, ayant le duc de Guise senti quelque vent qu'il était advenu à ce moine de dire quelque chose de ce que dessus à quelqu'un qui le trahit, on lui aposta soudain un chartreux, nommé frère Didier, qui l'accusa d'avoir intelligence avec les Bourguignons pour trahir la ville. Sur quoi étant pris, il fut aussitôt fait mourir en prison par ceux qui en avaient la charge, et quand et quand (comme s'il se fût rendu convaincu du crime en s'étant tué soi-même) fut, le quatrième de mars 1555, traîné sur une charrette, en la place dudit Saulcy, avec les effigies de deux moines qui s'étaient sauvés à toutes avantures, et ainsi fut pendu en une potence, y assistant, avec la torche au poing, dix-neuf pauvres moines du couvent, auxquels chacun disait qu'on faisait grand tort, ou de ne les pendre aussi s'ils étaient tant soit peu coupables de la trahison, ou de les traiter ainsi s'il n'en était rien. Tant y a que la chose passa en cette façon, par un merveilleux jugement de Dieu, et ne put être la chose si secrète, qu'elle n'ait été depuis découverte. Cela humilia aucunement les prêtres. Ce nonobstant, ils recommencèrent leurs poursuites plus ouvertement qu'auparavant, ayant reçu mandement les curés de toutes les paroisses, en la semaine peneuse qu'ils appellent, de remarquer tous les paroissiens qui faudraient de communier à leurs Pâques ; ce qu'ayant été fait soigneusement, et les rôles d'iceux ayant été rapportés à Rougeti, official de l'évêque, il ne faillit de les appeler en son auditoire ; là où étant comparus, il tâcha de les retenir ; mais s'étant saisis de la porte, ils sortirent dehors, et firent tant, que finalement le sieur de Vielleville, fort importuné et craignant que ceux de la religion, qui demandaient congé de se retirer hors la ville avec leurs biens, plutôt que d'être assujettis à la juridiction d'un official, ne remuassent quelque chose envers les princes d'Allemagne, commanda à l'Official de se déporter de telle poursuite, jusques à ce que le roi y eût pourvu.

En ce même temps, retourna en la ville frère Bernard Dominici, ministre (qu'ils appellent) de l'ordre de la Trinité, lequel, avant la prise de la ville, ayant été trouvé en habit de femme, avec une nonnain, au couvent du Saint-Pierre, s'en était fui, et depuis étant retourné, commença de faire merveilles, prêchant contre les idoles et contre la messe même, de sorte que plusieurs de la religion romaine changèrent d'opinion. Mais le cardinal de Lorraine, évêque de Metz, en vint aisément à bout, au moyen d'un bénéfice de trois ou quatre cent livres de rente, de sorte que tôt après, sans aucune honte, il prêcha tout le contraire, et fut appelé comme devant monsieur le général.

En ce même temps, Charles de Lorraine, cardinal et évêque de Metz, le plus grand ennemi qu'eût la religion, se démit de l'évêché de Metz, de quoi ceux de la religion se réjouissaient grandement. Mais comme il n'était aucunement vraisemblable qu'un tel homme, étant des plus ambitieux et avaricieux de son état qui fût au monde, quittât volontairement un si gros morceau, il se trouva incontinent que ce bon hypocrite n'avait fait autre chose, sinon résigner son titre d'évêque, comme faisant conscience de tenir tant de crosses en ses mains, et cependant s'était réservé tout le temporel. Cet évêque titulaire se nommait Peguillon, l'un de ses protonotaires, homme de quelques lettres, mais mal versé en théologie, lequel, accompagné de deux autres évêques, à savoir de Toul et de Verdun, tous deux de même étoffe que lui, venu à Metz, étonna quelque peu ceux de la religion, estimant qu'ils fussent venus comme inquisiteurs avec quelque grand pouvoir de les persécuter, qui fut cause que plusieurs s'absentèrent de la ville. Mais Dieu détourna cette tempête, et se contenta Peguillon de faire un petit livre en latin, touchant la sanctification et le baptême des petits enfants, auquel il fut bientôt répondu ; et par ainsi ceux qui s'étaient absentés rentrèrent sans qu'on leur dît mot. Mais ces évêques en rapportèrent un sobriquet qui leur fut donné par ceux de leur religion même, qui les surnommèrent évêques de Carême-prenant, pour ce (disaient-ils) qu'ils étaient maigres comme Carême, n'ayant qu'une petite pension assignée sur l'évêché dont ils avaient le titre, mais le cardinal était le prenant. Voilà comme du vu et su du Pape même, les biens ecclésiastiques sont partagés entre ceux qui s'appellent les catholiques et piliers de l'église. Tant s'en fallut donc que cela décourageât ceux de la religion, qu'au-contraire ils continuèrent plus courageusement qu'auparavant leurs assemblées secrètes, dans lesquelles, après la lecture de quelques chapitres de la Bible, les prières se faisaient hautement par quelqu'un député à cela. Mais advint, comme ils étaient assemblés en la maison d'un nommé François Juste, pelletier, en la rue du haut Champé, qu'ils furent découverts par le curé de Saint-Euchère, lequel étant même entré en l'assemblée pour les épier, fit tant qu'au sortir, quelques-uns du magistrat se trouvant à la porte de la maison, les remarquèrent ; et quelques jours après furent saisis et mis prisonniers ledit François Juste avec plusieurs autres. Ce fut merveilles étant l'assemblée ainsi surprise qu'il n'y eut aucune émotion soudaine, ayant Dieu modéré le tout, voire tellement qu'à la sollicitation des femmes des prisonniers, le sieur de Vielleville, qui craignait toujours que les princes Allemands ne remuassent quelque chose, les relâcha dix ou douze jours après, se contentant de les avoir aigrement repris, avec défense de plus y retourner, sous peine d'être châtiés comme rebelles et donnant occasion de sédition.

Tôt après, le sieur de Vielleville fit un voyage en France, laissant pour gouverneur en son absence le sieur Sennetaire, grand ennemi de la religion et d'esprit bouillant, duquel se servant ceux de la religion romaine, ne faillirent un jour de dimanche de l'avertir qu'ils avaient vu sortir plusieurs personnes de la religion, hors de la maison d'un vieil homme, Allemand, cordonnier, nommé Hans Franc, comme de fait, ce bon personnage n'avait jamais refusé sa maison à l'assemblée. Entendant cela le gouverneur, et prenant cette délation comme si on lui eut voulu dire que ce cordonnier était le prêcheur ; il l'envoya quérir, le menaçant de le châtier comme un prêcheur dessous la cheminée ; à quoi ce pauvre homme parlant très-mauvais français, non par affectation, mais pour ce qu'il n'avait jamais autrement pu apprendre la langue française, lui répondit en ces propres mots à un accent de même, was ? moi le croi père Dieu. Sur quoi, chacun s'étant pris à rire, et ayant le gouverneur entendu qu'à la vérité cet homme ne parlait point autrement français, il le renvoya, menaçant ceux qui l'avaient accusé de les châtier, comme s'étant moqués de lui, de sorte que tout cela s'en alla en risée.

Quelque temps après, à la sollicitation d'un gentilhomme de Lorraine, sieur de Dommartin, homme plein de piété et de zèle, s'étant quelques années auparavant retiré en Suisse, vint à Metz un jeune homme du Bordelais, nommé Villeroche, envoyé de Lausanne, lequel exerçant secrètement le ministère, fit un très-grand fruit en peu de temps, s'étant adjoints à la religion plusieurs des principaux de la ville, même de la noblesse; entre lesquels fut le sieur de Clervant, de la noble et ancienne maison de Vienne, lequel sans craindre aucun danger tenait sa maison ouverte pour les assemblées; ce que ne pouvaient ignorer leurs adversaires, mais ils se trouvaient fort empêchés à y résister à cause de l'autorité de ceux qui s'étaient déclarés de la religion. Ce néanmoins, firent en sorte envers le gouverneur que le prevôt des maréchaux, eut commandement exprès de découvrir et prendre au corps le ministre, lequel à cette occasion fut mis dehors la ville par subtils moyens. Mais non contents de cela, les adversaires tâchèrent de divertir ceux de la noblesse et notamment ledit sieur de Clervant, envers lequel s'employa tant qu'il lui fut possible, Bruneval, grand-doyen de Metz, lui proposant les grandeurs où il pouvait parvenir, et desquelles il se privait en favorisant à cette religion haïe et condamnée par les plus grands. Mais tant s'en fallut que Clervant se laissant gagner, qu'au contraire il lui ferma la bouche, le rédarguant aigrement de ce qu'il parlait et vivait contre sa propre conscience, vu qu'il avait autrefois fait profession de la même religion, à laquelle maintenant il préférait le ventre et la cuisine.

Les choses continuèrent ainsi quelque temps par secrètes assemblées, où se faisaient seulement quelques lectures avec prières, avec tel succès et accroissement, que l'an 1558, ceux de la religion se résolurent de se déclarer ouvertement et de n'épargner nul moyen pour avoir l'exercice libre et entier. Suivant donc la délibération, ayant prié par lettres le sieur de Chembray, leur voisin et Guillaume Farel, leur ancien père et maitre, de se trouver à certain jour à Strasbourg avec leurs députés, à quoi ils ne faillirent après avoir communiqué leur intention au seigneur du lieu, qui était de se servir de l'appointement fait et passé au même lieu, entre eux et ceux de la religion romaine, dès l'an 1563, comme il a été dit ci-dessus, et auquel accord copie leur fut octroyée par les susdits sieurs; ils conclurent premièrement qu'à Metz, suivant cet accord par lequel libre exercice de religion avec temples et ministres entretenus leur était octroyé, ils feraient justice par requête et supplication, tant envers le sieur de Vielleville, gouverneur pour le roi, que leurs magistrats ordinaires, pour jouir de l'effet de cet accord, pendant laquelle poursuite serait introduit un ministre dans la ville pour consoler, et réglant toujours le peuple se tenir prêt de monter en chaire sitôt qu'on l'aurait permis. Secondement, que les susdits Farel et Chambray, accompagnés de dix personnages, à savoir, Steff Baysel et Nicolas Guérin Messins, résidant en ladite ville de Strasbourg, s'achemineraient en deux bandes vers les princes d'Allemagne, pour induire leurs excellences à leur aider de leurs lettres favorables envers leurs magistrats.

Cela délibéré, la requête fut incontinent présentée, tant audit Vielleville, gouverneur, qu'aux magistrats remontrant la qualité de ladite ville, étant impériale, et le droit qu'ils avaient de jouir de l'exercice libre de leur religion, tant en vertu de cette qualité, que de l'accord susdit qu'ils exhibaient; joint que le roi les prenant sous sa protection, leur avait promis et juré de les maintenir en leurs priviléges, franchises et libertés, qui consistaient principalement en la liberté de leurs consciences, dont ils demandaient jouir, ayant égard aux ruines, pertes et dommages qu'ils avaient soufferts et endurés depuis le temps de cette protection et qu'ils souffraient encore journellement pour le service de sa majesté, requérant pour cet effet leur être octroyés deux temples dans la ville, avec ministres entretenus pour l'exercice de la religion, fondée en la pure parole de Dieu, qui est la doctrine des prophètes et des apôtres ; avec protestation de ne vouloir plus à l'avenir adhérer en sorte quelconque, à la doctrine et manière de faire de l'église romaine. Cette requête présentée, rendit leurs adversaires bien étonnés et plusieurs autres avec eux, surtout après que plusieurs lettres de la part de très-illustres princes allemands et d'autres furent apportées au magistrat tendantes à même fin. Cela fut cause que Vielleville prit garde de près à son gouvernement en personne, avec quelque opinion que ce pouvait être quelque entreprise brassée par les Allemands pour déposséder le roi. Mais ayant vu et connu que c'étaient simples lettres de prières, faites à la requête de quelques-uns du lieu désirant d'avoir l'exercice de leur religion dans la ville, il n'en tint pas grand compte. Par ainsi allaient les affaires à la longue sans autre provision, quand ceux de la religion, ayant fait venir de Sainte-Marie-aux-Mines, un ministre nommé François Peintre, dit la Chapelle, prirent cœur si avant que sur la fin d'octobre, audit an 1558, à deux heures après-midi, en la maison de Jean Etienne, commencèrent de prêcher à huis ouverts, étant en nombre d'environ cent personnes, tant de la noblesse, que des bourgeois, et chantèrent tout hautement le psaume seizième, sois moi, Seigneur, etc. Ce chant entendu de quelque chanoine, ayant son jardin derrière en cette maison, Vielleville fut soudain averti, par le commandement duquel, Michel Praillon, maître échevin, accompagné de quelques-uns de la justice (bien que du temps que Farel prêchait il eut fait profession de la religion et même eût été en office de diacre), vint toutefois avec grande colère en l'assemblée, et rompant le propos au ministre sans lui vouloir permettre de continuer, lui commanda de le suivre, ce qu'il fit sans qu'aucun de l'assemblée fit semblant de s'émouvoir, afin qu'on n'eut occasion de les taxer de rébellion. Ce même jour le sieur de Clervant, Jean Etienne et plusieurs autres, étant avertis de se retirer, sortirent de la ville et firent telle diligence, que plusieurs princes d'Allemagne, et notamment le duc des deux Ponts, avouant ledit la Chapelle pour être de sa maison et à son service, ayant écrit au magistrat pour le leur rendre, il fut délivré contre l'opinion de ses ennemis et mené en lieu de sûreté hors la ville; et fut aussi permis aux absents de revenir en assurance.

Clervant donc, revint aussi en sa maison de Montoy, fort prochaine de la ville, mais non pas seul. Car comme constant et résolu qu'il était, ayant pris le chemin de Genève, il en avait amené un docte personnage, nommé Pierre de Cologne, lequel exerça le ministère audit lieu secrètement, où se trouvaient aussi quelques-uns de la ville. Sachant cela, Vielleville usa de connivence, jusques à ce qu'un apothicaire, natif de France, nommé Guillaume Palisseau, y fit baptiser un sien enfant. Ce qu'ayant entendu il le fit saisir, et quelque poursuite qu'on fit envers lui pour le lâcher, s'en allant en France, le laissa entre les mains du sieur Senetaire, gouverneur en son absence, lequel l'envoya de nuit lié et garroté à Auxerre pour l'y faire exécuter. Mais les juges d'Auxerre n'en voulurent prendre connaissance, à raison de quoi il fut détenu longuement, comme il sera dit ci-après. Cela fait, Senetaire ayant appelé ceux de la religion, leur fit défenses très-expresses de par le roi, comme il disait, de s'assembler en sorte quelconque, sous peine d'être brûlés ou arquebusés sur-le-champ; ce qui les fit se resserrer pour quelque temps. Mais étant advenue la mort de Gertrude, femme du susdit Hans Franc, après que finalement son mari eut obtenu de la pouvoir enterrer hors la ville, ceux de la religion en étant avertis, reprirent courage, et s'y trouvant jusques au nombre de cinq cents et plus, convoyèrent le corps publiquement, jusques à un jardin, près le lieu, nommé la fosse au serpent; et depuis, à savoir, l'an 1559, au mois de mai, envoyèrent deux députés à Diète impériale d'Augsbourg, pour remontrer à l'empereur Ferdinand, la misérable condition d'une telle ville de l'empire, mais ils n'en remportèrent que bonne et grandes promesses.

En ces entrefaites, étant mort inopinément, le roi Henri deuxième, et lui ayant succédé le roi François deuxième, entièrement passé de par le cardinal de Lorraine, ceux de la religion romaine ne voulant perdre cette occasion, ayant aussi Senetaire, gouverneur du tout affectionné à la ruine de ceux de la religion, firent tant qu'ils obtinrent lettres du roi, adressées aux magistrats de la ville, en date du cinquième octobre, audit an, portant en somme que, pour le devoir du roi très-chrétien, et pour acquitter la foi et promesse du feu roi son père, ayant reçu la ville de Metz en sa protection à la charge d'y entretenir toutes choses au même état qu'il les y avait trouvées, il commandait incontinent, ces lettres vues, que commandement fut fait à toutes personnes demeurant en la ville, infectées d'erreurs, hérésies et fausses doctrines, qui ne voudraient recevoir la religion observée en France, et auparavant observée en leur dite ville de Metz, de vider et sortir dans le temps qu'il leur assignerait; leur étant toutefois permis de disposer de leurs biens, meubles et immeubles, comme bon leur semblait, sous peine de procéder contre les rebelles par justice, comme perturbateurs du repos public de la ville; et que par exprès il fut commandé à Clervant, qu'il eut à se déporter de toutes assemblées et conventicules, sous peine de faire raser et abattre sa maison, et de procéder au reste à l'encontre de sa personne, selon la grandeur de sa faute. Ces lettres présentées en plein conseil de ville, à quelque nombre de bourgeois de la religion, ils répondirent qu'ils ne pensaient point que ces lettres s'adressassent contre eux, comme n'étant entachés d'erreurs ni de fausses doctrines, requérant la copie desdites lettres et suppliant leurs magistrats naturels, de les vouloir soutenir avec leurs droits et franchises, et par même moyen se faire rendre entre leurs mains, Guillaume Palisseau, prisonnier de long-temps. La copie des lettres ne leur fut octroyée, mais bien écrivirent au roi, les magistrats en date du cinquième novembre, audit an, lui faisant entendre la réponse de leurs bourgeois, et au reste lui remontrant que déjà, auparavant que le roi Henri eut pris la ville en sa protection, plusieurs de leurs bourgeois étaient de la religion, lesquels étant déchassés de leurs biens, seraient par ce moyen privés du fruit de la promesse faite par ledit sieur roi, de les maintenir en leurs droits et libertés. Ils le suppliaient aussi considérer la désolation qui en adviendrait en la ville, qui demeureraient par ce moyen déshabitée d'une grande partie de ses bourgeois, avec une très-grande désolation par tout le pays, et qu'il lui plût leur faire rendre, Guillaume Palisseau, ayant acquis le droit de bourgeoisie en ladite ville pour y être habitué depuis dix ans et y avoir pris femme, offrant d'en faire bonne justice et de si bien faire désormais, s'il lui plaisait adoucir la rigueur de ces lettres, qu'il n'adviendrait aucun trouble ni désordre en la ville. Mais nonobstant ces remontrances, autres secondes lettres furent expédiées à Blois, du quatorzième de novembre, audit an, par lesquelles était enjointe l'exécution des premières; à raison de quoi Clervant, contraint de céder à cet orage, se retira en la ville des deux Ponts et de là à Strasbourg avec sa famille, où il séjourna quelque temps, et Pierre de Cologne, à Hydelberg. Le reste des bourgeois demanda un an de terme pour disposer de leurs biens et affaires; ce qui leur fut octroyé. Mais cependant Senetaire usa de merveilleuses rigueurs, voire de tyrannie envers eux. Car étant mort un ancien citoyen et qui était des magistrats de la ville, nommé Didier de Hononville, sans avoir voulu ouïr aucun prêtre, non-seulement il ne voulut jamais permettre qu'il fut enterré dans la ville, mais qui plus est, défendit qu'il ne fut mis en aucun lieu de son gouvernement; tellement qu'il fut force à la veuve et à ses héritiers de mener le corps jusques à Strasbourg, où il fut honorablement enseveli, et depuis encore, étant morte la femme d'un marchand drapier, nommé Mathieu le Comtat, qui avait été enterrée au cimetière de la paroisse, en baillant quelque argent au curé, Senetaire le contraignit de la déterrer lui-même, trois jours après, et de porter le corps en un sien héritage, hors la ville. Il y eut aussi deux mariages de deux bourgeois de Metz, en la ville de Strasbourg, où ils s'étaient transportés pour cet effet avec leurs épouses. Ce qu'ayant entendu, Senetaire ne leur voulut permettre de rentrer dans la ville. Mais si les ennemis de ceux de la religion leurs faisaient du pis qu'ils pouvaient, Dieu, d'autre côté, besognait bien pour eux d'autre façon. Car en premier lieu, Rougeti, official, le plus fin et cruel ennemi qu'ils eussent, ayant engrossé une fille, à laquelle il conseilla de jeter son enfant dans un puits sitôt qu'il serait né, comme elle fit, Dieu voulu que le cas fut tantôt découvert et la fille prise. Ce qu'entendant l'official, il gagna le haut, le quatrième de mai 1560, et fut sa paillarde brûlée par ordonnance de justice, avec une merveilleuse confusion de ceux de la religion romaine. Ce néanmoins, ceux de la religion se préparaient à la retraite, et plusieurs mêmes étaient déjà délogés, quand la mort du roi François, décédé à Orléans, le cinquième de décembre, audit an 1560, apportée à Metz, arrêta tout court la furie de Senetaire, et donna espérance à ceux de la religion, d'une brève délivrance, échéant le maniement du royaume entre les mains du roi de Navarre, alors favorisant à la religion, avec son frère le prince de Condé, ennemis de la maison de Guise, comme on présupposait.

Or advint en ce même temps qu'un certain Italien ingénieux, nommé Roc Guérin, fut aperçu allant par la ville avec certains maçons, garni de cordages et niveaux, et faisant certaines marques aux carrefours de quelques rues; de quoi le peuple étonné s'assembla par tous les métiers, et communauté de la ville, où il fut résolu d'envoyer certains députés en cour pour empêcher que quelque citadelle ne fut bâtie; lesquels s'étant aussitôt départis sans parler au gouverneur, il en fut tellement irrité que le lendemain, ayant fait assembler lesdits métiers, il leur fit très-expresses défenses de plus faire telles entreprises sans sa licence, déclarant toutefois que quand ils voudraient envoyer à la cour, il ne les empêcherait pour quelque chose que ce fut, non pas même quand se serait contre sa propre personne pourvu qu'il en fut averti. Cette défense ayant été entendue par ceux de la religion qui avaient déjà délibéré d'envoyer aux états qui se tenaient à Orléans, ils lui présentèrent dès le lendemain les points et articles pour lesquels ils avaient conclu d'envoyer en cour leurs députés; à savoir, en somme pour demander au roi, premièrement qu'il lui plut leur octroyer l'exercice libre de la religion sans aucun désordre; secondement que ceux qui s'étaient retirés, suivant l'injonction à eux faite, eussent à revenir, et jouir de leurs franchises et libertés; tiercement que Guillaume Palisseau, détenu prisonnier à Auxerre, pour le seul fait de la religion, fut relâché et mis en pleine liberté. Senetaire, ayant lu ces articles et s'étant en vain essayé de les divertir, répondit finalement qu'il y aviserait et tâchait de remettre les choses en longueur. Quoi voyant ceux de la religion lui présentèrent une requête bien ferme, déclarant qu'ils ne voulaient laisser passer cette occasion, et le suppliant de les excuser, puis qu'il ne leur faisait autre réponse, s'ils envoyaient en cour, afin que leur condition ne fut pire que celle d'un captif, qui sans faire tort à celui qui le détient à recours au souverain. Suivant donc cette déclaration furent envoyés en cour, Didier Rolin, bourgeois et Emmanuel Trémelius, juif, Ferrarais de nation, mais chrétien de long-temps et le plus docte de notre temps en la langue hébraïque, ayant épousé une femme native de Metz, avec bonne procuration, signée de soixante bourgeois au nom de tous ceux de la religion. Ce que voyant leurs adversaires, envoyèrent en cour, au contraire, Michel Pralon et deux chanoines. Les députés des métiers et communautés, arrivèrent les premiers en cour, s'adressant au sieur de Vielleville, leur gouverneur en chef, lequel tâchant sous main et par une singulière ruse de leur rompre leur dessein, quant à la citadelle, leur jura très-bien qu'ils n'avaient que faire de parler de la citadelle, d'autant qu'on n'en voulait point faire; et sachant qu'un d'entre eux, nommé Drouin Olri, était de la religion et les autres noms, s'adressant à lui à part, lui disant qu'il était temps de demander l'exercice de leur religion, et d'autre côté, parlant à ses compagnons, leur donna à entendre que ceux de la religion venaient pour demander des temples, à quoi ils devaient bien penser plutôt qu'à leur citadelle; au moyen de quoi il les mit en telle division, qu'il y eut même des soufflets donnés, et peu s'en fallut que les uns n'empêchassent les autres, comme prétendait Vielleville. Ce néanmoins, l'issue en fut telle que s'ensuit.

Tremelius aussi et son compagnon, députés de ceux de la religion, arrivés à la cour, furent du commencement rudement reçus par le roi de Navarre, auquel on avait donné à entendre que ceux de la religion étaient gens mutins, et qu'ils avaient souvent tâché d'introduire les princes d'Allemagne dans la ville. A quoi ayant été suffisamment répondu par Tremelius, qui lui remontra les rigueurs dont avait usé Senetaire et la patience de ceux de la religion, au contraire, se servant même des nouvelles fraîchement arrivées, comme les soldats de la garnison de Metz s'étaient mutinés contre Senetaire, jusques à avoir failli de le tuer d'une arquebusade, sans que ceux de la religion se fussent jamais émus, le roi de Navarre s'adoucit et promit de les faire expédier. Mais Pralon et les deux compagnons chanoines étant arrivés, rendaient cette poursuite fort difficile. A quoi la providence de Dieu pourvut d'une façon admirable ; car les députés des métiers, voyant qu'ils étaient là sans rien faire et que Tremelius avait eu bonnes paroles du roi de Navarre, le prièrent de porter la parole pour eux, attendu que ce qu'ils requéraient, qu'il n'y eut point de citadelle, était au profit commun de toute la ville ; ce que Tremelius accepta pourvu qu'ils consentissent que l'article de l'exercice libre de la religion fut aussi inséré en leur requête. Ce qu'étant vu au conseil, à savoir, que les bourgeois mêmes de la religion romaine, consentaient à la réquisition des autres, Tremelius obtint pour les siens ce qu'il voulut, nonobstant toute la poursuite contraire du Pralon et du clergé, étant mandé à Senetaire, de leur octroyer le plus prochain temple hors la ville, avec le retour des bourgeois absents pour la religion et la délivrance de Palisseau.

Pendant cette poursuite, ceux de la religion ayant fait revenir de Haydelberg, Pierre de Cologne, leur ministre, le firent rentrer en la ville, où il recommença secrètement de prêcher de maison en maison et continua jusques au 4 de mai 1661, auquel jour ainsi qu'il prêchait en la maison d'un nommé Jean le Braconnier, en intention d'y baptiser un enfant, Senetaire venant en l'assemblée avec ses gardes, l'emmena prisonnier sans aucune résistance ni émotion. Mais si tôt qu'il fut sorti on se rassembla, et se trouva là si à point un autre ministre, nommé Jean Tafin, venu aussi de Strasbourg, à la requête de ceux de la religion, qu'il paracheva l'exhortation et baptisa l'enfant. Quant au prisonnier, après avoir été détenu quelques jours, Senetaire lui-même le mit dehors la ville sans oser lui faire autre mal, lequel fut retiré par l'avis des anciens au village de Grixy, à demi-lieue de la ville, en attendant les nouvelles de la cour. Les nouvelles donc arrivées, et les lettres mises dans les mains de Senetaire, si bien écrites qu'il n'était besoin d'autre commandement, le temple de saint Privé, qui est la ladrerie de la ville, fut accordé à ceux de la religion, qui commencèrent à y prêcher publiquement et au son de la cloche, le dimanche jour de Pentecôte, 25 de mai audit an 1661.

C'était une chose admirable de voir l'ardeur de ce peuple venant, non-seulement de la ville, mais aussi des villages du pays Messin, de sorte qu'il fallut quitter le temple pour prêcher en deux lieux en une même heure en pleine campagne, quelque temps qu'il fit. Le reste de l'église fut aussi dressé, étant élus et confirmés devant tout le peuple, les premiers anciens, jusques au nombre de vingt qui furent distribués en quatre quartiers de la ville, à savoir, au quartier d'outre Mozelle, de la grande église, d'outre Seille, et au quartier où fut depuis bâtie la citadelle, ayant chacun des anciens, le rôle de ceux de leur quartier. Semblablement furent établis en chacun de ces quartiers, quatre collecteurs pour lever les deniers, lesquels chacun s'était volontairement cotisé, tant pour l'entretenement des ministres que pour autres subventions de l'église, et qui étaient remis entre les mains du receveur commun qui en était comptable devant toute l'église. Outre cela furent élus deux diacres en chacun de ces quartiers, tant pour la collecte des deniers des pauvres, que pour les visiter et leur subvenir en leur nécessité. Quant au consistoire, il fut arrêté de le tenir deux fois la semaine, auquel assistait avec les ministres, cinq anciens et deux diacres de trois mois en trois mois, selon que nous avons dit qu'ils étaient distribués par quartiers. Quant à la cène, la première ayant été célébrée le vingt-unième de septembre, audit an, avec toute modestie et révérence, ce qui fut cause d'en attirer plusieurs qui n'avaient jamais vu un tel acte, il fut arrêté de la célébrer de là en avant de deux en deux mois, au premier dimanche du mois, après les censures de l'entier consistoire, faites le vendredi précédent, et la recherche des anciens par les quartiers, huit jours auparavant, pour réconcilier tous ceux qui seraient en querelles, et pour avertir chacun de se préparer à venir dignement à la table du Seigneur. Et pour ce que plusieurs pouvaient venir à l'assemblée, sans être encore disposés et propres à se présenter à la cène, ceux qui y devaient participer, entraient par la petite porte du temple après qu'il fut bâti, où ils étaient reconnus par leurs anciens; les autres entraient par la grande porte du temple et y avait des barrières pour séparer les uns d'avec les autres. Quant aux baptêmes des petits enfants, les pères les présentaient eux-mêmes, récitant de leurs bouches les articles de la foi, accompagnés toutefois de parrains et marraines, comme témoins du baptême des enfants, étant les noms de tous présentés en un billet au ministre pour connaître s'ils étaient membres de l'église. Quant aux jours de fêtes, ils furent tous raclés, hormis le dimanche. Le catéchisme des enfants fut aussi institué pour tous les dimanches, et commença le 14 de décembre, dont les pères et mères furent merveilleusement réjouis, tellement que plusieurs catholiques mêmes y envoyèrent leurs enfants. Quant aux sépultures des morts, le cimetière de Saint-Ladre, leur fut assigné, et pour ce que plusieurs de la religion romaine qui autrement faisaient difficulté de venir aux prédications, se trouvaient là accompagnant la sépulture de leurs parens ou de leurs amis, il fut avisé d'y faire quelques exhortations sur la matière de la mort et de la résurrection, où plusieurs furent gagnés, confessant qu'ils y avaient plus appris qu'en tout le service de leurs très-passés.

Ceux de la religion romaine, voyant cet accroissement, ne dormaient pas de leur côté, et fut découvert une fois à un prêche, un valet de prêtre ayant un miroir ardent avec lequel il tâchait de donner sur les yeux du ministre, et toutefois ne lui fut point fait de mal, le laissant écouler à la foule. Senetaire donc pour commencer, fit défenses très-étroites aux soldats et gens de guerre et gentilshommes de la religion romaine, les chanoines, abbés et abbesses, aux habitans de leurs terres et seigneuries, de se trouver aux prédications; même Senetaire ne voulut jamais permettre à Pierre de Cologne, de rentrer dans la ville, de sorte qu'il fallut qu'il se tint au village de Grixy, dont il était amené au temple de Saint-Privé, et puis remené sous bonne garde ; mais Vielleville revenu en son gouvernement le fit rentrer, et quand et quand fallut que Senetaire s'en retournât en sa maison à si bonne heure, que depuis il ne revint à Metz, à cause des plaintes contre lui formées à la cour.

On tint aussi un autre moyen pour ruiner ceux de la religion, donnant à entendre au roi par certains députés, que ceux qui allaient à la prédication n'étaient que gens mécaniques et de simple étoffe ; par lesquels il était à craindre que les simples de la ville et du pays fussent infectés, dont pourrait sourdre quelque grand inconvénient. Sur quoi fut envoyé le seigneur d'Auzance, alors inconnu à ceux de la ville, lequel étant en simple habit et sans se donner à connaître, s'étant trouvé dans les prédications des uns et des autres, trouva et rapporta fidèlement tout le contraire, ayant vu dans les prédications de ceux de la religion beaucoup de noblesse et plusieurs bourgeois honorables, de sorte que ce coup fut rompu, comme plusieurs autres.

Il n'y eut point faute aussi de prêcheurs, tant en la ville que par les villages, tâchant à dégoûter le peuple par tous moyens à eux possibles, jusques à dire que les ministres avaient des cornes en la tête, et que l'horloge de sable qui était attachée auprès de la chaire était un esprit familier, lequel les ministres tournaient ou remuaient pour charmer tous ceux qui les écoutaient, de sorte qu'un jour se trouvant une villageoise, en la maison d'un nommé Maugin de Sonabe, où dînait Taffin, l'un des ministres, elle dit tout haut ce qu'elle avait entendu de son curé faisant son prône, et fallut qu'elle vit et tâtât toute la tête de Taffin pour lui faire connaître la fausseté de cette calomnie.

Il vint aussi de Verdun à Metz, un cordelier nommé frère Fremin Capitis, lequel fut si impudent que d'oser dire que ceux de la religion faisaient deux cènes, à savoir, une pour les riches de pain blanc, en vaisselle d'argent, et une autre de pain noir, et avec des vers pour les pauvres ; bien que chacun vit à l'œil le contraire. Quelques jésuites aussi y vinrent, l'un desquels ayant écrit à ceux de sa secte, quelques lettres diffamatoires contre le gouverneur comme favorisant aux hérétiques, fut renvoyé honteusement après âpres remontrances. Il y en eut un autre de la même secte qui se mêla de catéchiser les enfants de la religion romaine, en l'église sainte Croix ; mais tout cela ne tourna qu'en risée de ceux-là mêmes de sa religion.

En ces entrefaites Vielleville étant requis de ceux de la religion de leur octroyer quelque lieu à couvert dans la ville, à cause de l'hiver, désirant les gratifier, non tant pour faveur qu'il portât à la religion, que pour parvenir par ce moyen à ce qu'il fit, puis après, leur octroya par la permission du roi, le quartier du retranchement, sous condition, premièrement que les principaux de l'église répondraient pour leurs ministres ; secondement, qu'on ne ferait ni entreprendrait rien contre le service du roi, et finalement que toutes les fois qu'il plairait au roi de remettre leurs prédications hors la ville, ils sortiraient sans aucun refus ; lesquels articles il leur fit signer, et dont il se sut bien servir, puis après, comme il sera dit en son lieu. Les ayant donc rendus bien contens par ce moyen, il commença de les pratiquer pour consentir au bâtiment de la citadelle, comme aussi il gagna quelques uns des principaux de la religion romaine, leur disant que le roi désirant l'avancement de la ville de Metz, entre toutes les villes de son royaume, avait considéré qu'il y fallait entretenir ordinairement des forces pour la garder contre les étrangers ; ce qui causerait grandes incommodités aux bourgeois, si cette garnison était ainsi semée par la ville ; et pourtant qu'il fallait dresser quelque fort pour les y retirer, en quoi faisant les bourgeois seraient remis en liberté, garderaient leurs portes, eux-mêmes, seraient exempts de la contribution pour la garnison et qui plus est, le roi leur baillerait des foires franches pour les faire tous riches ; joint que le roi voulait acheter les maisons dont il se servirait à plus haute estimation qu'elles ne valaient, afin que personne n'eut occasion de se plaindre. Par ce moyen donc, Vielleville ayant alléché ce peuple, commença aussitôt à faire un merveilleux dégât de maisons ; à cause de quoi plusieurs pauvres bourgeois furent contraints de s'habituer comme ils purent, au grand mécontentement des uns et des autres. Mais ceux de la religion romaine étaient tellement aigris contre leurs conbourgeois qu'il n'y avait ordre de chercher quelque remède en commun ; et ceux de la religion, d'autre côté, craignant d'être remis hors la ville, voire même de perdre l'exercice de la religion s'ils offensaient Vielleville, n'osaient dire mot, et par ce moyen fut bâtie la citadelle, sans que Vielleville se souciât de l'exécution de ses promesses ; ainsi s'en retourna à la cour, laissant le sieur d'Ausance pour son lieutenant en son absence, sous lequel accompagné du sieur de Seneton, président, ceux de la religion furent en grande tranquillité, nonobstant la guerre civile de France, et que quelques uns de la noblesse même, tant de la ville que du pays Messin, avec quelques soldats fussent allés à Orléans, trouver le prince de Condé, ayant été mandé de la cour à Ausance, d'entretenir ceux de la religion le plus paisiblement qu'il pourrait, de peur d'irriter les Allemands. Cela fut cause qu'il fut même défendu aux ecclésiastiques de se mêler aucunement de ceux de la religion, ni en ce qui concernerait leur fait. Cela vint bien à point à la prieuré des sœurs de la Madeleine, et à quatre de ses nonnains qui quittèrent leur couvent ; et pareillement à plusieurs prêtres et moines qui s'adjoignirent à ceux de la religion, tellement crus de nombre, qu'outre Pierre de Cologne et Taffin, il leur fallut encore avoir deux ministres qui furent Jean Garnier, jadis ministre de l'église française de Strasbourg et Louis, dès autrefois secrétaire de l'ancien cardinal de Lorraine, mais homme de bien et de bon savoir, lequel contraint pour la religion de partir de la ville de Saint-Nicolas, se retira dedans Metz. Leurs adversaires ne dormaient pas cependant, et nommément le général de l'ordre de la Trinité et plusieurs autres moines, criant et tempêtant de tout leur pouvoir, surtout contre Garnier, qui déchiffrait la messe d'une terrible façon et à la vérité par trop violente ; ce qui émut tellement ceux de la religion romaine, qu'au lieu qu'auparavant ils ne faisaient qu'une procession générale le jour qu'ils appellent la Fête-Dieu, étant échu le jour de cette fête au quatrième de juin 1664, ceux de la grande église assistés de tout le clergé, firent une procession à part, et quant aux paroisses, elles firent leurs processions distinctement le dimanche suivant. Qui plus est, Ausance, pratiqué par ceux de la religion romaine, commanda aux autres de fermer leurs boutiques, ce qu'ils n'avaient accoutumé de faire en aucun autre jour de fête que le dimanche ; qui fut cause que quelques-uns ayant refusé d'obéir furent chassés de la ville, dont s'étant grandement réjoui, entre autres un certain sien sommelier accourut vers madame d'Ausance, lui disant ces mots: madame, voilà monsieur qui fait bien garder la Fête-Dieu aux huguenots de par tous les diables. Mais sa joie fut bien courte ; car à grand'peine eut-il achevé son propos, qu'il tomba tout raide mort aux pieds de ladite dame; ce qui apporta un grand effroi à tous ceux qui en ouïrent parler. Il advint encore un autre accident le dimanche d'après, en la paroisse Saint-Martin, au moyen d'une pauvre femme, laquelle mettant sa vache dehors, advint que la bête rencontrant la procession avec tant de torches, s'effaroucha tellement, que se jetant sous le poil elle voulût renverser le prêtre qui portait son hostie, dont la pauvre femme fut menée prisonnière avec sa vache.

Le 2 septembre audit an, messire François de Coligny, sieur d'Andelot et frère de l'amiral, homme renommé entre tous les capitaines et gens de guerre, et colonel-général de l'infanterie française, épousa au château de Montoy, Anne de Salme, sœur du comte de Salme, et de là venu à Metz, à la prédication, le quatrième dudit mois, réjouit grandement tous ceux de la religion, ayant été grandement caressé ledit sieur, tant du sieur d'Ausinac, que du président et de tous les gens de guerre d'une et d'autre religion.

L'an suivant, Guillaume Farel, nonobstant son extrême vieillesse qui passait quatre-vingts ans, étant convié par ses anciennes brebis de venir voir le fruit de la semence qui avait comme dormi en terre près de vingt ans, devant que se pouvoir élever, y arriva le 12 mai 1565, et le lendemain y prêcha avec une incroyable consolation de toute l'assemblée; puis retourné à Neufchâtel, y finit ses jours heureusement, ayant été le premier à fonder plusieurs églises dans les pays de Savoie, Aille, Vaux, Neufchâtel et jusques à Mombéliard avec un zèle merveilleux, depuis le commencement jusques à la fin. Il était de noble et ancienne maison du Gapensois, et non pas prêtre ni moine comme faussement quelques-uns ont écrit, mais homme de lettres et disciple de ce grand personnage, Jacques Fabri, surnommé Scapulensis et grand ami de Girard Ruffi, tous deux docteurs de Sorbonne. Mais Farel voyant son précepteur déchassé, aima mieux se retirer à Bâle, que suivre son cours de théologie à Paris, et là après avoir communiqué avec Oecolampade, Zuingle et autres doctes des villes de Suisse, les unes ayant déjà reçu l'évangile, les autres étant sur le point de le recevoir, s'employa à l'avancer très-heureusement et très-longuement, ainsi comme dit a été.

Environ ce temps, voulût survenir un très-grand esclandre entre ceux de la religion romaine, au moyen d'une dispute sur le purgatoire, advenue en un grand banquet solennel entre le chancelier du grand temple de Metz et le gardien des cordeliers; à raison de laquelle fut contraint le chancelier nonobstant son crédit, de tenir prison, quelques jours en sa maison, durant lesquels il eut quelque secrète conférence avec Garnier, de sorte qu'il était en quelque délibération de se ranger avec ceux de la religion. Mais les grands bénéfices qu'il tenait et l'espérance qu'il en avait d'en avoir davantage, l'en empêchèrent, desquels toutefois il ne jouit pas longuement, étant mort environ demi an après, bien misérablement et en grande langueur.

En cette même saison, le cardinal de Lorraine, sieur souverain temporel de l'évêché de Metz, extrêmement indigné de l'avancement de ceux de la religion, non-seulement en la ville de Metz, mais dans les villages d'alentour, et nommément au village de Lessy, fit tant que cette église fut transportée au village de Sey, pour ce qu'il disait qu'elle infectait ses sujets des mairies du Vaul ; et pour faire révolter ses sujets des villages d'Aucy, Airs Chaptel et Lessy qui étaient de la religion, fit publier par ordonnance que, dans un bref jour, ils eussent à retourner à la messe, ou déloger desdits villages, avec injonction à ses officiers de la ville de Vic, de se saisir des désobéissans pour en faire justice et confisquer leurs biens sans aucune grâce.

Au mois de septembre 1566, le zèle indiscret de Garnier, duquel nous avons déjà parlé, mit l'assemblée en grand danger, ayant été contraint le gouverneur lui défendre la chaire, qui fut cause d'envoyer à la cour pour tâcher de le rétablir, mais ce fut en vain. Taffin, d'autre côté, était allé au pays bas, dont il est natif, y étant appelé pour donner ordre aux églises qui s'y dressaient, et Pierre de Cologne insistait fort aussi à ce qu'il lui fut permis d'aller faire son devoir en son pays, en la nécessité ; ce qui mit l'église de Metz en très-grande peine. Mais il y fut pourvu, ayant été secourue par le moyen de Jean Malot, ministre de l'amiral, qui le leur accorda pour un temps, de Olivier Valin, que leur accorda de même aussi le sieur d'Andelot ; joint que Pierre de Cologne se déporta de son voyage ; et Taffin retourna au mois d'avril 1667, ayant amené avec lui François du Jon, jeune homme, mais dès lors doué de grandes grâces de Dieu, de sorte qu'ils furent mieux pourvus que jamais. Aussi en avaient-ils besoin ; car deux grands fléaux de Dieu assaillirent alors la ville, à savoir, la peste et les flammèches de la guerre civile de France recommencée. La peste dura environ deux ans, dont plusieurs moururent de l'une et de l'autre religion, mais non pas tous d'une façon. Car ceux de la religion furent premièrement visités et très-soigneusement consolés par leurs pasteurs, et finalement pour ce que le peuple les voulait épargner furent assistés par un nommé Guillaume Brayer, député à cela, comme aussi il y était fort propre, étant plein de zèle de constance. Les prêtres au contraire se montrèrent merveilleusement lâches et craintifs en cet endroit, de sorte que plusieurs de leur parti envoyèrent quérir Brasier, par la vigilance et consolation duquel plusieurs familles furent converties à la religion, dont les uns moururent comme les autres survécurent. Entre autres de quelque diligence qu'usât Ausance pour se garder, faisant vider d'autour de soi et de la maison du roi, nommée la Hautepierre, toutes les familles et même ayant fait fermer la rue en deux bouts, il ne sut tant faire, que sa fille unique, âgée de dix-huit ans, damoiselle douée de beaucoup de grâces, ne fut frappée de ce mal. Quoi voyant, elle voulut avoir Taffin près de soi, duquel elle fut fortifiée et consolée jusques à la mort, ayant fait une excellente profession de sa foi, et fait puis après selon qu'elle avait très-instamment requis, ensevelie au retranchement, dans le cimetière de ceux de la religion. Quant à la guerre, elle fit plus de peur à la ville que de mal. L'occasion de s'émouvoir fut que quelques-uns des églises françaises, bien avertis du tour qu'on leur voulait jouer, et voulant prévenir, prièrent ceux de Metz de se vouloir joindre avec ceux en leur juste défense, leur remontrant que, s'ils n'y pourvoyaient, le même danger les menaçait, ce qu'ils leur montraient par grands arguments. Eux, d'autre côté, étant d'un naturel fort paisible, résistaient fort à cela, remontrant qu'ils étaient du corps de l'empire, et que se tenant en paix ils auraient plus de moyen d'aider à leurs frères en leur servant de retraite, qu'en prenant les armes; s'assurant aussi que, moyennant qu'ils se tinssent cois, ils seraient maintenus en paix et tranquillité, comme durant la première guerre. Telles furent leurs répliques, lesquelles ils persévérèrent jusques à ce qu'Ausance, Salcède, bailli de Vic, Roc Guérin, l'ingénieux, et le capitaine Comtré les assurèrent que ceux de la religion romaine étaient tous prêts à leur courir sus, et que Vielleville venait accompagné de ceux de la faction de Guise, pour les ruiner. Cela fut cause que la noblesse et bon nombre de ceux qui étaient habiles aux armes, promirent à Ausance de faire ce qu'il leur commanderait pour leur tuition et défense. Quant à la ville, elle était comme en leur main, et quant à la citadelle gardée par le sieur Gadencourt, l'entreprise était tellement dressée par le moyen d'un jeu de paume que, sans difficulté ni grande résistance, elle eût été saisie si le cœur n'eut failli à Ausance, ayant promis merveilles au commencement, et puis après ayant saigné du nez, soit qu'il ne fut pas homme d'exécution, soit qu'il eut quelque doute que ceux de la noblesse ne prétendissent à le déchasser lui-même et tous les français, pour y introduire les allemands. Cela donc le retint en suspens et fit perdre tous les moyens d'exécuter ce qui avait été projeté. Vielleville cependant se doutant bien de quelque division, se mit en chemin, non toutefois, avec telle troupe qu'on donnait à entendre. Mais quoi qu'il en soit ceux de la garnison qui étaient de la religion, pour la plupart, ayant entendu qu'il approchait, commencèrent à faire des courses à Liverdun et ailleurs, pillant les prêtres et les temples, sortant et rentrant dans la ville à toute heure. Qui plus est, ayant rencontré au village de Ruselière, le maître d'hôtel de Vielleville, ils le tuèrent, dont plusieurs pauvres Messins, bien qu'ils n'en fussent coupables, portèrent la peine, puis après. Vielleville ayant entendu cela, se retira plus loin; mais ayant attiré à soi le capitaine Camas et quelques autres à sa dévotion, il commença de se rapprocher; ce qui étonna tellement Ausance, qu'ayant oublié ses promesses et soi-même, il assembla le peuple de l'une et de l'autre religion, en la maison de la Cour l'évêque, les exhortant à ne se défier les uns des autres, et à se réconcilier sur ce qui était advenu, remontrant nommément à ceux de la religion romaine, qu'il avait toujours tenu et tenait encore leur religion, et pourtant ne leur devait être suspect. Taffin, au nom de ceux de la religion, répondit hautement et publiquement, qu'ils n'avaient jamais prétendu d'offenser aucun de la religion romaine, mais seulement de se tenir sur leurs gardes, et de conserver leurs vies, après avoir entendu que ceux de la religion romaine leur voulaient courir sus, priant le sieur d'Ausance, qu'il voulut employer son autorité pour maintenir la ville et le pays en paix, et suppliant ceux de la religion romaine, de se déporter de leur vouloir mal, et plutôt condescendre à vivre en bonne paix, nonobstant le différend de la religion, avec leurs parents, alliés et conbourgeois, auxquels ils offraient toute entière et sincère amitié. Ceux de la religion romaine, sur cela répliquèrent et protestèrent de ne leur être jamais venu en pensée de faire aucun mal à leur conbourgeois; mais au contraire qu'ils étaient en extrême peur d'être outragés et déchassés par eux.

A ces entrefaites, Vielleville pratiqua si bien qu'il eut son entrée dans la ville, ce qui étonna merveilleusement et non sans cause, ceux qui avaient été de cette pratique, craignant que Vielleville, justement irrité, ne voulut user de vengeance. Quelques-uns donc des principaux s'enfuirent. Ausance ayant fait sortir les ministres et leurs familles, bien empêché parmi ces difficultés, marchait armé de toutes pièces et ainsi tint les portes fermées jusques au dernier jour d'octobre; auquel jour les portes étant ouvertes à ceux de la religion pour se retirer, ce fut un piteux spectacle de les voir se sauver à la foule et en pauvre état, hommes, femmes, enfants, jeunes et vieux, prenant quasi tous la route de l'Allemagne, comme leur plus sûre retraite. Mais étant chose assurée que le pauvre commun peuple avait suivi, comme il avait été mené, sans être autrement informé ni avoir mauvaise intention, Dieu pourvut à leur calamité, ayant envoyé à Vielleville telle opinion que cela pourrait attirer une guerre d'Allemagne, à laquelle il eût été lors difficile au roi de résister, qu'il envoya après ces pauvres gens en toute diligence pour les faire retourner avec les ministres en toute assurance d'y être maintenus comme auparavant; pour témoignage de quoi, il fit continuer la prédication au lieu accoutumé, à quelque nombre de peuple qui était demeuré, par François Chrestofle, ministre de l'église, dressée au quartier des villages du haut chemin, au pays Messin. Ainsi donc retournèrent tous les fugitifs avec leurs ministres, et fut rétabli l'église contre l'opinion de plusieurs, non sans grand changement toutefois. Car tous les gentilshommes, capitaines et soldats de la religion, sortant de la ville, s'en allèrent en France trouver les troupes des églises françaises; et au lieu d'iceux entrèrent nouvelles compagnies de soldats de la religion romaine qui usèrent de grandes rigueurs. D'autre part, le cardinal fit tant envers ceux du clergé, en leur donnant assurance de la ruine prochaine et toute certaine destruction totale de la religion, qu'ils consentirent à la vente des joyaux des temples et paroisses, entre lesquels fut prise au grand temple Saint-Etienne, fondue et monnayée une image qu'ils appelaient Saint-Honoré, pour soudoyer l'armée que Jean Guillaume, duc de Saxe, amena lors en France contre ceux de la religion. Ausance adonc, laissant encore sa femme à Metz qui embrassa la religion, se retira en France, et fut mis en sa place pour gouverneur de Metz, le sieur de Tenalle, en l'absence de Vielleville, son oncle. Senctor, président, s'en alla aussi et arriva en sa place Jacques Vialt, l'un des fils du bailli de Blois, capital ennemi de ceux de la religion. Les capitaines la Rote et Missard, avec leurs argoulets, faisaient des courses de toutes parts, lesquelles ayant rencontré Candole, ministre, allant à Strasbourg, l'emmenèrent prisonnier à Metz lui imposant qu'il s'en allait en Allemagne, pour y pratiquer contre le roi; et finalement, l'ayant tiré de nuit hors la ville, le tuèrent très-cruellement, puis le jetèrent dedans le ruisseau de Vallière; le corps duquel y étant le lendemain trouvé par ceux de la religion, on fit bien semblant d'en vouloir faire justice; mais autre chose ne s'en ensuivit en effet. Voilà comme passèrent les affaires à Metz, durant la seconde guerre civile, commencée à la fin de septembre 1567, et terminée par une paix à la fin de mars 1568, laquelle toutefois ne dura que jusques au mois d'août. Et par ainsi, fut cette année plus sanglante que toutes les autres, durant laquelle le duc d'Aumale, ayant été envoyé pour empêcher le secours des Allemands, vint aussi au pays Messin, où furent faits plusieurs grands dégâts sur ceux de la religion, jusques à ruiner leur temple, bâti au village de Scey, pour les villages du val de Metz. Alors Messi, le capitaine la Coche, qui avait si bien fait les guerres civiles à Grenoble, étant passé par la Savoie avec quelque troupe de gens de pied, se croyant joindre aux forces qui se préparaient en Allemagne pour le secours de la religion, fut défait par Aumale, près de Saverne, le douzième de novembre ; en laquelle défaite étant pris avec Michailon, son enseigne, ils furent finalement amenés à Metz, le cinquième de janvier 1559, et gardés jusques à ce qu'étant tirés de nuit par quelques-uns de la garnison, disant qu'ils avaient charge de les mener à la cour, ils furent très-indignement massacrés à coups de poignard.

Le vingt-troisième de février, audit an, le roi vint en personne à Metz, ayant auparavant Tenalle donné ordre avec le cardinal, que le temple de ceux de la religion fut fermé, promettant toutefois, qu'incontinent après le département du roi, toutes choses seraient remises en leur état. Mais tôt après, à la sollicitation du cardinal, fut présentée au roi une requête au nom de tous ceux de l'église romaine, donnant à entendre, comme le feu roi Henri, son père, prenant la ville en sa protection, avait promis de les entretenir au même état qu'il les avait trouvés, et que ce néanmoins, quelques-uns infectés d'hérésie avaient impétré durant sa minorité, quelque congé d'exercer leur religion, au grand préjudice de la foi et religion chrétienne, et grand dommage de la ville et du service de sa majesté, laquelle permission ils requéraient être abolie. Cette requête fut présentée par le cardinal de Guise, devenu évêque spirituel de Metz, au lieu de Péguillon, comme d'un commun consentement du maître échevin, de tout le conseil des treize, et en général des trois états de la ville. Ce qu'ayant entendu ceux de la religion, entre lesquels y en avait du conseil des treize, ils désavouèrent leurs compagnons, avec grandes plaintes, et doléances contre eux, et présentèrent ceux de la religion leur requête au contraire. Mais au lieu d'en avoir réponse ils furent moqués et brocardés par les courtisans, de sorte que dès lors ils commencèrent à prévoir quelque plus rude tempête. Ce néanmoins, aucun d'eux ne bougea de la ville, non pas même les ministres, se tenant toutefois clos et couverts.

La première émeute ouverte qui se dressa contre eux, fut à l'occasion que, à l'enterrement d'un certain courtisan, un pauvre garçon corroyeur, besognant en un grenier, fit choir une petite pierre sur la troupe de ceux qui passaient, dont il voulût advenir grand esclandre, s'étant sauvé ce garçon par dessus les toits. Mais Dieu voulut que le plus sages appaisèrent le tout.

La seconde fut bien d'une autre façon. Car le troisième d'avril, ayant le le cardinal fait un sermon au grand temple à une heure après-midi, durant lequel il y eut une grosse chauve-souris qui ne cessa de voltiger tout alentour du temple et du peuple (ce qui fit émerveiller plusieurs et dire que quelques mauvaises nouvelles étaient par le champ), advint sur les onze heures de nuit, que le sieur de Loffes, venant en poste, apporta nouvelles de la bataille perdue à Bassac en Saintonge, par le prince, en laquelle lui-même avait été tué; lesquelles entendues, le roi se levant de son lit manda environ minuit que la grosse cloche, appelée la mute, sonnât en signe de victoire. Toute la ville fut merveilleusement émue à ce son, criant ceux de la religion romaine que c'était fait des huguenots qu'ils appellent, et ceux de la religion n'attendant que la mort. Et de fait, bien que la nuit il ne se fit autre désordre que de menaces, le lendemain matin, quatrième dudit mois, après une procession solennelle, ayant recommencé la cloche à sonner sur le midi, les pages et laquais, avec toute sorte de menu peuple, se ruèrent dans le temple de ceux de la religion, avec telle furie qu'ils le démolirent entièrement, et par risée portant en leurs mains les sachets de la collecte des pauvres, allaient disant par les rues, n'oubliez pas les porcs. Ce néanmoins, il n'y eut point de sang répandu, ni grand excès commis dans les personnes, hormis qu'un pauvre savetier, aperçu comme il regardait de loin, cette ruine en gémissant, fut aussitôt pris à la course et assommé dans la rivière de Salle, près les moulins. Il y eut aussi un nommé George Munier, de la haute Salle, qui fut en grand danger d'être jeté dans la Moselle. Mais le sieur de Tenalle, y étant survenu le garantit, comme aussi Vielleville, ayant trouvé un bourgeois, nommé Nicolas le Vic, qu'on battait outrageusement dans le grand temple pour le contraindre de s'agenouiller devant une image, le sauva d'entre les mains du peuple; et courant au roi, de ce pas, auquel il remontra ce qui pouvait advenir d'un tel désordre, s'il n'y était promptement remédié, fit tant qu'il fut quand et quand défendu à son de trompe sous peine de la vie de faire aucun mal ni déplaisir à ceux de la religion, en leurs personnes ni en leurs biens, lesquels par ce moyen furent préservés d'une destruction toute présente. Mais, quant aux ministres, ayant été découverts, ils furent encore en plus grand danger, et ne faut douter qu'ils n'eussent été massacrés à certaine heure assignée s'ils ne fussent sortis par les grilles de Rumont, par le moyen des sieurs de Vielleville et Tenalle qui, en cela, se montrèrent très-humains. Mais le mal fut en ce, qu'étant sortis, ils ne trouvèrent aucune conduite, tellement que cheminant par les ténèbres de la nuit, ils furent en merveilleuse peine, en laquelle toutefois, Dieu leur assista tellement, qu'ils arrivèrent sains et saufs jusques à Heydelberg, ville principale du palatinat de là le Rhin.

Le samedi, neuvième jour d'avril, le roi fit publier un édit par lequel il déclarait qu'en faisant droit sur l'une et l'autre requête présentée par les catholiques et les prétendus réformés, et voulant maintenir toutes choses au même état qu'elles étaient lorsque le feu roi Henri, son seigneur et père, prit ladite ville et cité en sa protection, il voulait et commandait qu'il n'y eut exercice quelconque en ladite ville et pays Messin d'autre religion que catholique romaine, attendu qu'il n'y en avait pas d'autre au jour de ladite prise; faisant défense à tous de n'en faire autre pour l'avenir; et donnant commandement à tous ses lieutenants et autres officiers d'y tenir la main exactement, pour ce que tel était son bon plaisir. Et afin d'ôter toute excuse d'ignorance à ceux de la religion, l'édit fut mis dans les mains dudit sieur de Vielleville, pour le dénoncer à tout le peuple d'une et d'autre religion, lequel pour cet effet ayant assigné toute la bourgeoisie en son logis à certaine heure en la présence de la justice de la ville, en fit force lecture avec injonction audit greffier de la ville d'en faire registre pour le faire observer de point en point, plusieurs de ceux de la religion gémissant en leurs cœurs, et disant que le roi Henri, l'an 1552 et le dixième d'avril, les avait mis en servitude corporelle, et le roi Charles, son fils, les mettait en servitude spirituelle le neuvième d'avril 1569, vigile de Pâques.

Ce fait, à savoir le douzième d'avril, le roi partit de Metz pour retourner en France, et pour ce que Vielleville suivait, ceux de la religion envoyèrent après pour le supplier de faire tant s'il était possible envers le roi, que cet édit fût modéré. Mais Vielleville leur fit réponse qu'ils ne se pouvaient plaindre, attendu qu'eux-mêmes avaient signé de leurs mains une promesse de faire cesser les prêches quand il plairait au roi de le leur commander; ce qui était bien vrai, mais il devait ajouter que leur faisant faire et signer cette promesse, il leur avait juré que ce n'était que pour contenter ceux de la religion romaine, et qu'il n'en serait jamais parlé. Bref, tout ce qu'ils purent obtenir fut qu'il leur dit qu'il y avait un ministre à Courcelle-sur-Nieds, nommé maître Nicole qu'on souffrirait y résider, pourvu que, sous peine de la vie, il ne fît prêche ni cène, mais seulement les baptêmes et les mariages, sans y admettre toutefois plus de six personnes. Cela fut depuis déclaré par Tenalle audit Nicole, et fallut que ceux de la religion s'en contentassent, nonobstant la longueur du chemin, le temps fâcheux de l'hiver, et le débordement de la rivière de Nieds, par de-là laquelle est assis le village, de sorte que plusieurs enfants en sont morts, et même quelques-uns y ont été noyés avec leurs pères ou parents. Qui plus est, il leur fut défendu de s'assembler en façon quelconque pour invoquer Dieu, et d'avoir maîtres ou maîtresses d'écoles pour instruire leurs enfants, le tout avec telle rigueur que quelques femmes même furent à cette occasion mises en prison et chassées hors la ville, avec défenses de par Viart, président, à certains maîtres d'écoles, de plus enseigner la jeunesse ni prendre écoliers en pension sous peine de la vie. Entre lesquels un nommé Didier Haubriat, âgé de septante ans, enquis de quel métier il avait été auparavant, répondit : du métier de prêtre, monsieur, à parler par révérence ; ce que le président feignit n'avoir entendu, déchargeant sa colère sur quelques autres qui avaient aussi été de métier, auxquels il commanda de s'y remettre sous peine de la vie. Bref, ce président se montra tellement animé contre ceux de la religion, que s'étant trouvé un pauvre oiseau, qu'on appelle un geai auquel on avait appris à dire : fi de la messe, il ordonna que l'exécuteur de la haute justice tordrait le col en public à cet oiseau, et le jeterait en l'air pour un tel blasphème. Ce qu'ayant quelqu'un entendu, l'oiseau fut transporté secrètement en une autre maison, en laquelle on lui apprit à dire : j'en appelle, ce qui tourna finalement en grande risée contre le président. Mais, aussi, fallut-il que le maître s'enfuit à faute de représenter l'oiseau.

Il ne sera ici hors de propos de parler de la simplicité et intégrité d'un nommé Pierre Cartelle, cordonnier et Picard de nation, lequel ayant été surpris comme il priait Dieu avec quelques siens voisins, mis prisonnier et depuis amené au président pour être examiné; ainsi, comme le président lui dit: venez ça, bonhomme, ne faillit de se venir asseoir près de lui, disant: eh bien, monsieur, je m'assayerai, puisqu'il vous plaît. De quoi étant repris et lui ayant le président demandé son nom, son âge, son métier, son pays, et depuis quel temps il était venu à Metz et pourquoi; il lui fit infinis contes en pareille simplicité, et finalement, enquis pourquoi il était prisonnier, je ne sais, dit-il, mais j'ai été pris en priant Dieu. Sur quoi le président lui ayant dit que c'était vraiment pour cela, ah! dit-il, monsieur, c'est à faire aux méchants de défendre à prier Dieu : ne le faites pas; de quoi le président irrité, disant qu'il le fallait chasser comme étranger, monsieur, dit-il, j'étais en cette ville plus de dix ans devant que le roi la prit, et s'il fallait chasser tous les étrangers, vous en sortiriez aussi. Bref, sur cela, il fut renvoyé en prison, et fallut qu'il payât une bonne amende avec défenses à peine de la vie, de ne retourner plus à faire de même.

Outre ces choses, ceux de la religion ayant été privés de leur exercice, furent aussi expulsés de l'administration de la justice, quand le temps fut venu de la création des magistrats de la ville, à savoir le vingt-quatrième jour de juin. Et comme ainsi fut que le dimanche, devant l'élection, on eut accoutumé de convoquer le peuple, chacun devant sa paroisse pour donner sa voix, la formalité fut bien gardée, mais ce ne fut que par contenance; le tout y étant tellement conduit que, outre les gens du tout ignorants de l'office de judicature qui y furent établis, on y en admit un notoirement diffamé, pour avoir servi de maquereau, jusques à mener des femmes à Rome.

Au mois d'octobre 1569, les nouvelles de la bataille de Moncontour perdue par ceux de la religion, furent apportées à Metz, auxquelles on ajoutait que l'amiral avait été fait prisonnier, ce qui enfla tellement le cœur à ceux de la religion romaine qu'ils criaient par les rues que c'était à ce coup que les huguenots iraient à la messe, et sonna tellement à branle cette grosse cloche dont il a été parlé ci-dessus, que s'étant fêlée, il la fallut refondre à grands frais; sur quoi après que les nouvelles furent venues que l'amiral n'était ni mort ni prisonnier, quelqu'un ne rencontra pas mal, disant que cette cloche ne ressemblait pas les prêcheurs de l'église romaine, vu qu'elle avait mieux aimé crever que mentir.

Tel était l'état de ceux de la religion quand les nouvelles de la troisième paix, leur furent apportées au mois d'août 1570, qui leur donna grande espérance de quelque soulagement; mais cela ne leur dura guères, ayant entendu tôt après qu'il n'était autrement fait mention d'eux en l'édit, non point par faute de ceux qui s'étaient trouvés à la négociation de la paix, mais d'autant comme leur manda l'amiral, qu'étant faite mention d'eux, Vielleville, qui assistait, répliqua qu'ils avaient l'exercice en un village, à deux lieues de la ville, dont ils se contentaient. Ce néanmoins, ils ne laissèrent d'envoyer trois députés à la cour pour faire toutes les instances qu'il serait possible. Mais, après avoir essayé tous moyens et avoir même employé madame de Deuilli envers le sieur de Vielleville, son père, et les ambassadeurs des princes allemands, ils ne purent jamais obtenir autre réponse, sinon qu'on ne voulait toucher aucunement à l'état de la ville tel qu'il avait été dressé dernièrement, mais que Vielleville, à son retour à Metz, s'enquerrait de tout, afin qu'il y fut pourvu selon son rapport.

En ces entrefaites, Christophe Lambleti, curé de Saint-Livier, (lequel durant l'état florissant de ceux de la religion avait, comme plusieurs autres de son état, quitté la religion romaine, et qui s'était marié à la veuve d'un notaire) après avoir mangé le bien de sa femme et de ses pauvres enfants pupilles, l'empoisonna et aussitôt retourna à la religion romaine, avec une abjuration volontaire, écrite et signée de sa main, le vingt-troisième de mars, jour de jeudi absolu (qu'on appelle) audit an 1570, dont plusieurs de l'église romaine faisaient grand cas, mais ceux de la religion leur disaient qu'ils n'avaient rien perdu, ni eux rien gagné.

Peu après le retour des députés envoyés en cour, revenant Vielleville en son gouvernement, ceux de la religion allèrent au-devant de lui jusques à Toul, et ne cessèrent ni lors ni depuis de le supplier en toute humilité qu'il eût pitié d'eux, mais ils ne purent jamais obtenir de lui autre réponse, sinon, après beaucoup de traverses qu'ils le vinssent trouver à la cour s'ils voulaient, là où il ferait pour eux ce qu'il pourrait : à quoi ils ne faillirent. Et de fait, après beaucoup de peines, s'étant Vielleville retiré en sa maison de Duretal en Anjou, ils obtinrent le vingtième d'avril 1571, qu'ils auraient l'exercice public au lieu de Courcelle en toute assurance. Mais cela étant rapporté à Viart, il en refusa l'exécution, et prolongea ce refus jusques à ce que ceux de la religion romaine en obtinrent la révocation, qui fut solennellement notifiée le dixième de mai, de sorte qu'il ne leur fut octroyé autre chose que ce qu'ils avaient auparavant, à savoir la liberté des baptêmes et des mariages, audit lieu de Courcelle.

Le sieur de Clervant, sur cela, encore que durant les afflictions passées, ceux de Metz, surpris de crainte, eussent bien mal reconnu les biens qu'ils avaient reçu de lui, ne voulant laisser passer aucun moyen d'avancer la religion, comme seigneur en partie de Courcelle (qu'il maintenait n'être de la juridiction de Metz) au ministre de prêcher à ses sujets, ce qu'il fit; à raison de quoi Tenalle le mit prisonnier dans les prisons de la ville et le traita fort rudement, nonobstant qu'il fût âgé de soixante-six ans. Ce néanmoins, huit jours après, il le relâcha avec défense de ne plus y retourner. Mais tôt après, étant avertis ceux de la religion de dedans de la ville, auxquels se joignirent plusieurs gentilshommes hauts justiciers du pays Messin, que le roi devait faire quelque séjour à Blois où l'amiral le devait venir trouver, ils ne faillirent d'y envoyer leurs députés, à savoir le sieur de Barisi pour les gentilshommes, et deux bourgeois, lesquels bien recueillis par Vielleville, sachant bien se gouverner selon le vent, favoriser à l'amiral auquel l'on désirait lors de gratifier pour moyenner le mariage du roi de Navarre et l'amener à la trappe; finalement, nonobstant les traverses du président venu expressément à la cour pour les empêcher, ils obtinrent que tous les gentilshommes et autres habitants de Metz et du pays Messin, auraient pour l'exercice de leur religion, le lieu de Montoy appartenant audit sieur de Clervant, et non autre lieu quelconque, mais ne seraient recherchés pour le fait de la religion, ni contraints de faire aucune chose contre leur conscience, et seraient au reste également traités comme les autres habitants de la religion romaine. Cette dépêche apportée en bonne forme en la ville, on n'en tint pas grand compte, de sorte qu'il fallut obtenir de la cour une seconde jussion, et cependant fut fait le procès à deux pauvres artisans, à savoir Jacques de Forêt, chapelier, et César Fabelle, menuisier, prisonniers pour avoir été trouvés faisant les prières avec quelques-uns de leurs voisins, lesquels furent condamnés à quarante livres d'amende payées par quelques-uns de la religion, sachant leur pauvreté. Finalement, étant arrivée la seconde jussion, elle fut entérinée en la présence des uns et des autres, et nommément du seigneur de Chastelus, gouverneur de la citadelle, le vingt-deuxième de novembre ; et par ainsi, ayant été ceux de la religion en perpétuelles misères depuis le troisième d'avril mil cinq cent soixante-neuf, recommencèrent leur exercice à Montoy, le vingt-cinquième dudit mois de novembre audit an mil cinq cent septante-un, ayant pour ministre Olivier Valin, avec une merveilleuse allégresse d'une très-grande multitude de peuple, nonobstant qu'il fît un temps extrêmement pluvieux, et que le chemin de Metz à Montoy soit des plus fâcheux d'alentour de la ville. Ce nonobstant, on leur faisait du pis qu'on pouvait, ne leur étant permis d'avoir qu'un seul ministre, avec défenses d'avoir aucun maître d'école en la ville, à Montoy, ni ailleurs. Et pour ce que les habitants des villages d'outre la rivière de Mozelle se présentaient aux portes pour passer par la ville et aller à Montoy, ils étaient déchassés à grande rigueur, voire jusques à ce point que quelques-uns étant passés devant la défense faite, et reprenant leur chemin par la ville à leur retour, furent reboutés jusques à ne permettre ni à homme ni à femme d'entrer pour acheter du pain ; et si quelques-uns s'étaient coulés en la ville parmi la foule, étant découverts ils en étaient déchassés à coups de bâton. Qui plus est, Tenalle ayant été averti que quelques villageois du Vault, venant le samedi au marché, demeuraient au gîte en la ville pour aller au prêche le lendemain à Montoy, fit défendre à son de trompe, sous peine de cent sous d'amende, qu'homme n'eût à les loger. Plusieurs remontrances lui furent faites sur cela en toute humilité, qui fut cause qu'ils envoyèrent derechef leurs députés à la cour étant pour lors à Amboise, là où, par le moyen de Clervant qui pour lors s'y trouva, ils obtinrent commandement exprès du roi de laisser passer et repasser les villageois.

Vielleville sur ces entrefaites, étant mort tout soudain en sa maison de Duretal, le gouvernement de Metz fut baillé à Gondy duquel il ne sera hors de propos de dire en bref la condition. Un Florentin, habitué à Lyon, banquier de bien peu de crédit eût cet heur d'avoir une femme sachant fort bien son entregent, laquelle parvenue à être nourrice du roi François deuxième, gagna si bien la bonne grâce de la reine-mère, qu'elle parvint à un merveilleux crédit, et mit son fils duquel il est question tellement en la bonne grâce du roi Charles neuvième et de la reine sa mère, que d'un clerc de vivres qu'il était au voyage du roi Henry en Allemagne, on fut tout ébahi qu'on le vit fait premier gentilhomme de sa maison et de la chambre du roi, puis comte de Retz, marié à la veuve du feu sieur de Hannebaut, et depuis maréchal de France ; ayant si bien fait ses besognes, qu'ayant voulu acheter pour un coup une terre de neuf cent mille livres, il n'est estimé avoir moins de quatre-vingts à cent mille livres de revenu, outre les profits secrets que chacun ne sait pas, étant aussi l'un de ses frères, nommé la Tour, maître de la garde-robe du roi, et son autre frère évêque de Paris, tous habiles hommes et sachant bien faire leurs affaires. Ce gouvernement de Metz, donc, bien qu'il eût été promis au sieur de Crussol, duc d'Uzès, fut donné à celui-ci, auquel on disait à la cour que ceux de Metz seraient fort étonnés voyant entrer en leur ville comme lieutenant du roi celui qu'ils y avaient vu arriver la première fois avec les charrettes des munitions.

Nous avons dit qu'à la sollicitation des députés de ceux de la religion, le roi avait commandé qu'on laissât passer et repasser les villageois; mais rien n'en était exécuté, et outre cela rien n'avait été répondu sur deux autres articles contenus en la même requête, dont le premier était qu'il plût au roi d'octroyer que les gentilshommes du pays Messin eussent même liberté pour l'exercice de leur religion que les gentilshommes français. Le second, que quelque lieu fut baillé aux bourgeois et habitants de la ville dedans le pourpris d'icelle, ou bien quelque lieu de sûreté entre les rivières de Mozelle et de Salle, étant le lieu de Montoy si près des terres du roi d'Espagne, qu'ils avaient juste occasion de craindre d'y être outragés. Voilà pourquoi les deux députés, auxquels furent encore adjoints deux autres, ayant entendu l'arrivée prochaine de la reine de Navarre à Blois, s'arrêtèrent à la cour. Ce qu'entendant ceux de la religion romaine y en envoyèrent cinq de leur part, à savoir un pour la noblesse, deux pour le clergé, et deux pour les bourgeois, sollicitant les uns contre les autres, dont l'issue fut telle que le lieu de Montoy fut confirmé pour s'y assembler et non en autre lieu, mais qu'il serait permis à tous ceux du pays Messin de passer et repasser par leur ville pour y aller sans aucun détourbier, et qu'ils pourraient choisir tels ministres et autant qu'ils en voudraient, sauf à les présenter au gouverneur ou à son lieutenant, pour s'informer quelles gens ils seraient; et que pareillement l'élection des treize et gens de justice se ferait comme on avait accoutumé auparavant, sans aucune distinction de religion, étant le reste concernant les demandes de ceux de la religion remis à l'arrivée du maréchal de Retz en son gouvernement, lequel dès-lors leur fit de grandes promesses, exhortant les uns et les autres à s'entretenir en bonne paix. Il fallut donc qu'ils se contentassent de cela; et pour ce que Tenalle ne voulut jamais admettre Taffin alléguant qu'il était homme de menée et sujet naturel du roi d'Espagne, ils empruntèrent François du Jonc, de l'église de Schenau au Palatinat, pour deux mois.

Tel était l'état de l'église croissant tous les jours, nonobstant encore tous empêchements, quand les nouvelles arrivèrent de la blessure de l'amiral advenue à Paris le vingt-deuxième d'août 1572, ce qui apporta un grand effroi à ceux de la religion. Ce néanmoins, au même instant, le roi ayant mandé à Tenalle qu'un tel acte avait été fait à son déçu, dont il se délibérait de faire bonne et prompte justice, et ces lettres ayant été aussitôt publiées avec exhortation de se tenir en paix, on se rapaisa aucunement en attendant nouvelles de ce qui s'en ensuivrait. Ce qui s'en ensuivit fut cet horrible et exécrable massacre commis à Paris, le vingt-quatrième dudit mois, jour de la fête

Saint-Barthélemy ; cruauté si barbare et inhumaine que tant que le monde sera monde et encore après le monde fini, tant les auteurs que les exécuteurs d'un si malheureux massacre seront en perpétuelle exécration, ayant été cet acte commencé premièrement à Paris, et depuis suivi en la plupart du royaume de France. Ce ne fut pas donc sans cause que ces pauvres brebis de Metz furent éperdues, n'attendant que le couteau des bouchers ainsi que les autres. Ce néanmoins, au lieu de s'enfuir on les voyait ranger à leur pasteur de plus grande ardeur que jamais, et fut tellement conduite l'affaire par la providence de Dieu que leurs plus grands ennemis condamnant une telle procédure n'osèrent jamais entreprendre de ruiner l'assemp ar manifeste violence. Tenalle, sur cela, et le président ayant envoyé quérir quelques-uns des principaux, les admonestèrent de faire cesser les prédications publiques et la célébration de la cène, leur permettant toutefois de s'assembler jusques au nombre de vingt ou trente personnes. Mais étant cela rapporté au consistoire et depuis consulté entre les principaux, chacun fut d'avis de se remettre à la providence de Dieu, et de persévérer, sinon que Tenalle leur dit expressément avoir commandement du roi de leur défendre leur exercice accoutumé ; mais étant conseillés quelque temps par quelqu'un pensant bien faire en cela, ils cédèrent au temps après que Tenalle les eut assurés que cela ne serait que par entrepos, et commença lors Olivier à prêcher en particulier en sa maison à Montoy, ne sachant toutefois si bien faire que les assemblées ne fussent de deux à trois cents personnes, lesquelles continuèrent jusques à la venue du maréchal leur gouverneur, qui fut le quinzième de novembre 1572, étant recueilli magnifiquement et avec grande joie de ceux de la religion romaine, ressemblant en cela les oiseaux de proie qui ont tantôt oublié leur liberté, tellement que pour la haine qu'ils portaient à ceux de la religion ils plantèrent un tableau dans le temple, où étaient écrits ces mots :

Un Dieu, un baptême, une foi, une loi,
Et vivre en paix sous un roi.

Ceux de la religion au contraire, voyant cet homme qu'on tenait avoir été l'un des principaux conseillers de cet horrible et déloyal massacre étaient en grande crainte et non sans cause, comme il apparut bientôt après ; car ayant fait venir à soi Olivier, il tâcha par tous moyens, tant de lui-même que par autres avec toutes les promesses dont il se pouvait aviser, de le faire déporter de son ministère ; en quoi n'ayant rien pu profiter, il se délibéra de lui tendre des embuches sous ombre d'une dispute, et l'eût fait n'eût été que Tenalle, aussi véhément et ouvert que l'autre est fin et cauteleux, eût dit à part à Olivier en sortant avec colère que, puisqu'il ne voulait faire autre chose, il défendrait dès le lendemain tout exercice de la religion, comme il fit aussi. Mais Olivier, ayant recueilli par ces paroles à quelle dispute on le voulait attirer, prit droit le chemin de la ville de Falzbourg dès le lendemain, accompagné seulement d'un cordonnier nommé Paris ; ce que Gondy ayant entendu, il envoya des argoulets après lui, et voyant qu'il avait failli de l'attraper, déchargea sa colère sur la femme et huit petits enfants d'icelui, lesquels, nonobstant les neiges et les pluies excessives, il déchassa à travers des boues et des glaces, et fit aussi bannir le pauvre cordonnier qui l'avait conduit. Qui plus est, parlant à plusieurs des principaux bourgeois de la religion, il leur déclara ouvertement que le roi ne voulait souffrir autre religion que la sienne en son royaume, ni pays de son obéissance, tâchant de les induire par toutes les offres de la volonté du roi qu'il lui fut possible. A quoi ayant été constamment et unanimement répondu, que cela serait contre les promesses à eux faites comme à une cité impériale, voire des quatre principales de l'empire, il les renvoya avec grandes menaces. Le lendemain, ayant en vain essayé le même envers certains particuliers, les menaça de les chasser tous de la ville par commandement du roi; à quoi lui ayant été remontré qu'il fallait donc que l'herbe crût par les rues, il persista de paroles en ses menaces disant que l'herbe y valait mieux que telles gens. Mais, s'il n'osa exécuter ce qu'il avait délibéré, il essaya un autre moyen; ayant fait venir à Metz un malheureux ministre révolté nommé du Rozier, accompagné d'un docteur jésuite espagnol, nommé Maldonat, estimé le plus docte et le plus subtil de tous ceux de sa faculté; comme aussi du Rozier avait fait à Paris tout ce qu'il avait pu pour en faire révolter d'autres, jusques à faire imprimer une abjuration et autres livres pleins de faussetés et de méchante conscience, au lieu qu'auparavant il avait acquis réputation d'homme docte comme il était à la vérité, ayant même été choisi pour la dispute tenue à Paris contre les docteurs Vigor et de Saintes. La révolte de ce personnage fut en grand scandale à plusieurs, laquelle il tâcha de r'habiller depuis tellement quellement, mais jamais depuis on ne connut en lui un sens rassis, ni conscience droite, et finalement est mort de peste avec sa femme et tous ses enfants en la ville de Francfort.

Pour revenir à notre histoire, étant ces deux arrivés à Metz, et la plupart de ceux la religion étant contraints de se trouver en la maison de l'évêché, du Rozier leur fit une grande harangue parlant de la succession des évêques, qu'il disait être la marque de la vraie église. Mais tant s'en fallut que personne en fut ému, qu'au contraire plusieurs simples gens de l'Église disaient tout haut, qu'ils entreprendraient bien de lui répondre; et y eut même un boucher nommé Nicolas Dubois, lequel étant allé en la maison de Maldonat, l'amena à cette raison qu'il confessa que si on ne voulait croire que ce qui est écrit en la Bible, on ne pourrait montrer que la messe fut bonne. Et, quant à du Rozier, étant en partie convaincu en sa propre conscience, et aussi admonesté par gens de bien d'avoir pitié de soi-même, il pria qu'on lui aidât à sortir de ce bourbier, ce qu'on fit, et fut conduit ce pauvre misérable en l'église d'Heydelberg, où il reconnut aucunement ses fautes, dont il publia un petit traité contraire à ceux qu'il avait fait imprimer à Paris.

Le maréchal de Retz sur cela, voyant ce qui était advenu, et n'ayant pouvoir, comme il est à présupposer, de faire pis à ceux de la religion, s'en retourna en cour dont il ne s'absentait pas volontiers, donnant charge à Tenalle, son lieutenant pour le roi, en son absence, et à Viart, président, de ne souffrir en sorte quelconque aucun exercice de la religion, et de presser ceux qui en étaient de retourner à la messe par tous les moyens qu'il pourrait sans trop altérer la paix de la ville; à quoi ils tinrent la main la plus raide qu'ils purent, faisant chasser hors la ville Guillaume Brayer, dont il a été parlé ci-dessus, Jean Humain, les libraires de la religion, épiant aussi les accouchées et faisant prendre leurs enfants malgré les père et mère pour les faire baptiser à la façon de l'église romaine, au son des cloches et du tambourin. Pour à quoi obvier ceux de la religion usèrent de beaucoup d'artifices, les uns transportant leurs femmes de bonne heure en quelque village, les autres mettant leurs enfants dans des hottes, et les couvrant d'un peu de fumier comme pour le porter en quelque héritage, les autres les mettaient en quelque bateau par les grilles de Rumpert. Il y en eut d'autres qui appointèrent avec les sergents, et pour ce qu'il n'était permis aux bélîtres de briber par la ville, habillaient une femme en pauvre bribeuse à laquelle ils baillaient leurs enfants au col habillés de même, mises par ce moyen hors la ville à peine d'être punies à la rigueur des ordonnances ; puis étaient ces enfants portés et baptisés par les ministres à Alteville près de Buquenon, appartenant au comte de Nansau, ou à Jamets, terre souveraine du duc de Bouillon, en laquelle, comme aussi à Sedan, il y avait exercice de la religion. Et advint lors à un pauvre boulanger une chose digne d'être remarquée, lequel sachant que ses voisins épiaient la couche de sa femme, usa de telle diligence qu'il emporta l'enfant si à point hors de la ville, qu'étant entrés les voisins pour le prendre et baptiser en l'église romaine, n'y trouvèrent rien. Mais advint que le lendemain elle accoucha encore d'un autre enfant ; ce qu'étant ignoré par ses voisins il ne fut point recherché, et partant le père étant du retour du baptême du premier, eut moyen d'en faire autant du second ; ce que Tenalle ayant entendu le fit mettre prisonnier; mais, voyant sa constance, il le relâcha quelques jours après.

La guerre se faisait cependant très-cruelle à travers du royaume de France, et notamment à la Rochelle, où fut tué entre autres le duc d'Aumale, ce qui contrista Tenalle merveilleusement. Et furent ceux de la religion en grand danger que les gens de guerre ne se jetassent sur eux. Mais tant y a que Dieu voulut qu'ils échappassent ce coup comme plusieurs autres. Tôt après aussi furent apportées nouvelles que le maréchal de Retz, ayant quitté son gouvernement de Metz pour avoir mieux, le sieur de Piennes, était établi gouverneur en sa place ; ce qui donnait espérance de quelque bon soulagement à ceux de la religion, sachant qu'il en avait fait profession telle dans les premières guerres civiles de l'an 1562, qu'il avait même suivi le prince de Condé à Orléans. Mais ils ignoraient que c'était un vrai fantastique, et qu'en partie l'ambition, en partie sa légèreté l'avaient fait révolter dès-lors jusques à ce point qu'il porta même les armes en la bataille de Dreux contre le prince qui l'avait tant honoré à Orléans. Piennes donc arriva à Metz le huitième de novembre 1573, et ayant donné bonnes paroles à ceux de la religion s'en retourna, pour se trouver comme il disait à quelques états, lesquels on a depuis estimé avoir été dressés expressément pour y attraper ce qui était resté du massacre de la Saint-Barthélemy ; ce qu'étant découvert fut cause de la cinquième guerre civile, recommencée l'an 1574 par Charles neuvième, et continuée par Henri troisième. Piennes donc finalement retourna de la cour, et au lieu de soulager ceux de la religion fit rechercher et ôter les armes aux bourgeois, ce qui n'avait jamais été fait, voire jusques à les contraindre de jurer s'ils en savaient point d'autres que celles qu'on trouvait et prenait. Auquel serment n'ayant point voulu obéir, un ancien bourgeois nommé Antoine Tomassin fut mis en prison et à grande peine relâché, étant âgé de septante ans.

Ce nonobstant, ceux de la religion étant grandement harassés du travail à Alteville ou à Jounetz pour leurs baptêmes et mariages, reprirent cœur à la sollicitation du sieur de Clervant, bien qu'il se fût habitué avec sa famille en sa baronnie de Coppet dans les terres des seigneurs de Berne. Ils eurent donc pour ministre ce même maître Nicole qui avait été longuement à Courcelle; comme dit a été; lequel ils établirent au village de Burtoncourt, à trois lieues de Metz, appartenant audit Clervant, et mouvant en fief du duc des Deux-Ponts. Ce qu'ayant entendu Piennes, et voyant que le peuple y allait à grande foule, il y envoya faire défense de par le roi; et non content de la réponse à lui faite, à savoir que le roi n'avait rien à commander en ce lieu-là, fut si outrecuidé qu'il y envoya des argoulets qui fourragèrent le village, et nommément la maison du ministre, mettant le roi par ce moyen en grand hazard d'une guerre contre les princes allemands dont il n'avait pas besoin pour lors. Mais nonobstant tout cela, ceux de la religion ne laissèrent d'y aller, auxquels il ne sut faire pis un jour de cène, que de leur fermer les portes au retour, jusques à ce qu'après quelques jours il leur permit de rentrer, avec défenses de n'y plus aller faire la cène sans son congé.

La guerre cependant continuait très-cruelle en France, où il y eut grand remuement, s'étant monsieur frère du roi, retiré de la cour pour s'associer comme on estimait avec ceux de la religion, accompagné de ceux qui s'appelèrent les politiques ou mal contents, se plaignant du mauvais gouvernement des affaires du royaume, comme ils le déclaraient par plusieurs protestations imprimées. D'autre côté, M. le prince de Condé, accompagné des sieurs de Meru et de Thoré, fils du feu Connétable, s'étant dès le commencement de la guerre renouvelée, retirés en Allemagne, dressèrent par commandement dudit seigneur frère du roi, deux armées, en l'une desquelles d'environ deux mille chevaux reistres, sous la charge de Clervant et quelque petit nombre de Français de pied et de cheval, se mirent en campagne au mois de septembre 1575, étant Thoré chef général de cette armée comme lieutenant dudit seigneur, auquel il espérait donner ses forces, en attendant la grosse armée qui devait suivre; et de fait, nonobstant qu'ils eussent les ducs de Guise et de Maine, son frère, à côté, si furent-ils conduits si heureusement jusques auprès du Dormant, sur Maine, qu'ils laissèrent leurs ennemis beaucoup en arrière. Mais ayant été contraints de séjourner quelque peu en attendant réponse de quelque lieu dont on leur donnait espérance d'avoir quelques deniers pour contenter aucunement leur reistres, ils y furent chargés à la dépourvue et du tout rompus. La route fut grande, mais il n'y eut pas grand meurtre, s'étant rendu le gros des reistres sans coup frapper, pour avoir été surpris, dont les uns se retirèrent d'où ils étaient venus, les autres allèrent vers le roi. Thoré, avec quelque petit nombre, fit si bien qu'il arriva sain et sauf jusques à monsieur, frère du roi, ayant même traversé la Loire. Clervant, ayant vaillamment combattu, fut arrêté prisonnier, et n'eût été le crédit de plusieurs seigneurs, ses parents, (joint qu'environ ce même temps Besme, l'un des principaux meurtriers de l'amiral, et tant pour cette cause que pour autres, grandement chéri du duc de Guise, avait été pris par ceux de la religion près de Ponts en Poitou,) à grande peine eût-il eu la vie sauve, étant ses ennemis extrêmement irrités d'une terrible blessure qu'avait reçu le duc de Guise, en cette rencontre, d'un coup d'arquebuse en la face, dont on pensait qu'il dût mourir. Clervant, peu après, fut conduit à Paris et beaucoup promené pour essayer d'en faire échange avec Besme. Mais quoiqu'il fût en très-grand danger de sa vie, étant sollicité d'accorder cet échange, il répondit généreusement que jamais il ne consentirait d'être échangé avec un tel et si désirable meurtrier; et Dieu le favorisa tellement qu'ayant été mis à raison, de laquelle Monsieur se chargea, il fut finalement délivré, et Besme se voulant sauver du château où il était prisonnier, fut ratteint et mis en pièces comme il méritait, hormis que ce ne fût par la main d'un bourreau. Les deux autres principaux meurtriers de l'amiral, à savoir Cossins et Atin, avaient été frappés au siége de la Rochelle de la main de Dieu se servant de celles des assiégés, comme il apparut à leur mort, pleine de désespoir et de hurlements, sans vouloir admettre aucune consolation ni espérance de leur salut, et disant Cossins tout hautement en grinçant les dents, qu'il savait bien que Dieu ne lui pardonnerait jamais.

Pour revenir à notre histoire, la défaite de Thoré et de Clervant étant apportée à Metz, les uns en firent les feux de joie, les autres furent en grande frayeur, mais la crainte de la grosse et puissante armée tant d'Allemands que de Lansquenets et Suisses qu'amena le duc Casimir fils, puîné de monseigneur Frédéric troisième, comte palatin du Rhin et premier électeur de l'empire, accompagnant le prince de Condé comme lieutenant-général en icelle de mondit seigneur, avec quelque nombre de la noblesse française et de gens de pied, retint tellement Piennes en bride, que ceux de la religion ne laissèrent de continuer en la façon accoutumée. L'issue de cette guerre fut telle que la paix s'en ensuivit assez avantageuse pour ceux de la religion si elle eût été bien observée, en laquelle il fut dit, nonobstant les traverses des adversaires et nommément de Piennes, que ceux de Metz auraient exercice dans la ville; à quoi Pienne ayant été contraint finalement d'obéir par une seconde jussion expresse, ceux de la religion ayant appelé à eux de l'Église française de Bâle, un nommé Tenans, auquel fut depuis adjoint un autre nommé de Chassanyon, tous deux hommes de grandes lettres et très-suffisants, firent bâtir un beau temple spacieux en la rue de la Chèvre, où ils commencèrent de prêcher le 2 de juillet 1577; auquel temps la sixième guerre fut renouvelée sous le nom des états tenus à Blois, et fut par ce moyen par lettres expresses du roi Henri troisième, adressées à Tenale, derechef interdit tout exercice de religion à ceux de Metz comme aux autres.

FIN.

TABLE ANALYTIQUE

DE TOUT L'OUVRAGE.

LIVRE PREMIER

Contenant les choses advenues sous François I.er

De 1517 à 1547.

Dieu prépare la réformation. Avant-coureurs. Reuchlin et ses Disciples. Erasme. Jacques Fabri. Grossière ignorance des docteurs de Sorbonne et leur opposition aux lumières, favorisées cependant par le pape Léon. Argyropylus et autres grecs fugitifs. Progrès des bonnes études. La réforme commence. Luther, Zwingle. — Guillaume Briçonnet, évêque de Meaux, attire plusieurs hommes évangéliques; mais il s'élève bientôt contre eux une grande persécution. — Progrès de l'Évangile par tout le royaume. — Commencemens de Calvin, Melchior Wolmar. Marguerite, reine de Navarre, sert à protéger la réforme naissante. François I.er penche un moment pour la réforme. Imprudence de quelques réformés. Le roi se décide à donner cours aux persécutions. Calvin quitte la France. Les princes allemands font au roi des représentations inutiles et Calvin écrit les institutions. — Persécutions et en même temps établissement de l'Évangile en divers lieux. Cabrières, Mérindol, Lourmarin et leur histoire. Conférence de Melun. Persécution de l'église de Meaux. Autres persécutions et établissemens d'églises avec divers incidens, etc. Tome I, pages 1 à 42.

LIVRE II

Contenant les choses advenues sous Henri II.

De 1547 à 1559.

Caractère de Henri II et des favoris dont il était gouverné. Diane de Poitiers, le Cardinal de Lorraine, le connétable de Montmorency, le maréchal de Saint-André, tous opposés à la réforme. Caractère général du règne de Henri II: la guerre continuelle d'un côté et de l'autre la persécution continuelle des réformés.—Persécutions diverses.—Henri II, d'après les dernières volontés de son père, donne cependant des lettres-patentes contre quelques-uns des auteurs des massacres de Mérindol; mais cela n'a pas de suites. —Persécutions et exécutions diverses. Édit de Châteaubriant en 1551, pour activer les persécutions, pour couvrir une brouillerie avec le pape. Établissement et augmentation de plusieurs églises sans la croix caractéristique du temps. Guillaume Postel.—Martyrs mémorables en 1553, à Lyon, Paris, Rouen, Dijon, etc. Continuation des exécutions dans les années suivantes. — Les églises commencent à être organisées. Jean le maçon, dit *la Rivière*, organise l'église de Paris; plusieurs autres imitent cet exemple. Récit des souffrances et de la constance de plusieurs martyrs, dont plusieurs colporteurs de livres.— Le roi, à l'instigation du cardinal de Lorraine, demande au pape l'établissement de l'inquisition. — Bulle du pape à cet effet et édit du roi (1557); mais le parlement refuse de l'enregistrer.— Prise de Saint-Quentin. A cette occasion, réunions extraordinaires de prières de l'église de Paris, qui donnent l'éveil aux ennemis de l'Évangile et occasionnent une cruelle persécution. — Le duc de Guise reprend Calais (1558) et le cardinal de Lorraine engage le roi à aller en personne au parlement faire enregistrer son édit pour l'établissement de l'inquisition. — Plusieurs grands seigneurs, tels que le roi de Navarre (Antoine), Louis prince de Condé et autres, embrassent l'Évangile. D'Andelot, frère de Coligny, fait beaucoup pour l'Évangile, particulièrement en Bretagne. Essai de colonisation protestante en Amérique et expédition du fourbe Villegagnon (1558). — Henri II et le roi d'Espagne font la paix, et le premier promet d'exterminer les réformés. Cependant les églises prospèrent de plus en plus (1559). Diverses persécutions, au milieu desquelles cependant les églises se multiplient et finissent par se réunir en un *synode national* à Paris, le 26 mai, pour y adopter une commune confession de foi et discipline. — Importans débats au parlement de Paris. Grand nombre de conseillers y défendant la vérité, les autres font en sorte qu'il s'élève contre eux une persécution. Antoine Fumée, Anne du Bourg. Mort du roi Henri II avec ses circonstances.— Progrès de l'Évangile en divers lieux (particulièrement en Guienne et Saintonge), avec persécution. Tome 1, pages 42 à 132.

TABLE ANALYTIQUE.

LIVRE III

Contenant les choses advenues sous François II.

Du 10 juillet 1559, au 5 Décembre 1560.

Aperçu général du sort des églises réformées de France sous le règne de François II. On attendait de meilleurs jours que sous Henri II ; mais, au contraire, les persécutions furent redoublées, et cependant, Dieu continua à accroître son église. — Établissement régulier de diverses églises. — Persécutions. Procès d'Anne du Bourg. Persécutions de l'église de Paris. Exécution de du Bourg et autres. Conspiration d'Amboise et son mauvais succès. Poursuites contre le prince de Condé. Assemblée de Fontainebleau, août 1560. L'amiral de Coligny y présente une requête en faveur des réformés. Belle harangue de Marillac, archevêque de Vienne. — États d'Orléans. Le prince de Condé et le roi de Navarre pris en trahison. Progrès des églises. Le roi de Navarre ne persévère pas dans l'Évangile, mais la reine sa femme au contraire (Jeanne d'Albret) se convertit sérieusement. — Récits de divers faits et entreprises qui furent comme le prélude des guerres de religion. — Menées et projets des frères de Guise pour l'extinction de la réforme et la ruine de tous les adversaires de leur ambition. Ils font dresser une confession de foi pour être proposée à toute la noblesse, au clergé et aux officiers publics, afin d'abattre d'un seul coup la réforme, en faisant condamner tous ceux qui refuseraient de la signer. Danger imminent du prince de Condé, des autres seigneurs protestans ou opposés aux Guise et de toute l'église. Dieu renverse tous ces projets par la mort de François II, arrivée le 5 décembre 1560. Tome 1.er, pages 132 à 251.

HISTOIRE ECCLÉSIASTIQUE SOUS CHARLES IX.

LIVRE IV

Contenant ce qui se passa à la cour et à Paris, depuis l'avènement de Charles IX, jusqu'au massacre de Vassy.

Du 5 décembre 1560, au 1.er mars 1562.

Espérances des réformés sous le rapport politique et religieux à la mort du roi François, déçues par l'inhabileté du roi de Navarre et autres, et par les intrigues des adversaires. — États d'Orléans le 13 décembre. Harangue du chancelier. — Harangue pour le clergé faite par le docteur Jean Quintin, apostat. Réfutation qu'on en fit dans une lettre adressée à la reine-mère. Autres harangues. Récit de diverses intrigues. Le parlement de Paris déclare le prince de Condé innocent. Édit de Saint-Germain-en-Laye. — Réconciliation du prince de Condé et du duc de Guise. États de Pontoise, dangereux pour la reine-mère. L'intercession de l'amiral la tire de peine. Représentations énergiques du tiers-état. On demande des temples et on renouvelle encore la demande d'un concile national. Préparatifs du colloque de Poissy. Le cardinal de Lorraine discute paisiblement avec de Bèze chez le roi de Navarre, devant la reine-mère. Colloque de Poissy. Prière de Th. de Bèze. Il fait une belle exposition de la foi des églises réformées. — Satisfaction générale. Mécontentement des prélats. De Bèze écrit à la reine-mère pour développer le point de la cène. Les théologiens de Rome cherchent à éluder la dispute, et veulent présenter aux théologiens protestans une confession de foi contraire à la leur pour avoir occasion de les faire condamner. Mais ils sont contraints de s'y prendre plus doucement. Nouvelle séance, Harangue du cardinal de Lorraine. Il ne traite que deux points: l'église et la cène. — Arrivée du cardinal de Ferrare, légat du pape, qui veut empêcher la continuation du colloque. — Nouvelle séance, mais non plus en public. Harangue de de Bèze. Réponse incohérente du docteur Despense. Réplique de de Bèze. — La discussion continue. Pierre Martyr. Il semble un moment qu'on va s'accorder sur la cène, en adoptant un formulaire commun. Mais la majorité des docteurs catholiques s'y oppose. Arrivent des théologiens allemands que le cardinal de Lorraine avait appelés pour les mettre aux prises avec les théologiens français. Mais ce but est manqué. — Les prélats se retirent après avoir dressé quelques canons pour la réforme des mœurs. — Tentatives de quelques-uns et de la cour pour amener une fusion entre les catholiques et les réformés, en faisant des changemens dans le culte, etc. Mais tout cela n'a point de suite. La reine-mère retient Théodore de Bèze pour aviser encore aux moyens d'obtenir l'union. Progrès des églises. Troubles à Paris. Remarquable édit, appelé l'édit de janvier, pour la pacification des troubles religieux. — Avis et conseil des ministres et députés des églises de France au sujet de cet édit. Il est reçu avec joie et observé par elles, malgré quelque mécontentement qu'on avait d'abord éprouvé. Résistance des parlemens, surtout du parlement de Dijon. Le roi de Navarre se laisse séduire par l'appât des grandeurs et des plaisirs, et contribue, par son apostasie, à l'inexécution de l'édit. Récit des intrigues des Guise. Conférence à Saint-Germain sur les images, entre plusieurs docteurs catholiques, romains et quelques ministres entr'autres de Bèze. Massacre de Vassy. Tome I, pages 251-457.

LIVRE V.

SUITE DES CHOSES ADVENUES SOUS CHARLES IX.

Choses arrivées dans les provinces, dans le même espace de temps dont il est parlé au livre précédent.

Du 5 Décembre 1560, au 1.er mars 1562.

Les catholiques zélés s'adressent au roi d'Espagne pour avoir son secours contre les réformés. La trame est découverte et punie. Histoire de ce qui se passa dans les diverses églises. Progrès et persécutions. Troubles et agitations extrêmes en divers lieux, préludes des guerres de religion. Ce qui se passa en Guyenne. Burie, Monluc. — Par contre, état paisible de la Saintonge. — A Toulouse, les capitouls bien disposés pour la religion, mais le parlement très-sanguinaire. Troubles et persécutions. Le roi envoie faire des représentations au parlement, mais on n'en tient pas grand compte. Massacres. Les réformés se mettent en beaucoup de lieux sur la défensive. Epreuves et délivrance de l'église de Montauban. On y brûle toutes les images, ainsi que dans beaucoup d'autres lieux. Diverses églises établies par ceux de Montauban, et en d'autres, provinces, ce qui arriva en Languedoc, en Dauphiné et en Provence. Tome I, pages 457-566.

LIVRE VI.

SUITE DES CHOSES ADVENUES SOUS CHARLES IX.

An 1562 jusqu'en Mars 1563.

Le massacre de Vassy devient le signal de la guerre civile qui ne tarde pas à éclater. Le prince de Condé s'empare d'Orléans : le connétable et le duc de Guise de Paris. Manifeste du prince de Condé et autres actes pour justifier sa conduite. Il écrit aux princes allemands. Bonne réponse de l'électeur Frédéric. — Le duc de Guise fait écrire par le roi une lettre contraire au manifeste du prince. Réponse du parlement de Paris au manifeste du prince. On se prépare de part et d'autre à la guerre, tout en continuant à faire des manifestes. L'armée du roi sort et s'approche d'Orléans. Lettre du prince de Condé à son frère le roi de Navarre. Manifestes, lettres, négociations, etc. Edits contre les fauteurs du prince. Désordres dans Paris et ailleurs. Prise de Bourges par les troupes du triumvirat (duc de Guise, connétable, maréchal de Saint-André). Situation difficile du prince de Condé et des siens. Le triumvirat et le prince envoient chacun à la diète de Francfort. Harangues et confession de foi de Spifame, envoyé du prince. D'Andelot réussit à amener un secours de Reistre et de Lansquenets. Prise de Rouen par les Guise, de Pithiviers et d'Étampes, par le prince, qui manque de surprendre Paris. — Divers pourparlers inutiles du prince avec la reine. Bataille de Dreux, dont le succès demeure indécis et où le maréchal de Saint-André fut tué, le prince de Condé et le connétable prisonniers. Le duc de Guise est assassiné au siége d'Orléans par Poltrot de Meré. — Catherine de Médicis sollicite l'appui du duc de Wurtemberg. Le prince de Condé consent à un accommodement, cédant quelque chose de l'édit de janvier. Procès et exécution de Poltrot. La paix est signée à des conditions qui mécontentent l'amiral et la plupart des réformés. Mars 1563. Tome II, p. 1-204.

LIVRE VII.

SUITE DES CHOSES ADVENUES SOUS CHARLES IX.

De 1562 à 1563.

Histoire des villes et lieux ressortissant du parlement de Paris.

Persécutions à Senlis. — En Picardie. Amiens. Abbeville. — A Meaux. Loisy-en-Brie. — Horribles persécutions et massacres en Champagne, auxquels participe le seigneur de Nevers, apostat. Bourgogne. Nivernais. La Charité-sur-Loire. Châtillon-sur-Loire. Cosne. Gyer. Dissolution et excès de quelques partisans du prince. Peste et autres misères considérées comme punition de Dieu. Suite du compte-rendu des troubles, persécutions, massacres en divers lieux. Auvergne. Ce qui arriva à la ville de Bourges et partout où fut le théâtre de la guerre et où séjournèrent les armées. Édits de persécution donnés parmi les troubles par le parlement de Paris, ce qui sert à augmenter d'autant les désordres et les persécutions. Tome II, pag. 204-372.

LIVRE VIII.

SUITE DES CHOSES ADVENUES SOUS CHARLES IX.

De 1562 à 1563.

Histoire des villes et lieux ressortissant du parlement de Rouen.

Synode provincial à Rouen, auquel la reine envoi un chargé d'affaires, qui demande quelles forces les églises pourraient fournir. Elles répondent 6,000 hommes de pied et 600 de cheval. La ville de Rouen se déclare pour le prince. Le parlement s'en retire. Siége de Rouen par d'Aumale. Le parlement siégeant à Louviers donne un arrêt contre les réformés. Prise et sac de Rouen le 26. Le parlement condamne à mort de Mantreville, Marlorat et autres. Le roi de Navarre meurt des suites d'une blessure reçue pendant le siége. — Dieppe refuge de beaucoup de persécutés. Déclaration de la reine d'Angleterre en faveur des réformés, et envoyée aux princes étrangers. Dieppe se rend sur la nouvelle de la prise de Rouen. Reprise de Dieppe. Dieppe se rend au roi par honorable composition, et obtient un gouverneur protestant. Luneray, ce qui s'y passa, ainsi qu'en d'autres lieux de la Normandie. Massacre de Valognes. Les désordres deviennent toujours plus grands en la Normandie, auparavant paisible, jusqu'à la venue de l'amiral qui remit tout en bon état et aurait pu amener l'entier triomphe de la religion sans l'accord trop hâté du prince de Condé. — Ce qui arriva au Hàvre-de-Grâce. Manifestes de la reine d'Angleterre. Belles ordonnances du gouverneur de Beauvais. La ville se maintient en paix. — Ce qui advint en Bretagne. Tome II, pages 372-459.

LIVRE IX.

SUITE DES CHOSES ADVENUES SOUS CHARLES IX.

Histoire des villes et lieux ressortissant du parlement de Bordeaux.

De 1562 à 1563.

Monluc et Burie, gouverneurs, se montrent également opposés aux réformés. Il ne font pas justice du massacre de Cahors. Ceux d'Agen resaisissent les clefs des portes. La résistance s'organise. Bordeaux manque d'être pris par les réformés. Colloque général, à Villeneuve d'Agen, ratifie les articles de confédération des églises et donne le commandement général au sieur de Memy. Mauvais choix. Il manque de prendre Monluc. La guerre continue. Nérac est pris. Duras. Il est défait par Monluc. Conduite désordonnée de l'armée de Duras. Agen est au pouvoir des ennemis. Memy a la tête tranchée à Bordeaux. Cruautés horribles commises en divers lieux. Siège de Montauban. Les affaires des réformés paraissent désespérées. Piles. La Rivière. Ils se maintiennent jusqu'à la paix. — Ce qui arriva à Mont-de-Marsan et en Saintonge. Tome II, pages 459-512.

LIVRE X.

SUITE DES CHOSES ADVENUES SOUS CHARLES IX.

Histoire des villes et lieux ressortissant du parlement de Toulouse.

De 1562 à 1563.

L'édit de janvier étant publié à Toulouse, le culte évangélique s'y célèbre d'abord paisiblement et avec la protection et en présence des magistrats (les capitouls). Mais le mauvais vouloir de plusieurs personnes et du parlement, appuyés de ce qui se passait à la cour, finit par triompher. Persécutions. Les réformés commencent à résister les armes à la main. Troubles. Mésintelligence des capitouls du parlement. Accord favorable aux réformés ; mais il n'a point de suites. Les réformés se saisissent de la maison de ville et des capitouls. Le parlement appelle divers chefs catholiques à son secours. Combats dans Toulouse. Monluc arrive. Pillage et désordres. Le parlement demeuré maître se livre à d'horribles fureurs. Nomenclature de martyrs. Édit pour confiscation et exactions. On en obtient l'abolition de la part du roi. Le roi réintègre aussi les conseillers au parlement et présidens éliminés. Mais cette cour ne tient aucun compte de ces lettres royales. Nouvelles lettres n'ont pas plus d'effet. On délibère seulement d'envoyer quelqu'un en cour pour mieux informer le roi. Mais les excès continuent. Association horrible formée par le cardinal d'Armagnac, archevêque de Toulouse. Le parlement l'approuve, mais trois jours après arrivent les nouvelles de la paix, reçues avec dépit et colère. Le parlement de Toulouse finit par s'attirer de sévères reproches. — L'édit de pacification n'est point exécuté. Premier siège de Montauban, bientôt levé. Divers incidens qui caractérisent ces temps. Second siège de Montauban, par Burie et Monluc, levé au bout de trois jours. — Troisième siège de Montauban, abandonné de ses principaux défenseurs. Les assiégeans cherchent à avoir la ville par composition. Trahison du commandant Laboria. Elle lui tourne en confusion. La ville se maintient glorieusement jusqu'à la paix. — Ce qui arriva en d'autres villes du Languedoc. A Nîmes et à Montpellier, les réformés se rendent maîtres sans combat. Les églises du Languedoc choisissent pour chef militaire le sieur de Baudiné, frère puîné du sieur de Crussol, lieutenant pour le roi. La guerre devient toujours plus générale. Divers incidens qui caractérisent ces tristes temps. Béziers. Limoux. Beaucaire, Agil, Frontignan, etc. Défaite des catholiques romains à Saint-Gilles. États du Languedoc à Nîmes. Le comte de Crussol consent à être le chef et le protecteur de tout le pays durant ces troubles, en faveur des réformés et sous l'obéissance du roi. — Les états de Dauphiné le prennent aussi pour chef. — Récit des guerres, troubles, massacres et autres événemens qui se passèrent dans le reste du Languedoc et dans le comté de Foix, jusqu'à la paix. Tome III, pages 1-135.

LIVRE XI.

SUITE DES CHOSES ADVENUES SOUS CHARLES IX.

Histoire de ce qui advint à Lyon et pays circonvoisins du parlement de Paris.

De 1562 à 1563.

État de la ville avant l'entreprise de Condé. Le comte de Sault, gouverneur, homme bien disposé. Après la violation de l'édit de janvier en d'autres lieux. Les réformés s'emparent de nuit de la ville sans commettre aucun excès. Le baron des Adrets. Ses mérites, mais aussi sa cruauté. Le prince envoie Soubise à Lyon. Sa prudence et sa belle défense. Trahison de des Adrets. Il est pris. La ville se maintient jusqu'à la paix. Pages 135-156.

LIVRE XII.

SUITE DES AFFAIRES SOUS CHARLES IX.

Ce qui advint à Grenoble et en Dauphiné.

De 1562 à 1563.

Mauvaise volonté du parlement, qui enfreint l'édit de janvier. La Motte-Gondrin, gouverneur pour le duc de Guise, n'oublie aucun moyen pour tourmenter les réformés. Entreprise de Gondrin à Valence, où il est tué. C'est l'ouverture de la guerre en Dauphiné. Le baron des Adrets est choisi pour chef. Les réformés de Grenoble se saisissent des postes de la ville sans commettre aucun excès. — Ce qui arriva à Orange, qui est saccagée, mais où la religion finit par être établie par le comte de Cursol, en mars 1563. Prise de Pierre-Latte par des Adrets et ses autres faits-d'armes. Maugeron est introduit par composition dans Grenoble et la livre au pillage. Des Adrets revient comme la foudre et met en fuite Maugeron; il rentre dans Grenoble. Mombrun. Mouvans, contre Suse et Sommerive. Prise de Sisteron par les romains. Celle de Gap suit. Monluc, évêque de Valence, prisonnier à Annonay. — Piteux état de Grenoble à cause d'un inhabile gouverneur nommé Ponat. Le capitaine La Coche est mis en sa place. La ville est assiégée inutilement. Détail de la défection du baron des Adrets. — Sage conduite du comte de Cursol ou Crussol, choisi par les états de Dauphiné, nommé par ceux du Languedoc pour les protéger. Maugeron tente de nouveau de surprendre Grenoble, mais la vigilance de La Coche l'en empêche. — Après l'édit de pacification, le prince de la Roche-sur-Yon devient gouverneur. Tome III, pages 156-200.

LIVRE XIII.

SUITE DES ÉVÈNEMENS SOUS CHARLES IX.

Ressort du parlement de Provence.

De 1562 à 1563.

État tranquille de la Provence et observation de l'édit de janvier par les soins des comte de Tande et de Cursol jusqu'au massacre de Vassy. Sommerive, fils du comte de Tande, s'arme contre son père et est nommé gouverneur et lieutenant-général pour le roi. Poursuites et cruautés contre les réformés. Guerre civile. — Siége de Sisteron par Sommerive, bien défendu par Beaujeu, abondonné de la plupart de ses habitans et pris. Remarquable retraite de ceux de Sisteron, sous la conduite de Senas et de Mouvans. Ils parviennent à Lyon. — Sommerive étant maître de toute la Provence, se livre à toutes sortes d'excès. Liste de ceux qui ont été tirés des prisons, pendus, précipités et massacrés, en divers lieux de Provence. — Liste des femmes, filles et enfans tués et massacrés ou soumis à d'horribles traitemens. L'édit de pacification ne fait cesser qu'en partie ces horreurs. Arrangement fait dans le comtat Venaissin. Tome III, pages 200-244.

LIVRE XIV.

SUITE DES ÉVÈNEMENS SOUS CHARLES IX.

Évènemens dans le ressort du parlement de Turin.

Ministère béni d'Alexandre Guyotin. Quelques persécutions où se manifeste la protection de la providence de Dieu. Tome III, pages 244-247.

LIVRE XV.

SUITE DES ÉVÈNEMENS SOUS CHARLES IX.

Ressort du parlement de Bourgogne.

De 1562 à 1563.

Le parlement proteste contre l'édit de janvier. Tavannes, lieutenant du roi. Cruautés commises à Dijon. — Ce qui advint à Auxonne. Le sieur de Torpes. — Ce qui advint à Autun. — A Mâcon et à Châlons. — La guerre civile s'élève et règne aussi dans cette province. Persécutions en divers lieux, particulièrement à Mâcon. Saint-Point. Tome III, pages 247-274.

LIVRE XVI.

SUITE DES ÉVÈNEMENS SOUS CHARLES IX.

Metz et pays Messin.

De 1562 à 1563.

Ministère de Jean Le Clercq, cardeur de laine de Meaux, dès l'an 1523. Il détruit les images d'une chapelle. Son martyre en réveille plusieurs. Jean Castelan de Tournay, porte l'Évangile en divers lieux. Il est brûlé. L'église de Metz continue faiblement et en secret jusqu'en 1541. — Farel prêche à Metz en 1542. Violente persécution. Diverses vicissitudes de l'église de

Metz. Metz aux Français. Le sieur de Vielleville, gouverneur. Les réformés demandent plusieurs fois vainement liberté de culte. Persécutions de Senneterre. Progrès et organisation de l'église. L'église jouit d'un état tranquille qui dure même pendant la guerre civile. Visite de Farel, âgé de plus de 80 ans, le 12 mai 1565. — Édit en 1569 qui interdit le culte réformé. — Vicissitudes de l'église de Metz jusqu'en l'an 1577. Tome III, pages 274-305.

TABLE

ou

CLASSIFICATION DES MATIÈRES.

—

ARTICLE PREMIER.

Premiers commencements d'Églises.

Annonay, I. 5, 16, 33.
Agen, I, 15, 95.
Aubigny, I. 21.
Angers, I. 39.
Auxerre, I. 480, 484.
Albiac, I. 530.
Alvert, II. 531.
Aze-le-Brûlé, II. 317.
Bourges, I. 6, 36.
Beaune, I. 16, 103.
Corbigny, I. 41.
Le Crozel, I. 96.
Cévennes, I. 137.
Chartres et pays Chartrain, I. 476.
Caussade, I. 530.
Courcelles sur Nied, III. 296.
Foi (Ste-), I. 17.
Fère près Soissons, I. 33.
Gyen, I. 103.
Issoudun, I. 41.
Lyon, I. 34.
Langres, I. 35.

Meaux, I. 3.
Metz, I. 4. — III. 274.
Montpellier, I. 136.
Montmorillon, I. 481.
Montauban et les environs, I. 135. — II. 581 et suiv.
Mas-d'Azil, I. 546.
Montoy, III. 298.
Nevers, I. 41.
Nemours, I. 472.
Negrepelisse, I. 534.
Orléans, I. 6, 33, 70.
Oléron, I. 131.
Poitiers, I. 40.
Pons, I. 127.
Rhodez, I. 99.
Rhé (Zilide), I. 131.
Rozay en Brie, I. 4.
Roziy en Brie, I. 4.
Sancerre, I. 12, 13.
Sens, I. 22.
Saintonge, 1. 64.

Senlis, I. 33, 102.
Soubise, I. 127.
Suilly, I., 427.
Saint-Savin, I, 432.
Toulouse, I. 7, 98.
Tonnein, I. 17.

Troyes, I. 41, 52, 71, 88.
Thuilloy, I. 466.
Vezelay, I. 41.

NOTA. Pour les églsies non-mentionnées dans cet article, voyez l'article 2.

ARTICLE II.

Organisation et progrès d'églises.

Angers, I. 64, 190, 95, 474.
Aubigny, I. 66.
Angoulême, I. 135.
Agen, I. 135, 496, 510.
Anduze, I, 137.
Aiguemortes, ibid.
Aurillac, I. 484.
Arnay-le-Duc.—Ar-sur-Fille, l. 492.
Bellesme, I. 476.
Bourges, I. 72.
Beaune, I. 492.
Bordeaux, I. 494.
Blois, I. 93.
Béziers, I. 552. III, 89.
Châlons, I. 138.
Caen, I. 138.
Corbigny, I. 472.
Cevennes, I. 559.
Châtillon-sur-Seine, ib.
Castres, I. 549.
Carcassonne, I. 550.
Cognac, I. 98.
Chartres, I. 103, 134.
Castellane, I. 108, 234.
Cahors, I. 529.
Croisil (le), I. 96, 97.
Dieppe, I. 138. II. 410.
Evreux, I. 138.
Fréjus, I. 108.
Florac, I. 544.
Foix, I. 546.
Grenoble, I. 560 suiv. III. 156.
Gabriac, I. 137.
Issoudun, I. 66, 187, 479.
Lyon, I. 544.

Luneray, I. 138.
Meaux, I. 62.
Montoire, I. 67.
Marseille, I. 108, 234.
Mâcon, I. 135.
Mans (le), I. 476.
Montauban, I. 136, 519, 531, 542.
Moncuq, I, 529.
Mamers, I. 476. II, 327.
Montpeyroux, I.
Millau, I. 136.
Montpellier, I. 137, 557.
Mialet, I. 137.
Montélimart, I. 138, 215.
Marméjoux, I. 544.
Moulins, II. 292.
Metz, III. 278, 281, 286; 290, 305.
Nismes, I. 137, 44.
Nevers, I. 470.
Noyers, I. 492.
Nérac et environs, I. 98.
Orléans, I. 70, 71, 104, 464.
Oléron, I. 131.
Paris, I. 62.
Poitiers, I. 190, 481.
Provence, I. 108.
Pons, I. 128.
Pont-de-Montwer, I. 137.
Pamiers, I. 544.
Rouen, I. 71, 487, suiv.
Rochelle (La), I. 88.
Rioux, I. 130.
Revel, I. 136, 548.
Romano, I. 138.
Sisteron, I. 108.

St-Paul, I. 108.
St-Affrique, I. 544.
Saintonge, I. 511, suiv.
St-Amand en Berry, I. 134.
Sauve,
St-Jean,
St-Germain,   } I, 137.
St-Etienne,
St-Privat,

St-Lo, I. 135.
Sens, I. 484.
Savignac, I. 544.
Tours, I. 67, 94.
Troyes, I. 88, 482.
Villefranque, I. 137.
Valence, I. 138, 21.
Vire, I. 138.

ARTICLE III.

Persécutions et lieux où il y a eu des martyrs.

Angers, I. 68, 190, 40 et *passim*.
Allevert, I. 196, 200.
Aiguemortes, I. 210 suiv.
Anduze, I. 213, 214.
Aurillac, I. 485, 486.
Autun, I. 492, 61, 70.
Aix, en Provence, I. 562.
Agen, I. *passim*.
Annonay, I. 33.
Bourges, I. 186, 187.
Blois, I. 22, 52, 188.
Bourg-en-Bresse, I. 55.
Bordeaux, I. 69, 202.
Beaucaire, I. 210.
Beaune, I. 490.
Cabrières, I. 1, 22 suiv.
Chambéry. — Casarcq, I. 61.
Croisil (le) I. 97.
Cahors, I. 61, 5, 8, 538.
Dijon, I. 59, 86, 87, 489.
Dauphiné, I. 219 suiv. 559, 560.
Essarts (les) I. 15.
Embrun, I. 17.
Évreux, I. 59.
Issoire, I. 35.
Issoudun, I. 186, 187.
Lourmarin, I. 22.
Lyon, I. 56, 60 et *passim*.
Limoges, I. 61.
Luneray, I. 196.

Meaux, I. *passim*.
Mâcon, I. 15.
Mérindol, I. 22 suiv.
Montpellier, I. 60, 206, 207 suiv.
Marennes, I. 196, 200.
Montauban, I. 206, 207.
Milhau, I. 212.
Mialet, I. 213, 214.
Nismes, I. 54, 60.
Orléans, I. 52, 191, 182, 242, 257.
Oléron, I. 196, 200.
Paris, I. 72, 105, 144, 421 et *passim*.
Poitiers, I. 200.
Rouen, I. 60, 126, 194 et *passim*.
Sens, I. 35, 84.
Saumur, I. 55.
Soissons, I. 59.
Saint-Pierre-le-Moustier, I. 60.
Saintonge, I. 85, 86, 126, 127, etc.
Saintes, I. 130.
Somières, I. 213, 214.
Sisteron, I. 561, 562.
Toulouse, I. 55, 513 et *passim*.
Troyes, I. 88
Tours, I. 188, II. 361.
Villeneuve d'Avignon, I. 118.
Valence, 219, 220 suiv.

Nota. Pour les églises non-mentionnées dans cet article ou pour compléter ce qui y est dit, voyez l'art. 4.

ARTICLE IV.

Sort des églises pendant la guerre de religion.

Amiens, II. 210.
Abbeville, II. 211.
Auxerre, II. 247, 248.
Avalon, id.
Autrain, II. 259.
Aurillac, II. 289.
Auvergne, II. 292.
Angers, II. 331, 346.
Agde, III. 107, 108, suiv.
Annonay, III. 117, 120.
Autun, III. 251, 254, 57.
Auxonne, III. 252.
Agen, II. 474 et *passim*.
Angoulême, II. 499.
Allevert, II. 508, suiv.
Bar-sur-Seine, II. 236.
Blois, II. 352.
Bourges, II. 296, suiv.
Beaune, III. 257.
Belleville, III. 264.
Béziers, III. 93, suiv.
Bretagne, II. 458, suiv.
Beaucaire, III. 97, 98.
Bédarieux, III. 112.
Bordeaux, II. 470.
Courtenay, II. 242.
Clérac, II. 475.
Caumont (château de), II. 482.
Cognac, II. 502.
Castelnaudary, III. 88.
Carcassonne, III. 89, suiv. 116, 97.
Castres, III. 91.
Champagne, II. 236, 240.
Corbigny-en-Nivernais, II. 257.
La Charité, II. 260, suiv.
Châtillon-sur-Loire, II. 265, 271, 279, 283.
Cosne, II. 266.
Craon, II. 347, 352.
Comtat Venaissin, III. 243.
Cosnarin, III. 251.
Châlons, III. 258, 260.
Dijon, III. 249, suiv.
Damiate, III. 112.
Dieppe, II. 410, 26.
Frontignan, III. 102.
Florac, III. 124.
Foix, III. 127, 135.
Gyen, II. 271, 279.
Gévaudan, II. 292. — III. 126.
Granes, III. 125.
Grenoble, III. 157, 161, 168, 170, 176, 179; 183, 196.
Gap, III. 174.
Hâvre, II. 444, suiv.
Issoudun, II. 308, 312.
Loisy-en-Brie, II. 219, 220.
Lauzerte, II. 475.
Lectoure, II. 481, suiv.
Limoges, II. 511.
Limousin, II. 292.
Limoux, III. 95, suiv.
Lyon, III. 137, 156.
Monségur, II. 473.
Marmande, II. 473.
Montguillan, II. 476.
Mont de Marsan, II. 497, suiv.
Marennes, II. 508, suiv.
Montauban, III. 40. 88.
Montpellier, III. 91, 100, 103.
Montargis, II. 283, 286.
Moulins, II. 293, suiv.
Mans (le), II. 314, 328.
Mer, II. 358.
Metz, III. 295, 302.
Montfrain, III. 98.

Mende, } III. 122, suiv.
Marvéjols,
Mure (la), III. 183, 195.
Mens, III. 183, 197.
Mâcon, III. 257, 258, 260, 272.
Normandie, II. 374, 444.
Nismes, III. 92.
Nevers, II. 249, suiv.
Nemours, II. 286, suiv.
Olérac, II. 488, 489.
Orange, III. 164, 167.
Orléans, II. 5, 7, *passim*, 159, suiv.
— III *passim*.
Port-Sainte-Marie, II. 473.
Panne (château de), II. 476.
Perche (le), II. 329, suiv.
Pezenas, III. 102, 112.
Puylaurens, III, 112.
Pamiers, III. 127, 135.
Provence, III. 218, 241.
Piémont, III. 245, 247.
Poitiers, II. 366 suiv.
Quercy, II. 292.
Ruffec, II. 503.

Rochelle (la), II. 508, 511.
Ruel, III. 91, suiv.
Rouergue, II. 292. — III. 121, 127.
Rouen, II. 374, suiv., 408.
Revel, III. 99.
Saint-Jatier, II. 477.
Sainte-Foy, II. 490, 491.
Saint-Jean-d'Angely, II. 507.
Saintes, II. 507, 508.
Senlis, II. 205, suiv.
Sens, II. 242, 46.
Sancerre, II. 313.
Saint-Paul, III. 112.
Soraize, III. 116.
Sisteron, III. 173, 203, 213.
Tonnerns, II. 473.
Toulouse, III. 1, 40.
Tournus, III. 267.
Tours, II. 361.
Valence, III. 159, suiv.
Villeneuve-d'Agen, II. 473.
Vendomois, II. 328.
Villefranche, III. 121, 127.

ARTICLE V.

Hommes qui ont servi la cause de Dieu.

Abbé de Valence, I. 40.
Abbé de Saint-Martin d'Autens, I. 41.
Abel Pepin, I. 41.
Antoine, roi de Navarre, *passim*.
Aynard Pichon, I. 560.
Assier (Damide), II. 481.
Adrets (baron des), III. 103 et suiv.
Andelot (sieur d'), *passim*.
Ausance, III. 289, 293.
Briçonet (Guill.), I. 3, suiv.
Beaulac, I. 97.
Boissière (Claude de la), I. 98.
Boisnormand, I. 208 et *passim*.
Bourg (Anne du), I. 122, *passim*.

Bèze (Th. de), I. 204, *passim*.
Bosco (de), I. 36.
Brossier (Simon), I. 65, *passim*.
Bergerie (Gilbert de la), I. 459.
Brosse (de la), I. 484.
Barrelle, I. 517. — III. 7, 8, suiv.
Biron, III. 278.
Briquemant, II. 388, suiv.
Bocquet (Guill.), II. 323.
Banquemare, II. 394.
Beauvoir, II. 454, suiv.
Bordet, II. 477.
Bosc, II. 487.
Biron (Damide), II. 481.

TABLE DES MATIÈRES.

Bouquin, } II. 514.
Brûle, }
Brunet, II. 511.
Baudiné, III. 93.
Bouillarges, III. 104, *passim*.
Boiseron, III. 122.
Blacons, III. 141.
Calvin, I. 6, 9, 14, *passim*.
Courault, I. 9, 10.
Caracciol, évêque de Troyes, I. 53. — II. 91, 150.
Coligny (Gasp. de), I. 39, *passim*.
Chaudieu, I. 89.
Causse (Barthel.), I. 103.
Corlieu, I. 184.
Crussol ou Cursol, I. 207 et *passim*.
Chrétien (Jean), I. 542.
Cellier (Dame), II. 481.
Capitouls, III. *passim*.
Constant (Jean).
Clervant, III. 282, suiv. 304.
Cologne (Pierre de), III. 2, 82, 86.
Chassagnon, III. 305.
Carvin (Jean), II. 461. — III. 43.
Desfosses, I. 41.
Demazières, I. 85.
Desméranges, I. 93.
Dumont, I. 98.
Desruisseaux, I. 127.
Duchesnoy, I. 544.
Duras, II. 115 et *passim*.
Dumarets, II. 343.
Dujon, III. 391.
Debrard, II. 417.
Deffors, II. 410, suiv.
Dubois, II. 429.
Erasme, I. 2.
Epine (de l'), I. 36, 307.
Etienne (Saint), II. 237.
Entrages, III. 261, suiv.
Elisabeth, reine, II. 414, suiv. 447 suiv.
Fabri (Jacq.), I. 1, *passim*.
Farel, I. 1, *passim*., 560.
Fournelet, I. 34.
Fabri (Jean), I. 35.
Fleury, I. 96.
Fongrave, III. 61.

Fumée (Ant.), I. 122.
Fournier, II. 219, 225.
Furmeyer, III. 198.
Guyotin (Alex.), I. 131. — III. 245.
Idem, I. 224.
Galars (des), I. 307.
Grillieri, III. 250.
Garnier, III. 282, 289.
Hamelin, I. 85.
Herlin (Marc), III. 152.
Henry (Pierre), II. 430.
Luther, I. 3, suiv.
Landri, I. 19, suiv.
Loquet, I. 36.
Lafontaine, I. 98, 202.
Leopard (Ch.), I. 126, 512. — II. 504.
Lebrun, I. 519.
Lacoche, III. 177.
Louis, III. 289.
Lanta, III. 7.
Laboria, III, 52, 55.
Lombat (les), III. 132, suiv.
Marguerite, reine, I. 8, 14.
Michel (Jean), I. 12, 36.
Marot (Clém.), I. 14, 21.
Marlorat (A.), I. 36, 195.
Médicis, reine, *passim*.
Marillac, arch., I. 174.
Mombrun, I. 122. — III. 171.
Mouvans, I. 234. — III. 171.
Martyr (Pierre), I. 349.
Malot (Jean), I. 421, 541. — III. 291.
Memy, II. 465, 486.
Marchâtel, II. 476. — III. 44.
Mirabeau, II. 504.
Morvilliers, II. 379, 38, 7.
Montgomery, II. 388.
Mantreville, II. 394.
Nevers (duc de), I. 467, 70, 71.
Nort, I. 496.
Noël (Et.), III. 180.
Nicole, III. 304.
Neuchâtel, II. 471.
Olivetan, I. 14.
Poncelet (Michel), I. 53.
Paumier, I. 185.
Portien (prince), II. *passim*.

TABLE DES MATIÈRES.

Poltrot de Méré, II. 162.
Pouge (de la), I. 481.
Piles, II. 489, suiv.
Perrier (du), III. 40.
Reuchlin, I. 1.
Rivière (la), I. 62, *passim*.
Rivière (la), II. 490.
Richer (Pierre), I. 88.
Sarrasin (Philibert), I. 15.

Scaliger, I. 7.
Taschard, I. 5, 132. — III. 40.
Tafin, III. 286.
Vignaux, I. 200.
Viret, I. 558.
Vaysse, I. 54, 143. III. 41.
Vau (Nic du), II. 509.
Vielleville, III. 241, 278.
Olcor. Valcin, III. 291.

ARTICLE VI.

Martyrs.

Augy (Franç. d'), I. 33.
Audebert (Anne), I. 53.
Alba (Martial), I. 56.
Alençon (Guill. d'), I. 60.
Almari.
Berquin (Louis de), I. 4.
Bourg (Jean du), I, 13.
Becaudelle (Marie), I. 151.
Brun (Étienne), I. 17.
Bonpain (Remi), I. 21.
Brugère (Jean), I. 35.
Blondet (Octav.), I. 44.
Berger (Remi), I. 57.
Bataille (Bert.d), I. 61.
Babec (Jean), I. 68.
Bertrand (Jean), I. 39.
Bourg (Anne du), I. 156.
Bosquet (Elie du), I. 210.
Blanc (Pierre), I. 486.
Beau (Nicolas), II. 232.
Bertoux, II. 398.
Borroger, II. 409.
Caturie (Jean el), I. 7, 8.
Catelle (D.lle la), I. 13.
Cornon (Jean), I. 15.
Constantin, I. 19.
Chapot (Jean), I. 34.
Canessière (Claude de la), I. 68.
Casebone (Jérôme).
Chenet (Pierre).

Crozes, II. 398.
Dymoret, I. 58.
Dusson, II. 361.
Ecrivain (Pierre), I. 56.
Forge (Et. de la), I. 13.
Faure (Ch.)
Filleul (Jean).
Faye (la), II. 81.
Gouin (Martin), I. 15.
Galeinard (Léonard), I. 52.
Gravier (Hugues), I. 55.
Gravet (Et.), I. 58.
Gravelle (Faurin).
Guerin (Geoffroy), I. 92.
Geoffroy (Jean), II. 51.
Greffin (Jean), ibid.
Govion (Jean), II. 208.
Husson (Guill.), I. 22.
Hamelles, I. 86.
Haucour (Sieur de), I. 212.
Leclerc (Jean), I. 4.
Le Peintre (Claude), I. 17.
Laloi (Simon), I. 59.
Léveillé (Julien), I. 60.
Laborée (Ant.), I. 61.
Milon (Barthel.), I. 13.
Mangin (Et.), I. 34.
Martyrs de Mérindol, I. 22.
Martyrs de Meaux, I. 34, 35.
Michel (Jean), I. 37.

Moreau, I. 53.
Monnier (Claude), I. 54.
Marsac (Louis de), I. 58.
Martyrs de Paris, I. 151.
Martyrs d'Angers, I. 40.
Martyrs du Mans, II. 322.
    Id. de Tours, II. 362.
    Id. de Toulouse, III. 21, suiv.
    Id. de Provence, III. 213, 241.
Marlorat.—Mantreville, II. 398, suiv.
Many (Jacob), II. 502.
Nivet (Saintin), I. 44.
Navières (Pierre), I. 56.
Nail (Nicol.) — Noël (Guill.), I. 59.
Pavanes (Jacq.), I. 4.
Pointet (Jean), I. 8.
Paille (Ant.), I. 13.
Pouillot (Et.), I. 33.
Peloquin (Et.), I. 53.
Poyet (Réné), I. 55.
Peloquin (Denys), I. 57.
Pouilly, II. 232.

Rœbec (Jean), I. 68.
Romieu, I. 99.
Riche (Morg. de la), I. 151.
Séraphin, I. 35.
St-Paul (Thom. de), I. 54.
Seguin (Bern.d), I. 56.
Serre (Pierre), I. 60.
Séan (Réné du), I. 84.
Soret (Pierre), I. 486.
St-Etienne, II. 237, suiv.
Soquence, II. 398.
Toran (Guéraud), I. 61.
Trigalet (Jean), I. 61.
Tour (Jean de la), II. 359.
Valeton (Nic.), I. 13.
Vindocen (Jer.), I. 16.
Voge (Ayncôn de la), I. 17.
Venot (Florent), I. 52.
Vernet (Giraut), II. 291.

NOTA. — Pour trouver les noms des martyrs non mentionnés dans cet art., s'aider de l'art. 3.

ARTICLE VII.

Adversaires de l'Evangile et partisans des Guise.

Armagnac (card.), I. 8, *passim.*
Amyot (Jacq.), I. 10, 11.
André (Jean), I. 33.
André (maréchal de Saint), *passim.*
Antoine, roi de Navarre, *passim.*
Apcher, III. 105, *passim.*
Adrets (baron des), III. 194.
Aumale (duc d'), II. 379.
Beda et la Sorbonne, I. 52.
Beguetti, I. 22.
Burie, I. 126 et *passim.*
Bertraudi, I. 132 et *passim.*
Bourjac, I. 216.
Bussy, II. 219, 225.
Bazon (Charles de), II. 472.
Belette, II. 510.
Bazourdon, III. 58, 66.

Bonencontre, II. 70, 83.
Besme, III. 305.
Boyjourdan, II. 328.
Bouillon (duc de), II. 376.
Bigot, II. 398.
Chambre ardente, au parlement de Paris, I. 44.
Castellanus, I. 58.
Carces, III. 201, suiv.
Caroli, III. 277.
Costa, III. 7.
Diane de Poitiers, *passim.*
Democharès, I. 78 et *passim.*
Flavin (Melchior), I. 131.
Ferrare (cardinal de), I. 342.
Fremel (sieur de), I. 502.
Flassans, I. 562 et *passim.*

TABLE DES MATIÈRES.

Fayette (la), II. 251.
Fabrice, III. 161.
Gondy, maréchal de Retz, III. 301.
Hemard, I. 84.
Joyeuse, *passim*.
Lorraine (cardinal de), *passim*.
Liset (Pierre), I. 44, *passim*.
Lamotte-Gondrin, I. 223. — III.
Lomberpim, II. 229.
Léonard (frères), III. 27.
Lallemant, II. 398.
Lagrange (père D.), II. 502.
Larlon., III. 3.
Laboria, III. 65, 83.
Lavigne, III. 127.
Morin (Jean), I. 10 et *passim*.
Montmorency (connétable de), *passim*.
Magistré (Gilles), *passim*.
Morel, I. 54, *passim*.
Musnier, I. 77.
Monluc, II. 462, *passim*.
Monluc, évêque de Valence, I. 215, 379.
Maugiron, I. 218. — III. 140, 195.
Martin (Benigne), I. 489.
Martron, II. 499.
Martigues, II. 458.
Maqueville, II. 50. — II. 339.
Montmor, III. 81.
Maldonat, III. 302.
Nonac, II. 502.
Nogeret, II. 507.
Nemours (duc de), III. 146, suiv.
Nevers (duc de), *passim*.
Opède, I. 27, suiv.
Ory (Matth.), I. 36, *passim*.
Prat (chanc. du), I. 5.
Postel (Guill.e), I. 55.
Puy (Domin. du), I. 213.

Picard (Franç.), I. 459.
Pailles, I. 547.
Pavau, II. 218.
Pévicart, II. 408.
Peyrot, II. 486.
Parlement de Toulouse, III. 1, suiv.
    Id.   de Dijon, III. 210.
    Id.   de Provence.
    Id.   de Grenoble. III, 160.
    Id.   de Rouen, II. 383.
Pienne, III. 304.
Puygaillard, II. 331.
Rozier (du), apost. III. 302.
Ronsard, II. 328.
Richelieu, II. 361.
Ricaut, III. 13.
Servet (Michel), I. 9.
Streg, II. 206.
Sansac, II. 501.
Sieze, III. 104, 167.
Sommerive, III. 104, 161.
Scarel, III. 242.
St-Point, III. 273.
Sennetaire, III. 286.
Sarray, II. 309.
Tignac, I. 58.
Truchon, I. 220.
Tournon (card. de), *passim*.
Tavannes, III. 249, suiv.
Terrides, II. *passim*.
Valeri (Jean). I. 18.
Villars, I. 213, *passim*.
Villefrancon, III. 251.
Viart, III. 302.
Villebon, II. 377, suiv.
Vincentis, II. 397.
Vigne (la), III. 127.

ARTICLE VIII.

Evènements remarquables.

Assemblée de Fontainebleau, I. 173.
Anabaptistes à Rouen, I. 192.
Antoine, roi de Navarre, suspect, I. 182.

Id. trompe la confiance qu'on avait en lui pour le bien du pays, I. 253, 282, 285, 432.

Id. blessé et meurt devant Rouen, II. 393, 408.
Bataille de Saint-Laurent, I. 72.
    Id.   de Dreux, II. 138, suiv.
Colloque de Poissy, I. 296, 307, 382, 404.
Confession de foi des églises réformées, I. 108, suiv.
Cardinal de Lorraine veut établir l'inquisition, I. 72.
Condé prisonnier et condamné à mort, I. 182.
Condé s'empare d'Orléans.
Edit du château Tréant, I. 53.
Edit pour l'inquisition; I. 72.
Edit de Juillet, I. 294, 487.
Edit de Janvier, I. 419, 424, *passim*.
Edit de pacification, II. 172, 203.
Entreprise d'Amboise, I. 157, suiv.
Etats d'Orléans, I. 182, 242, 257.
Etats de Pontoise, I. 297.
Etats de Blois, III. 305.

Expédition de Villegagnon, I. 100.
François II meurt comme il se préparait à de grandes perfidies et à de grands maux, I. 247.
Guise (les) réussissent à s'emparer du gouvernement, I. 256, 285, 432.
Henri II meurt comme il préparait une grande persécution, I. 123.
L'inquisition ne peut être introduite en France, I. 72.
Images brisées en divers lieux.
Il se trouve 2,500 églises réformées en France, I. 420.
Massacre de Vassy, I. 453.
Noblesse protestante prend les armes. I. 157.
Roi (le) condamne les cruautés du parlement de Toulouse, III. 30, 31.
Saint-Barthélemy, III. 200.

Nota. Pour compléter cet article, consulter la table analytique.

FIN DE LA TABLE.

www.ingramcontent.com/pod-product-compliance
Lightning Source LLC
Chambersburg PA
CBHW060651170426
43199CB00012B/1753